思意数学

——林伟数学教学研究

林 伟◎著

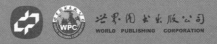

世界图书出版公司
WORLD PUBLISHING CORPORATION

图书在版编目（CIP）数据

思意数学：林伟数学教学研究 / 林伟著 . –– 北京：
世界图书出版公司，2019.6
ISBN 978-7-5192-6329-4

Ⅰ . ①思… Ⅱ . ①林… Ⅲ . ①中学数学课–教学研究
Ⅳ . ① G633.602

中国版本图书馆 CIP 数据核字（2019）第 105451 号

书　　　　名	思意数学：林伟数学教学研究	
（汉语拼音）	SIYI SHUXUE: LINWEI SHUXUE JIAOXUE YANJIU	
著　　　者	林　伟	
总　策　划	吴　迪	
责 任 编 辑	王林萍　张新宁	
装 帧 设 计	刘　岩	
出 版 发 行	世界图书出版公司长春有限公司	
地　　　址	吉林省长春市春城大街 789 号	
邮　　　编	130062	
电　　　话	0431-86805551（发行）　0431-86805562（编辑）	
网　　　址	http://www.wpcdb.com.cn	
邮　　　箱	DBSJ@163.com	
经　　　销	各地新华书店	
印　　　刷	三河市燕春印务有限公司	
开　　　本	787 mm×1092 mm　1/16	
印　　　张	22	
字　　　数	396 千字	
印　　　数	3 001—5 000	
版　　　次	2019 年 6 月第 1 版　　2020 年 5 月第 2 次印刷	
国 际 书 号	ISBN 978-7-5192-6329-4	
定　　　价	45.00 元	

"思意"的教育真精彩

说到"教学主张"，李吉林老师说："教师，如果有自己的思想和教育主张，那么，他就可以大言不惭地说，我是一个思想者."

李竹平老师在《教师没有自己的教学主张是十分可怕的》一文中有这样一段文字：一线教师——教师在一线，更在前线——直接面对学生，肩负启蒙的重任，如果没有自己的教学主张，何以启蒙？何以成人？并非与众不同、另辟蹊径的教学思想和主张才是"自己的"思想和主张，"自己的"思想不是胡思乱想，而是在经历了吸纳、判断、甄别、实践、反思的基础上形成的对教育教学的自我理解，进而内化为自己所秉持的教育教学理念.

余文森教授认为，中小学名师的教学理论研究就是对自己教学主张的理论论证，它要求教师暂时搁置自己的实践和经验，在理论的高度和轨迹进行系统和抽象的论证和阐明，从而把自己的教学主张阐明得深刻、清楚、丰富，有逻辑性、有思想性. 这个过程对一线的教师是个巨大的挑战，但是名师必须接受这个挑战，并在这个挑战中实现自我突破、自我超越、自我提升，这样才能从普通教师走向教育家.

这些观点鲜明的文字，让我们认识到：名师是不能没有主张的.

林伟老师的"思意数学"，就是他的教学主张."思意"的教育，真精彩.

精彩于"思意理念"观，砥砺师者走向追求卓越之路. 我在《中国教育报》上，曾发一文《名师之路：学，思，研，行，著》，我们一翻开书，就能清晰地看到作者坚持在"学习—实践—反思—写作"中，专业地幸福地跃上一个个教育教学的新高度.

精彩于"思意要义"观，构建了思意数学教学理论．对数学与数学教育教学的认识，提出了教学理念、教学原则、教学策略、教学模式、教学方法和教学特色等，形成了一套教学体系．

精彩于"思意教学"观，探索了思意数学教学艺术．在实践中不断探索和总结，实施了"创设问题""暴露过程""巧设空白""激活思维""联想激发""诱导心理""逻辑图表""心理效应""激励点拨""变式延伸"等教学艺术．

精彩于"思意内核"观，创建了思意数学的教学体系．教无定法，构建了适合学生发展的教学模式，并且构建了成体系的教学模式．

精彩于"思意课堂"观，实施了思意数学的灵性课堂教学．通过具体的教学案例来实践思意数学课堂教学．

精彩于"思意复盘"观，探索了思意数学复习的教学策略．提出思意数学复习知识要点问题化、主干知识题型化、思想方法专题化，追求最优化的复习成效．

精彩于"思意升华"观，研究了思意教育的可行路径．主要从学校管理、队伍建设、课程建设、教学改革、学生发展、合作办学和学校交流等方面探索，提出一系列的理念和实践的路径．

精彩于"思意引擎"观，建立了思意教育教师培训体系．以名师工作室为平台，构建教师培训体系、培训策略和培训方式，促进教师专业化发展．

在我看来，教学主张的最大价值在于它的寻求过程，在寻求教学主张的过程中，教师必然形成了主动学习、主动实践、主动反思内化的意识与能力，在这一过程中会不断促使我们从教学经验走向教学理论，从教学思考走向教学思想．

我们说"觉者为师"，有教学主张的教师，就是"教育自觉"的教师．

"觉者"，其自我发展，就会从"他主发展"走向"自主发展"；其进取精神，就会从"阶段发展"走向"持续发展"；其自我素养，就会从"全面发展"走向"全而有特"；其生长阶梯，就会从"为学有道"走向"思研行著"；其课改践行，就会从"参与课改"走向"深化课改"；其教育意境，就会从"教精其术"走向"教明其道"；其育人境界，就会从"追求卓越"走向"享受幸福"……

余文森教授还说，教学主张，是教师打开专业成长的"天眼"．

愿有更多的教师，能像林伟老师那样，及时打开这个专业成长的"天眼"，成为有教学主张的教师，成为有教育思想的名师．

任 勇

2019 年 4 月 27 日

（任勇，原厦门市教育局巡视员、厦门一中校长，数学特级教师，获"苏步青数学教学奖"一等奖，享受国务院政府特殊津贴专家，获"中国当代教育名家"称号）

循理致思， 因数得意

循理致思，思则林泉天籁；因数得意，意则磊落奇伟．"思意数学"是林伟老师在 30 年的教学实践和研究的基础上提炼出来的数学教学艺术．"思意数学"秉持"为学而教，不教之教"的教育理念，主张一切教学都要围绕在适合学生的思维发展的层面来展开，以数学现象具体"意境"为学习路径，以贴近学生生活"情意"为学习动力，以启动学生"思维"为学习目的，从而发展智力，提高学生的综合能力．

在很大意义上，"思意数学"成就了林伟老师．得益于"思意数学"的灵感与启发，林伟老师先后主持国家、省、市级课题 12 项，在《数学通报》等刊物发表论文 200 多篇，出版《数学教学论》《思维学导式教学概论》等专著 9 部．有 2 项科研成果分别获得广东省第一届和第八届普通教育教学成果二等奖和一等奖，1 项获得教育部第一届国家级教学成果奖．1998 年被评为全国模范教师，2009 年被评为广东省名教师，2013 年被聘为中学正高级教师、二级教授，2017 年入选国家"万人计划"教学名师．

"思意数学"更是成就了林伟老师的众多学生．林伟老师认为，适合学生的教育才是好教育．基于"思意数学"理念，林伟老师形成了自己独特的教学风格，即"激情、自然、灵动、朴实、致用"，而其中最重要的一点就是"自然"．林伟老师坚持顺应教育规律，以学生为主体，让学生自然感知教师的亲切感，乐于接受教师，从而促进学生在自然状态下愉悦地学习．于是，在林伟的课堂里，我们可以看到他讲解函数时，设计出"一张厚 1 毫米的纸，对折 24 次的厚度竟然可以比珠峰还高"这样魔幻神奇的导入，也可以听到他教授"等差数列"时，呈现了"一四七，三六九，九九归一跟我走"这样狂放肆意的高歌．于是，林伟老师的课堂成为学生最喜欢的课堂、最享受的课堂、最有效的课堂．1994、1995 连续两年，他所执教的学生参加广东省高中毕业会考，合格率达到 100%；2000 年，他执教的高三（1）班有 3 人在高考时突破 700 分，32 人考上本科；2003 年，他执教的高三（4）班上线率达到 93.8%，班级数学平均分高于当地重点学校数学平均分；2012 年，他所执教班级的学生高考本科率达 100%，重点率达 88.1%；2015 年，他所执教班级的学生高考重点率达 100%．

"思意数学"同时成就了林伟老师的众多青年同行．在"思意数学"的研究与实践征途中，林伟老师从一名普通的教师快速成长为国家"万人计划"教学名师，同时成长为广东省国家级示范性高中的副校长．他不愿止步于做一个特立独行的个性教育者，而致力于做一个可以复制的引领者．他执着于上公开课，分享教学设计与实践．早在 1998 年，他执教的《指数函数》一课就在中国教育电视台展播．他热心于培育青年教师，帮助他们健康成长．2009 年，他主持的广东省名教师工作室正式启动，先后指导培养全省各地 89 名骨干教师和 13 名广东省"百千万人才工程"名师培养对象．其中有 11 位学员被评为中小学正高级教师，6 位学员成为新一轮广东省名教师工作室主持人，4 位学员被评为广东省第九批特级教师．

30 年的教育生涯，林伟老师不忘初心，坚持着自己的教育理想，以"思意数学"为起点，走向"思意教学"，走向"思意教育"，成就了自我，也成就了无数优秀学子，成就了无数有为教师．愿你有幸，还有机会在求学时期做一回林伟老师的学生；愿你有缘，还有机会在工作时期做一回林伟老师的学员．正所谓"善歌者使人继其声，善教者使人继其志"，可以相信，做为一位有灵魂的教育实践者，林伟老师的影响力将无处不在，无时不有．

羊巨波
2019 年 4 月

（羊巨波，深圳市第二实验学校科研处主任）

目录

第一章

思意交响:谱写"思意教育"人生乐章

第二章

思意要义:构建"思意数学"教学理论

第三章

思意教学:彰显"思意数学"教学艺术

第四章

思意内核：生成"思意数学"教学范式

第五章

思意课堂：实践"思意数学"的教学范例

第六章

思意复盘：凝练"思意数学"复习技巧

第七章

思意升华：探索"思意教育"可行路径

第八章

思意引擎：共建"思意教育"教师教育

思意交响：谱写"思意教育"人生乐章

第一节　如饥求知，感念恩师

我的家乡地处广东省雷州半岛的一个依山傍水的小山村，20 世纪 60 年代末我出生于一个普通的家庭. 父亲是一名当地的小学教师，他的教育精神对我产生了潜移默化的影响；母亲在地里种田，即便母亲不识字，但她的淳朴和善良是我童年最宝贵的财富. 从小在海里洗澡、捕鱼和在山上摘果子的经历至今定格在我童年的回忆里，时时浮现在我的脑海中，让我久久不能忘怀. 农村孩子的童年是自由而又快乐的，同时又是辛酸和苦涩的. 这些童年的记忆恰如陈年老酒，时时沁香着我的心灵，使我此后的为人做事处处闪动着朴素又纯粹的色彩.

那时候家里穷，姐姐中途辍学回家，跟着母亲干农活. 我在一所农村学校读书，每天放学回家要做的事情是放牛、养鹅、养鸡等. 当时没有那么多课外书可供选择，于是我每天放牛的时候，都带着一本小小的《新华字典》. 小时候，我对学习有着一股莫名的热情，记忆力也特别好，学过的东西都能记下来. 我当过班长、少先队大队长，积极参加各种活动，学习成绩一直排在学校第一、二名. 由于学习成绩优秀，我一直想读重点中学并下定决心为此不懈努力着. 值得开心的是，当时我的小学校长林应忠给了我三本书，一本是小学数学竞赛辅导书，一本是小学升初中数学试题集，另外一本是小学升初中语文试题集. 我对这几本书爱不释手，每天不停地研读和思考. 终于功夫不负有心人，我以全镇第一名的成绩考进了县城的重点中学，这个消息轰动了整个镇，我为爸妈争了光，让他们扬眉吐气了很多年.

进入中学之后，我很珍惜这个经过努力获得的机会. 幸运的是，遇到了我人生的恩师康慕儒老师，她是我读初一时的班主任. 当时学生住宿条件较差，于是康老师把我安排在她家里住. 感受到康老师对我的关心和支持，当时我就告诫自己，一定要发奋苦读，要为实现心中的梦想做更大的努力. 曾几何时，大家都进入了梦乡，而我仍在挑灯夜读；曾几何时，手已经冻红，我还在奋笔疾书. 我坚信，心中的梦想就是指引我奋进的明灯，只要心中有梦，就会为实现它而竭尽全力. 这一路上，为梦想而奋斗，我是幸福的追梦人.

　　然而，天有不测风云，读初二的时候，我由于身子弱经常生病，接二连三地请假，功课因此耽误了很多，特别是物理学科．所以进入初三时，第一次物理考试，我只考了45分．这对于以全镇第一名考入重点中学的我打击颇大，我顿时陷入迷惘的情绪中．这时幸运的我又遇到人生的另一位恩师叶秀利老师．他是我初三的班主任兼任物理老师，一位知识渊博而又富有人文修养、气质高雅的好老师．他知道我的情况后，安排我到他家跟他的儿子住在了一起．在这位恩师的鼓励下，我终于鼓起了再次奋斗的勇气，在恩师的谆谆教诲下，我喜欢上了物理，中考物理取得了满分的好成绩．

　　中考填报志愿时，我放弃了直升重点高中的机会，填报了师范学校．但是虽然我的中考成绩达到了师范的录取分数线，却没有被录取，这对我打击非常大．当时的录取政策是如果志愿填报了师范学院，那么重点高中则不能录取，这使我面临要上普通中学的命运．也是这样的选择，让我又遇到了一位恩师郭宝安副校长．他是我的高中政治老师，是他帮我解决了就读重点高中的问题．郭校长的政治课妙趣横生，余味无穷，我们常常在欢笑声中掌握了政治知识，同时也净化了心灵，提高了修养，这也让我在迷茫的日子里寻找到了生命前进的新方向．

　　一转眼便到了高中时代，我孜孜以求，希望能凭自己的努力进入梦寐以求的大学，因此，我总是用一种积极向上、乐观进取的态度来对待我的高中生活．在学校里，我认真地对待每一件事，积极参与学校组织的各项活动．在这期间，我进入了学校团委、学生会，经常为低年级和高年级学生上团课，在学校组织一些大型活动，这个过程中，我的能力得到了极大的锻炼．由于担任学校团委副书记的工作，我得到了学校的认可和肯定．学校团委书记莫受尧老师——我人生成长的指导恩师，推荐我和几位表现突出的同学加入了中国共产党．我和另外两名同学一起成为学校历史上第二批入党的学生．成为共产党员，我倍感荣幸和鼓舞，我把在学校获得的荣誉看成是对自己能力的一种肯定，这让我体会到了学习的乐趣和成功的快乐，也改变了我以往很多观念．我逐步成熟了许多，比如在遇到困难的时候，不再是逃避它，而是积极地寻找解决问题的办法．

　　岁月悠悠，追溯往昔．大学的时候，我曾想成为一名画家，梦想着用多彩的画笔描绘美好的生活；也曾想写些有分量的作品，在中国当代文坛上开拓一片属于自己的天地．奇怪的是，在诸多的选择中，我唯独没有考虑过教师这一份职业．但命运却偏偏与我"作对"，也许是冥冥之中自有安排，我最终被一所师范院校录取．虽然师范院校与我梦想中的大学相差甚远，但我还是以积极向上的心态来面对，既来之则安之，不负青春，不负韶华．在美丽的大学校园里，我如饥似渴地学习知识，汲取科学知识的养分．平时上课的时候，教授对数学的无限痴爱及深厚的数学底蕴深深激励着我．此外，课外的时间，我经常泡在学校图书馆里，在知识海洋里，我深深地体味了前人生活的艰难，细细感受着前人的智慧与文明．那一刻，我忽然顿悟到了知识的真谛，感受到了知识的博大恢宏．知识会让人聪明睿智，知识会让人具有涵养和人文品位，知识更会让人洒脱超然．

毕业多年后，2014 年，我的母校举办 110 周年校庆，作为 88 级 90 届数学系校友，我有幸被邀请参加发表致辞，并且在纪念大会上做了大会发言．我感恩母校对我的培养，祝福母校．

学生时代，在种种困难和磨炼下，我不断地成长着，蜕变着，我感谢一路走来遇到的所有恩师和朋友，我庆幸自己的不懈坚持和怀揣勇气．如果说学生时代是一个人最美好的时代，那我想说，学生时代也是一个人最自由地广泛地汲取知识的时代！

第二节　求实创新，教改不辍

说实话，读师范学校时，我最害怕的是被分配到乡下的学校，但却偏偏躲不过．1990 年 8 月，我被分配到离县城最远的渔港小镇的一所中学——乌石中学．那年，我拖着几麻袋的书来到这里．在阴差阳错的命运的安排下，我又开始新一轮的自我反思……

面对这个纷繁浮华的社会，太多的诱惑使我们常常迷失了自我前行的方向．推开迷雾，我开始苦苦思索：“我是谁？我该怎样做？我该做一个怎样的老师？”我明白这确实是我们青年教师需要思考的问题．我慢慢懂得，在心灵深处，我们应该有一个“自我心象”，应该具备一种追求成功的心理，努力成为一名好老师．而学生时代我已经明白：成长需要耐得住寂寞，成功是要有深厚的储备的，真正的成功之路遥远而艰辛，只有储备充足，胜算的把握才大．这种“成功心理”始终催促我朝着这一方向努力，这也是我寻求自我发展的内在动力——追梦的自觉给了我前行路上不竭的力量和信心．

诚如杜威所言："选择了一种职业，也就选择了一种生活方式."因此，当我走上教师岗位之初，我就下定决心，用终身学习的态度在这一辈子的教师生涯中走一遭.并且我坚信："勤勉能够使平常人变为聪明人."其实，教师的职业特点要求每一位教师要努力做一个聪明人，才能完成"用心感受学生，用智启迪学生，全力帮助学生"的愿望和责任.

课堂成就学生的同时，也能成就教师，课堂对于教师也同样具有重要意义，教师的生命成长仍主要是通过课堂实现的.因此，在教师的专业生活中，课堂便是其展示知识能力、发挥专业影响力的基本场所.在课堂上，当教师的能力发挥到了较高的效度时，便较好地实现了其专业水平在课堂中的价值.课堂是检测教师知识、能力水平的最好平台，也是见证教师专业发展历程的最高视点，许多优秀教师正是立足于课堂实践，在实践的基础上不断反思总结，进而获得扎实的教学功底，打下了可持续发展的基础，使独具特点的教学个性、教学风格在课堂上得以充分张扬，因此，每一位力图获得专业发展的教师必须清楚地认识到课堂对自身发展的价值，把专业发展的视角始终投放于此.通过关注课堂和以课堂为载体，促进自身专业的不断发展.

犹记得第一次上课时，我忐忑不安地走上讲台，面对一双双求知若渴的眼睛，我突然顿悟出"神圣"二字的意蕴，感受到了沉甸甸的责任.因此，从一开始踏上讲台起，我就下决心当一名好老师，当一名"学者型"教师.我在和学生相处的过程中，感受到教师是太阳，给了别人光和热，同时也照亮了自己.最重要的是，教师是人类文化的传递者，是架设人和知识沟通的桥梁和纽带.

多年来，用默默地耕耘，无私地奉献，让青春年华在讲坛上熠熠生辉.在工作实践中，我深深感到：一个人只有把自己的才智，无私地倾注在工作和事业上，这样的生活才有价值，才有意义.我不会忘记在高中加入中国共产党时的誓言，所以时刻以"对家长高度负责，对党的教育事业高度负责"的标准严格要求自己.加之，我的个性是从来不服输，在工作中总是"自讨苦吃".比如批改作业的时候，我始终坚持逐个学生当面批改，这样，一方面可以了解学生出错的具体原因，另一方面能够给予学生有针对性的个别辅导.这样虽然耗费时间和精力，但我心里感到踏实和满足.随着时间的推移，尤其是看到学生有了进步，我由衷地为他们感到高兴，为自己感到值得.

"夸父逐日"，多么美丽的传说，它演绎了一个人类追求梦想的神话.每个人的心空都悬挂着一轮美丽的太阳，那是令神为之动，心为之倾，行为之奋，志为之坚，品为之高的瑰宝.身为人师，你用心敲开教育的职业大门时，你已经成为"夸父",你已经成为一个崇高理想的追求者,从这个角度来看,你心中的太阳是学生. 爱学生,是为师之本,为师之魂;爱子女,是为人之乐,为人之本. 在你追求太阳的时候,你的人生追求、你的崇高师德、你的火热光辉都会得到阳光的滋润,而你爱的阳光也会哺育娇艳绽放的花朵.

明白了这些,我仍然在思考:做一个合格的教师应当从哪里开始学习呢?我曾经苦心思索,不得其解. 当我读到"君子有三忧:弗知,可无忧与?知而不学,可无忧与?学而不行,可无忧与"时,我豁然开朗——获得教育的知识与信息、技能与能力以及实践经验是做好教师工作的基础.

从踏进乌石中学的大门起,我便有一种回归故里的莫名的亲近感,此外,我的父亲是从这个学校毕业的. 我渐渐地在工作中有一种说不出来的兴奋,每一天都过得充实而快乐. 于是,我开始像其他老教师一样精心备课,熟悉教材,了解学生,虚心请教年长的教师,认真听课,无论课内课外的展示课、研究课等各种公开课活动,我都积极参与,尤其是评课环节,我更是一丝不苟地倾听和记录. 就这样,我对教学有了自己的体会:教学,无论是哪一科,最重要的是激发学生的学习兴趣,引导学生质疑,让学生学会主动探究. 这样的教学,不仅是教给学生知识,更重要的是教会学生探究知识,具备动手动脑的能力,学会创造.

教好书,育好人的决心下定之后,首要的问题是提高业务水平. 我为自己制订了一套自学计划,要求自己每天按时完成,疑难之处,及时虚心请教其他教师. 学校阅览室成了我常去的地方,我去那里经常一坐半天,苦苦思索,勇于开拓,力求设计出最完美的教学思路. 我要求自己把每节课都上成精品课. 为达到这个效果,多少个寂静的夜晚,或月色皎洁,或云遮雾罩,或秋虫唧唧,或雪落无声,"油灯"一盏,书册在手,我伏案而读,看似与孤独为伍,其实是与快乐做伴. 我深信,春耕夏耘,必将迎来硕果累累的金秋.

数学教学工作光荣而艰苦,数学教学改革事业伟大而艰巨. 对于奋斗者来说,事业是一条长路,双脚既已启动就不会退缩和停顿,登上这座山峰的同时便会瞄上另一座山峰. 我写下了自己的人生格言:超越自己,追求高尚. 我一直把学校当作自己的家,时刻想着学校工作,想着学生,从未耽误过学生一节课,甚至我在结婚这样的大事上也不曾请假.

我一心迷恋教书,热心教学研究,钻研教材教法,组织实践探索,改革课堂教学. 我把学到的知识运用于中学数学教学与研究中,我狠抓课堂教学,要成绩,要质量;我积极汲取和学习其他人的长处,但从不重复别人. 我主张标新立异，不断更新教案，更新知识，更新观点．我致力改革课堂结构，更新教学方法，优化教学过程．对学生循循善诱，爱而不护，教而不训，示以典范，严以督导；对自己孜孜以求，严于治学，严于执教，谦逊谨慎，博采众长．领导多次推荐我参加评优课，上公开课、研究课，我都没有推辞过，而且认真上好每节课．我把它看成是学习提高的极好机会．在公开课准备过程中，大到教案的设计、教学环节的安排和教法的选择，小到一个教具的制作与使用，一个手势和表情的配合，都要经过反复研究，反复推敲．也正是经过了反复的研讨修改之后，我提高了自己的专业化水平．于是，在以课堂为主要研究对象的个人教学专业发展之旅中，我很重视调动和培养学生在课堂上学习的兴趣，注意精心、巧妙地预设和生成课堂教学中若干富有魅力的教学细节，使每一节教学课都有兴奋点．学生在教学过程中能最大限度地主动参与，学生的内驱力得到充分的激发，从而不断产生新的收获．

我在教育教学中提出"低、小、多、快"四字策略．"低"是低起点，就是要摸清学生相关知识、基础、能力和心理准备的实际，把起点放在学生努力一下就可以达到的水平上，使新的知识产生联系，形成网络．"小"即"小步子"，就是根据学生实际，确定能达到的实际目标，教学步子要小，把教学内容按由易到难，由简到繁的原则分解成合理的层次，然后分层渐进，把受挫的可能性减少到最低程度．"多"即"多活动"，针对学困生注意时间短、记忆容量小、概括能力差的特点，改变教师大段讲解的倾向，导向师生活动交替进行的方法．这样不仅调节了学生的注意力，更重要的一点是，学生大量参与学习活动，自我表现的机会多了，能力逐渐提高，这种良性的循环大大促进了学生各方面的发展．"快"即"快反馈"，就是在每一层次的教学过程中，既有教师的"讲"，又有学生的"练"，还有教师的"查"．这种快速的反馈，可以把学生取得进步变成有形的事实，使其受到鼓励，乐于接受下一个任务；又可以及时发现学生存在的问题，及时矫正乃至调整教学的进度，从而有效地提高课堂教学的效益，避免课后大面积补课．

在数学教学上，我一贯的追求是：讲究数学学习的规律性和科学性；重视学生的学习习惯养成和学习兴趣的激发，遵循学生的学习规律和身心发展的规律；重视学生的自身体验和感悟；坚持学生学习的主体地位；重视学生思维方式和思维能力的培养，倡导"过程重于结果"的数学教育理念．

结合基础教育要求，我提炼出高中数学"48字目标"，即：

高一：激发兴趣，培养习惯，传授学法，夯实基础．

高二：巩固基础，提高能力，防止分化，拓宽视野.

高三：全面推进，突出重点，解决难点，加强复习.

在数学"复习课"教学中，我改变过去那种"复习概念—讲解分析例题—学生练习"的教学方法，经常使用探索、类比、分类讨论和数形结合等方法引导学生去探索，去主动获取数学知识. 经过教学实践，我总结出有个人特色的"学导法". 后来我的这项《中学教学"学导法"教改实验报告》科研成果荣获广东省第二届教育科研成果黄华奖，并发表在《数学教育学报》上.

在"概念形成"课的教学过程中，我始终坚持"问题情境，引入概念—激学导思，形成概念—引议释疑，理解概念—点拨提高，深化概念—精讲训练，应用概念—归纳自结，升华概念"的模式，注重学习过程中学生的思维展现，培养学生自学数学的能力. 同时，通过对概念的具体内容进行逐条逐项的变化，形成定式，引导学生对概念的内涵和外延变化提出问题，加深他们对概念的理解，进而提出问题.

在"定理应用"课上，我始终坚持从课本的例题、习题出发，用一般化和类比的方法，引导学生对数学问题进行"猜想、验证、修正、验明、再猜想、再证明"，让学生在体验数学问题发生、发展、深入的过程中，体验数学家的思想，磨炼自己的意志，体验创新的愉悦，提高数学学习的兴趣，提高提出问题、解决问题的能力.

在课堂上，我给自己的定位是，如果"讲"，就要讲出知识的逻辑性来，要讲出知识背后的东西，将自己的认识、自己的困惑、自己的体会讲给学生，不是把知识强加给学生，而是和学生一起感受知识带给人们的快乐. 如果用一句话来概括，就是要靠教学的逻辑性征服学生. 只有真实的教学，用知识的力量来征服学生的教学，才能真正激发学生的学习热情，才是学生需要的，这样的课堂也才是充满智慧和活力的.

我认为："教师最有价值的财富是自己编写教案；教师最大的幸福是在每堂课上获得成功，教师最大的贡献是把知识和方法传给学生." 记得为了参加广东省青年数学教师优质课评比，从教材的驾驭到知识的重组，从学生能力的培养到数学思想的渗透，以及课堂教学的组织，方方面面，我都虚心请教老教师，还特地跑到市教育局教研部门求师赐教，在他们的指导下，《同类项》这一节课荣获了广东省青年数学教师优质课评比三等奖. 我又一次参加"三讲一上一评"竞赛课荣获了第一名. 我执教的《指数函数》一课在中国教育电视台展播. 我执教的《导数在函数中应用》和《空间几何体的结构》在深圳市中小学优质课例视频资源征集及在线展播活动中荣获"优质课例视频质量奖"，其中《空间几何体的结构》这一节课由九洲音像出版公司出版并向全国发行.《高考中的三角函数》这一节课成为广东省普通高中数学培训示范课.《椭圆及其标准方程》这一节课被中央教育电视台评为一等奖. 现在想起来，每参加一次评优课，都有一种登堂入室的感觉. 评优课、公开课、研究课讲的是一节具体课，在各种实验课、公开课、示范课、观摩课中反复历练，读懂了"厚积薄发"的真正内涵. 我把这样的学习活动视为一种教学艺术享受、一种人格魅力的提升、一种境界熏陶、一种事业的追求. 好的教学给予人的是一种思想和灵魂的触动，因为唯有思想最能感动人.

"教师的成长于课堂开始.""教师靠课堂立身.""教师的职业幸福主要来自课堂."课堂实践就是一位教师专业知识和技能的实践. 专业实践是自我成长的中心. 教学实践是教师施展全部教学技能的舞台，是积累教学经验的基地，是形成教学个性的重要平台，是教师自我成长的中心. 当我被学校、县、市教研室推出来上公开课、研究课以后，我感受到了集体的力量、合作的力量. 公开了，研究了，就会产生站在人梯上的感动和震撼的力量. 不同的思维碰撞，及至形成最科学的成果，而后再实践再提高. 教学的成长很大程度上得益于上研究课，通过不断地训练，我也真正实现了教学相长. 课堂教学是"术"，专业研究是"学"；唯有"学"有专攻，才能"术"有所用."学""术"兼并，掌握专业与教学的平衡；"知""行"合一，完成理想与实践的统一；"道""路"并行，实现教学理想的愿景.

而担任班主任工作，是我作为教师成长的另一个关键的平台，也让我有了一些新的看法和认知. 我认为，作为班主任不是要让学生怕你，而是要在学生犯错误的时候，你能正确引导学生分析出犯错误的原因，帮助学生学到正确处理问题的方法，让学生从你身上真正理解什么是责任，如何履行自己的责任；什么是宽容，如何做到宽容……

在担任班主任的过程中，我花了不少心思转变后进生. 青少年正处于世界观形成阶段，有着自尊、自卑、逆反等各种心理. 针对他们不同的性格特征，我用"亲、严、细、活"的方法努力做好思想工作."亲"就是亲近，"严"就是严格要求，"细"就是和风细雨，"活"就是全面分析、方法灵活. 我经常与学生促膝谈心，交流思想，全面关心学生成长. 我对不同层次的学生，提出了不同的要求，对高层次的学生提出"勤奋、严谨、求实，在竞争中充实自己，发展自己"；对低层次学生提出"自尊，自得，奋发前进". 我对学生一视同仁，一个良好的班集体，就不能让一个学生掉队．要让后进变先进，先进更先进，要关心各个层次的学生，特别是关心后进的学生．

为人师者，必以知识传递知识，以心灵浇灌心灵，以情感唤醒情感，以德行感染德行．1990 年大学刚毕业时，学校安排我担任高一（2）班的班主任，当时我接触到一个沾染了不少坏习气的学生：赌博、抽烟、打架；为黑社会青年牵线联络，经常无故旷课．对于"难搞"的学生，有的教师说："劝他退学算了．"他的父母无可奈何地对我说："林老师，我们是没办法教他了，帮我们救救他吧．"于是，我认真分析了这位学生变坏的原因：一是结交了社会上的"沙煲兄弟"，受到了不良风气的影响；二是家庭对他长期的迁就和放纵．我们如果把他推出校门，他必然会破罐破摔．于是我先后找他谈话 20 多次，座谈 10 多次，我密切关注他的变化，白天上课时检查他是否到校，晚上到他喜欢去的小卖部巡视．有时我还把他请到家里，让他倾吐心中的苦闷，与他交换想法．我说："老师真羡慕你们，你们年轻，充满朝气和力量，正处在人生的黄金时代，有很多事情可以做，但我认为，学习是至关重要的，对吗？""老师，我有个要求，请你不要将我成绩下降的情况告诉家里好吗？""好的，老师相信你能改正自己的缺点．"为了给他创造改正缺点的条件，我还发动团干、班干主动与他交朋友．在我真诚耐心的关心和帮助下，他终于迈出了可喜的第一步，旷课现象没有了，基本上摆脱了社会上不正派青年的纠缠，学习成绩有了明显的进步，各科平均分由 42 分提高到 61 分，劳动活动也积极参加了．当我在"学雷锋，树新风"的总结会上表扬他时，他那股高兴劲就甭提多大了．这样的后进生经我手转变过来的为数不少，当看到一些通过自己的教育转变过来的学生，有的考上大学，有的参了军，有的成为社会建设的骨干力量时，我感到无比欣慰．我深深体会到：做好一个后进生的转化工作，所付出的艰辛劳动，所产生的社会意义，不亚于多送几个优秀学生上大学．"精诚所至，金石为开"，我觉得只要用满腔的热情去转变后进生，善于发现和发扬他们身上的闪光点，激发他们的自信与自尊，就一定可以将他们培养为对祖国有用的人才．正如学生所言，林老师严在脸上，慈在心里；严在管理上，慈在师生间其乐融融的惬意交往中．先学生之忧而忧，后学生之乐而乐．

爱，是教育力量永不枯竭的源泉，缺乏爱的教育总是苍白无力的；只有自觉地探索与反思，才能有"教学艺术"的产生．用心做教育，还在于不断反思，就是用心思考怎样教学，怎样使埋在学生内心深处的希望的种子生根发芽，怎样使已经开始生根发芽的种子自由地"生长"，怎样把课堂还给学生，让课堂焕发生命的活力，怎样扩充课堂教学的内涵，怎样以课题研究推动校本教研的建设，怎样在数学教学活动过程中为每一个学生提供成功的机会．可以说，这些问题一直伴随着我的教学生涯，变成我学习研究的动力．我从中不断地认识到"反思—学习—思考"是用心做教育的重要体现．

当班主任时，我把备课、上课、课后小结、评判作业、单元小测与分析等常规教学工作，与总结教学经验和规律、撰写教学论文相结合；把期末班主任工作总结、教学工作总结、教研工作总结、课外兴趣小组工作总结等，与总结教育教学规律和经验、撰写教育教学论文相结合……总之，凡是学校要求的，必须完成的事情，我绝不被动应付了事．我撰写的班主任工作论文《我的班主任工作思想》发表于《青年教师导报》上．

作为班主任，我重视过程，着眼未来．不把视线局限在学生眼前的高兴上，而着眼于学生的终身受益．教师不能将视线完全定格在短期效益上，而忽视潜在的能使人终身受益的良好习惯、良好素质的培养．作为一名教师，我时刻记得：一切教育都不能以个人的意志为转移，必须以人为本，尊重人性，尊重学生的个性才华，尊重学生的心理感受，尊重学生的隐私权．只有这样才能达到真正的师生平等．

1994 年，我从学校团委书记转任学校政教处主任，当时我制订了德育量化考评内容和考评方法，提出了"德育目标具体化、德育内容系列化、德育渠道网络化、德育方法科学化"的要求，德育工作有了显著的效果．我根据这种做法写了一篇论文《德育量化考评实践与体会》，荣获广东省教育科学研究成果奖．

1999 年调任雷州市第二中学任副校长期间，全面深化课堂教学改革，提出课堂教学"八字"（精讲、善导、激趣、引思）要求，扎扎实实抓好"三结合"（教纲与考纲结合、知识点与考点结合、练习题与考题结合），总结提炼出"四个意识"，即主体意识、目标意识、反馈矫正意识和情感意识．我们把这四个意识作为优化课堂教学的指导思想，作为教师课堂教学行为的准则．遵循"五种"教学原则（全体性原则、主体性原则、全面性原则、层次性原则、创造性原则）；实施"五种"教学策略（合作学习策略、参与教学策略、自主教育策略、尊重差异策略、激情引趣策略）；采用"六种"教学模式（学习教育模式、创造教育模式、主体教育模式、心理发展模式、目标教学模式、讨论教育模式）；执行"六种"教学转换（传授知识向学法指导转换、教师主讲向自探互究转换、被动灌输向主动吸取转换、重智轻能向智能结合转换、枯燥乏味向生动活泼转换、机械操练向活动训练转换）．管理成果《探索面上完全普通中学创新性教学工作新路子》获得广东省教育管理成果奖.

2003 年调任深圳市第二实验学校教学处任主任期间，规范教学管理，推行周报制度，推动课程改革，对课堂教学提出了"活、轻、实、优"四字要求，即课堂气氛活、学习负担轻、双基扎实、效果优，开展"精品课"活动. 教学成果获得广东省中小学教育创新成果奖.

2005 年担任科研处主任期间，主要确立"动力型"教育科研理念、完善"服务型"教育科研机制、建设"自觉型"教育科研文化、营造"发展型"教育科研氛围和培植"特色型"教育专家. 教育科研工作经验在全市做介绍. 第二实验学校被评为深圳市首批教育科研基地学校.

2011 年担任教师发展处主任期间，主要从机制建设、平台搭建、教师科研三个方面入手，厘清教师梯级培养关系，建立"三位一体"教师专业发展模式，以促进教师共同成长.《深圳特区报》对此做了报道，第二实验学校被评为深圳市首批教师专业发展基地学校.

2017 年担任校长助理、副校长期间，倡导"思意课堂"，推行"思意教学". 构建了"思意教学"的教学模式，形成了一套"思意教学"的教学思想.

我庆幸有了这样的机遇，我也感谢命运有这样的"牵引"，让我和教育做伴. 潜心教书，俯身育人，是一名教师应有的生命姿态. 坚持安安静静读书，认认真真教书，自自在在写书的生活态度. 教师是崇高的职业，传递的是人的真情，只有在无私的奉献中才能魅力无限；教育是伟大的科学，研究的是人的身心，只有在创新思辨中才能超越向前；教学是复杂的艺术，塑造的是人的灵性，只有在实践反思中才能高歌凯旋. 我平时关注各种信息，和自己的教育教学工作相关联. 有了好的想法，勇于实践，绝不拖沓，在实践中改造教育教学经验. 对于借鉴的经验，深入思考，在前辈研究的基础上发展，并努力形成发展链，内化并发展.

第三节　潜心研究，反思凝练

教研，顾名思义，既要投入地"教"，更要深入地"研". 教学需有研究来助推，方能显其效；研究应以教学为载体，方可展其能. 缺乏研究的"教"，仅凭惯性滑行，自难免平庸低效；而远离教学的"研"，无所依凭，想不开"空头支票"都难！我认为，要想使自己的教学摆脱平庸低效，向扎实高效迈进，有追求、有实力的教师应该选择教学中的问题作为攻坚的课题，只有把"课题问题化"，把"工作科研化"，教育科研才能亲近教学，才能走进课堂，借助科研力量、群体的智慧，以研促教，使自己的职业生涯焕发出别样的光彩.

课题研究，使教师成为研究者；课题研究，使教师找到了适合自我的发展空间；使教师在对话与交流中获得专业的引领和发展；使教师在实践和反思中走向成熟. 课题研究能够让问题思考得更深入也更深刻. 课题要更多地关注自己的教学实践，从实践中来，在实践中"做"，在思考中超越自我. 每研究一个课题，我都对自己提出更高的要求. 首先，思考选题目标，做到"四要两不要"，即要具有超前意识，要提出独到见解，要有创新的思路，要服务于教学实际；不要好高骛远，不要重复他人. 其次，思索课题实施的计划，努力做到"三性"，即构思的逻辑性、观点的科学性、过程的完整性. 虽然研究选题都要经过艰辛的思索过程，但成功正源于殚精竭虑的思索. 从最初参加市级课题"学导法"的研究，到主持市级"培养问题意识与问题思维"的研究，再到自己独立主持省级课题"高效课堂"研究，我在做中思，在做中提升.

一个教师的成长与进步，固然受多种因素的影响和制约，但最重要的是其自身的内因，其中是否积极投身教育科研是至关重要的. 教育科研是教师成长与进步的杠杆，运用这个杠杆你能撬开前进路上的加速器；教育科研就是教师加快成长与进步的必由之路，走上这条路你就能通往成功的彼岸. 我的成长与进步，或许正是得益于教育科研的滋润与支撑.

在科研道路上，我以课题为船，学习就是风帆. 30 年来，我走过了一条"学习—实践—反思—写作"之路，也许这正是一个教师走向可持续发展的必由之路.

古语有云："不谋万世者，不足谋一时；不谋全局者，不足谋一域." 我主管教研工作后，把深入课堂听课、帮助教师磨课、自己上引路课、外出看课观摩等，与开发教学案例、总结教学经验和规律相结合；把读书阅刊、同事交流、问题争鸣等学习研讨活动，与总结教学经验、撰写教学论文相结合；把整体教学视导总结、录像或现场教学评优总结、教学质量评估总结、优秀论文评选总结等，与总结教学经验教训、调查教研工作相结合；把设计专题研究方案、实施专题研究、总结专题研究成果，与撰写教学论文、著书立说相结合；把准备教材教学辅导、各种专题教学讲座、骨干教师课堂培训、教学干部培训等讲稿，与著书立说撰写教学论文相结合……总之，对于任何一项教学工作或上级交代的任务，我绝不敷衍了事，也不仅仅局限于做细做好、高质量完成，而是力争有更高的提升.

因此，学习、实践之余，我最重要的一件事——也是最大的爱好，就是及时反思、整理和总结，及时坐下来，将自己在教学和教研工作中获得的认识、经验、体会，通过提炼、升华，记录下来，形成文字. 这些年来，我共撰写了八九百万字的教学教研经验、总结.

科研是提升自我的良好途径. 我的数学教学论的实验研究始于1990年. 当时我刚从大学毕业，被分配到农村中学——乌石中学任教. 这所学校教学设施简陋，师资水平低，生源较差. 我通过听上百节课进行调查研究，发现教师教法存在不少问题：一是教学主导目标不明，组合序列不清，缺乏整体性；二是教学方法不灵活，落实目标缺乏深入系统性；三是课堂结构不合理，目标缺乏完备性；四是机械"对应"，目标逐一解答，课堂教学缺乏思维训练；五是练习设计不精当，检测目标缺乏层次性. 后来，我把调查情况整理成《中学数学目标教学现状及对策》发表于《中学教学研究报》，获广东省教育科学研究成果黄华奖. 而学生普遍存在不想学的问题，通过深入调查了解，主要是学生不会学. 针对教师教学情况和学生学习状况，我确定了以"中学数学导法教改实验"的研究项目，并把此方案向校、县教育部门申请汇报，在他们的大力支持和指导下，从1992年开始了该方案的实验，并取得了明显的成效，1995年会考合格率达100 %，高考终于实现了零的突破，经过一个周期的实验取得了一定的成效. 县教育部门组织评估组进行了两天抽查检定，给予充分肯定. 在他们的指导下，我总结了该实验情况，写了《中学数学"学导法"教改实验研究》发表于《数学教育学报》，获广东省教育科学研究成果黄华奖.

由于教学成绩显著，1995年9月，我被调入雷州一中. 这是一所县级重点中学，学生素质比较高. 在课堂教学中，教师讲得头头是道，学生听得津津有味，但教学效果并不理想. 于是我广泛开展问卷调查，结果发现，出现这种现象的原因有以下几种：一是学生思维的广度不够，综合能力差；二是思维深度不够，分析、鉴别能力差；三是思维变通性差，常受思维定式的束缚. 种种原因造成了学生的思维与教师的思维并不是同步发展的，因此我们在课堂教学中提出了如下教改策略：一是加强启发诱导，调动学生思维的积极性；二是指导学生掌握正确的思维方法；三是完善学生的知识结构，为思维提供坚实的基础；四是注意对学生语言能力的培养. 从此我们又重新确定了实验研究课题——以思维为核心，发挥学生能动性，开展"思维学导法"教学实验研究．经过一个周期的实验，发现学生思维活跃，各学段统考成绩实验班比对比班平均分均高出10多分，数学竞赛也独占鳌头．当时实验班生源比对比班差，择校生占三分之二，正取生占三分之一．后来省、市、县教育部门进行实地评估验收，给予了充分肯定，并在湛江市普教系统进行了广泛推广．这项成果获广东省首届普通教育教学成果二等奖，成果论文《以思维为核心，发挥学生能动性，开展"思维学导法"教学实验研究》发表于《中国教育学刊》，后又被中国人民大学资料复印中心在《中学数学教学》中全文转载．1999年我被调任雷州二中任副校长．这是雷州市规模最大的一所中学，我与全体教师一起，广泛开展调查研究，尽可能全方位了解学生的学习状况，在课堂教学中主要采取了如下教学策略：一是巧设疑，善激思，以适应学生的好奇求异心理；二是多变化，找规律，以适应学生的喜新求趣心理；三是多鼓励，勤表扬，以适应学生的争强求胜心理；四是精讲解，多练习，以适应学生的好动求乐心理．重新确定了研究项目——"思维学导法与学生素质培养的实验研究"，并在2001年被中国教育学会确定为"十五"规划立项项目．通过开展该项目研究，实验班学习成绩出现了历史性突破，高考数学科平均分高于重点中学，高分层达到700分（在1992—1999年出现断层多年的情况下），2000年的高考实验班有三人考出了高分，其中一人的数学成绩居雷州市第二名，高考本科上线人数实验班占全校70%．该项目的论文《中学数学思维学导法实验的理论与实践》获2001年广东省中小学教育创新成果二等奖．

2003年，我被调入深圳市第二实验学校，我发现有的学生因数学成绩严重滑坡，从而对数学产生畏惧感，动摇学好数学的信心，甚至失去学习数学的兴趣．在这个过渡时期造成这种现象的主要原因是初高中在学习内容、要求、思维和方法上的较大差异导致高一学生对高中学习生活的种种不适应，如对知识基础和结构、教学方法、思维方式、学习习惯等不适应．为了全体学生的全面发展，高一数学教学的首要任务是做好初高中教学的衔接，包括教材教学内容上的衔接，学生学习方法上的衔接，学生学习心理的衔接等．如何认真钻研教材，研究实施对象的心理情况；如何设计适合学生的教学方法；如何培养学生适应高中学习的思维能力和习惯，创造出最适合学生的教学方法，以满足学生新的学习阶段的要求．于是我们确定了研究项目"初高中过渡阶段数学学习状况分析及教学探究"，该项目被列为深圳市教育科学"十一五"规划重点课题（课题批准号：B003）．该项目的结题报告《初高中过渡阶段数学学习状况分析及教学探究》发表于《数学教学通讯》，并获 2011 年广东省中小学教育创新成果奖和 2016 年深圳市普通教育教学成果奖.

2012 年我发现教学实践比较强调"静与思"，而对"动与究"则重视不够，在当前实际教学中后者大都是处于一种被压制的状态，并由此造成了课堂的沉闷与压抑. 我们在学科教育活动中还存在三个问题：一是注重学科知识的传授，忽略学科方法的培养；二是注重教育活动的结果，忽略学生活动的过程；三是教学方法比较机械、单一，缺乏对学生主动性、创造性的探索. 如果没有学生的主动参与和积极思考，即使教师讲得满头大汗，学生往往也是一无所获. 于是我在原来的基础上进一步研究，确定了新的研究项目"高中数学的高效课堂教学模式改革研究与实践"，该项目被广东省教育科研"十二五"规划 2011 年度研究立项，阶段性成果《思维学导式数学教学模式的探索与实践》《数学思想方法教学的实践与思考》分别发表于《数学教学通讯》和《中学数学杂志》，荣获 2014 年教育部国家级教学成果二等奖.

教育部颁布的《普通高中数学课程标准（修订稿）》不仅把数学素养列入课程宗旨、课程目标，而且明确了数学素养的界定. 所谓数学素养，是学生应具备的适应终身发展和社会发展需要的数学领域的必备品格和关键能力. 并提出了六个数学核心素养：数学抽象、逻辑推理、数学建模、数学运算、直观想象、数据分析. 因此，2018 年我们又开始了新的研究项目"高中数学核心素养教学设计的研究与实践"，该项目被立项为广东省"十三五"教育规划重点课题. 从此奠定了"思意数学"的基础，并且不断研究，发表了系列的"思意数学"研究成果.

在 30 年的教学工作中，我磨炼自己成为学者型教师，不断地通过研究更新自己的观念，把最科学的知识用最好的方式传递给学生. 我发现这样的教师既能教学，又能研究；教有特色，学有专长；教书与育人结合，教学与科研同步. 我认为，要做一名"学者型"教师，既要"教"，又要"研"，还要"写"."教"是"研"的前提和基础，"研"是"教"的总结和提高，而"写"则是"教"和"研"的概括、升华. 我一直把这些当作座右铭，并努力做到深刻反思、及时总结，把自己的一切教育教学及研究实践，都与总结经验和规律、撰写教育教学论文紧密结合起来. "教而不研则浅，研而不教则空". 教师只有以研究者的心态置身于教育情境，以研究者的目光审视自己的教育理论和现实，以研究者的精神不断发现问题和解决问题，才能成为自觉的实践者.

30 年来，我撰写了 220 多篇教学论文，在《数学通报》《数学教育学报》

《中国教育学刊》等刊物上发表，有41篇获国家或省级奖励．但是我并不满足这些，我继续探索．为了找出规律，我萌发了著书立说的念头，我参与编著了《名师谈数学教与学》等10多本书，出版了个人专著《数学教学论》《思维学导式数学教学概论》《师者行者——一位正高级教师教育教学研究与实践》《在实践中积淀教育智慧》《在研究中寻找数学真谛》《高考数学题型及解法研究》《高中数学新课程教学设计与实践》《初高中数学接教材》《数学简史》9部．

回顾自己30年来的奋斗拼搏之路，"刻苦学习"，为我的潜心实践指明了方向，为我的反思总结打下了坚实的基础；"潜心实践"，为刻苦学习提供了广阔的运用空间，为我的反思总结提供了取之不竭的题材；"勤于反思总结"，又为我的刻苦学习不断增添新的动力，又鞭策和敦促我去进行更深入的研究与实践．我就是在"学习—实践—反思—总结"这个螺旋上升的循环往复、不断深入的研究过程中，成长着，丰富着，提高着．

这些年来，我认真读书，认真学习，向实践学习，向同伴学习，不浮躁，不急功近利，不为名利所累，不断超越自我，超越成见，超越前人，不懈地追求"海到无边天作岸，山登绝顶我为峰"的大境界．可以说，我所有的教学教研工作都以数学课为原点展开．数学课就是以这样特殊的方式锤炼着我的心性，提升着我的智慧，成为我追逐青春、表达生命的重要方式．到今天，从课堂教学到教育科研，我从基层走出来，走出了自己的路，践行着自己摸索出来的教育理念，不断地用学习和探索丰富着思意教育思想．

张大千先生说："作画如欲脱俗气、洗浮气、除匠气，第一是读书，第二是多读书，第三是有系统、有选择地读书．"读书对于画家尚且如此重要，何况是教师？教师的使命不是给学生死知识，而是启迪学生活的智慧；教师不是只给学生一桶水，而是给学生一条奔腾"优质的"河流．社会上流行这样一条规则："知识折旧率"，即一年不学习，自己知道；两年不学习同事知道；三年不学习，学生知道．专业阅读是专业发展的起点；专业阅读，成了教育生命的王牌与底气，丰富我们的教学经验．专业反思是专业提升的关键点．反思是一种自我负责，是一种勇气，是一种智慧，也是一个追求成功的捷径．专业写作是专业成长的着力点．写作是一种能力，是一种锻炼，是思维的运动防晒剂，是教学经验的升华，是自我成长的台阶．

我的恩师刘许国书记常常告诫我要多读书、多思考、多动笔．他说只有积淀深厚了，思考深刻了，才会融会贯通，游刃有余，即所谓的"厚积薄发"，我因此养成了读书的好习惯．读书的自觉性，不断丰满着我追梦的翅膀．书读多了，积淀自然丰厚起来，自然会自觉反思自己的教育实践，开启新思维，实验新方法，提升新认识. 反思，是一个青年教师提高自己的必然选择. 教学活动永远是一种有缺憾的活动，反思让教学走进完美，走向"自由". 在我看来，把自己的反思加以凝练与提升，形成文字就是一种研究. 反思性研究能让我们更关注教育实现与实现的教育，关注数学教学改革的难点与热点，做出自己的判断与思考.

教师专业发展的研究表明，教师的知识结构至少包括三类：本体性知识、条件性知识和实践性知识. 本体性知识也就是我们经常所说的学科知识，它是教师从事教学工作的基础. 比如数学教师需要数学学科的有关知识，这是每位教师得以立足的根本. 只有这样教师才能给学生正确的知识. 条件性知识主要是指教与学的知识，一般包括教育学、心理学、教学法、研究方法等知识. 这是教师职业区别于其他职业的关键要素之一. 教师需要具备了解学生、因材施教的能力、课堂组织管理的技巧、教学设计的能力等. 实践性知识是动态的，它是教师个性化的知识，是随着教师教学经验的积累而不断完善和发展的. 这些知识要求每一位教师在专业发展中不断地读书和思考. 因此，我将书籍分为四类：一是教育理论、学习理论类，二是研究方法类，三是研究成果类，四是人文素养类. 为了研究课题，我先自学了教育心理学、心理测量、教育科研方法、教育管理等书籍，边研究边学习，将学习应用到研究工作之中.

高中语文老师、书法家邱良儒先生曾赠给我一幅字："问渠那得清如许，为有源头活水来." 书是教师的智慧、才能的源头，读书是教师充电、教学工作创新保鲜的保障. 正如苏霍姆林斯基说的："教师若不读书，若没有在书海中的精神生活，那么提高他的教育技能的一切措施就失去了意义." 他还说："一个人如果缺少真正的阅读，缺少那种震撼他的心智和心灵、激发他去思考生活和考虑自己前途的阅读，那将是很大的不幸." 教师要想飞得高远，就要借助一双双隐形的翅膀，与书中一个个高尚的灵魂对话，与书中一个个智慧的方法和谐共振.

我是一个喜欢读书的人，购书和读书是我最大的快乐. 我每次出差必会跑到书店一览群书，或多或少买一些喜爱的书籍. 我喜欢一种舒适惬意的读书状态，除了办公室堆满书籍杂志外，我家里到处都放着近期要看的数学专著和教学杂志，书柜里，书桌上，茶几上，窗台上，枕头边，到处都是，随手可取，随时可看. 饭后从茶几上随手拿起书翻一翻，书页里弥漫着比美食更美味的味道；坐在窗边眺望远方时，随即打开书读几页，抿一口茶，乐哉乐哉；休息前抽出枕边的书看一会儿，梦中弥漫着浓浓的书香味. 置身书山、坐拥书城、沐浴书海，是宝贵的财富和人生的享受.

我订阅了《数学通报》《中学教学研究》等 10 多种数学杂志，常常"挑灯夜读"，时时"闻鸡起舞"，几乎放弃了所有的假日. 有人说我生活单调，缺乏乐趣. 但是何谓乐趣呢？人们的看法千差万别，追求也各有不同. 而我，将广泛阅读，从书籍中贪婪地汲取知识的营养作为自己的最大乐趣. 专业方面的报刊如《数学通报》等，每次这些报纸杂志到来都如一位和蔼可亲、博学多才的恩师走到我身边，诉说教育教学的点点滴滴，教我开创魅力课堂的新局面. 我从每本书中汲取精华，灵活应用到教学实践中，我的课堂语言更加丰富了，赞许也更多了. 我还读了许多管理方面的书籍，书中的教育理念、教育智慧、教育的愉悦与幸福，犹如一泓清泉，注入我近乎干涸的心田，滋润着我的心扉，让我在教育教学中精神百倍，神清气爽，脚步不由得轻快起来了. 读书，让我丰富了情感，生活得更加有滋有味.

为了进一步提高自己的专业水平，解决教学中遇到的诸多困难，在阅读名家大师的作品的同时，我对"名师"的经验进行总结和反思. 韩非子曾讲到"下军尽己之能，中军尽人之力，上军尽人之智". 于是，我决定学习"尽人之智". 拜师学习，主动学习，寻找助我成长的途径. 我综合了李吉林、魏书生、窦桂梅、张天孝和张思明五位优秀的特级教师的成长轨迹. 这些教育领域的优秀典范成了我的引路人，我学习他们的优点和长处，研究他们的成长之路，受益匪浅.

我发现，首先，他们对教师职业看法不同，李吉林老师认为"整日和儿童生活在一起是最大的幸福"，魏书生、窦桂梅、张思明三位老师从不同的角度在不同程度上认为教师是一个又苦又累的工作，但他们都选择了克服困难，追求特色，拼搏进取的道路.

其次，五位特级教师都把教育视为事业，把探索教育工作的途径、方法和规律，以及教师的自我专业追求内化为一种坚定的信念，静下心来，排除杂念，以常人难以想象的坚韧和执着，多年来锲而不舍，不断进取争创佳绩，如窦桂梅的"面对荣誉，要拿得起，放得下. 但问耕耘，莫问收获，竭尽全力，就是胜利". 关于他们对待名利的态度，张天孝的"人不要为名利所累，最要紧的是抓紧时间实实在在地做事"，可以说是最好的回答. 特级教师在专业成长中要淡泊名利，慎独，专注研究.

最后，我发现特级教师都不是墨守成规的人，他们都是具有独立思考精神的人，他们从不跟在其他人的后面跑，而是追求"人无我有，人有我新""独立之思想，自由之精神"，他们在教育教学的实践中都形成了自己独特的教育思想，也许还不是最完美的，但肯定是最有特色的.

因此，我经过研究，得出了五位特级教师的成长之路，如图1所示.

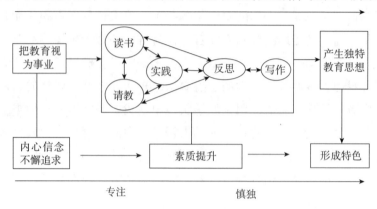

图 1

我开始思考他们究竟用什么样的方式来提升自身理论和实践水平. 于是经过探索和归纳总结，我发现了这个问题的答案.

第一，五位教师都把书籍、报纸和杂志、网络作为自己成长的土壤，不局限于本学科的专业知识，古今中外，涉及的内容非常广泛，通过不断地长期阅读、记录大量的读书笔记、文摘卡片，"丰富了自我成长的知识宝库，丰满了自我发展的羽翼".

第二，五位特级教师的资料中，经常向专家请教的只有两位，而在教学实践方面经常向专家请教的只有窦桂梅老师，这说明：一是特级教师的成长过程中，身边并不一定经常有专家的指点，但身边的每一个人，特别是老教师和学生都可能会成为他们的"老师"；二是专家的指点也是特级教师成长的重要因素.

第三，教育实践是教师专业成长的沃土，不管什么教学思想都来源于教育实践，最终都要接受教育实践的检验、五位特级教师无一例外地十分重视教育实践，在教育实践中反思，逐步产生、形成自己的教育思想，并在教育实践的不断检验和自己的反思中升华.

第四，五位特级教师无一例外地非常重视反思，"没有最好，只有更好. 学海无涯，艺无止境". 通过反思发现、探究和解决教育教学问题，修正自己的教学实践，形成自己的教学思想，促进自己的专业成长.

第五，五位特级教师在琐碎复杂的长期工作之余，都努力挤出时间写作，以教学随笔、教育心得、教育教学笔记、专业文章、教材、论著等形式记录自己在教育实践中的教学思想，促使自己不断阅读，不断学习，不断思考，不断总结经验，不断产生新的问题，从而产生新的教育理论，促使自己不断地前进.

综上所述，我凝练出特级教师的四大基本特征：

（1）师德为先，大爱于心（挚爱教育、执着专注；心存学生、以生为本；甘于寂寞，执着教学）.

（2）知识为本，终身学习（博学多识，自觉修炼；潜心教研，勤于笔耕）.

（3）能力为重，技艺超群（乐于钻研，敢为人先；善于调控，灵活睿智）.

（4）反思为要，躬行实践（自觉反思，勇于超越；同伴互助，引领辐射）.

"路漫漫其修远兮，吾将上下而求索."通过反复思考，我认识到：名师之名，不在于"名"，而在于"明"．而"明"是智慧，更是一种美德.

与此同时，我不断地参加新的研修和学习．2000年参加了广东省首届数学教师骨干班的学习，经过一年的学习，对自己有了新的认识和提升．2006年至2009年又参加了广东省"百千万人才工程"名师培养对象高级研修，三年的磨炼充实了自己的知识储备，进入了数学深层的空间，从此构建了"思意数学"的研究框架．2011年又被选派参加了北京大学校长后备班学习．我十分珍惜每一次学习的机会，在学习期间，我抓住点点滴滴的时间，学专业，查资料，听讲座，访专家，并阅读大量的教育教学类专著．这种读书经历和体验，也影响了我的数学教学观.

有时在想，从自己和读书的缘分来看，与其说30年教师这一职业是自己无奈的选择，不如说是命运的刻意安排．是读书，指引了我的职业取向；也是读书丰富了我的精神世界，更是读书提升了我学识素养．在读书中，我听到自己成长的声音，这也给了自己砥砺前行的力量.

第四节　追求卓越，乐在思意

我也渐渐知道，数学教师在教学活动中，不是停留在静态的知识传递的状态，而是一种人生体验的过程，一种生命活动的感同身受，过着"数学"的人生．一位优秀的数学教师，他本身就应该是"数学"的．他要学会用数学的眼光看待数学，看待自己教授的文本，只有这样才能使数学教学回到数学的本质上来，回到数学教学艺术的本质上来．要想把数学教学提升到艺术的高度，数学教师就要努力培养自己，使自己的数学课堂教学从各个方面看均堪称一件风格一致的艺术作品，使自己在数学课堂教学中成为一名出色的行为艺术家，并让学生在自己的行为艺术中，在自己的熏陶浸染中不知不觉地领略数学的魅力、情感的魅力和生命的张力．所以我除了不断努力朝着名师迈进，同时指导本校校本教研，还注意发挥骨干教师的辐射引领作用．各级各类的教研活动都以积极认真的态度全身心地投入，以自己的实际行动感染、带动青年教师参与教研．我帮助他们从职初教师过渡到经验教师再引向专家教师的成长之路，让他们感受到教师职业生涯的两次跨越：走向成熟与追求卓越．我认为用自己的绵薄之力去影响和带领新一代的青年教师，是让我自豪和骄傲的事情，是自我实现的路径．

我认为，专业化发展是教师成长的必由之路，《中学教师专业标准》明确规定了教师成长的理念、维度领域和基本要求．教师专业化是指在整个专业生涯中，教师要通过终身的专业训练，习得教育专业知识技能，实施专业自主，表现专业道德，并逐步提高自身从教素质，成为一个良好的教育专业工作者的发展过程．随着时代的进步，素质教育和基础教育新课程改革对教师专业化提出新要求，所以教师必须有发展自己的机会和意识．此外，马斯洛的需要层次理论告诉我们，人最高级的需求是追求自我实现．所以教师在专业化的过程中可以帮助自我实现提高．

那么教师该如何实现专业成长呢？我认为需要经过以下几个步骤．

第一，认识专业自我．教师的发展要经历入职初期—迅速成长—成熟的、有经验的教师—名师的过程．认识到这个过程，需要深入思考"我是谁"，如图 1 所示．

图 1

具体来说，"我是谁"即为自我认识（发现我）：事业经历的几件难忘的大事＋自画像；"我要成为谁"即为自我定位（设计我）：事业生涯的目标及步骤；"我怎样成为谁"即为自我实现（实现我）：所需专业知识、技能、条件及打造提升自己的路径和评价方法，以及坚持的原则和策略．

那么，不同阶段教师的知识结构有哪些异同呢？我发现了如图 2 所示的结构差异．

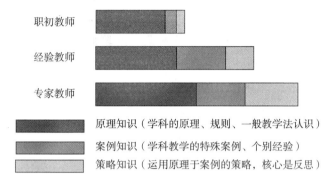

原理知识（学科的原理、规则、一般教学法认识）

案例知识（学科教学的特殊案例、个别经验）

策略知识（运用原理于案例的策略，核心是反思）

图 2 不同阶段教师的知识结构的异同

第二步，明确专业发展目标．没有目标的人生，就是一头拉磨的驴；目标使脚下的路具有意义；而不懈追求目标，使思想开阔，而思想能够改变一个人的世界．

美国哈佛大学 30 年前曾对当时的在校学生做过一项调查，发现没有目标的人有 27%，目标模糊的人有 60%，短期目标清晰的人有 10%，长期目标清晰的人只有 3%．30 年后追踪结果表明，第一类人几乎都生活在社会的最底层，长期在失败的阴影里挣扎；第二类人基本上都生活在社会的中下层，他们没有多大的理想和抱负，整日只知为生存而疲于奔命；第三类人大多进入了白领阶层，他们生活在社会的中上层；只有第四类人，他们为了实现既定的目标，几十年如一日，努力拼搏，积极进取，百折不挠，最终成了百万富翁、行业领袖或精英人物．

第三，了解专业角色是必不可少的．苏霍姆林斯基："应当成为孩子们的朋友，深入到他的兴趣中去，与他同欢乐、共忧伤，忘记自己是教师．这样，孩子才会向教师敞开他的心灵."教师与学生的关系是教育关系、服务关系，我们的职责是治愈而不是伤害．必须以爱心为基础，学习适应学生的新的沟通方式，来建立良好的师生关系，从而使我们的工作充满乐趣．老师没有任何理由嫌弃、抱怨学生．那么教师在日常工作中应该把"教育＋不许学生做什么"改写成"教育＋许学生干什么"，合理的需要给予满足，过分的需要给予引导，错误的需要进行纠正．

第四，提升专业素养. 专业素养是指教师的思想认识、情感态度、价值观念等素养，包括专业理想、专业情感、专业性向和专业理念. 一位 IT 行业知名人士说过，无论在哪个行业，决定一个人是不是高手的根本因素都不是技术，技术到了一定的程度，大家都一样，能分出高下的是人的爱心、信心、责任心. 我发现教师中存在着三种不同的状态："生存型"的教师——无奈的苦撑，"享受型"的教师——吃苦也是享受，"发展型"的教师——创造的幸福. 而我们应该追求和努力的方向是成为一位发展型的教师. 如何才能做到呢？首先，重视过程和积累；其次，重视学习和研究；最后，形成风格和成果.

叶澜先生说过："一个教师写一辈子教案不一定成为名师，如果一个教师写三年的反思，有可能成为名师." 反思和学习是一位教师专业化提升的必经之路，我把教师成长公式总结为"经验 + 反思 = 成长". 所以我对于教师专业化的总体认识从以前对教师的定位是"能教书、教好书"的平面式的层面，转变为适应教育发展需要的立体式层面的定位，这就是树立专业理想，提升职业修养，增长研究能力和追求优质教育. 这也是终身教育理论在教师教育领域的具体实践.

青年教师是教育的未来，培养他们是我们教育工作者的天职. 我始终是以一颗爱心暖人，以一颗诚心感人，以一颗事业心激励人，以一颗热心帮助人，创造一种宽松和谐的氛围，让每一个年轻教师愉悦地参加研究. 如研究教材，指导他们上研究课，听他们上课，和他们一起反思等. 吸收他们参加专题研究，或帮助他们选择研究专题，指导研究方案，帮助他们修改论文等.

经过不断地反思和学习，我先后担任广东省普通高中教师职务培训辅导教师、全市中小学教师继续教育指导教师、岭南师范学院数学与计算科学学院客座教授、广东省中小学新一轮"百千万人才培养工程"名教师培养对象培养项目导师组数学学科专家、广州市天河区名教师培养项目培养对象实践导师、肇庆市名教师培养项目培养对象实践导师、广东第二师范学院兼职教授、华南师范大学和深圳大学硕士生导师、深圳大学师范学院客座教授；多次为省、市教师做专题讲座及教材培训；参与广东省教育厅主办的"南粤名师大讲堂"活动，与惠州市 500 名数学教师进行同课异构、辩课论课；为教育部影子校长跟岗学习培训的校长上公开课；为广州市天河区名教师培养对象上公开课；为贵州省毕节市高中阶段骨干教师上公开课；为广西省扶绥中学和龙华中学的教师上公开课；为全省高中数学骨干教师培训；为广东省新一轮"百千万人才工程"名教师培训；为广东省名师工作室主持人培训；多次应邀到全国各地上课和做专题讲座.

我努力地发挥着自身的优势，和同伴交流，讲述自己的理念和信念，将自己的经验传授给青年教师，并与他们一起学习、反思和总结，这样一来，我引领了自己的专业成长，营造了清新的教研氛围，受到了赞扬和肯定，并支持自我进一步发展、挑战自我.

作为人民教师，我以教书育人为己任，在教学岗位上不断充实自己，以可持续的工作激情为动力，也收获了更多的教学成果. 为了使自己能够成为一名卓越的教师，我严格要求自己，刻苦训练自己，充实自己，完善自己，超越自己.

1997 年，我被评为中学一级教师，1998 年，我以大专文凭被破格评为中学高级教师职称时，只有 29 岁. 在《数学通报》上发表了 2 篇论文，当然也少不了一沓先进工作者和论文获奖证书做陪衬. 按理说，评上了中学高级职称就到了中学教师的职称顶级了，不用再考虑取得本科文凭了，但我又报考了成人高考，我身边的不少人是以评职称为目的报考本科的，为了轻松毕业，数学专业的选中文课程，而我是以深造为目的报考数学专业的，其间经历了几年"难受"的日子. 这样有用吗？其实，这至今也没有在功利方面起过作用，但每当我在填写个人简介的时候，写下"大学本科数学专业"这几个字时，就有一种说不出的喜悦之情，我认为这就是最大的"有用"！

评上"高级教师"后，发表论文的事情更被一些教师认为"没用了"，但是我评上"高级教师"后，写论文比评上"高级教师"前更有热情了，觉得"高级教师"就要有"高级教师"的样，认为不能时常在印刷品上留下一点墨迹就是遗憾的事情，于是继续笔耕不辍. 我总结自己在教育教学上的一些心得体会，汇集成书，先后出版了《数学教学论》《思维学导式数学教学概论》《高考数学题型及解法研究》等 8 部书.

我有幸于 2009 年被评为广东省名教师，2012 年参加了广东省名师工作室主持人的评选，通过评选工作室主持人才知道什么叫作"硬碰硬"与"组织严密".

名师工作室主持人的评选，第一关是材料申报. 当时整个深圳市符合条件的不足 10 人. 经过评审筛选，地市级按 1/2 比例申报到省级. 省里又要淘汰 2/3，但在省里的评审就不只看材料了，还要在规定时间内陈述和答辩，评审组提供统一的工作室主持人评选专用纸和铅笔，不准带任何资料与文具. 我顺利通过了答辩，经过综合打分（材料和考查占 60 分，答辩占 40 分），我终于进入了广东省名师工作室主持人行列. 来后才知道全省数学专业名师不足 40 个.

2013 年我被推荐参加了全国中小学正高级职称评审试点，整个深圳市所有学科共推荐了 11 名教师到省里参加评选. 同样是材料申报、初评、审核、答辩等环节，答辩统一集中到省里进行. 在整个过程中，最后通过的数学专业教师只有 10 名. 人们都说，这是精英中的精英. 我深深体会到教学实力与教学功底的重要性，体会到正高级教师就是什么都要会、什么都要精的一线教师. 说真的，我做梦也不敢想会被评为正高级教师，也正是基于这个"没有想到"，才不把评为正高级教师作为终点，而是继续把做好教育教学工作作为起点和动力. 我把教育科研当成了乐趣，以小课题研究为突破口，把教育写作当成了"一吐为快"的方式，当作以文会友的桥梁.

自从被评为正高级教师后，我的研究欲望越来越强烈，为了更科学、更规范地在教海中探宝，也为了带动并帮助勇于探索的团队，我组建了教育科研小组、学术委员会，进行课题研究，先后申报了课题"高中数学的高效课堂教学模式改革研究与实践""中学数学思维学导式教学模式研究与实践"，被广东省教育厅、广东省教育研究院立项. 其中"高中数学高效课堂教学模式改革研究与实践"已经圆满完成了各项任务，顺利通过省级验收并结题.

中山大学数学与计算科学学院院长、广东省数学会副理事长兼秘书长、广东省工业与应用数学会副理事长、广东第二师范学院数学系主任等专家参加了我的课题鉴定会. 他们对我的课题给出以下评价：课题研究目的明确，思路清晰；符合新课程提倡的自主、探究与合作的价值取向，探索中学数学课堂教学有效策略，提高了课堂效率，促进了学生数学水平的提高；课题研究内容针对性强，方法适当，过程规范. 研究内容包括：诊断并分析教师教学效率和学生学习效率不高的原因；有针对性地提出了改进措施；开展教师教的策略研究；开展学生学的策略研究；课堂教学准备策略研究；课堂教学实施策略研究；课堂教学评价策略研究等. 根据不同的学校构建不同的教学模式，根据不同的课型实施不同的教学模式，并且有很大使用价值. 课题研究规范，以问题为载体，通过问题确立课题，通过课题解决问题. 由教师主导的"先教后学"思维走向师生合作的"先学后导"思维；由单一化的新授课走向多元化的课型体系；由传递知识为主走向问题导学为主的学习，从而使得该课题的研究具有很高的可信性和应用推广价值. 专家鉴定组认为该课题研究成果针对性、操作性和使用性强，一致认为该成果在同期同类研究中处于先进水平，同意结题.《思维学导式数学教学概论》获得广东省第八届普通教育教学成果一等奖、《思维学导式数学教学模式研究与实践》荣获教育部首届基础教育国家级教学成果二等奖.

2015 年我又被推荐参加广东省特支计划教学名师的评选. 该项活动是广东省组织部打造"万人计划"中的一个项目，年评选 30 名教师（大学、中等职业学校、中小学共 30 名）. 2015 年是第二届，共评出了 29 名，目前中学数学教师共 2 名，我幸运地成为其中之一.

2017 年我又被推荐参加国家高层次人才"万人计划"教学名师的评选. 该项目是中央组织部实施国家高层次人才特殊支持计划（又称"万人计划"）. "万人计划"拟在 10 年间遴选支持自然科学、工程技术、哲学社会科学和高等教育等领域，能够代表国家一流水平、具有领军才能和团队组织能力的高层次人才 1 万名，2017 年全国入围教学名师（包括高校教师）仅 197 名. 2017 年，中央人才工作协调小组统筹安排中央宣传部、教育部、科技部组织专家，从相关人才中遴选推荐了 723 名科技创新领军人才、373 名科技创业领军人才、220 名哲学社会科学领军人才、197 名教学名师. 其中，广东省推荐了 40 名（含大学、中职教师），全国一共推荐了 800 名教师，最后评定了 197 名教学名师. 教学名师由教育部组织遴选，经过层层推荐、严格筛选而产生. 我又被幸运地评为国家"万人计划"教学名师，成为入选国家"万人计划"领军人才.

2018 年，经过层层审核，我又被广东省人力资源与社会保障厅批准聘为正高二级岗位（二级教授），这在中学教师里也是屈指可数的.

几许艰辛，几多收获. 我没有什么超人之处，只不过在教育的试验田上，洒下了我辛勤的汗滴，埋下了理想的种子，却惊喜地迎来沉甸甸的收获.

在平凡的岗位上做着平凡的事情. 在雷州从班主任到团委书记到政教处主任，到副校长、市教育学会副会长、数学学会副会长；在深圳从教学处主任到科研处主任，再到教师发展部主任、校长助理、副校长. 我历经了不同的岗位，逐渐理解了教育，这使我坚定地扎根在教育的沃土上，真切触摸教育的脉搏，也见证了我多年对教育的不懈思索与追求. 我也先后被评为市教书育人优秀教师、中学教坛新秀、优秀青年教师、优秀团干、十佳青年教师、优秀辅导教师、市拔尖人才、市先进工作者、南粤教书育人优秀教师、广东省师德建设先进个人、全国教育系统劳动模范（获"全国模范教师奖章"）、第三届全国"十杰中小学青教师"提名奖，获得奖章和奖杯，在北京人民大会堂受到党和国家领导人亲切接见. 两次参加湛江市普教系统师德优秀事迹报告团，到全市五县四区做巡回报告，引起强烈反响. 调任深圳之后，被确定为广东省"百千万人才工程"名教师培养对象. 被评为广东省基础教育系统名教师、全国第二届教育创新改革优秀教师、广东省中小学名师工作室主持人、深圳市劳模创新工作室主持人、广东省"特支计划"教学名师,并入选国家"万人计划"领军人才.

我的努力获得了广泛的认同,多家媒体单位对我的事迹进行了报道.《中国教育报》《广东教育》《师道》《南方都市报》《南方教育时报》以及广东卫视台等电视台先后报道.教育部将我的事迹收录进《师德启思录》(电视专题片第四集)作为电子教材向全国宣传.

我觉得荣誉是一种肯定,更是一种激励.但荣誉只能代表过去.归零,是一种最好的状态.因为我是一名普通的一线教师,要永远面对学生,也面对自己的生命.每一天都是鲜活的,每个孩子都是不同的.回顾教师生涯,我也曾获得过许多证书,但最让我难忘的不是证书所给我带来的快乐,而是那些经过艰辛的努力,付出辛勤的汗水走过的踏实的脚印.它们深深地刻画在我人生的年轮中,让我久久不能忘怀.我也曾得到过许多赞誉,但最让我难忘的不是赞誉给我带来的快乐,而是省、市各级领导对我工作给予的支持,让我有了克服困难的勇气,使我走过难忘的教育历程;是同伴的支持使我们的工作目标得以实现,也使我成为一位合格的人民教师.

回顾自己的专业成长历程,我发现这些教学成果不是提前设计好的,不是在预料与规划之中的,而是踏踏实实地做出来之后的必然结果.我越来越觉得教学成果是一件很神奇的东西,不像人们说的"看起来容易,做起来难",而恰恰做比看容易,因为看是计划,做是实施.没有实施的计划,计划一百年还是原地踏步;既然计划了,就马上实施,即便是实施一天也可以前进一段距离.头脑中的兴奋细胞一旦被激活,是一发而不可收的.

回首成长之路,我难以用语言表达出自己的感谢之情,因为曾有太多太多的人指导过我,帮助过我.全国、省、市、县、学校的老师、领导、专家学者给了我无私的帮助和指导,教我学会了思考,学会了教育.多年来与我朝夕相处的每一届学生,都给我带来了丰富的灵感,使我的生命在教学中永葆青春气息.是我遇到的每一位教师和学生,影响了我的教学能力的提升,事业的追求,人格的修炼,对教师职责的认识,以及对教材的把握、处理和使用.优秀教师的教学理念、教学方法的形成,无不对我产生了深远的影响,使我在教师专业化等诸多方面得到了较大的提升.与此同时,我要真诚地感谢我的家人和孩子,没有他们一如既往的支持与理解,我不可能取得今天的成绩.我还要感谢所有曾经帮助过我的人,是他们让我的生活丰富多彩,使我每天分分秒秒感到开心、快乐、幸福……

如同我在日常生活中发现的"单车哲学"（见图3）——单车的两个轮子分别为学习和讲解，付出和收获，而动力区是付出和行动，双脚持续开拓，车把控制发展方向，车座折射心态，后座承载的是使命．我认为学无止境，我会在生活的滴滴点点中永不止步地去思考和发现．

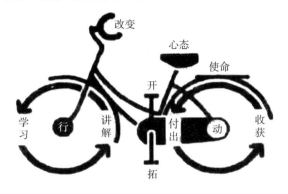

图3

前进过程中虽然存在许多艰难险阻，但也孕育了无限的生机，有无数意想不到的惊喜，这就是"有心栽花花不发，无意插柳柳成荫"的道理．保持积极阳光的心态，守住教育理想的阵地，把取得教学成果当成职业责任，天天忙都忙不过来，哪里有职业倦怠可言！有付出就有回报，回报更属于不图回报的人．投入了"激情"，回报了"爱戴"，这就是教师职业幸福的真谛．

一路兼程，一路风雨．从思意数学到思意教学，再到思意教育，不断研究与探索．在执着坚守上，有"望尽天涯路"的追求，耐得住"昨夜西风凋碧树"的清冷和"独上高楼"的寂寞，最后达到"蓦然回首，那人却在灯火阑珊处"的领悟．一路走来，生命因教育而快乐，生命因实践自己的教育理念而精彩．作为一名教育工作者，在工作、学习和生活中，注重感悟，学会感悟，坚持感悟，以无为的心态进行有为的追求，将自己的所长、所爱、所变"聚焦"在自己爱做、能做且该做的事上，那是一种觉悟、一种智慧、一种幸福、一种精神、一种创造……

我的职业生涯已30年，但我对教师职业的敬畏有增无减．"蒹葭苍苍，白露为霜，所谓伊人，在水一方，溯洄从之，道阻且长，溯游从之，宛在水中央．"我深爱自己所选择的教育事业，心中的那个"伊人"，就是美轮美奂的"专业金字塔"，明知"道阻且长"，难以企及，也要执着前行．大教教己，修己方能安人，教己方能教人，教书育人，我依然在路上．

第二章

思意要义：构建"思意数学"教学理论

第一节 "思意数学"的教学理念

　　培养学生的数学思维能力是新课程改革的基本理念，也是数学教育的基本目标之一．在数学教学中，以问题为核心，再现具体"意境"，激趣设疑引思，从感性走向理性，透过现象看本质，把最本质与最精髓的学科思想传授给学生，学生在学习的实践活动中通过自己的理解获得启迪与感悟，促进认识完善，形成知识结构，掌握数学思维方法．这就是情意飞扬，思维绽放，智慧流淌．

一、"思""意"字源解说

　　"思"，篆文 ❦❦（脑）＋❦（心），表示脑和心的能力．古人发现心不仅是泵血器官，还是感知器官，具有直觉思维的能力；"思"字的造字本意是：用头脑考虑，用心灵感受．《论语》有云，"学而不思则罔，思而不学则殆"，正有此意．

　　"意"，篆文 ❦是由 ❦（音，声）❦（心，情感）组成的，表示言语包含的情感．"意"的造字本意是：心声、心念、心志．"意"为心念，指个人的心思、想法，强调的是个体性和主观性．

　　"思意"，《现代汉语词典》的解释为："心思用意．""思意数学"中的"思"就是思考、思辨、思维和思想，心之官则思，思则得之，不思不得之；何谓"意"？"意"就是口头与书面的目的传达．意是思维的本源，是思维的触发器．《春秋繁露》有："心之所谓意．"可见"意"以心为主宰，由心而生的志、趣、见、识、境、象，都可归于"意"．也就是说"意"包罗了心意、愿意、意象、寓意，以及人的思维、情感、意志、兴趣、态度、品质、个性等．通常来说，"意"是人类对自身及周边世界的意识，就是人类存在性的反映．"思"和"意"是一种相互影响、共存共生的关系，落脚点是"思"与"意"的彼此交融、彼此支撑、彼此相长之实．

二、何谓"思意数学"

"思意数学"是指教育者引导学生自觉按照数学思维，激发和引领学生在数学学习中共同探究、体悟，使学生自主地、能动地、创造性地实现自我身心从经验走向智慧，实现感性与理性之合一、知性与悟性之交融，并最终促成学生形成自我独立而稳固的数学能力与素养的数学教育．简单来说，循"理"致"思"，教之思道，因"数"得"意"，得"意"忘"形"，"学"以致"用"．其结构图如图 1 所示．

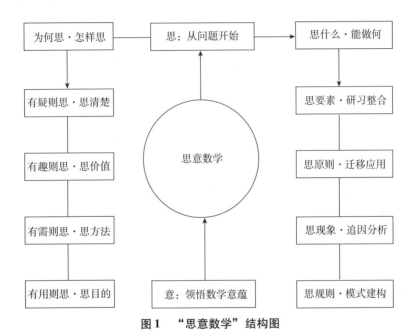

图 1　"思意数学"结构图

"思意数学"课堂定位从知识、能力立意走向思维、智慧立意．核心理念为：为改变思维而教（学），让学生的学习从表层走向深度，让课改从形式走向本质．为改变思维而教（学）的含义是：以问题为载体，让学生从点状碎片化局部思维到整体系统化思维，从静态单一思维到动态辩证思维，从结果思维到过程思维，从简单思维到复杂思维，从借鉴、传承思维到质疑、批判、创新思维，其结构图如图 2 所示．

"思意数学"课堂的基本流程为：思维的激发、思维的导引、思维的碰撞、思维的迁移、思维的提升．这一课堂操作要点包括两个方面：其一是以问题为主轴，借助多元对话互动、反馈、导向性评价，实现对知识的整体把握，多角

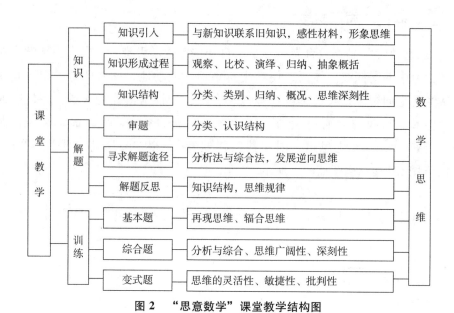

图2　"思意数学"课堂教学结构图

度理解；其二是让知识同化的策略，陈述性知识、程序性知识、策略性知识的综合运用，问题中心图式的运用，顿悟的产生，成为改变思维的有效载体．"思意数学"教学模式的结构如图3所示．

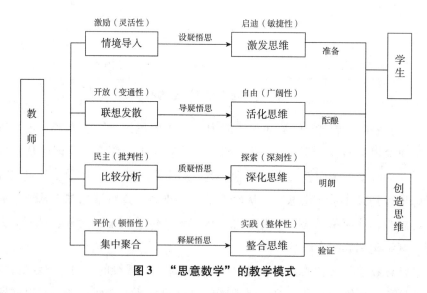

图3　"思意数学"的教学模式

"思意数学"具体的实践途径主要有以下四个方面：

实施以下教学策略与模式："一抓住""两增加""三贯彻""四注重".

（1）"一抓住"：紧紧抓住新课程理念来设计教学，使用教学材料与资源，选择教学行为与组织形式，创新教学方案的编写方法等.

（2）"两增加"：增加学生自主学习的时间，让学生有探究、合作、倾听的机会，启迪学生智慧生成的思维场；增加学生自我展示的机会，创造"生生、师生"互动的情感场，促进学生有效参与.

（3）"三贯彻"：自始至终贯彻一条符合学生实践的问题线，自始至终贯彻一条激发学生在数学学习中共同探究和充分发掘学生的思维本质的思维线，自始至终贯彻一条让不同的学生学习数学得到不同程度的发展的发展线.

（4）"四注重"：一是注重教育的唤醒、激励、发展的功能，合理设计问题的起点和梯度，激发学生潜在的学习能力；二是注重思维相近的学生之间的交流和帮助，激发"生生、师生"之间的情感体验；三是注重学生思维能力的训练和思维品质的提升，加强学生独立学习能力的培养；四是注重教师的主导作用，实现自我身心从经验走向智慧，实现感性与理性之合一、知性与悟性之交融.

三、"思意数学"存在的价值和意义

1. 现实的教育教学实践的诉求

"思意"两字的起源，要从我的教育教学实践说起. 从 1990 年开始，我先后开展了"学导式教学""三二六课堂教学""四主五环节目标教学""三段五步教学""思维学导式教学""思维表达型课堂教学"的实践探索，逐步实现由数学思维教学向数学意蕴教育的发展. 同时，2001 年和 2006 年先后参加了广东省首届数学骨干教师培训和广东省"百千万人才工程"名教师培训对象培训学习，培训中有一项非常重要的任务就是要反思自己的教育教学实践，在专家、同事和同伴的帮助和指导下，凝练自己的教育教学思想. "思意数学"是工作室正在努力打造和提炼的标志性成果，在前行的路上，工作室践行的"思意数学"开始散发出其不俗的魅力. 我多次为广东省数学骨干教师、广东省名师工作室主持人做"思意数学"的宣讲，"思意数学"教学思想得到大家的认可和赞许.

2. 教学现状分析

当下，中学数学教学存在着知识本位、教学方法单一、师生情感缺失等为考而教、为教而教现象. 首先，存在一些形式化的"生本教育"，看似以学生为中心组织开展教育教学工作，实际上，没有科学地为学生提供认知背景，也无涉关心学生的思维发展、提升和外化；其次，教学方式僵化，缺乏灵活性、适应性，理应灵活安排教学环节和流程，却变成为了迎合先进理念理论，选择不符合学生思维发展的教学方式；最后，随着学习场景多样化的变革，需要打通学校学习和社区学习. 但是现阶段，学生学习仅局限于学校和课堂，此举不利于学生感知数学是有用的，是和生活息息相关的.

3. 数学新课改要求

中学数学课程作为科学教育的组成之一，是以提高全体学生科学素养为目标的基础性课程. 它不仅应注意科学知识的传授和技能的训练，而且注重对学生学习兴趣、探究能力、创新意识以及科学态度、科学精神等素养的培育.

经过 29 年的教学实践探索和研究，"思意数学"教学模式呈现出"融思之规律、意之方法、思想于一体"的学科特点，旨在改进数学教学的弊端，对接新教学理念，培养新人才. 通过中学数学的教与学不断的碰撞，结合专业成长的经历和经验，深感中学数学教学应该以数学现象具体"意境"为学习路径，以贴近学生生活"情意"为学习动力，以启动学生"思维"为学习目的，以此方式才能更好地激发学生学习数学的好奇心、求知欲，真实地再现思维过程的发展，从而发展智力，提高学生的综合能力.

此外，立足广东省"百千万人才工程"导师团队的培养之情、催生之功和指导之力，借鉴李吉林等教育名家的教育思想与教育模式的精粹，不断地丰富"思意数学"教学理论，推进课堂实践，追求卓越高效的中学数学课堂.

四、如何理解"思意数学"

在教育教学实践操作中，"思意数学"通过"学习—教学—研究"的构建路径，融合教师学习共同体（名师工作室）中的跨学科学习力、创新意识和元认知技能，动态建构于课堂实践、教学艺术和教学价值理念与评价之间. "思意数学"的模型图如图 4 所示.

中学"思意数学"核心素养的理解是基础教育课程改革深入到数学学科的关键表现之一，数学核心素养是在学习数学的过程中，学习者应该达成的素养和能力. 对各学科具体核心素养体系的研究，将指引高中教育准确把握当今人才培养方向，引导考试评价，更加准确反映当下人才培养的要求. 新一轮高中数学课程改革已经启动，为了保证其顺利实施，如何测评高中生数学素养的问题已刻不容缓. 基于此，"思意数学"教学不仅是为了传授学生的知识与培养学生的能力，更是从"培养人"的角度切入，基于探索培养具有数学思维的人，围绕数学知能、数学情感和数学方法三个维度展开，探索开展"思意数学"的教学路径.

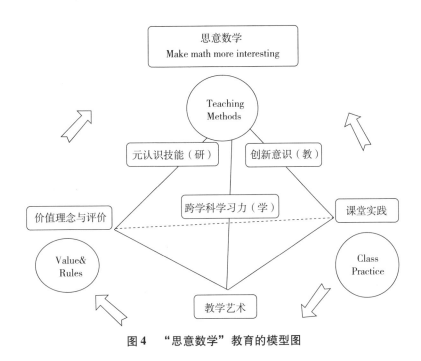

图4 "思意数学"教育的模型图

1. 数学知能

"思意数学"教学不仅是为了传授学生的知识与培养学生的能力，更重要的是在培育知能基础上，培养学生"数学的"思维能力. 因此，基于学生的思维能力，即注意力、观察力、记忆力、思维力和想象力，在不同能力维度中的具体特性下，探索开展"思意数学"的教学路径. "思意数学"之数学知能维度教学路径探索见表1.

表1 "思意数学"之数学知能维度教学路径探索表

维度	思维能力	思维特性	教学路径
数学知能	注意力	广度性	利用无意注意的规律,精选案例激发学习欲
		稳定性	引起维持有意注意,项目式学习深入探索
		主动性	根据有意注意特点,小组合作完成学习任务
		持久性	运用注意分配品质,科学安排学习活动时间
	观察力	目的性	激发观察兴趣,围绕目的展开学习
		条理性	严密观察计划,有条不紊及时记录
		理解性	掌握观察技能,科学理解支撑学习
		敏锐性	运用多种感知,敏锐洞察问题实质
	记忆力	复杂性	探索问题本质,举一反三严密推理
		精确性	提高观察能力,多维思考精确答案
		敏感性	基于敏感性特征,凸显无意记忆优势
		特点性	根据儿童记忆发展规律,合理安排教学活动
	思维力	准确性	根据知识遗忘曲线特点,教学节奏顺势把握
		备用性	注意强化训练儿童记忆,增强学生记忆效果
		敏捷性与灵活性	创设适合学生思维发散的问题情境
		广阔性与深刻性	利用多种问题探究的方式组织学习
	想象力	独立性与批判性	层层深入有逻辑地引导学生挖掘问题本质
		主动性	问题引导和探索,激发主动想象意识
		丰富性	提供脚手架支撑,提升丰富想象能力
		现实性	结合现实生活需要,生成生活化想象
		折射性	举一反三生动案例,多元想象折射本质

2. 数学情感

"思意数学"教学一方面是传授学生的知识,培养学生的能力,开启智慧;另一方面注重激发学生的学习兴趣,培养良好的学习态度与情感,增强学生的学习内驱力、自信心与责任感. 因此,基于学生的情感能力,即兴趣、内驱力、自信心和意志力，在不同能力维度中的具体特性下，探索开展"思意数学"教学的路径. "思意数学"之数学情感维度教学路径探索见表2.

表2 "思意数学"之数学情感维度教学路径探索表

维度	情感能力	情感特性	教学路径
数学情感	兴趣	指向性	挖掘生活化兴趣点，激发学习兴趣
		广阔性	融合多学科知识点，扩宽兴趣领域
		稳固性	培养稳固兴趣点，激发探究学习欲
		效能性	提供问题解决情境，发展兴趣效能
	内驱力	多样性	运用多样化教学技能，激发主动学习
		合作性	科学组织合作学习，驱动合作学习力
		激励性	建立反馈激励机制，驱动学习最大化
		功能性	培养良好内驱力，训练学生学习知能
	自信心	积极性	正面引导多面鼓励，激发学习积极性
		持久性	提供学习脚手架，鼓励学生探索试误
		发展性	通过由浅入深学习，动态化发展自信
		目标性	建立学习目标机制，鼓励达成目标
	意志力	坚韧性	由易到难组合知识点，激发意志坚韧性
		正向心	利用数学文化和美感，培育意志正向心

3. 数学方法

"思意数学"教学十分重视学生的学习方法和过程的研究，参与是前提，探究是关键，成功是目的，健康是保证，评价是导向. 因此，基于学生的方法能力，即参与力、探究力、成功力、韧性力和评价力，在不同能力维度中的具体特性下，探索开展"思意数学"教学的路径. "思意数学"之数学方法维度教学路径探索见表3.

表3 "思意数学"之数学方法维度教学路径探索表

维度	方法能力	方法特性	教学路径
数学方法	参与力	深度性	创设挑战性问题情境，深度参与学习
		广度性	提供多种学习方式，多维度参与学习
		密度性	聚焦问题本质，集中性参与学习探索
	探究力	主动性	启发引思发现问题，主动探究
		持续性	导疑悟思解释问题，持续探究
		深度性	研习整合解决问题，深度探究
		创新性	举一反三联想发散，创新发展
	成功力	针对性	开展成功教育活动，激励学生自主学习
		激励性	运用成功心理原理，训练学生热爱学习
		多变性	根据成功心理特点，训练学生善于学习
		发展性	发展成功心理特点，养成良好学习习惯
	韧性力	耐挫性	开展心理咨询，调节学生的学习心态
		调整心性	维护健康心理，保持学生的良好心境
		健全性	促进健康心理，发展学生的学习人格
	评价力	激励性	及时评价，激励学生奋发有为
		过程性	过程评价，教育学生勤奋学习
		针对性	精准评价，发展学生自我评价
		综合性	综合评价，提升学生良好素养

我们认为，教师处于"主导"状态，学生处于"主体"状态."两主"应该"导"在前"主"在后.它相当于军队作战，指挥员主要起指挥作用，作战的还是靠战士.在这一思想指导下，课堂的"两主"平衡的状态应为以下三个方面.

（1）引导与活学的平衡状态.教师根据学生的认知水平和教材的知识特点，科学地制订课堂教学目标体系和与目标体系相一致的有层次的课堂教学结构，引导学生主动地去探索，认识、研究知识，去构建知识结构；使学生在学习知识时，能主动地、科学地将知识点归放到知识结构的恰当位置；使用知识时，又能主动地清楚地从某一位置中去提取，从而让师生从知识"供应和需求"的层面建立一个平衡系统.

（2）诱导与乐学的平衡状态. 诱导分两个方面：一是"知识诱导". 慢慢诱导学生朝着正确的方面去思维，去认识，去理解，直到学生掌握这一知识为止. 在这一诱导过程中，让学生领略到"跳起来摘到了桃子"的乐趣. 二是诱导学生. 强烈的求知欲望和正确的学习动机能激发学生强烈的学习兴趣和高涨的学习热情，使探索新知识和认识新知识的活动，变成学生的迫切需要，变"要我学"的痛苦为"我要学"的快乐. 从而从师生心理上形成一个互动的平衡的状态.

（3）指导与会学的互动平衡状态. 指导，主要是学法的指导和认知的指导. 学法指导，就是使学生掌握科学有效的学习方法，养成良好的学习习惯，从而让学生有一个好学法、好的习惯去主动学习. 认知指导，就是使学生掌握获取知识、使用知识的思想方法和心智技能，从而让学生处于一种变知识为能力，变"学会"为"会学"的状态中.

在教学过程中，只有平衡了"两主"关系，才能使课堂教学处于一种最佳的教学状态，这样学生才能在课堂中获得扎实的科学文化基础，获得在理论层面上的运用知识解决知识问题的能力.

五、思意数学课堂基本特征

1. 中学数学教学的"五有"特性

中学数学是一门以培养学生科学素养为目标的基础课程. 基于数学课程、教材及学生的认知情况，在该课程要求下，中学数学教学应凸显以下"五有"特性：

（1）数学是有趣的：创设趣味数学意境，激发主动性探究意愿. 为学生提供认知背景，以逻辑为基础，助力学生知识建构. 调动学生的"眼、耳、手、脑"，激发学生思维活力，实现学生趣味学习、主动发现、积极探究，主动收获.

（2）数学是有理的：以问题为核心，发展思维能力. 基于学生的最近发展区，善于引出有价值、有意义的问题，以问题为核心，深入探究，开启思维，深化思维和外化思维.

（3）数学是有用的：从生活走向数学，从数学走向社会. 挖掘适合学生的探究性课题，帮助学生认识数学现象，揭示数学规律，培养数学素养和思维. 继而通过实践学以致用，并形成致力于服务于生活、生产的意愿，为促进社会、科技的进步"出谋划策"，在此过程中，学生能切实感受数学的魅力所在，明白基础数学的知识与运用总是个人与社会生活中不可或缺的环节.

（4）数学是有"法"的：落实科学的方法，同步发展思维，提升科学素养. 数学是利用符号语言研究数量、结构、变化以及空间等概念的一门学科，从某种角度看属于形式科学的一种. 因而，科学的教法、学法是开启数学思维的关键，将观察、分析、推理、综合、概括等方法与思维提升相结合，帮助学生运用有效的学习方法，关注思维在此过程中的变化和发展，最终催化学生思维过程外显，帮助学生认知、诠释、描述或模型化其体验的周遭世界，并做出关于世界的预测.

（5）数学是有"情"的：培养学生数学情感态度与价值观. 数学不仅培养学生的思维能力，它可以通过数学美培养学生数学情感，培养良好的学习态度与情感，增强学生的学习内驱力、自信心与责任感.

2. 思意课堂的基本特征

思意课堂的基本特征具体体现为"民主、开放、多元、共主和发展".

（1）"民主"指的是课堂氛围. 在这种课堂中，师生彼此尊重与包容；教学目标的确立、教学方式的选择、教学评价的表达、课堂作业布置等都倡导通过合作对话来展开，让学生通过课堂获得学习的积极体验.

（2）"开放"包括教学内容、教学手段、教学环境等的开放. 教学内容立足教材，但又超越教材，与现实生活相联系；教学手段充分考虑教学内容与学生实际，合理利用传统与现代教育技术，丰富教学手段；教学环境主张学生自主学习.

（3）"多元"指教学方式、学习方式和评价方式多元. 教学方式上要求改变单一的课堂形态，采取情境设计、问题牵引、活动体验、交流展示、讨论对话等多种方式来引导学生学、思、研、做和评. 学习方式上的要求是基于尊重学生主体行为的"自主、合作、探究"形式，它是"学生自学—生生共学—师生共学—远程共学"的有机统一体. 评价方式要求灵活多变，评价目的是激励学生进一步学习；评价过程坚持个体评价与小组评价相结合，定性评价与定量评价相结合.

（4）"共生"是指在课堂上通过"共学"实现师生共同成长，最终实现学生更好、更优发展的课堂价值.

（5）"发展"是指"双主共学思意课堂"要经历"规范课堂—高效课堂—精品课堂"的发展过程，即要处理好传承与发展、借鉴与创新、规范与自由的关系，在确保课堂全面转型的基础上，追求个性化的"思意课堂".

六、"思意数学"的教育理念及理论基础

（一）"思意数学"的教育理念

理念决定着方向，理念决定着方法，理念决定着成败，理念决定着前途."理念"一词是外来语，根据《辞海》的解释，"柏拉图哲学中的观念通常译为理念，康德、黑格尔等人的哲学中的观念指理性领域内的概念，有时也译作理念". 由此可知，汉语中的理念，最初是从柏拉图那里译过来的. 那么，柏拉图的"理念"又是什么呢?《辞海》认为，"所谓理念，事实上是把人从个别事物中抽象而得到的普通概念加以绝对化，并把它说成是事物的原型. 这种永恒不变的理念的总和构成了理念世界". 柏拉图认为，感性认识是不可靠的，因为感觉的对象是个别事物，而个别事物只是"理念"的"影子"和"摹本"，认识真理就是对"理念"的回忆. 由此可见，理念在柏拉图那里是一套高度抽象的绝对化的普通真理，是对世界或事物应有状态的反映.

在"思意数学"教学中坚持"为学而教，不教之教"的教育理念，秉持一切教学都要围绕适合学生的思维发展的层面来展开.

（二）"思意数学"的理论支撑

"思意数学"围绕提高学生的数学思维能力开展教学活动. 从本质上看，"思意数学"教学是学生从"思"到"意"的过程，学生起始于问题思索，通过学习感受到数学的意蕴. 在此教学中，发展学生思维的深刻性、灵活性、创造性、广阔性、敏捷性、批判性. 在"思意数学"课堂中，学生主动地探索数学知识、掌握数学技能和培育数学思维. 其中，发展思维能力是数学教学的核心，这主要基于以下的理论支撑.

1. 适合教育理论

早在2500多年前，孔子就提出了"因材施教"的教育思想，强调每一个学生的个体差异. 美国教育家、心理学家霍华德·加德纳提出多元智力理论，说明了人应该具备多元化的智能，才能真正成为一个优秀的人. 中国一位著名教育家也曾经说过，为每个学生提供适合的教育，是尊重教育规律和学生身心发展规律的要求，是现代社会多元化人才结构的要求.《国家中长期教育改革和发展规划纲要》明确指出，要关心每个学生，促进每个学生主动地、生动活泼地发展，尊重教育规律和学生身心发展规律，为每个学生提供适合的教育.

从某种意义上说，适合的教育才是最好的教育. 学生生而有异，后天成长和生活的环境与教育又各不相同，当然不能用统一的教育教学方法. 可是，有

的教师就是用统一的要求、统一的方法、统一的作业对待不同的学生，其教学效果当然也就不可能理想了。教育就是要让所有的学生都能成长。这里所说的成长，是在原有基础之上的成长，是适合其最佳发展的成长。这样，学生不但能够更好地成长，还会在成长中体会成长的快乐。快乐与否，直接关系到学生能否幸福的问题。小时候的幸福与不幸福，往往不只是显现于当下，还会延续到未来，多能产生久远的影响。所以，要很好地研究学生成长规律，让不同的学生都能更好地成长。

让教育适合学生，还是让学生适合教育？这确实是一个让我们难以回答的问题。教育不能不从学生的实际出发，教育要满足学生的需要。因此，教育要适合学生；但是教育又是一种有着自身规律的活动，它给学生选择学习的权力，但这样的选择不应违背教育的规律和科学的逻辑，教育的目的在于促进学生掌握知识、发展思维、提高能力，因而又要让学生适合教育。

基于研究，适合教育分两个方面：一方面是适合学生的教育，一方面是适合教师的教育。最适合学生的教育就是学生所接受教育的管理体系，教育教学理念、教学思路和手段正好适合学生的思维方式与接受能力，能使其能力得到最大限度的激发和发展。换言之，能使学生的潜能得以健康可持续发展的教育，让每一个学生成才的教育，就是最适合学生的教育。最适合教师的教育，就是能够让教师在教育学生的同时，自己的潜能得到发挥，特长得到运用，水平得到提高，也就是说能使教师的专业素养得到不断成长，创造能力得到不断提高的教育。只有适合的教育，学生才能享受教育的幸福；同时只有适合的教育，教师才能享受职业的幸福。

学生与教育的关系问题，历来是教育界争论不休的问题。到底是教育应适合学生的发展，还是教育来选择学生，取决于人们的教育观。

以捷克的夸美纽斯和法国的卢梭为代表的教育家坚持以学生为中心的教育观。夸美纽斯从培养和谐发展的人这一要求出发，尖锐批评了旧学校的种种弊病，认为它只以无用的死的文字材料填塞学生的头脑，而不重视认识实际事物；它只靠死记硬背让学生记住许多没有价值的结论，而不是通过观察与思考学习有益的知识。这就造成了学习时间与学生精力的极大浪费。加之方法不当，纪律严酷，"以致学校变成了学生恐怖的场所，变成了他们的才智的屠宰场"。夸美纽斯认为这样的学校是违背自然的；改革这种学校教育，必须在各方面遵循自然规律，这就是贯穿夸美纽斯教育思想的教育必须适应自然，以儿童为中心的原则。

卢梭也认为教育的核心是强调对学生进行教育，教育必须遵循自然的要求，顺应人的自然本性，反对成人不顾学生的特点，按照传统与偏见强制学生接受违反自然的所谓的教育，干涉或限制学生的自由发展．卢梭否认先天观念和先天道德，认为人们生而所缺乏的，又是成年之后所需要的一切，都是教育的结果，这种教育的来源有三个方面，即来自自然，来自周围的人们和来自外界的事物．他说："我们的才能和器官的内在的发展，是自然的教育；别人教育良好的经验，是事物的教育．"他认为，只有当这三种教育的方向一致，又能圆满地配合时，学生才能受到良好的教育．"在这三种不同的教育中，自然的教育完全是不能由我们决定的，事物的教育只是在有些方面才能够由我们决定．只有人的教育才是我们能够真正地加以控制的……"因此，他要求后两种教育必须与人们无法控制的"自然的教育"配合起来，也就是与学生天性的自然发展一致，按照学生自然发展的要求和顺序去进行．除上述两位代表人物，美国的杜威也主张以学生为中心的教育观点．

而英国的洛克依据培根关于人的知识来源于人对客观事实的经验、感觉，是认识的源泉等唯物观点，在《人类理解论》中响亮地提出他的著名的"白板"论："人心中没有天赋的原则．"人心如同一块白板，理法与知识都从经验而来．他说："我们所有的知识都是建立在经验之上的，知识到底来源于经验．"他坚持了从物到观念的这条认识路线，与早他半个世纪的笛卡儿所提的"天赋观念"相对立，并否定了天赋道德原则．洛克指出，在现实的社会生活中所提出的任何道德原则不是天赋的，它们并非由上帝之手印入人心，而是本来形成的，他主张"绅士教育"．我国古代的科举制，主张以教育为中心去选择学生．千篇一律的"八股文"，泯灭了学生的个性．我国的古代科学制代表的都是以教育为中心的教育观点．

以学生为中心的教育观和以教育为中心的教育观，都有自己的优点，同时也各自都有自己致命的弱点，那么到底应当怎样去认识教育与学生的关系呢？

我觉得，学生与教育的关系应当是内因与外因的关系．教育的对象及最终目标都是学生，而教育能否成功起决定作用的是学生，从这一点上说，学生是内因，起决定作用．但教育也不是无能为力的，当教育适合学生发展的时候，教育对学生的发展起积极的促进作用，有时起决定性作用．反之，则起消极的阻碍作用．从这一点上说，教育是外因，不对学生进行教育是万万不能的．素质教育是最根本的目标就是形成作为公民的最基本的素质．这些素质在每一个学生或学生群体身上的最优化组合，就形成了他们有自己特色的而又合乎社会发展需要的积极进取的精神风貌. 我们不能放弃任何一个机会对学生进行教育.

因此,教师应根据学生的特点,发挥学生本身的主动性、积极性和创造性,创造最佳的教育方式和方法,克服本身的缺点,教育学生向最优的方向发展;而不应当根据教师自己的喜好和固有的教育模式,去限制学生向好的方向发展.不要选择适合教育的学生,而要创造适合学生最优发展的教育.

创造适合学生的教育,体现了"教育为人民服务,学校为学生着想"的教育思想. 教育的对象是学生,就必须树立"以学生为本"的思想,努力增强"为人民服务"的观念,面向全体学生,认真落实学生在教育过程中的主体地位,促进学生全面发展和个性充分自由地发展,培养学生的创造精神和实践能力.

创造适合学生的教育,突出了学生在教育中的主体地位. 马克思认为:活动是人存在和发展的基本方式. 布鲁纳的"发现法"认为:教学即非教师的教,也非学生的听,而是教师通过自己的引导启发学生,让学生自己去认知、去概括、去亲自获取知识,从而达到发展的目的. 布鲁姆的"掌握学习"认为:要使"人人都能学习,学生就必须人人参与教学". 苏霍姆林斯基认为:主体参与是在教学中充分发挥学生的积极性,引导学生投身教学实践中,使其"精神丰富,道德纯洁,体魄完美,审美需要和趣味丰富,成为社会进步的积极参与者".

创造适合学生的教育,使学生真正成为学习的主人. 教师创造条件满足学生的参与愿望,学生就会有明显的向师性,他们高昂的学习热情会在很大程度上激发教师上课的情趣. 一种更加强烈的师生之爱由此产生,教师对学生无私的爱,学生对教师的理解与尊重,教师的人格魅力会在学生心目中得以升华,师生间的合作与交流会变得更加广泛,师生间的友谊也会得到提升,在这种温馨的教育环境中,师生会倍感教学的无穷乐趣.

从思维教学的实践取向来看,思维教学起源于"授之以竿"的"思维技能"教学,发展于"授之以饵"的"思维倾向"果,就此,较为理想的教育教学环境就形成了.

2. 思维教学理论

提升学生的思维能力是教育教学的核心目标之一. 作为思维能力培养的重要手段之一的思维教学于 20 世纪初在美国萌芽,经历 50—60 年代的蓄势,70—80 年代开始受英美两国思维教学运动的影响,从"潜学"成为"显学",得到越来越多研究者和实践者的关注.

教学，回归于"授之以渔"的"知识理解"教学．三种取向的思维教学并没有明显的界限，它们之间是相互重叠的．回归"知识理解"的思维教学并不意味着回归知识的机械学习，而是在提供娴熟思维技能和培育良好思维倾向的基础上，促进对知识的深度理解．

我国要实现课程教学的实质性变革，思维教学不仅是有效手段，也是必经之路．因此，"思意数学"坚持启发学生学以致用，将思维外显化，感受数学意蕴和魅力．

3. 林崇德的三棱智力理论

我国心理学家林崇德认为，智力是成功地解决某种问题（或完成任务）所表现的良好适应性的个性心理特征．思维是智力的核心成分．从这个定义出发，林崇德通过对专家和教师的访谈研究，提出了智力（思维）结构模型，其中，关于智力的品质，他认为智力品质表现在知觉上，有选择性、整体性、理解性、恒常性；表现在记忆上，有意识性、理解性、持久性、再现性；表现在思维上，有敏捷性、灵活性、创造性、批判性和深刻性．其中，思维品质特别重要，培养思维品质是发展智力的突破口．

思维是人类所具有的高级认识活动，思维是对新输入信息与脑内储存知识经验进行一系列复杂的心智操作的过程．而数学在培养人的聪明才智方面起着巨大的作用．因而，"思意数学"教学实质上是数学思维活动的教学．也就是说，在数学教学中，除了要使学生掌握基础知识、基本技能，还要注意培养学生的数学思维能力，数学学习的成败取决于学习者数学思维的发展．

4. 斯腾伯格的思维三元理论

思维三元理论是美国耶鲁大学教授斯腾伯格提出的．根据思维三元理论，思维可以划分为三个层面：分析性思维、创造性思维和实用性思维．分析性思维涉及分析、判断、评价、比较、对比和检验等能力，创造性思维包含创造、发现、生成、想象和假设等能力，实用性思维涵盖实践、使用、运用和实现等能力．

思维三元理论不同于传统智力理论．传统智力理论侧重于学业智力的发展．重视分析性思维，强调学生在学校中的智力发展和成绩表现，而思维三元理论不仅强调 IQ 式的智力，而且强调情境性智力．情境性智力指个体在现实生活中，有效地适应环境、改造环境并从中获得有用资源的能力．思维三元理论认为脱离情境考查智力是不正确的．有时会得出极端错误的结论，在现实生活中实用性思维能力非常重要，但在学校中却得不到充分的重视．因此，思维三元理论强调分析性思维、创造性思维和实用性思维协调发展，用健全人格完善智力.

据此理论中的分析性思维、创造性思维和实用性思维，我探索出"有疑则思""有趣则思""有需则思""有用则思"的思维教学起点，构建符合学生发展特点和科学的数学教学情境，基于问题，展开思考，培养思维，通过"思要素""思原则""思现象""思规则"的思维过程，感受"思意数学"课堂的数学意蕴.

七、"思意数学"的教学理念

教学是一种艺术，一种智慧，一种创意，要探索其中的真谛，需要坚忍不拔地不断尝试，不断创新. 积淀"学识"的教学底蕴，追求"知音"的教学境界.

庖丁施技之时，其姿若舞，其声若歌，我想庖丁也一定陶醉在"游刃"的快乐中. 我们要成为大师，让自己能在施技之时怡然自乐，先要磨砺自己的教育教学技能这把"刃"."刃"不利，"技"何行？做教师的要从"教书匠"升级到"大师"，必须具备渊博的知识、深邃的思想，才能满足学生强烈的好奇心和旺盛的求知欲，讲起课来才能高瞻远瞩、游刃有余.

"教学有法，教无定法，贵在得法". 这正说明教育工作的客观性、创造性和艺术性."教学有法"是说教育教学有规律可循；"教无定法"是说世界上没有放之四海皆灵的最优教学法，每节课的最优教法只存在于教师自己的创造性劳动之中；"贵在得法"则是教育艺术的体现，是在有法、无法的基础上，将他人的经验和自己的特长与智慧融为一体之后的新境界，是建立在科学性基础之上的艺术水平. 教师只有经常地细心观察、不断地学习和研究、反复地实验总结，把各种方法都研究透，用起来才能游刃有余，才能面对任何学生，不管发生怎样的意外，都能运用恰当的技巧为自己的思想和目的服务，表现出高超的教育教学水平.

教师教学艺术的创造能力，是丰富的教学经验的积淀，是娴熟的课堂驾驭能力的表现，是教师追求的最高境界."运用之妙，在乎一心"，你的学识、你的爱心、你的想象力和创造力、你对生活的热爱和风格形成的源泉，都是你个性锤炼和风格形成的源泉. 你丰富而具体的教学实践、简约的教学模式、个性化的教学风格，将使你的教育教学从平凡中得以升华.

教学理念是人们对教学和学习活动内在规律的认识的集中体现，同时也是人们对教学活动的看法和持有的基本的态度和观念，是人们从事教学活动的信念．教学理念有理论层面、操作层面和学科层面之分．明确表达的教学理念对教学活动有着极其重要的指导意义．

而"思意数学"的教学理念是：为学而教，为理解而教，不教之教．这一理念的具体架构内涵分为以下几个方面．

1. 为学而教

为学而教就是以学定教，问题导引，以教导学．

（1）为学而教．中学数学教学要从狭隘的知识教学、分数竞争中走出来，营造学生安全的学习氛围，提供适合学生学习的素材，在充满乐趣和挑战的数学活动中激发兴趣、经历过程、积累经验、掌握方法、养成习惯．简而言之，教师要为学生乐学而教．

（2）以学定教．以学定教，"以学"是指基于学生，为了学生；"定教"主要是指确定教学的内容、目标、方法和策略．"以学定教"要求教师依据学情确定教学方案，要顺应学情，顺应学生的学习需求，促进学生的发展．一言以蔽之，就是教师的教要从学生出发，把学生的学作为教学的出发点，把学生的发展作为教学的终极追求．

（3）问题导引．以问题的方式呈现知识，使教学内容问题化．通过问题控制学生的学习方向和学习内容，激发学生思维，保证学生学习的系统性和有效性．精巧设计问题，为课堂勾勒一个简单明了的路线图，顺应学生学习的内在需求．在教学过程中，学生的课前预习、课中的重难点突破、知识的迁移运用、课堂的及时巩固均以问题为主要推进手段，问题的提出和生成与问题的阐释破解并进．它是由教师单向积极性地教，转向师生双向都有积极性的动态教学新体系．

（4）以教导学．顾名思义，"导"为引导，即"导而弗牵"；"学"为推助，即"开而弗达"．"以教导学"主要指教师通过"教"来有效引导学生的"学"，用"教"的智慧与品质丰富并提升"学"的智慧与品质．"以学定教，以教导学"体现了新型课堂应有的教师与学生、教与学的关系．

"以学定教"是教学原则，其实质就是孔子早就提出的因材施教，它主要包含两层含义：一是要根据学生的学习起点来确定学习的内容和方式，并根据内容和方式提供适合学生学习的素材，组织开展以学生的学为中心的课堂教程；二是要根据学生学的学情展开相应的教与导，帮助学生获得成功．"先教后学"与其说是教学原则，倒不如说是一种教学策略．"先学"强调学生的主体意识和积极主动的学习态度，希望学生先入为主，通过自主阅读、自主探究、自主理解和生生合作，为课堂教学构建一个前置性平台。"先学"要有效，关键是内容要合适、难度要适中、时间要保证、指导要到位、反馈要及时。"后教"强调的是教师角色的转变，以服务者、合作者、促进者的身份积极参与到学生的学习中来。它改变了以往"教师教学生听"的被动学习场景，而是针对学生"先学"中的问题、困惑和疑难，开展及时的交流探讨和梳理，借助集体的智慧解决疑难、达成共识，确保每个学生都有所收获。"后教"重在解决学生疑难、厘清数学本质意义、渗透数学思想方法、构建数学知识网络、形成数学学习策略。

2. 为理解而教

"为理解而教"的"理解"包含知识、方法、目的和形式四个层次，代表四种不同层次的理解水平。知识是在课标中明确规定的教学目标和内容；方法是知识、达到目标的过程中所使用的方法和手段；目的是我们学习这部分内容的意义；形式是学生利用哪些方式表达所学的知识及方法，体会知识的意义。

要实施为"为理解而教"，需要教师对平时的教学行为做出一些改变。为了促进教师践行"为理解而教"或者说减少教师的抵触心理，我们在设计培训活动和教学改进任务时也按照"为理解而教"的理念进行。也就是说，"为理解而教"教学设计理解活动那样去组织"为理解而教"教学改进活动。

例如，"统计"单元是人教版必修 3 的一个单元。在描述理解目标的时候，力求将课程标准中学生需要理解的知识与技能、过程与方法以及情感态度与价值观与"为理解而教"框架中的知识、方法、目的及意义很好地融合在一起。在教学实践中，当学生看到理解目标后，就会比较清楚地明白自己的学习目标，促进学生更加自觉地为学习做好准备。

我们分别从知识、方法、目的、形式四个角度进行了论述，同时利用疑问句及陈述句的描述方式，知识目标力求具体且指向明确，着眼于统计的具体方法，立足于学生学习统计的意义，这样的描述便于学生清晰地知道为什么学习、将学习什么、如何学习统计知识及将要达到什么程度。

3. 不教之教

"不教之教"的核心思想是：教是为了不教，学是为了再学。其核心要义是：教学的最终目的是为了学生能够独立地学、主动地学。教是手段，不教是目的；学是起点，再学是新起点。

教的要义在于让学生学会学习，具有独立学习的能力；在于让学生学会独立，具有独立学习的意识．仅仅满足于能力的培养，还不是完整的教，更需要独立人格的培育，后者更重要．当学生具备了独立自主的意识和能力，不教才成为可能．

子曰："学以为己．"学习的目的是为了让自己变得更加美好，是自己内在精神发育的需要．教，就是一种精神的启蒙，就是点燃学生对学习的热情，是学的助推力．从这个意义上说，不教其实是一种更加智慧的教．

只有教师的"不教"，才能给学生的"再学"留下时空；也只有学生的"再学"需求，才能促发教师的"不教"智慧．这是对教与学的智慧表述，它体现了辩证的思想、转化的思想和发展的思想，它平白如话，但是具有深刻的哲理意义．

八、"思意数学"的教学风格

"风格"是艺术作品高度成熟的表现，教学风格更是教学艺术化、把教学带入审美的境界的标志．教学风格、教育个性，见智见仁，各有千秋．席勒说过："最理想的风格就是具有最高度的独特性．"要形成自己的风格艺术，不在一朝一夕，要从教育共性中分化、升华出自身的教育个性，于长期的教育实践中逐渐完善、发展个人独特的教学风格．我始终坚持从学科本身的逻辑性出发，按照学生的认知顺序，从事实入手，注重与学生的生活实践经验联系，引导学生积极探究知识，灵活而有序地认识知识的形成过程．从学生已有的经验出发，以小问题扩展与发散，引领思维和实践，做到"活"与"实"的统一，"智"与"趣"的和谐，给学生预留创新的时空，使课堂教学更加精彩．

教学个性来自教师个体的性格、气质、情趣、素养，个人印记一旦鲜明化、稳定化，那么，教学个性可谓形成．教学个性是教学命名的基础，但还是稚嫩的、脆弱的、可塑的、有倾向性的．教学个性经过理性的淬火、实践的打磨，经过去粗取精、去伪存真，久而久之，便积淀为教学特色．教学特色是教学的独特色彩，是此教学明显区别于彼教学的独特韵味，有其形式上的特征，更有其内涵上的区别．教学特色不能仅仅停在表层，哪怕是看似非常美好的表层，教学特色也必须由外而内，由表征而内涵．仅具有某些表征而缺少内在肌理还不能算是教学特色．教学肌理乃教师长期教学实践而形成的血肉，是一位教师的教学理念、教学素养甚至个人气质和品位在教学中的集中体现，包括理解教材的趣味、处理教材的路径、课堂安排的结构、师生活动的方式，教学语言的特点、教学艺术的特征……教学特色，是其独有的，或者是人弱我强，人有我优的. 特色的成熟, 就是风格. 风格是成熟的标志, 教学风格, 是教师教学艺术臻于成熟的象征. 风格即人. 一位教师的教学风格, 凝聚着这个生命体的全部: 学识、智慧、能力、才华, 还有个性、气质、禀赋乃至品格、人格.

教学风格是指教师在长期的教学实践过程中形成的, 在一定的教学理念指导下, 创造性地运用各种教学方法和技巧, 所表现出来的一种个性化的教学风貌和格调. 主要特征为: 动态生成、难以言说、个人专有、稳中有变. 教学艺术风格的形成标志着一个教师教学艺术的高度成熟, 或者说教学艺术的理想境界在于形成个人独特的卓有成效的教学艺术风格.

因为教学艺术风格绝不仅仅是个形式问题, 它与一个教师多方面的修养密切相关. 歌德曾说: "总的说来, 一个作家的风格是他的内心生活的准确记录. 所以一个人如果想写出明白的风格, 他首先就要心里明白; 如果想写出雄伟的风格, 他也首先就要有雄伟的人格." 教师要形成自己的教学艺术风格, 必须有广泛而深厚的个人修养基础, 多下一些 "诗外功夫", 同时还要注意自己教学艺术风格的实际教育效果, 要尽量避免把教学搞成哗众取宠的 "花架子". 戏谑有云: "演戏不图一时乱拍手, 只求他日忆起暗点头." 这对一个有志于在教学艺术上建构独具特色的教学艺术风格的教师来说, 也是一句很好的座右铭.

"思意数学" 之教学风格被定义为: 激情、自然、灵动、朴实、致用. 这几个方面分别做以下具体阐述.

1. 激情

激情就是一种强烈的情感, 是短暂迅猛爆发的情绪状态. 它能让学生兴奋, 充满活力, 如果发挥了它的积极性, 便能使学生产生超常的力量, 出色地表现自我. 激情是一切艺术风格之母, 因为艺术最本质的东西是以情感人. 拥有激情, 会让学生更加自信, 能力更强, 它是成功的催化剂. 有激情才有活力, 有活力才有精彩, 才能给学生以积极的情绪激励和情绪感染, 使学生在亢奋的状态下去学习、去生活.

皮亚杰说: "没有一个行为模式, 不含情感因素作为动机." 情绪激昂首的数学教师很容易调动学生的情绪, 思维敏捷的教师很容易加快学生的思维节奏, 情感丰富的教师很容易触动学生的情感心弦. 激情教学就是用激情去教学数学, 用激情去吸纳和传播知识, 用一种高亢的精神状态、真挚深沉的情感, 通过不同的交流方式, 把教学中的各个环节紧密有效地结合起来, 完成数学教学的目标, 使学生的心灵受到碰撞、震撼, 智慧得到启迪, 潜能得以挖掘. 正所谓 "善歌者, 使人继其声; 善教者, 使人继其志". 德国教育家第斯多慧说: "教学艺术不在于传授的本领，而在于激励、唤醒、鼓舞．没有主动性怎么唤醒沉睡的人，没有生气勃勃的精神怎么能鼓舞人呢?"

2. 自然

教学就是生活，上课就像过生活，不做作，不拘束，不呆板．主客体相辅相成，相互合作．顺其自然才是真，保持自然才是好．顺应教学规律，以学生为主体，尊重教学秩序，以朴素的形态与学生自然相处，让学生自然感知教师的亲切，乐于接受教师，让学生在自然状态下愉悦地学习．

3. 灵动

数学是有生命力的，数学教学应该是生机盎然的．在数学教学上，让抽象的数学鲜活灵动．在我的数学教学中主要突出"活"字．这主要体现在课堂教学过程中运用多种教学方法，随机应变地调节教学节奏的灵活的教学策略．教学过程是师生互动的过程，随时都有意外发生（与备课所预设的情况有变化），我能及时地提出有针对性的问题并组织学生进行讨论，并点拨固化，化解思维障碍．具体表现为："鲜活灵动"的教学方法，"鲜活灵动"的教学语言，"鲜活灵动"的教学评价，"鲜活灵动"的课外活动．在数学复习课中增加了"鲜活灵动"的教学内容：灵活的选题、灵活的分析、灵活的解题能力．

4. 朴实

朴实就是质朴、朴素、实在、简约，不华丽．根据教材和学生的情况分析，转变教学策略，在教学中提高目标的达成度，力求课堂教学的朴实，"不摆花架子"，整堂课力争在练习方法、手段上求实，让学生充分、合理的得到锻炼，把学生的兴趣融入学习，从而完成课的教学目标．在授新课中，我根据"最近发展区"理论，充分研究和分析学生原有知识的固着点，把握新旧知识之间的"跨度"，使学生感受知识的发生发展过程．在复习课中，我更注意知识的相互联系、方法的归纳与总结．

5. 致用

"致用"出自《易·系辞上》："备物致用，立成器以为天下利，莫大乎圣人．"唐人孔颖达疏："谓备天下之物，招致天下所用．"即尽其所用，此其第一层意；其第二层意谓付诸实用之意。学而后能用，是认识到实践的一般规律，也是融会贯通的认知表征，更是知行合一的认知能力．学以致用，知性合一，教学与现实结合，与实践有机结合．教师顺应学生发展的需求，让学生真正达到知与行的合一，将所学的知识用于实践之中．

第二节 "思意数学"的教学模式

　　"思意数学"教学以知识为载体，以思维过程为主线，以问题为手段，合理组织教材，学生在教师的指导和帮助下，最大限度地完成自主学习的过程．在教师和学生的共同活动中，整合各种学习资源，创设生生互助、师生互动的学习情境，以知识和技能为载体，引发学生思考，激活学生思维，促进学生学习．

　　"思意数学"教学，是指以问题来引导、指导学生探究知识，激发学生主动获取知识的愿望和提升学习能力的一种灵动的课堂教学模式．这种教学模式倡导以学生为主体，以问题为主线，以思维为核心，教随学定，体现教的灵动性；学随思定，彰显学的灵动性．简单来说，思维起点选择、组织思维程序、得出结论是课堂结构图也是构建的三条线．第一条问题线，它主要创设符合学生实践的问题；第二条思维线，它改变学生的思维方式，是学习数学的一个重要方式；第三条发展线，它让不同的学生学习数学得到不同的发展．其流程图如图1所示．

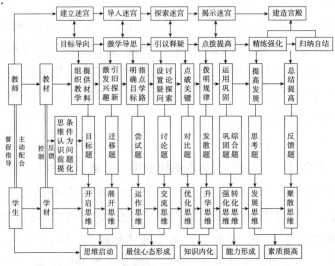

图1　教学流程图

具体教学流程

1. 目标导向

课前确定指导内容和学生自学内容，上课后展示目标，并围绕教学目标开展教学活动. 教学目标给学生的学习提供思维导向.

2. 激学导思

在学生自学前，提出自学要求和自学的具体方法，或者提示并设计思考题，为学生创设自学条件，以便学生在根据教学目标学习时能够通过阅读、思考、归纳、分析等多种活动来统揽教材，理解重点，掌握难点，最终获取知识. 在学生的自学过程中稍做指导，随时解答学生提出的疑难问题，以充分调动学生的主体性、积极性.

3. 引议释疑

在自学过程中，学生由于各自能力不同，理解程度亦不相同. 共议这一环节主要包括以下几方面的内容：议疑难，探求解决问题的途径；议规律和关键，掌握思路；议"常发病"，寻根找源，弄清缘由；议争议，统一认识；议知识的结构和特征，提高学习效益；议创见和发现，培养创造性思维. 对讨论中未能解决的问题，将其收集起来作为精讲的素材，进而培养学生分析问题的能力.

4. 点拨提高

讲授是课堂教学中的重要环节，是教师发挥主导作用的具体体现，包括启发教学、传授双基、反馈指导、培养能力等多种指导性活动. 同时结合学生练习反馈的信息，我进行精要的指导性评价，做到讲到精要，讲出精华，讲得精彩，帮助学生深化所学知识，揭示解题规律，使之具有条理性、系统性和灵活性. 教给学生分析问题与解决问题的方法.

5. 精练强化

练习是学生综合运用其心智技能和动作技能的基本途径，贯穿教学的全过程. 一方面，根据教学目标及内容编拟的基本练习——自学习题作为学生初读的线索，以习题引路，让学生边自学边训练，手脑并用，探索迷宫，以获取知识、发展能力；另一方面，根据学生反馈的自学结果，在讲授重点、分析难点的基础上，让学生再进行深化练习. 这部分练习的难度适中，让学生经过努力可以完成或基本能够完成，防止其因不能完成该部分练习而造成压抑或失去钻研下去的信心.

6. 归纳自结

先进行导评，然后让学生自评、自结、自改答案，使学生对所学知识进一步深化和巩固，所学技能进一步综合化、熟练化.

在教学过程中，以上各环节并非截然分开，而是一个紧密联系的有机整体. 目标导向是前提，激学导思是基础，引议释疑是关键，精练强化是手段，点拨提高为的是更加深化，归纳自结为的是进一步巩固；讲中有练，讲练结合；以自学为主，讲授为辅，练为红线，并贯穿整个教学过程.

在实施"思意教学"教学模式过程中，注意把握"十个"基本点：

1. 用好教材资源是思意教学的基本点

灵活使用教材，积极开发学习资源是思意教学的基本要求. 要求教师把握教材信息、资源信息、"课标"信息，明确教材编写意图，提出学习任务，吃透文本中的"八个着眼点"，即内容的重难点、知识的生成点、技能的训练点、情趣的触发点、思维的发散点、合作的讨论点、育人的渗透点、知识的引申点等.

2. 了解学生情况是思意教学的立足点

要了解学情，才能以学定教，以学定教是思意教学的立足点，了解学情，主要是了解每个学生的"最近发展区"，教学才有针对性、有效性.

3. 设计适当目标是思意教学的落脚点

学习目标是学生通过学习活动要达到的预期的学习结果，也是教师教学最后要落实的结果，这就要求教学目标的设计要适当、具体、可察、可测，要分层，切合学生的实际，以便自己执教，以便自己和他人的评价.

4. 改变学习方式是思意教学的着力点

改变学习方式是新课程改革的重要任务之一，也是思意教学的重要任务之一. 要求教师改变教学观念和教学方式，需要着力地抓，使之达到"五变"：一是变"在听中学"为"在做中学""在玩中学"；二是变"被动地学"为"主动地学""自主地学"；三是变"单一个体的学"为"独立自主与合作交流相结合地学"；四是变"机械模仿地学"为"探究创新的学"；五是变"单一向书本地学"为"提供各种经历在体验中学". 在教学中，只有真正地让学生处于主体地位和让学生主动构建知识，才能可能实现思意教学.

5. 优化"讲练"策略是思意教学的效益点

所谓的"讲练"策略就是"精讲精练"策略，它是一种提高课堂教学效益，减轻学生过重课业负担的教学策略，也是一种有效呈现知识和有效指导学生学习的教学策略.

6. 引导帮助学生是思意教学的支撑点

思意教学认为，师生互动中的教学行为主要表现为引导与帮助. 所谓引导，就是含而不露，开而不达，引而不发，引导学生与文本对话、与自我对话、与他人对话等，把权力交给学生；所谓帮助，就是服务，帮助学生设计恰当的学习方式和选择学习策略等，用引导与帮助的有效互动，来支撑学生的学习，从而实现思意教学.

7. 教与学的和谐是思意教学的关键点

思意课堂就是追求和谐，也就是要构建"和谐课堂"，使课堂中师生和谐、生生和谐、环境和谐、学生发展和谐等，其中主要的是师生之间的和谐，这是实现思意教学的关键.

8. 缩小个体差异是思意教学的平衡点

思意教学认为，缩小个体差异就是让原来的不平衡逐步趋于平衡，这也是对思意教学的要求. 课堂教学中，分层递进，因材施教，通过分层教学，分层辅导，分层评价，分层矫正、调节，达到各类学生产生接受效应、共磁效应，使每一个学生都能在原有基础上获得充分发挥.

9. 善于动态生成是思意教学的关注点

动态生成教学是新课程积极提倡的核心理念之一. 所谓"动态生成"，是一个相对于"预成"的观念. 教师在平时教学中较多关注的是"预设"，很少关注"动态生成"，很少考虑促进动态生成，应对动态生成. 而新课改要求关注动态生成，要充分开发和运用生成资源，使教学取得最佳效率.

10. 坚持教学反思是思意教学的生长点

坚持教学反思，让教师自己审视自己的教学，反思自己的教学，质疑自己的教学，找出教学中的低效和无效的问题，进行研究，最终生长出新观念、新教法、新措施，使原来的教学走向有效教学.

第三节　"思意数学"的教学原则

现代学习论强调"学教同步""学会与会学合一". "思意数学"教学以"让学生清醒地学习"为导向，努力建立一种数学学科指向学会学习的管理机制，建设多元开放的学习体系，为思意教学设计了一种富有成效的"系统软件". 以以下五个原则为保障.

1. 深度沟通原则

我们把深度沟通作为本课题的第一原则，因为"变教为导"的关键是教学的民主，这是学生真正成为教学的主体的根本保障. 深度沟通正是教学民主真正得以落实的有效的教学管理举措.

深度沟通原则是受"学习型组织"理论的深度会谈和讨论制度启发，结合数学学科教学的具体情况而确定的. 深度沟通就是在学习目标的确定、学习形式的选择、学习的评价和反馈等教学决策过程中，教师应当创设各种交流的途径，师生均无拘无束地谈自己的看法，充分表达自己的意见，使师生一起组成一个"学习共同体""智慧联合体"，最终通过讨论达成大家都由衷认同的决策. 例如，我们在制订学校学习常规后，要求各班以此为基础通过深度沟通，根据本班数学学习的具体情况，制订出自己班级的《数学学习公约》，这样制订出来的公约就容易使学生自觉内化而成为自己行动的准则.

为真正做到深度沟通，我们要求教师在沟通过程中把自己定位为"顾问"和"主持人"，一方面让学生充分酝酿准备，畅所欲言；另一方面应使学生明确自己是过程和结果的"主人"，对决策的成败负有责任. 深度沟通集体性的形式有民主协商、课堂讨论和专题论坛等；个体性的形式有口头交谈、书面交流等.

2. 目标先行原则

目标管理是一种有效的管理方法，这种管理方法在数学教学中尤其需要借鉴，因为数学教学是一门很容易使教师和学生迷失的学科，迷失于微观教学内容，从而陷入"只见树木不见森林"的境地. 目标先行策略就是一种让人"既见树木又见森林"的有效的教学管理策略.

目标先行就是在每一项教学活动开始前，首先应当让学生十分明确自己学习活动的目标是什么，每一阶段目标在数学学科的总体目标中定位如何. 我们把这一原则简化为两点：一是"学什么"，即学习的内容是什么，以便让学生调动记忆储备，预先锁定注意点；二是"为什么学"，即让学生理解这部分学习内容在整个数学学习体系中的定位及其重要性，以便让学生建构学科知识体系和投入学习热情.

我们落实这一原则的具体做法有：

（1）把了解数学学科的宏观知识系统作为数学学习的第一件事，让学生对数学学习建立起一个初步的"愿景"（"愿景"为管理学名词，即为预想的图景）.

（2）教师在每一节课前必须明示教学目标，必须先有一个达成目标的教学环节.

（3）学生的学习笔记需有两本：一本是课堂笔记；另一本是数学知识建构笔记. 后者主要用以建构宏观数学学科的知识体系.

3. 因学设导原则

我们认为，教师教的真正意义乃是优化和促进学生的学，也就是说，教师不但要确保学生的主体地位，更重要的是精心设计教学管理程序，积极主动地创造条件，在教学过程中切实体现学生的主体地位. 总之，教贵引导，学贵领悟，教师要激情导趣，扶放有致，就必须因学而设导.

因学设导体现在数学教学管理中，就是教师的导应注重情感性、启发性、差异性、促进性和反馈性. 这四点与学生的学的关系如下：

因学设导：

（导）	（学）
情感性	以情激情
启发性	以诱达思
差异性	最佳发展
促进性	校正学习
反馈性	促成建构

以自己的情感激发学生的学习情感，以有序的管理启发诱导学生独立学习，以差异性的教学确保个体的最佳发展，以有效的反馈不断矫正学生的学习行为，以设计合理的教学管理促进学生建构自己内在的学习机制，从而学导相长，达

到教与学的最优化.

4. 因课而异原则

数学教学模式受到教学内容、教学目标和数学思想的制约. 任何一种数学模式都不是万能的,它只能适合于某一类课型. 而数学教学课型大致可分为:概念课、定理(公式)课、例题(习题)课、专题复习课、练习(测试)讲评课、课题研究课等. 不同的课型完成不同的教学任务,而教学任务的多样性,决定了教学模式的多样化.

5. 多元反馈原则

传统的教学评价反馈方法,着眼于追求数据、量化. 根据教学目标,以全体学生为样本进行检测,并对检测提供的数据进行分析、比较、判断,从而得出结论. 评价和反馈都是为了让学生在各方面得到提高. 数学学习的复杂性对教师的评价、反馈提出了更高的要求. 多元反馈原则就是针对这一点提出的教学管理策略. 这一原则包括评价途径的多元化和反馈内容的多元化.

评价途径的多元化就是说评价途径不仅包括测量的结果,即量的因素,还应包括非测量的因素,即质的因素,这样的教学评价才会全面、客观,才能作为反馈多元化的依据. 非测量的因素包括学生的学习的态度、学习时间的分配、学习方法的使用、对教师的"导"的适应情况等. 这些因素可由教师评价,也可由学生互评,除书面测试,主要通过教师的观察、谈话、作业分析、调查等途径取得. 这一评价结构见表1.

表1 评价结构

评价方式多元化	测量(量的记述)+价值判断
	非测量(质的记述)+价值判断

反馈内容的多元化就是指教师的反馈不能只有一纸成绩单,即学习成绩的反馈,还应通过师生、生生之间的各种交流,对学生的学习状态和学习方法等进行反馈,更应对下一步的学习策略进行建设性的反馈.

多元化反馈的精髓在于通过他人外在的评价引导学生自我评价,通过他人外在的反馈校正引导学生自我校正. 评价途径的多元化确保了教师对学生学习情况了解的全面、准确,反馈内容的多元化则确保了教师能很好地传达对本阶段学生学习情况的评估和对下一阶段学习策略的指导意见. 这些评价和校正意见被学生接受、内化,就能有效地改善学生的学习,同时,提高学生的自我认识、自我评价和自我校正能力.

第四节　"思意数学"的教学策略

《普通高中数学课程标准（2017 年版）》指出：数学教学是数学活动的教学，是师生之间、学生之间交往互动与共同发展的过程．这从客观上要求教师要有效地改善教学理念，有效地改变教学行为，让数学教学更加关注学生内化数学观念，体验与感悟数学价值，促进学生可持续发展，培养学生的自主性、主动性和创造性，使学生学会学习，学会创造．在数学课堂有效教学中，我们主要从创设问题策略、动机激发策略、设疑促思策略、参与探究策略、交往互动策略和反馈矫正策略六个基本策略进行探索．

策略一：创设问题策略

创设问题策略，就是指教师在教学活动中，应充分利用教材上的公式、定理和例题、习题为学生创设探究的出发点，激发学生探究知识的欲望．这一策略的实质就是激起学生积极地自觉地分析问题和解决问题的欲望．创设问题原则有两方面的含义：一方面，教师创设问题，学生接受问题挑战．另一方面，教师只是创设情境，让学生通过观察、分析、发现问题进而提出问题，教师引导学生归纳有价值的东西，使之成为集体的精神财富．

美国著名数学家哈尔莫斯在谈到数学教育时指出："我坚信问题是数学的心脏，我希望作为教师，无论在讲台上，在讨论中，还是在我们写的书或文章里，要反复强调这一点，要训练学生成为比我们更强的问题提出者和问题解决者．"

案例 1：人教版《高中数学》必修 1 中"函数的单调性"一节的教学难点是函数单调性概念的形式化定义．学生在初中已经学习了正比例函数、一次函数、二次函数和反比例函数，应该说对函数的增减性有一定的感性认识，我在出示两组熟悉的增、减函数的图像和气温图像后，引导学生用自然语言表述出单调函数的概念（随 x 的增加，y 的值也增加为增函数；随 x 的增加，y 的值减小为减函数）后，设置如下的问题：

问题 1：试根据你对单调函数的理解，可否判断函数 $y = \dfrac{2x}{x+1}$ 在 $(0, +\infty)$

上是增函数还是减函数？

问题 2：根据"0 < 1 时，$f(0) < f(1)$"，可否说明此函数是增函数？再举 100 个例子能否做出上述判断？

问题 3：如何说明对"任意"两个数都满足"自变量增大，函数值也增大或减小"呢？

由问题 1 引起学生认知上的困难，用自然语言的定义无法严格判断，激发其探索新途径；问题 2 的提出是学生的思维由特殊到一般的引领，同时培养其思维的严密性；问题 3 的提出，使其思维由具体到抽象的方向得以进一步明确，即用字母表示数，实现新旧知识、思维要求的跨越．再经学生的分析总结，进而真正理解单调函数的形式化定义的内涵．

策略二：动机激发策略

动机激发的教学策略，首先要看到教学中学生是认识活动的主体，设计问题一定要认真分析学生在认识过程中内在的矛盾．一定要从思维的规律出发，从培养学生具有良好的思维品质出发去设计问题．要考虑从具体到抽象，从感性到理性，由浅入深，由近及远，循序渐进的原则．其次要深刻分析教材本身的内在矛盾，从学生已有的基础出发，针对教学目的的要求，教材重点、难点、关键设计出各种类型的问题．一般不同的目的要求，应设计不同类型的问题，起到不同的作用，从而揭示出某种规律或整个知识的链条．

案例 2： 必修 5 中线性规划问题是高中教学的一个难点．如果在上课一开始，就按照教材 P87 给的一个很大的应用题，很费一番功夫，把问题的结果倒腾出来．那这一堂课，师生应上得很累．在实际教学中，我先选了一只"小麻雀"来剖析．

已知 $\begin{cases} 1 \leqslant x + y \leqslant 3 \ ① \\ -1 \leqslant x - y \leqslant 1 \ ② \end{cases}$，求 $4x + 2y$ 的最大值.

解：①＋②得，$0 \leqslant 2x \leqslant 4$. 所以 $0 \leqslant 4x \leqslant 8$③；②×（－1），得 $-1 \leqslant y - x \leqslant 1$，④；①＋④，得 $0 \leqslant 2y \leqslant 4$，⑤；③＋⑤，得 $0 \leqslant 4x + 2y \leqslant 12$. 所以，$4x + 2y$ 的最大值是 12.

这是一个错解，错在何处？学生感到很奇怪：上面的推理每一步都是正确的，为什么结论是错的呢？事实上，$4x + 2y$ 取不到 12 这个值．根据上述推理，当 $4x = 8$ 且 $2y = 4$，即 $x = 2$ 且 $y = 2$ 时，$4x + 2y = 12$. 但 $x = 2$，$y = 2$ 不满足题目条件①．更深层次的原因是：

虽然 $\begin{cases} 1 \leqslant x + y \leqslant 3 \\ -1 \leqslant x - y \leqslant 1 \end{cases} \Rightarrow \begin{cases} 0 \leqslant x \leqslant 2 \\ 0 \leqslant y \leqslant 2 \end{cases}$，

但是 $\begin{cases} 0 \leqslant x \leqslant 2 \\ 0 \leqslant y \leqslant 2 \end{cases}$ 推不出 $\begin{cases} 1 \leqslant x + y \leqslant 3 \\ -1 \leqslant x - y \leqslant 1 \end{cases}$，即上题解法推出的结果 $\begin{cases} 0 \leqslant x \leqslant 2 \\ 0 \leqslant y \leqslant 2 \end{cases}$ 与

题目给的条件不等价. 正确的解题思路是：在直角坐标系中，点 (x, y) 的横、纵坐标应受到不等式组 $\begin{cases} 1 \leqslant x + y \leqslant 3 \text{①} \\ -1 \leqslant x - y \leqslant 1 \text{②} \end{cases}$ 的约束. 把符合这样条件的点集用一个平面区域表示，最后在此区域内找使 $4x + 2y$ 取最大值的点 (x, y). 教师把这道不太难的题当作例题讲解，学生再解其他线性规划题时，就容易多了. 设置问题情境，运用启发式教学，似乎成了我们教师的口头禅，但问题的设置，除了新颖实际，还要注意简洁，即题意清楚，难度不大，和本节课内容直接相关，能快捷地引出本节课的课题，以节省教学时间，把主要精力和时间放在后面的重点内容的教学和难点内容的突破上.

这样的问题必能激发学生继续探究问题并解决问题的欲望，使学生在探究问题的过程中培养自己的创新能力.

策略三：设疑促思策略

创新总是在面临问题时产生的，创新始于疑问. 课堂教学中，教师不只是教材内容的讲授者，还应该成为问题的"制造者". 教师所要做的是创设高质量的问题情境，启发思维，引导探究，促成问题的解决. 问题的设计与思维过程紧密相连，两者的有机结合是实现掌握知识、形成能力、培养创新精神的突破口. 问题的提出是依从于一定的课程标准、教学目标的，这个问题应是对学生有意义的. 一方面具有可接受性，即学生愿意解决这种问题，并且具备一定的知识基础和能力基础. 有的教师经常抱怨学生头脑不灵活，对教师的提问启而不发，难以落实教学目标. 其实有很多时候"问题"本身存在问题，即没有考虑学生原有的知识经验，学生回答不上来也就不足为奇了. 另一方面，问题具有挑战性，对于解答者来说没有可直接解决的方法，不能或很难运用已有知识，不能按现成的程序或常规套路去解决，必须思考、探究，寻找处理方法. 这类问题具有发散性、探讨性、发展性特点. 不同的教学时段提问的目的有所不同，初始的问题在于诱发思维，集中学生的注意力，不必追求"难""怪"，而在于"顺""快"，以利于导出新课；教学过程中要更多地向学生提出探索性、开放性的问题，围绕教学目标引导学生思考，水到渠成地解决重点难点；教学结束时可提出带有总结性或延伸性的问题，鼓励学生进行深度思考与创新. 需要注意的是，

问题是面对每一名学生的，要充分考虑个体差异，面向全体，有所针对.

数学教学中如何引导学生思考，启迪学生的思维，是每个教育工作者应当努力探索的课题，我们做了下面几点尝试.

案例3：一节复习课.

教师出示问题（2008年高考山东理科卷第四题）：设函数 $f(x)=|x+1|+|x-a|$ 的图像关于直线 $x=1$ 对称，则 α 的值为（　　）.

A. 3　　　　　B. 2　　　　　C. 1　　　　　D. -1

过了一会儿，教师提问答案，一个学生站起来.

学生：本题用代入法（将选择项代入验算）求解，很容易得出答案 A.

教师：说得很好，不但说出了答案，也说出了解题的策略. 但如果本题是一道填空题，那该如何解决呢？

学生沉思. 大家又忙活起来. 在教师的启发下，学生们不但将题目漂亮地解了出来，而且还挖掘出题目背后隐含的一般结论. 学生们探索发现的过程简单记录如下：

将 $a=-1，1，2，3$ 分别代入后简化函数，可得到函数 $f(x)$ 图像的对称轴分别为 $x=-1$，0，$\frac{1}{2}$，1；猜想函数 $f(x)=|x+1|+|x-a|$ 图像的对称轴 $x=\frac{a-1}{2}$，有理由进一步猜想.

结论1：函数 $f(x)=|x+1|+|x-a|$ 的图像是轴对称图形，其对称轴为 $x=\frac{a+b}{2}$，事实上

$$f\left(\frac{a+b}{2}-x\right)=\left|\frac{a+b}{2}-x-a\right|+\left|\frac{a+b}{2}-x-b\right|=\left|\frac{b-a}{2}+x\right|+\left|\frac{b-a}{2}-x\right|,$$

$$f\left(\frac{a+b}{2}+x\right)=\left|\frac{a+b}{2}+x-a\right|+\left|\frac{a+b}{2}+x-b\right|=\left|\frac{b-a}{2}+x\right|+\left|\frac{b-a}{2}-x\right|,$$

所以 $f\left(\frac{a+b}{2}-x\right)=f\left(\frac{a+b}{2}+x\right)$，即函数 $f(x)$ 的图像是以 $x=\frac{a+b}{2}$ 为对称轴的轴对称图形.

特别地，当 $\alpha+b=0$ 时，$f(x)=|x-a|+|x-b|$ 是偶函数.

（2）类似于结论1的探究过程，又得出了以下结论.

结论2：函数 $f(x)=|x-a|-|x-b|$ 的图像是中心对称图形，其对称中心为 $\left(\frac{a+b}{2},0\right)$.

特别地，当 $a+b=0$ 时，$f(x) = |x-a| - |x-b|$ 是奇函数.

这样的教学摸清了学生的认知状况和已具备的认知水平，充分了解学生个体认知过程中的优势和缺陷，并以此为教学的起点来设计教学，使教学与学生的学习同步协调发展.

策略四：参与探究策略

数学教学注重学生的研究与探索，强调主动求知及解决实际问题的能力.所以，教师首先要把课堂还给学生，让学生做课堂的主人，真正参与教学的全程，改变教学的封闭状态和教师的"一言堂"，建立动态开放的教学过程.学生有充分的"参与权"，从教学内容的选择、教学方法的制订，到作业布置，可以由师生共同协商来确定.

探究学习中，注重"实践"以获得亲身体验是关键所在.课堂教学中的实践不只是外化于行为上的"玩玩做做"，更多地体现出"思维实践"的特点.学生头脑中思维活动的积极活跃比外化的行动表现更为重要.教师要把教学过程看作是学生的学习过程、思维加工过程，要改变那种只强调结论、重视结果的做法，认识到学习是发现问题、探索问题、讨论问题的过程，着力引导学生注意学习过程本身，要为学生学习新知提供丰富的背景知识.这些知识之间应该是具有内在必然联系又不能拿来就用的，需要重新加以组织，而且能从中发现新知.

在探究过程中，教师的指导帮助不可忽视，强调学生的主体性发挥并不是教师轻松自在，不闻不问，教师的主导作用在创新教育中成为提高教学效果的关键.教师的主导一方面体现在对探究过程整体走向的把握，密切注意学生思维的脉络，适时加以引导，使探究活动不会天马行空，偏离目标；另一方面体现在通过对知识形成过程的展现，帮助学生建立新旧知识间的联系，引导学生形成具有结构性、普遍性、迁移性的高效率知识体系.所以，在教学中，教师一方面要加强本学科中的概念、定理、公式、规则的教学，使学生熟练记忆，明确他们在何种条件下才能运用；另一方面要在潜移默化的渗透中巧妙地呈现学科的知识结构，落实到每一个章节、每一个单元之中，要把每一部分所要掌握的"知识点"作为教学的关键，加以提炼总结，使学习走向纵深，促进知识的迁移.

案例4：在学习椭圆的第一堂课上，我这样引导学生通过实验主动探究椭圆的概念：先明确要求，让学生拿出课前准备好的一块纸板，一段细绳和两枚图钉，按课本的要求画椭圆，再用多媒体演示画法，最后让学生自己动手画，使他们亲身体验椭圆的画法，体会成功的喜悦，在这个基础上再提出如下问题，让学生思考：

（1）纸板上的作图说明了什么？

（2）在绳长不变的前提下，改变两个图钉间的距离，画出的椭圆有何变化？当两个图钉合在一起时，画出的图形是什么？当两个图钉间的距离等于绳长时，画出的图形是什么？当两个图钉固定，能使绳长小于两个图钉之间的距离吗？能画出图形吗？

经过以上实践，学生自然能很快得出结论：当 $a > c$ 时是椭圆，当 $a = c$ 时是线段，当 $c = 0$ 时是圆，当 $a < c$ 时轨迹不存在.

（3）根据以上作图实验回答：椭圆是满足什么条件的点的轨迹？（由学生归纳椭圆的定义）

根据上面的实验，引导学生探究，摘录如下：

设 $M(x, y)$ 是椭圆上任意一点，椭圆的焦距为 $2c$（$c > 0$），M 与 F_1 和 F_2 的距离之和等于正常数 $2a$（$c > 0$），则 F、F_2 的坐标分别是 $(-c, 0)$，$(c, 0)$，由椭圆第一定义可得方程

$$\sqrt{(x+c)^2 + y^2} + \sqrt{(x-c)^2 + y^2} = 2a, \qquad ①$$

将这个方程移项，两边平方得 $a^2 - cx = \sqrt{(x-c)^2 + y^2}$， ②

两边再平方，整理得 $\dfrac{x^2}{a^2} + \dfrac{y^2}{b^2} = 1$（$a > b > 0$）. ③

在导出标准方程后，为了在课堂上营造一种创新的氛围，我设计了以下问题.

问题1：为什么将③式作为椭圆的标准方程？

学生经充分讨论后，会得出许多的优点. 教师总结大致有以下几个优点：第一，③式简洁，具有对称美感，为我们提供了求椭圆轨迹的标准方程，方便用待定系数法解题；第二，③式充分揭示了椭圆的几何性质，如范围、对称性、长短轴等；第三，可以从公式中很快看到椭圆的几何特征值. 通过以上讨论正好完成了教材中安排的内容，这样的安排构思自然，变被动接受为主动探索，能取得良好的学习效果. 在解决了问题1后，学生会主动提出问题2.

问题2：将③式作为椭圆的标准方程有什么缺点？

教师和学生一起在比较圆的标准方程的优点后，可以总结得出：③式无法揭示椭圆上的点到两定点的距离之和等于定长 $2a$ 这一本质属性. 相比之下①式

恰好具有这一优点，同时利用①式还可以解一类无理方程，但①式不具备③式的诸多优点，于是又产生了问题3.

问题3：是否存在一个方程同时体现了椭圆的第一定义和椭圆的几何性质？

学生自然将目光转向了②式，将②式变形，得 $\sqrt{(x-c)^2+y^2}=a-\dfrac{c}{a}x$，   ④

此公式即为焦半径公式 $|MF_1|=a-ex$，   ⑤

同理 $|MF_2|=a+ex$，   ⑥

将②式再变形，得 $\sqrt{(x-c)^2+y^2}=\dfrac{c}{a}\left(\dfrac{a^2}{c}-x\right)$，

即 $\dfrac{\sqrt{(x-c)^2+y^2}}{\left|\dfrac{a^2}{c}-x\right|}=\dfrac{c}{a}$，   ⑦

⑤⑥两式将椭圆上点到焦点的距离转化为只和该点的横坐标有关的一维算式，充分体现了数学降维思想. 而⑦式正好揭示了椭圆的第二属性，即椭圆的第二定义：动点 M 到定点 F_2 的距离和它到定直线 l 的距离之比等于常数 e.

如此处理教材，自然流畅，既能完成教学任务，又充分地揭示了知识的发生过程，通过被人们所遗弃的②式，而挖掘出如此宝贵的数学成果，这会让学生兴奋不已，学生在品尝创新果实的同时也培养了学生的创新能力.

通过上述实验的演示与操作、问题情境的创设以及学生的讨论回答，使学生对椭圆的概念会有一个清晰准确的认识，全面深刻的理解，不仅使他们知其然，更能知其所以然，切实体现素质教育之要求.

策略五：交往互动策略

教学过程中人际交往的特点形态是教学过程本质的表现之一，其本身即具有教育性. 一个具有爱、鼓励、平等、安全、合作、分享的教学过程必然会取得令人满意的效果.

师生之间的有效交往需建立在安全、自由的氛围之中. 教师对不同类型的学生，具有广泛的"包容性"，以平等的眼光接受与己不同甚至对立的观点，无条件接受学生的缺点与不足. 在这种氛围之下，学生才会乐于承担，敢于表达自己，不必顾虑因犯错误而遭到批评的风险，不会担心老师会审视自己、嘲笑自己. 在自由精神的鼓舞下，创新的种子找到了沃土.

而生生之间的交流互动可以起到相互学习、彼此互补、寻求共识的作用. 在互动式的学习中，具有相同知识背景又具有独特个性的学生彼此敞开心扉，

把自己的经验教训与他人分享，同时又在不断吸收不同的思想观点. 这样不仅有利于开阔自己的视野，拓宽知识范围，而且学习站在他人的立场看待问题，增加了解他人的机会；更重要的是在互动中加强了情感上的沟通与交融，有利于形成友爱、积极、互助的集体，提高创新的整体效应.

交往互动教学策略的目标在于：通过在实践活动基础上的主体合作与交往，促进学生主体性的发展和培养学生的学习适应性. 合作学习的基本要素是：对合作性目标结构的适度认同，成员间的积极互助，个人责任、社交技能与合作意识，小组自评.

案例5：最值问题.

在习题课"基本不等式 $\sqrt{ab} \leqslant \dfrac{a+b}{2}$"（$a>0$，$b>0$，当且仅当 $a=b$ 时，等号成立）上，我设计了下列问题串.

问题1：求函数 $y=4x+\dfrac{2}{4x-5}\left(x>\dfrac{5}{4}\right)$ 的最小值.

问题2：求函数 $y=4x-2+\dfrac{2}{4x-5}\left(x<\dfrac{5}{4}\right)$ 的最大值.

问题3：求函数 $y=x\,(3-2x)\ (0\leqslant x\leqslant 1)$ 的最大值.

问题4：求函数 $y=\sin^2 x+\dfrac{2}{\sin^2 x}$ 的最小值.

问题5：求函数 $y=\dfrac{x^2+3}{\sqrt{x^2+2}}$ 的最小值.

问题6：已知第一象限的点 $P\,(a,\ b)$ 在曲线 $2y=1-\dfrac{1}{x}$ 上，求 $a+\dfrac{1}{b}$ 的最小值.

在这一教学过程中，我给学生近10分钟的自主操作时间，共有5名学生站起来进行交流. 其间我巡视不同层次学生的思维状态，并确定交流对象.

学生1：前两个较简单，构造基本不等式形式即可，其他我还没解决.（这是他站起来的第一句话，我板书了他的问题1和问题2，他也没做其他补充，我也没急于提醒.）

问题1：$y=4x+\dfrac{2}{4x-5}=\left((4x-5)\ +\dfrac{2}{4x-5}\right)\geqslant 2\sqrt{2}+5$；

问题2：$y=4x-2+\dfrac{2}{4x-5}=-\left[(5-4x)\ +\dfrac{2}{5-4x}\right]+3\leqslant -2\sqrt{2}+3.$

学生 2：学生 1 的解决还有问题，忽视了等号成立的条件.（很好，他讲得很清楚，我板书了"等号成立的条件"在黑板的"问题专区"栏，我习惯于放在黑板的右上角.）问题 3 要用到基本不等式的变形式 $ab \leqslant \left(\dfrac{a+b}{2}\right)^2$（我也板书在"问题专区"栏中），但要注意调节系数.

问题 3：$y = x(3-2x) = \dfrac{1}{2} \times 2x \ (3-2x) \leqslant \dfrac{1}{2}\left(\dfrac{2x+3-2x}{2}\right)^2 = \dfrac{9}{8}$，当且仅当 $2x = 3-2x$，即 $x = \dfrac{3}{4}$ 时，等号成立.（学生也清楚地认识到变形的应用，解了一部分学生的燃眉之急.）

对于问题 4 我只解到 $y = \sin^2 x + \dfrac{2}{\sin^2 x} \geqslant 2\sqrt{2} = 4$，但等号好像不成立，我也就做到这儿.

教师：那其他同学怎么样？

学生 3：由于 $0 < \sin^2 x \leqslant 1$，这种方法的确取不到等号. 事实上，设 $t = \sin^2 x$，问题转化为求 $f\left(t\right) = t + \dfrac{4}{t}$ 在（0，1）上的最小值. 由单调性定义可知，在（0，1）上，$f\left(t\right) = t + \dfrac{4}{t}$ 是减函数，即当 $t = 1$ 时，$f\left(x\right)_{\min} = 5$，此时 $\sin x = \pm 1$，即 $x = k\pi$（$k \in z$）.（板书了全过程，从学生的自然课堂状态上看，能感觉到一部分学生好像眼前一亮，同时，她给出了问题 5 的解题过程.）

问题 5：$y = \dfrac{x^2+3}{\sqrt{x^2+2}} = \dfrac{\left(x^2+2\right)+1}{\sqrt{x^2+2}} = \sqrt{x^2+2} + \dfrac{1}{\sqrt{x^2+2}}$，因为 $\sqrt{x^2+2} \geqslant \sqrt{2}$，令 $t = \sqrt{x^2+2}$，则 $y = t + \dfrac{1}{t}$ 在 $\left[\sqrt{2}, +\infty\right)$ 上为增函数，所以 $y_{\min} = \dfrac{3\sqrt{2}}{2}$，当且仅当 $x = 0$ 时取得最小值.

教师：你为什么不用基本不等式解决问题 5？

学生 3：同问题 4，等号是取不到的.

教师：我们也可以看看，$y = \dfrac{\left(x^2+2\right)+1}{\sqrt{x^2+2}} = \sqrt{x^2+2} + \dfrac{1}{\sqrt{x^2+2}} \geqslant 2$，当且仅当 $\sqrt{x^2+2} = \dfrac{1}{\sqrt{x^2+2}}$ 时取得等号，可这又是不可能的，所以方法不可取.（呈现给全体学生. 学生很清楚地知道应用中的注意点，在问题解决的思维冲突中再次厘清基本不等式的本质，若等号取不到则用函数观点解决.）

教师：综合上述 5 个问题的解决，大家看看基本不等式的应用你掌握了吗？（学生望着"问题专区"栏）你能解决问题 6 吗？（学生跃跃欲试，一下站起来两位学生，我让其中一名来回答.）

学生 4：由题意，$2b = 1 - \dfrac{1}{a}$，即 $b = \dfrac{a-1}{2a}$，则 $a + \dfrac{1}{b} = \dfrac{a^2 + a}{a-1} = \dfrac{(a-1)^2 + 3\,(a-1)\,+2}{a-1} = (a-1) + \dfrac{2}{a-1} + 3$，令 $t = a - 1$，则 $t > -1$，所以，$a + \dfrac{1}{b} = t + \dfrac{2}{t} + 3$，由函数 $y = x + \dfrac{2}{x}$ 的单调性可知，$t + \dfrac{2}{t}$ 或 $t + \dfrac{2}{t} + 3 \geq 2\sqrt{2} + 3$，点 $p\,(a,\ b)$ 为第一象限的点，则 $t + \dfrac{2}{t} + 3 < 0$ 不可能，所以 $a + \dfrac{1}{b}$ 的最小值为 $2\sqrt{2} + 3$.

学生 5：不用这种方法也可以，就直接利用基本不等式，你看！你看！（大家被他的投入逗笑了）$(a-1) + \dfrac{2}{a-1} + 3 \geq 2\sqrt{2} + 3$，等号是可以取到的，点 $P\,(a,\ b)$ 为第一象限的点，$(a-1) = \dfrac{2}{a-1}$，即 $a = 1 + \sqrt{2}$，满足 $a > 0$.（学生 5 已经完全投入到解题的快乐中了，其他学生掌声四起.）

策略六：反思矫正策略

教学过程是由教师、学生、教学内容、教学方法和教学手段等因素构成的一个信息交互系统. 依据教学目标，不断地进行反思归纳，及时消除教学过程中的失误，完成预定的教学目标. 课堂教学的优化，不仅要求教师要有强烈的反思归纳意识，并且通过教学，使学生也树立和强化反思归纳意识. 让学生能清楚地了解自己学习过程中的成功和不足，及时调整、完善和弥补自己方法和知识的不足之处.

案例 6：两人相约 7 点到 8 点在某地会面，先到者等候另一人 20 分钟，过时离去，求两人能够会面的概率.

解析：该题题意简单明了，但如何转化为数学模型来求解却比较困难. 需要我们先从实际问题中分析出存在的两个变量. 由于题中两人到达的时间都是随机的，设两人到达的时间分别为 7 点到 8 点之间的 x 分钟、y 分钟，然后把这两个变量所满足的条件写成集合形式，把问题转化成线性规划问题进行求解.

设两人到达的时间分别为 7 点到 8 点之间的 x 分钟、y 分钟. 用 (x, y) 表示每次试验的结果，则所有可能结果为 $\Omega = \{(x, y) \mid 0 \leq x \leq 60,\ 0 \leq y \leq 60\}$

记两人能够会面为事件 A，则事件 A 的可能结果为：$A = \{(x, y) \mid x - y,$
$0 \leqslant x \leqslant 60,\ 0 \leqslant y \leqslant 60\}$，如图 1 所示.

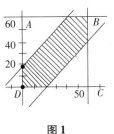

试验全部结果构成的区域 Ω 为正方形 $ABCD$，而事件 A 所构成区域是正方形内两条直线 $x - y = 20$，$x - y = -20$ 所夹中间的阴影部分. 根据几何概型公式，得到

图 1

$$p\ (A)\ \frac{S_{\text{阴影}}}{S_{\text{正方形}}} = \frac{60^2 - \dfrac{(6-20)^2}{2} \times 2}{60^2} = \frac{5}{9}$$，所以，两人

能够会面的概率为 $\dfrac{5}{9}$.

反思：此类问题常会涉及两个随机变量的相互关系，对此类问题的求解可总结为以下四步：

（1）构设变量. 从问题情境中发现哪两个量是随机的，从而构设为变量 x、y.

（2）集合表示. 用 (x, y) 表示每次试验结果，则可用相应的集合分别表示出试验全部结果 Ω 和事件 A 所包含的试验结果. 一般来说，两个集合都是几个二元一次不等式的交集.

（3）作出区域. 把以上集合所表示的平面区域作出，先作不等式对应的直线，然后取一特殊点验证哪侧是符合条件的区域.

（4）计算求解. 根据几何概型公式，易从平面图形中两个面积的比求得.

第五节　"思意数学"的教学方法

"思意数学"教学设计是根据认知心理学和建构主义对认知、学习的观点，衍生成的学习观、教学观而后表达出来的. "思意数学"教学设计特别强调开放性和主动性，即留给学生对知识主动探索、主动发展和对所学知识意义的主动建构的多维空间. 而在教学时，有的教学设计是"为框架而框架"，有的框架过分重视生成，忽视预设，类似问题使得课堂成了"虚架之框". 基于此，本节力图从"五个着力点"的把握上来规范并优化"思意数学"教学框架设计.

一、找准学生学习的重难点

中学阶段设置的课程中,新课标强调知识与能力、过程与方法、情感态度与价值观,这三个维度架构而成的目标体系提供了思考的方向. 然而在提炼重难点的操作过程中,常常遗憾地发现在千淘万滤后,还是留下了"沙子",漏掉了"金子".

1. 厘清重难点

重难点该如何甄别把握呢?学生学习的重点是教材中举足轻重的、关键性的、最重要的中心内容,往往比较外显,重在理解,掌握了这部分内容,对于巩固旧知识和学习新知识都起着决定性作用;学习的难点是学生难于理解或领会的内容,常常比较隐蔽,或较抽象,或较复杂,或较复杂,或较深奥,重在感悟. 因此,如何分清重难点,对于厘清两者之间的关系,是非常有必要的,也有利于教师的把握.

2. 细化重难点

"细化"即在确定好大方向后,依据教材细化学习重难点. 所谓"术业有专攻","课"也应有专攻. 教师可以从单元导学确定重难点,从课后练习中提炼重难点,从学生质疑问难中概括重难点,从教学参考建议中思考重难点.

二、找准问题学习的关注点

"学起于思,思起于疑",学生的思维往往从问题开始. 所以,课堂上问题的设计就显得极其重要. 问题设得实,设得巧,不仅能"传道、授业、解惑",而且能激发学生的求知欲,调动学生的积极性,点燃学生思维的火花,挖掘学生的创造潜能. 陶行知在《创造的儿童教育》中指出:"发明千千万,起点在一问." 有效的提问,"必令学生运其才智,勤其练习,领悟之源广形,纯熟之功弥深".

1. 关注问题的深度

框架设计的课堂要关注问题,即对于重难点的突破往往基于一两个大问题来展开教学,体现"牵一发而动全身"的高超驾驭力. 这样的问题一定得有深度,能引领学生向思维的更深处"漫溯".

2. 关注问题的广度

问题的设计还要具有一定的广度,即注重探寻解决问题的过程,不追求唯一的正确的答案，可以让学生按照一定的逻辑，借助相应的证据对自己的答案进行解释和验证的开放式问题．同一个问题，由于学生的认识水平、生活经历、思想境界的不同，体验也不一样，正所谓"有一千个观众就有一千个哈姆雷特"．

3. 关注问题的坡度

教师要从教材知识点出发来谋划、设计出一组有计划、有步骤、有层次的系统化的提问，还要面向全体学生，好、中、差各类档次的学生都照顾到，不同程度的问题让不同层次的学生回答．从易到难、从浅到深、环环相扣、层次清晰地设问，就会使教材重难点的学习容易多了，也会使每个学生都有兴趣回答问题，使全体学生都能从回答问题中享受到获取新知的乐趣，充分调动学生思维的积极性，使课堂生动、活跃、有效．

三、找准学生体验的升华点

"学为主体""让教于学""以学生为中心"等教学理念正受到越来越多教师的推崇与认可．课堂的主人是学生，学生理应是学习的主人，但学生学习的主动权则常常是基于教师的"放权"与"让学"．因此，强调框架设计的课堂，教师要尽量弱化自己的中心位置，要尽可能地将时间与空间归还给学生去体验、升华．

四、找准学习信息的链接点

信息链接的过程不是随意的，它需要有效方法的介入．教师应立足文本，为学生搭建多元感悟的平台，找准切入口，适度链接，进行多角度、多层面、有创意的拓展，从而使学生掌握方法与规律．

链接信息要考虑适时、适度、适量，防止"远离文本进行过度发挥"．适时是指链接的时机往往或出现于阅读"愤悱"时，或教学升华时，或课堂练习的拓展、巩固、延伸时；适量，即要多角度地链接信息，同时又要体现链接数量的合理性、科学性；适度即信息链接不要喧宾夺主、本末倒置，设计要讲究精妙、精到．教材文本是最基本、最重要的教学资源，是课堂教学内容的确立之本．

五、找准个性展示的体验点

罗曼·罗兰说，每个人都有他的隐藏的精华，和任何别人的精华不同，它使人具有自己的气味．教师也一样，有的人淡如菊，其课往往也是温婉细腻的；有的浓烈如酒，其课往往也是激荡奔放的．而能上好课的教师也一定会去挑选比较符合个人特质的教材，从而达到"课人合一"的境界．如何在一节课中张扬自己的个性呢？教案的预设、教师的语言、教师的机智、信息的链接、作业的设计等都能折射出教师独特的教风.

教学是一种"对话实践"，是理解，是主体双方认知结构的不断改组与重建. 如果说"线性设计"的传统数学课是平面镜，那"框架设计"的课堂就是一面能折射出数学"七彩光"的三棱镜. 着力于这五个点去追寻"高屋建瓴"的智慧，"四两拨千斤"的技巧，框架设计的课堂将呈现不可预设的精彩.

因此，在"思意数学"教学中应采取以下方法.

1. 加强启发诱导，调动学生思维的积极性

思源于疑. 要培养良好的思维品质，首先必须调动学生的思维积极性，使其产生探索问题的愿望和动力. 为此，必须改变传统的输入式教学法为启发式教学法，多为学生创设问题的情境，使教学过程成为发现问题、分析问题和解决问题的过程. 平时要多设计一些富有思考意义的练习，促使学生进行思索，使学生的思维保持活跃状态，此外，还要鼓励学生勤于思考，大胆质疑，教师对学生所提问题要给予耐心、热情的回答，千万不能因学生提的问题太容易或有错误而不理睬，否则，只能扼杀学生思维的积极性.

2. 指导学生掌握正确的思维方法

思维品质的差异具体表现在能否灵活熟练运用各种思维方法上. 在数学教学中要特别重视指导学生掌握正确的分析、综合和判断、推理的方法. 这是因为分析、综合方法是认识数学事物特征，揭示事物间内在联系的最根本方法；而判断、推理方法则是运用知识、实现知识迁移的基本方法. 数学新知识的获得过程从本质上讲，就是用已有知识进行判断、推理的过程.

在数学教学中，经常引导学生进行科学的分析、综合、判断、推理，能够使学生的思维更广阔，更深刻，更灵活，也更富有逻辑性和敏捷性.

3. 完善学生的知识结构，为思维提供坚实的基础

知识是思维的基础. 没有一定的知识积累，思维过程就无法进行. 这就是说，知识具有一定的智力价值，这种价值集中体现在知识的概括水平和迁移效能上. 学生只有掌握了科学的符合逻辑结构的规律性的知识，才能运用这些知识作为分析、综合、判断、推理的基础，实现知识的迁移. 因此，要特别重视数学基本概念、基本原理的教学，要讲清每一章节的知识结构. 同时，还要注意中学各科间的横向联系. 学生的知识越完整，思维的依据就越充分，思维过程就越容易进行.

4. 注意对学生语言能力的培养

语言是思维的工具，学生思维品质的形成是和他们的语言发展分不开的．学生的语言水平越高，其思维的系统性和逻辑性就越强．数学学科语言能力培养应强调如下几点：

（1）注意语言的准确性和科学性、使用的概念要准确，语言表达要清楚．

（2）学会运用内部语言（数学语言）进行思维．在回答问题前后先通过内部语言对思维材料进行加工，厘清头绪，这对增强思维的逻辑性有重要意义．

（3）学会借助图形进行思维的方法．图形是数学思维的一种特殊而重要的解题工具，学生一旦掌握了这一工具，许多疑难问题都会迎刃而解，其思维品质也会得到更好的发展．

在实施思意数学方法过程中，应注意以下"七点"：

1. 激发兴奋点

"课堂不是教堂，教师不是牧师"．一堂好课必须要从上课伊始就牢牢抓住学生的兴奋点．

2. 抓住中心点

要始终围绕主题创设情境，最终要回归课堂，进行知识整合．

3. 突破疑难点

这是对教师最基本的要求。好的教师要结合教材内容"设疑启思"，"小疑则小进，大疑则大进"．"传道授业解惑"是教学的目的，也是教师的天职．

4. 找准切入点

把握好知识结构的衔接，拉近与学生的距离．要多举学生身边的例子，让学生有感而发，最贴近学生的事例才会让学生感到亲切，而不感到神秘．身边的才是最接近、最亲密的．

5. 厘清知识点

知识是教学成功的载体．抛开知识空谈素质，是空中楼阁．

6. 培植发散点

要注意相近知识的链接类比，相反知识的比较鉴别。注意对学生思维的启发，引导学生深入思考．

7. 明确得分点

课改也不能抛开考试，应试能力也是一种素质，一堂好课应该知识严谨。要注意帮学生厘清从知识点到得分点到采分点的链接，规范学生的答题．

第六节 "思意数学"的教学特色

"思意数学"是一种教学主张，它秉持"为学而教，不教之教"的教学理念．"思意数学"是一种濡染、一种精神、一种文化、一种智慧．"思意数学"教学就是将思辨运用于数学教学，让学生领悟数学意蕴．思意教学需靠思维能力来支撑，其质量的高低是由思维的质量决定的，这不仅关系到学生思维品质、数学素养，而且关系到学生的思想发育和人生发展．思意教学包含了数学的智慧性与文化性，融合了数学的理性精神与人文精神．思意数学课正是一种理性状态下的思考和探索，它建立在一定数量和质量的并有利于多元思考的材料之上，因而能保证思维的活跃性和尖锐性；它顺应逻辑的思考，能保证思维的合理性和严密性．在数学教学中，以问题为核心，再现具体"意境"，激趣设疑引思，从感性走向理性，透过现象看本质，把最本质与最精髓的学科思想传授给学生．学生在学习的实践活动中通过自己的理解获得启迪与感悟，促进认识完善，形成知识结构，掌握数学思维方法．这就是情意飞扬，思维绽放，智慧流淌．

思意教学强调把教材内容与数学情境联系起来，拓宽学生广远的意境，通过广远意境激发学生的想象，培养学生良好的思维品质和思维方法．教学过程要"有序"和"启动"．

所谓有序就是根据学生认知规律，教师引导学生有规律地去学习，学生在思考递进的过程中，教师有序地对学生的思维指点和引导，使学生掌握科学的学习和思考的方法，循序渐进地发展智力、培养能力．这个过程可以表示为：设置疑问—指导交流—点拨关键—矫正训练．

所谓启动就是在整个学习过程中，学生是主动的、积极的，充分体现了主体作用．学生根据教学目标、教学任务和学习要求，寻找到科学的学习和思考的方法．在教师的设疑激学下，学生通过观察、阅读、思考、表达、讨论、练习、交流，从而掌握新知识，发展自己的智能，培养思维能力．这个过程可以表示为：探索思考—交流所思—矫正思考—形成方法．

思意教学是"有序"和"启动"互相联系的有机整体. 两者水乳交融，相互促进，协同发展，使学生既具有丰富的知识与扎实的基本功，又有活跃的思维能力.

"思意数学"教学是一种教学模式，是一种以问题为本的教学形式，以问题引路，围绕问题开展教学. 学生通过问题的引导学习并理解所学内容. 它能使课堂充满悬念，让学生的思维接受挑战，让学生的潜能得到充分的挖掘. 有效的提问能使课堂教学达到最优化，因此，思意教学已逐渐成为课堂教学的重要模式，它要求教师以教学相关知识为背景，灵活创设问题的情境，有效进行问题开发与设计，把学生的情感活动与认知活动结合起来，应用多元化的教学资源与手段组织教学，对教学过程与结果进行合理的评价，使学生在生动和谐的课堂氛围中充分发展发散思维能力，培训收敛思维能力，从而提高自己.

"思意数学"教学，其基本思想是把教材转化为一个科学的、生动的、富有启发性和导向性的、符合该年龄段学生认识水平和心理水平的，由问题系统组成的学材，并由此去转化、规范教与学的方法，优化数学教学诸因素，减轻师生负担，提高数学课教学的效率和质量.

"思意数学"教学与传统教学的本质区别在于：学导式由教师主导的"先教后学"思维转向师生合学的"先学后导"思维，由单一的新授课转向多元的课型体系，由传递知识为主的教学转向问题导学为主的学习. "思维数学"教学自始至终贯彻一条问题线，坚持创设符合学生实践的问题；自始至终贯彻一条思维线，它改变了学生的思维方式，是学习数学课程的一个十分有效的教学形式；自始至终贯彻一条发展线，它让不同的学生学习数学得到不同程度的发展. "思意数学"教学具体路径是：采用"问题—思维起点选择—组织思维程序—得出结论"的问题线索，通过"思维活动"力图呈现对教材的"思维过程"，充分发掘学生的思维本质.

思意教学认为，顺"梦"而教——"教"之"底蕴"；顺"性"而教——"教"之"准则"；顺"学"而教——"教"之"本真"；顺"生"而教——"教"之"意义"；顺"势"而教——"教"之"智慧"；顺"成"而教——"教"之"境界".

教的"底蕴"是顺"梦"而教. 所谓顺"梦"而教，就是指数学教师要有从事数学教学教育的理想，要把教育作为一种矢志不渝的事业. 为师者，励志为先，教师成长需要智慧，需要机遇，更需要锲而不舍的毅力和求真务实、勇于创新的精神.

教的准则是顺性. 这里的"性"是指学生的本性, 也就是学生的成长规律. 数学教育也要顺性而教, 就是要顺应学生的成长规律, 不做违背教学目的、教学规律的事, 因势利导, 是学生学习数学成为一种自然而然、符合本性的行为.

教的本真在于学. 这里的"学"既有学习的含义, 也有学生的韵味. 所以"顺学而教", 就是根据学生的学习情况不断调整教师的教学行为, 使学生主体地位和教师的主导作用都能充分体现的教学.

教的意义在于促进学生的健康成长、和谐发展. 顺生而教中的"生"应该有两个方面含义: 一是指学生; 二是指生成, 所以顺生而教, 一方面教师要根据学生的成长规律、现阶段的学习特点设计教学; 另一方面教师要理智地对待突发的课堂生成, 灵活的调整教学策略, 把即时生成的和学生感兴趣的话题列为学习内容, 激发学生学习热情.

教的智慧在于顺势而教. 所谓"顺势而教"就是根据学生的需要和特点, 顺从学生无意识探求事物的心理, 利用并调动积极因素, 将学生引导为有意识的探求和认识事物并健康成长的一种方法.

教的境界是顺成而教. 这里的"成"既有"成长"之意, 也有"成才"之意, 还有"成功"之意. 顺"成"就是顺理而成长、顺理而成才、顺理而成功, 它有别于一般意义上的教, 是为了学生的成长、为了学生的成才、为了学生的成功.

第七节 "思意数学"的导学方略

思意课堂, 带来了课堂形态的根本转变. 学是多元的、动态的、富有个性的; "导"的策略也应该是多样的、灵动的、有效的. 必须坚持以"学"为出发点, 充分考虑学生的年龄特征、认知水平与实际需要, 选择适合文本特点、符合数学学习规律的教学方式进行指导, 做到为学而导、顺学而导, 导在关键处, 导在必需时.

一、启思为要

"为学之道，必本于思．思则得之，不思则不得也．"北宋教育家程颐如是说．学导课堂应创设情境，悱而启之，引领学生以一种积极思考的姿态走进课文，奏出数学课堂情智交融的动人乐章．如在学习"函数的概念和图像"时，我就尝试在新课前要求学生先读书．

我事先提供了"导读"提纲：

① 整理已经学过的函数类型．

② 用几句话描述你眼中函数的概念或本质．

③ 你认为函数有哪些呈现方式？

④ 列举生活中或你身边可能构成函数关系的实例模型．

⑤ 你认为函数与第一章《集合》可能产生哪些联系？

要求学生结合提纲进行阅读并形成简单的书面交流材料，第二天上课用 10 ~15 分钟时间进行课堂交流讨论，然后很快引导归纳出函数的概念、表示、定义域、值域等．

顺学而启思，于是，学生思维空前活跃，课堂上形成了争鸣的景象．

二、得法为重

古人云："善学者师逸而功倍，不善学者师勤而功半．"吕叔湘先生说过："教学，教学，就是'教'学生'学'，主要不是把现成的知识交给学生，而是把学习的方法教给学生．"新课标高度重视学习方法指导问题，多处强调要"引导学生掌握数学学习的方法"．所以，顺学而导，应注重学法、读法、写法的指导，但关键不在于总结归纳出几个条条道道，而要把学习方法指导落实在具体的教学中，让学生在数学实践中学会学习数学．也就是说，不仅要让学生明白学法，更要让学生能够在数学实践中自觉、灵活地运用学法．我们运用设问来引导学生一步一步地实现知识的迁移，效果很好．

例如，在高中代数引进复数模这一概念时，提出下面的问题：

① 在实数中有绝对值的概念，复数中是否有类似的概念呢？如有，这个类似的概念应该是什么？

② 实数绝对值的几何意义是表示数轴上一个点到原点的距离．类似地，一个复数也对应复平面上的一个点，因此可以把复平面上复数对应的点到原点的距离叫作"复数的绝对值"吗？

这样迁移性的设问，从实数绝对值的概念提出复数模的概念，不仅能防止新旧概念的混淆，还能使学生在"温故知新"的过程中，产生强烈的求知欲，同时还培养了学生运用旧知识研究新问题的能力.

三、形式宜活

顺学而导，要根据文本特点、年段特点、学情特点，采用不同的导学策略. 常见的导学方式有以下几种.

1. "问题"导

用思考量较大的问题（话题）进行导读，有助于跳出烦琐分析的枷锁，有利于培养学生带着问题读书的方法与习惯. 利用问题引导学生从多方面去认识知识，可以提高知识的迁移能力. 让学生从各个角度去认识、分析知识的内涵，培养学生思维的变通性.

例如，中心为 O 的椭圆 $\dfrac{x^2}{4} + \dfrac{y^2}{3} = 1$ 上有两点 A，B，且 $OA \perp OB$，求 $\triangle AOB$ 的最大值及最小值.

分析：可以设计如下几个解题问题.

① 设 A，B 坐标分别为 $(2\cos\theta_1，\sqrt{3}\sin\theta_1)$，$(2\cos\theta_2，\sqrt{3}\sin\theta_2)$，由 $OA \perp OB$ 可得到 θ_1 与 θ_2 的关系（注意，一般情况下 θ_1 与 θ_2 的差不是 $90°$），然后由 O，A，B 三点坐标求出 $\triangle AOB$ 面积，最后求最值.

② 设 OA 直线方程为 $y = kx$，则 OB 直线方程为 $y = -\dfrac{1}{k}x$ 分别与椭圆方程联立，解出 A，B 的坐标（含有参数 k），然后求出 $\triangle AOB$ 面积关于 k 的函数，最后求最值.

③ 将 OA，OB 所在直线方程改成参数形式，以下同方法②.

④ 以 O 为极点建立极坐标系，以 A 点极角 θ 为自变量，求出 $\triangle AOB$ 面积关于 θ 的函数.

求最值问题，一般方法是选取自变量，找出函数，然后求函数最值. 其中自变量选取是否适当很关键. 如上例方案④中以 A 点极角 θ 为自变量，函数关系易确定，最值也容易求得. 如用方案③以 OA 的倾角为自变量，难易程度相当. 但是如方案①中以 A 点的离心角 θ_1 为自变量，那么就烦琐得多. 首先，θ_1 与 θ_2 的关系复杂；其次，函数的关系也较困难. 学生围绕这些问题读书、思考、练习，方向明确，富有成效.

2. "图表"导

运用图表揭示数学内容的内在线索，可以给学生以较为直观、形象的引导. 通过识图、拼图、绘图、联想分析图的反复训练，学生的手、口、脑并用，其观察力、记忆力、动手能力、逻辑思维能力、语言表达能力等诸多能力都可以得到培养、锻炼和提高. 进而把知识落实在图上，达到会学、学会、会用的目的. 同时，在教学过程中，学生的积极参与，还可以锻炼他们的胆识和心理素质. 例如，数列的思维导图，如图 1 所示.

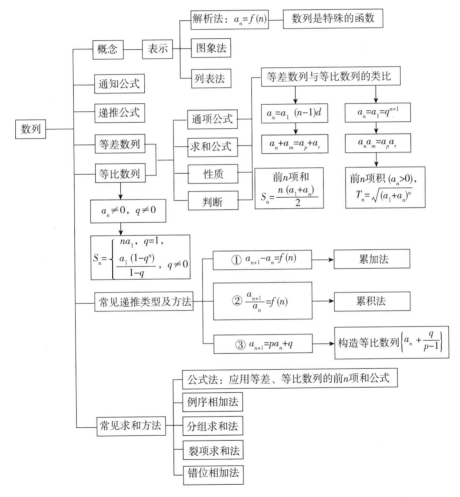

图 1 数列的思维导图

3. "练习"导

精心设计练习，以练代导，也可以收到良好的效果. 例如，在复习不等式的证明时，为使学生掌握利用基本不等式及某些已知条件证明不等式的一些方法，我选编了以下题组：

（1）已知 a，b，$c \in R^+$，$ab + bc + ca \geqslant 3$. 求证：

$a^5 + b^5 + c^5 + a^3 (b^2 + c^2) + b^3 (c^2 + a^2) + c^3 (a^2 + b^2) \geqslant 9$.

（2）锐角 $\triangle ABC$ 中，求证：$\cot A (\tan B + \tan C) + \cot B (\tan C + \tan A) + \cot C (\tan A + \tan B) \geqslant 6$.

（3）设 a，b，c 为正数，且 $a + b + c = 1$，求证：

$$\left(\frac{1}{a} - 1\right) + \left(\frac{1}{b} - 1\right) - \left(\frac{1}{c} - 1\right) \geqslant 6.$$

在论证了第 1 题以后，就指引学生将第 2 题和第 3 题分别与它进行比较. 学生通过自己的观察、思维，对第 2 题和第 3 题就很快做出了反应：只要把 $\tan A$，$\tan B$，$\tan C$ 依次改为 a，b，c，这样第 2 题就成了第 1 题的形式，同时只要把第 3 题所证式左边中的分子以 $a + b + c$ 代换，同样第 3 题也就成了第 1 题的形式. 由于充分运用了知识正迁移规律，把三道题证法归纳为一.

4.“学案”导

立足于学生的学，因学设导，把课堂教学的目的、要求、程序、内容、方法等，精心设计为清晰具体的学案. 课堂上让学生根据学案自主学习，思考发现，质疑解疑，在交流中给予适当的点拨指导，保证了学生自主学习的时间和空间，丰富和强化了学生学习语言的实践. 这种做法也给其他教师带来许多启发与思考.

四、时机应准

追求高效善导，必须捕捉恰当的时机. 古人云，“不愤不启”，也就是要“导”在学生的需求处，“导”在学生学习的最近发展区，从而让“导”真正发挥应有的作用.

1.“导”在学生知识的缺陷处

在数学学习过程中往往会牵涉许多知识，有时由于缺乏必要的知识，就会影响对课文的理解、感悟，影响学生表达能力的提高. 因此，数学教师应注意发现学生知识的缺陷之处，予以适当的点拨指导. 在实际教学中，这样的环节费时不多，但效果甚佳. 数学问题往往由若干彼此独立的子过程组合而成，这些子过程各有其不同的数学特征，遵循不同的数学规律，但这些问题又不是孤立的，它们之间存在着一定的制约关系，只要仔细分析，就可寻找到前后问题联系的桥梁，从而把几个子问题组合起来．教师要善于启发学生去分析，充分调动学生的积极性，久而久之，学生就会养成仔细分析问题的习惯了．

例如，$f(x)$ 是定义在 $\mathbf{R}$ 上的以 2 为周期的函数，对给定的 k 值，用 $k \in \mathbf{Z}$ 表示区间 $(2k-1,\ 2k+1)$．已知当 $x \in I$ 时，$f(x) = x^2$，对于给定的自然数 k，求集合 $M_k = \{a \mid 使方程\ f(x) = ax\ 在\ I_k\ 上有两个不相等的实根\}$．

分析此题时，教师要通过下列条件，启发学生动脑思考．

（1）$f(x)$ 定义域为 $\mathbf{R}$．

（2）$f(x)$ 是以 2 为周期的函数．

（3）对 $k \in \mathbf{Z}$，区间 $I_k = (2k-1,\ 2k+1)$ 上 $f(x)$ 的解析式可能与 I 上函数 $f(x)$ 的解析式不同．

（4）当 $x \in [-1,\ 1]$ 时，$f(x) = x^2$．

这样四个侧面，提供了求 I_k 的函数 $f(x)$ 的解析的可能性．

题目所问的是求实函数 a 的取值集合，这时 a 应当使方程 $f(x) = ax$ 在 I_k 上有两个不等实根．为给出本题解答，就应该顺次解决：

（1）函数 $f(x)$ 在 $x \in I_k$ 上的解析式是什么？

（2）方程 $f(x) = ax$ 在 $x \in I_k$ 上与方程 $f(x) = ax$ 有什么关系？

（3）方程 $f(x) = ax$，$(x \in I_k)$ 在什么条件下有不等实根？

通过一连串的提问，学生顺着这个思路弄清了细节，可以设计出大致的解题思路：

利用周期和 $x \in I$，$f(x) = x^2$ 的条件，提出 $f(x)$ 在 $x \in I_k$ 上的解析式；

求 $f(x)$ 在 I_k 上解析式时，又分为两个阶段：

（1）由 $f(x)$ 是以 2 为周期的函数，推知对任意 $x \in I_k$，都有 $f(x+2k) = f(x)$．

（2）由 $f(x)$ 在 $x \in I$ 上的解析式是 $f(x) = x^2$，结合（1），进而得出 $x \in I_k$ 时，$f(x) = (x-2k)^2$．

求 a 的范围时，也分为两阶段：

（1）方程 $f(x) = a$ 在 $x \in I_k$ 上是 $(x-2k)^2 = ax$，$x \in I_k$，

即是 $x^2 - (a+4k)x + 4k^2 = 0$．

（2）对于给定的 $k \in \mathbf{Z}$，找出方程 $x^2 - (a+4k)x + 4k^2 = 0$，$x \in I_k$ 有两个不等实根时关于 a 的限定条件，进而求出 a 的允许值范围．

因此，原题最终归化为下面关于 a 的不等式组：

$$\begin{cases} f(2k-1) > 0 \\ f(2k+1) \geqslant 0 \\ f\left(\dfrac{a+4k}{2}\right) < 0 \\ 2k-1 < \dfrac{a+4k}{2} < 2k+1 \end{cases} \quad \text{整理得}$$

$$\begin{cases} a < \dfrac{(2k-1)^2+4k^2}{2k-1} - 4k \\ a \leqslant \dfrac{(2k+1)^2+4k^2}{2k+1} - 4k \\ |a+4k| > 4k \\ -2 < a < 2 \end{cases} \Rightarrow 0 < a \leqslant \dfrac{1}{2k+1}$$

由此得 $M_k = \left\{ a \mid 0 < a \leqslant \dfrac{1}{2k+1} \right\}$（$k$ 为预先给定的自然数）.

这是一个渐进的理解、感悟过程，也是学生认识逐步提高的过程. 在这真实、朴实的教例中，我们不难体会到教师准确、精当与到位的指导所起的作用.

2. "导"在学生理解的疑难点

课文除了字面直接显示的信息，常常还有更隐含的、潜在的、深层的信息. 中学生由于受到心智水平、认知经验的限制，在发现、理解、感悟隐含的、潜在的、深层的信息的过程中会遇到许多的疑难，产生困惑. 教师画龙点睛的启发可以让学生拨开迷雾，产生茅塞顿开、豁然开朗之感觉.

第三章

思意教学：彰显"思意数学"教学艺术

第一节 "创设问题"的教学艺术

精心设计课堂提问，创造良好的问题情境，是顺利完成数学任务的重要环节. 古语云："学起于思，思源于疑." 有疑才能有思，无思则不能释疑，实践表明，独具匠心的提问对于培养学生思维的灵活性、深刻性、敏捷性、创造性和批判性其功效是不言而喻的.

1. 激趣性设问

富有趣味的设问，往往能启发学生的学习兴趣积极性，让学生带着浓厚的兴趣，愉悦的心情去思维，以求得到完整的解答.

例如，在讲平面直角坐标系时，先提出这样的问题："当你进校门，向右拐直角再走 20 米，再各左拐直角走 30 米，就是学校印刷厂，你能在图上标出它的位置吗？"课堂气氛顿时活跃起来，学生跃跃欲试，想作图，作好图的兴趣油然而生. 从而在主动、轻松的心态中进入了探求知识的境界. 这种形式的设问把枯燥无味的教学内容变得妙趣横生.

2. 引导性设问

引导性设问是常用的一种设问方法，往往在讲授新课之前，教师根据新旧知识之间的联系，设问与本课有关的旧知识，引导学生用旧知识探索发现新问题，为传授新知识铺平道路，以顺利完成教学任务.

例如，讲二次函数 $y = ax^2 + bx + c$ 的图像与性质时，我们设计了如下程序问题.

（1）用配方法把 $y = -2x^2 - 3x + 2$ 化为 $y = (x+h)^2 + k$ 的形式.

（2）将二次函数 $y = 2x^2$ 的图像如何平移得到 $y = 2(x+3)^2 - 5$ 的图像？

学生，兴趣颇浓，接着指点："该图像是由 $y = 2x^2$ 的图像向左平移 3 个单位，再向下平移 5 个单位得到的." 继而又引导设问："函数 $y = ax^2$ 的图像怎样平移才能得到 $y = ax^2 + bx + c$ 的图像呢？"学生自然开窍了，用配方法将 $y = ax^2 + bx + c$ 化成：

$y = a\ (x+h)^2 + k$ 的形式 $\left[\text{即 } y = ax^2 + bx + c \left(x + \dfrac{b}{2a}\right)^2 + \dfrac{4ac - b^2}{4a}\right]$，从中获知

函数 $y = ax^2 + bx + c$ 的图像是由函数 $y = ax^2$ 的图像向左 $\left(\text{当} \dfrac{b}{2a} > 0 \text{ 时}\right)$ 或向右

$\left(\text{当} \dfrac{b}{2a} < 0 \text{ 时}\right)$ 平移 $\left|\dfrac{b}{2a}\right|$ 个单位，再向上 $\left(\text{当} \dfrac{4ac - b^2}{4a} > 0 \text{ 时}\right)$ 或向下

$\left(\text{当} \dfrac{4ac - b^2}{4a} < 0 \text{ 时}\right)$ 平移 $\left|\dfrac{4ac - b^2}{4a}\right|$ 个单位得到的. 继而又引导设问："结合图像

你发现二次函数 $y = ax^2 + bx + c$ 有何性质？"学生通过观察图像后获知：图像顶

点为 $\left(-\dfrac{b}{2a}, \dfrac{4ac - b^2}{4a}\right)$，对称轴为直线 $x = -\dfrac{b}{2a}$，且平等于 y 轴. 当 $a > 0$ 时，抛

物线开口向上，顶点是最低点，这时函数有最小值. 且当 $x > -\dfrac{b}{2a}$ 时，y 值随 x

增大而增大，当 $x < -\dfrac{b}{2a}$ 时，y 随 x 增大而减小，当 $a < 0$ 时，抛物线开口向

下，顶点是最高点，这时函数有最大值，且当 $x > -\dfrac{b}{2a}$ 时，y 值随 x 增大而减

小，当 $x < -\dfrac{b}{2a}$ 时，y 值随 x 增大而增大.

显然，提出一个问题，解决了一个问题，引导学生利用旧知识发现新知识，教学任务顺利地完成. 这种设问既为学生积极思维创造了条件，又能降低思维的难度，激起思维波澜.

3. 迁移性设问

不少知识在内容或形式上有类似之处，相互之间往往有密切的联系. 对此，教师可在旧知识的基础上有意设置问题，将学生已掌握的知识和思维方法迁移到新知识中去，从而帮助学生理解问题.

比如，在求证多面体的体积等于它的表面积和它的内切球的半径的乘积的 $\dfrac{1}{3}$ 时，学生普遍觉得这个问题太抽象，证明无从下手，如果问题从迁移到平面，

联系学生已熟悉的事实，即三角形面积等于周长及内切圆的半径之积的 $\dfrac{1}{2}$，然

后再引导学生把这个问题由平面推广到空间，学生很自然过渡到空间立体几何的乐园，品赏着抽象思维的乐趣.

4. 激疑性设问

设疑、释疑是人生追求真理，获取知识，增长才干的重要途径. 由于中学

生缺乏思维的灵活性和敏捷性，教师若能在其似懂非懂，似通非通处及时提出问题（疑点），然后学生共同释疑，肯定会收到事半功倍之效果.

例如，设 a、b、c 为非负数，且满足 $a+b+c=5$，

求证：$\sqrt{2a+1}+\sqrt{2b+1}+\sqrt{2c+1} \leqslant 8$.

问题一出，学生聚精会神地观察和思考，在能否取到等号这个问题上，学生发生争论，有的学生说取不到等号，这时，教师再提问，为什么取不到等号？因为 $\sqrt{2a+1} \leqslant a+1$（仅当 $a=0$ 时取等号），$\sqrt{2b+1} \leqslant b+1$（仅当 $b=0$ 时取等号），$\sqrt{2a+1} \leqslant c+1$（仅当 $c=0$ 时取等号）.

故 $\sqrt{2a+1}+\sqrt{2b+1}+\sqrt{2c+1} \leqslant (a+b+c)+3=8$（仅当 $a=b=c=0$ 时取等号），但这时 $a+b+c=5$，故原不等式取不到等号. 此时，学生兴趣盎然，于是，教师再提出一个问题：此不等式取不到等号，请证明：8 是左边式子的上界，但它不一定是最小上界，那么能否找出最小上界呢？学生再次进行探索，最后得出完美的结果：$\sqrt{2a+1}+\sqrt{2b+1}+\sqrt{2c+1} \leqslant \sqrt{39}$ 当且仅当 $a=b=c=\dfrac{5}{3}$ 时取等号. 这无疑对于深刻理解证明不等式取等号时的真正内涵有重要意义.

5. 发散性设问

发散性思维是一种创造性思维，在教学中为了扩展学生的思路获得举一反三的效果，引导学生从多途径，纵横联系方面去思考问题，对提高学生的思维能力和探索能力是很有裨益的. 这样设问难度较大，必须考虑学生的知识的熟悉程度.

例如，复数的代数式化三角式.

$a+bi=r(\cos\theta+\sin\theta)$，其中 $\begin{cases} a=r\cos\theta. \\ b=r\sin\theta. \end{cases}$ ①

公式①在不同条件下，可设计出很多的形式，如

① 在 $\mathrm{Rt}\triangle ABC$ 中 $\begin{cases} a=r\cos\beta \\ b=r\sin\beta \end{cases}$

② 三角函数定义式 $\begin{cases} x=r\cos\alpha \\ y=r\sin\alpha \end{cases}$

③ $a\sin x+b\cos x=\sqrt{a^2+b^2}\sin(x+\theta)$，其中 $\begin{cases} a=\sqrt{a^2+b^2}\cos\theta \\ b=\sqrt{a^2+b^2}\sin\theta \end{cases}$

④ 直角坐标系与极坐标系的互代：$\begin{cases} x = \rho\cos\alpha \\ y = \rho\sin\alpha \end{cases}$

还有圆的参数方程、直线参数方程等．另外在讲完一个例题后，启发学生一题多解地提问，或题目引申性提问等，鼓励学生"标新立异"，诱发思维的独创性，从而有利于提高课堂教学效果．

6. 巩固性提问

为了让学生真正理解和掌握新学过的知识，教师常在授完课后，可就所学的内容提出一些重要问题，引导学生对知识进行概括和总结，以达到巩固知识的目的．

比如，在学习"幂函数"这一节后，可做如下巩固性设问：①任意一次或二次函数都是幂函数吗？②指数 n 取哪些有理数时，才便于研究幂函数的性质？它们性质是怎样？等等，通过这一系列的提问，可使学生对本节内容有一个全面正确的认识，为今后的学习奠定扎实的基础．

第二节　　"暴露过程"的教学艺术

"暴露式"教学，旨在暴露知识的发生过程和学生的学习过程．在课堂教学中，怎样既暴露概念的形成过程、结论的推导过程、方法的思考过程、问题被发现的过程、规律被揭示的过程等，又暴露教师的探索过程，更暴露学生的学习过程，具体说来，有以下几条途径．

1. 稀释浓缩了的知识点

要使学生学好数学，首先必须突破概念关．数学概念是人们数学现象和过程的认识在一定阶段上总结，是以精辟的思维形式表现大量知识的一种手段．在概念教学中，我们首先暴露概念提出的背景，暴露其抽象、概括的过程将浓缩了的知识充分稀释．

比如在讲祖恒原理时是这样进行的：首先问学生以前学过哪些计算几何体积公式，接着问："如有一块不规则的小石块，如何测量它的体积？"学生略加思索回答："可放在盛水的量筒中观察水口升高多少？"教师追问："这种测量体积的方法是以什么数学原理为依据？"这时学生思维活跃，有的说是阿基米德原理，有的说不对，经过一番争论，最后认定这是根据"等积变形"原理。此时教者提出"等积变形"在今后立体几何计算中有很重要的作用。它是今后证明许多体积公式的通法，教师接着又提出问题："有一块长方体形状的肉块，要切成肉片，如从上一个面往下切，是垂直下切成长方体薄片体积大还是斜切成平行六面体形状薄片体积大（刀口间隔宽度相同）？"这时学生中"一样大""不一样"两种意见互不相让，但都缺乏说服力。这时教师就问："一副扑克牌（54 张）是叠成长方体形状体积大还是斜叠成平行六面体体积大，为什么？"此时学生"顿悟"，齐声回答"一样大"，"因为它体积是 54 张牌体积和"。通过类似联想对"切肉问题"也得到了一致答案，然后教师让学生看课本上的祖暅原理，学生不仅很快理解了而且说这个原理可以用"扑克牌"的方法加以解释。

这样学生就能从较确切的"直觉"形象中容易地把特殊化为一般，较好地理解掌握知识。

2. 暴露知识的发现过程

在定律、定理、公式教学中，我们首先让学生探索结论，使学生不仅懂得规律形成的过程，领悟规律发现的根由，而且体会发现的乐趣。

例如，化 $a\sin\alpha + b\cos\alpha$ 为一个角的三角函数的形式。教材是从设 $a = x\cos\phi$，$b = x\sin\phi$ 入手，把原形化为 $x\sin(a+\phi)$，再设法确定 x，ϕ。教学中发现，学生对此设法感到突然，难以理解，为此，我们做了些改变。

分析与解：要把 $a\sin\alpha + b\cos\alpha$ 化为一个角的正弦函数，即要化为 $r(\sin\alpha\cos\phi + \cos\alpha\sin\phi)$ 的形式。

设直角坐标平面内的一点 $P(a, b)$，连接 OP，如图 1 所示，过 P 作 $PM \perp x$ 轴，垂足为 M，则 $OP = r = \sqrt{a^2 + b^2}$，$\angle MOP = \phi$

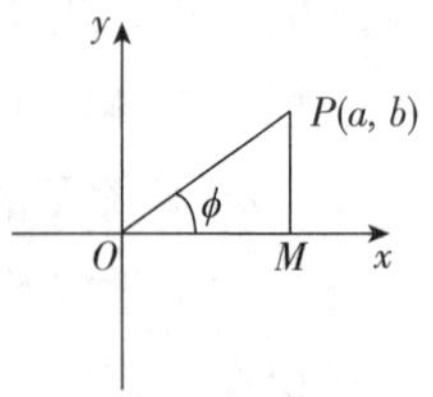

那么 $\dfrac{a}{r} = \cos\phi$，$\dfrac{b}{r} = \sin\phi$。

图 1

$\therefore a\sin\alpha + b\cos\alpha = \sqrt{a^2 + b^2}(\sin\alpha\cos\phi + \cos\alpha\sin\phi)$

$= \sqrt{a^2 + b^2}\sin(\alpha + \phi)$。

这就化为了一个角的三角函数，教师的分析似导航灯，暴露了知识的发现过程。这样，就把学生的思维自然地引到知识发生和形成的轨道中。

3. 在关键难点处留下空白，精心设问或让学生提问

抓住重点，突破难点是课堂教学成功的保证．但是，有趣的是，教师在关键难点处留下空白，精心设问，引导学生思考，其效果有时很有可能超过教师的循循善诱、滔滔不绝．

例如，在教学反三角函数概念时，可通过设计环环相扣的提问，引入概念．

（1）一个函数存在反函数的条件是什么？

（2）$y = \sin x$ 是否存在反函数？为什么？

（3）观察 $y = \sin x$ 的图像，$y = \sin x$ 在 $x \in \left[-\dfrac{\pi}{2}, \dfrac{\pi}{2} \right]$ 上是否存在反函数？为什么？

在教学反正弦函数定义时，突出讲清：

（1）$\arcsin x$ 是一个角．

（2）这个角属于区间 $\left[-\dfrac{\pi}{2}, \dfrac{\pi}{2} \right]$．

（3）这个角的正弦值为 x．

然后安排一些难度适当的题组以深化和强化学生初步形成的反正弦函数的概念．

这样的概念教学不仅充分暴露了问题的提出、形成、发展的过程，而且使学生在整个教学过程中始终处于积极的思维状态．

4. 暴露教师的探索过程

例题是课堂教学的一个重要组成部分，它对基础知识有巩固深化作用，对解题方法有示范作用．然而许多教师讲解例题时，往往是先讲思路梗概，后写解题过程，学生可以听得津津有味，就是难以成为自己的东西．如果我们讲解例题时首先扮演"学"的角色，以学生的眼光去审视所学内容，像学生一样成为新知识、新技能的探索者，效果要好得多．

例如，（1）$k + 1 \neq 0$，当 k 为何值时，关于 x 的方程

$(k + 1) \cos^2 x + 4\cos x + (4 - 4k) = 0$ 有解？

（2）已知关于 x 的一元二次方程 $x^2 + 2ix + (a + 1) = 0$ 有实数解，问 a 取何值？（其中 i 为虚数单位）

我在讲解时，有意模仿学生的错误．

（1）解：由 $\triangle = 4^2 - 4(k + 1)(4 - 4k) = 16k^2 \geq 0$ 知，关于 $\cos x$ 的方程有两个解，设它的两个解为 $y_1 = \cos x_1$，$y_2 = \cos x_2$，则

$$\begin{cases} -1 \leqslant y_1 \leqslant 1 \\ -1 \leqslant y_2 \leqslant 1 \end{cases}, \quad 即 \begin{cases} -2 \leqslant y_1 + y_2 \leqslant 2 \\ -1 \leqslant y_1 y_2 \leqslant 1 \end{cases}$$

于是 $\begin{cases} |\ y_1 + y_2\ | \leqslant 1 \\ |\ y_1 y_2\ | \leqslant 2 \end{cases}$ 依韦达定理得 $\begin{cases} \left| \dfrac{-4}{k+1} \right| \leqslant 2 \\ \left| \dfrac{4-4k}{k+1} \right| \leqslant 1 \end{cases}$

即 $\begin{cases} |\ k+1\ | \geqslant 2 \\ |\ 4-4k\ | \geqslant |\ k+1\ | \end{cases} \Rightarrow \begin{cases} k+1 \geqslant 2 \ 或 \ k+1 \leqslant -2 \\ (4-4k)^2 \leqslant (k+1)^2 \end{cases}$

$\Rightarrow 1 \leqslant k \ 或 \ k \leqslant -3$

（2） $\Delta = (2i)^2 - 4(a+1) = -4a - 8$

$\because x^2 + 2ix + (a+1) = 0$ 有实数解，$\therefore \triangle \geqslant 0$，由此得 $a \leqslant -2$.

由于教师与学生思维上"同频"，也就使学生的知识与能力和谐地发展，通过两个例题，使学生认识到不能随意使用公式，否则将出现错误.

5. 让学生板演，暴露学生的学习过程

让学生板演的最大优势是能理顺学生的思路，开拓学生的思维. 当学生做对时，从教师和其他同学的赞叹中，他能看到自身的力量，增强学习数学的信心；当学生做错时，由于错误来源于学生，有很强的针对性，纠正错误及时，也消除了隐患，如本文开头讲的那些问题，都可通过板演让学生暴露出来，逐步纠正.

实践证明，暴露式教学以学生为主体，以暴露数学思维为核心，强化反馈为手段，面对实际，讲求实数，是大面积提高数学教学质量的有效途径.

第三节 "巧设空白"的教学艺术

在数学教学中，有的教师为了强化教学，追求讲深、讲透、讲全，把学生的思路完全束缚在教师设置的框框里. 倘若用点空白艺术，及时恰当地给学生留下自觉思维的"空隙"和自觉内化的机会，即教会他们使用打开知识宝库的钥匙，引他们入门之后，激励他们去探索，去寻求答案，则会收到"此时无声胜有声"的效果.

（一）设置教学空白的时机和种类

1. 导课时的空白艺术

引言是一堂课的"序曲"，过渡语言是知识间的"纽带". 教学中可用有趣的或生动形象的语言做"引子"渗透主题，将学生带入情境后，设置悬念，留下空白，等学生进入最佳思维状态和求知状态时引入课题.

例如，"复数的开方"新课引入时，先请学生解下列方程：$x^2=1$，$x^3=1$，$x^4=1$，接着要求学生回答：

（1）方程 $x^2=1$ 的根是什么？学生肯定答 $x=\pm1$.

（2）再问学生 $x^3=1$ 的根是什么？学生回答可能不一致，相当多学生回答 1. 针对这类问题，教师提示这个方程是否只有一个根. 有的学生会根据经验答有 3 个根. 教师进一步追问另外两个根是什么，部分学生可能会猜测说另外两个根也是 1，他们用观察法得出 $x_1=x_2=x_3=1$ 的解答，对此，教师提出由 $x^3=1$ 推不出 $(x-1)(x-1)(x-1)=0$. 所以方程 $x^3-1=0$ 不可能有 3 个等根 1. 但 $x^3=1$ 变形为 $x^3-1=0$ 后，可化为 $(x-1)(x^2+x+1)=0$，于是

$$x_1=1，x_2=-\frac{1}{2}+\frac{\sqrt{3}}{2}\mathrm{i}，x_3=-\frac{1}{2}+\frac{\sqrt{3}}{2}\mathrm{i}.$$

（3）提及方程 $x^4=1$ 时，学生从上题的启示会很快得到：$x_1=\pm1$，$x_2=\pm\mathrm{i}$.

在此基础上，教师提出了二次方程 $a_nx^n=a$（$a_n\neq a$），进而推出复数的开方. 这样不仅能激发学生的求知欲、解疑心，而且引发学生积极思考，唤起学生的注意力.

2. 讲课中的空白艺术

在课堂教学中，教师不能将所有的知识点和盘托出，把思维内容全部表现在语言上，有些内容可通过空白教学方式使学生自己思维，心领神会. 通常在以下三种情况下设置空白：

（1）相近或相对知识的空白. 这类知识教师常采用比较法进行教学. 例如，我在上《二面角及其平面角》时有这样的设计：首先通过实例引入新课，得出二面角的概念，然后提出问题：能否或怎样用平面内的角去度量"二面角"（这易于把学生的兴趣激发起来）. 接着通过实验、比较，让学生发现在不规定度量方法的情况下，无法确定二面角的大小. 然后让学生充分酝酿、议论，我做必要的引导，得出正确度量二面角的方法. 在让学生充分发表意见之后，

我再接着提出问题：这几种方法有什么联系？用哪一种方法来定义更合适？经过以上研讨，学生不仅学会了二面角平面角的定义和二面角的度量方法，而且懂得了为什么要这样定义，今后如何给数学概念下定义？这一过程就是概念形成的思维过程，学生从中学到了处理数学问题的思想和方法.

（2）关键点和难点处的空白. 这并非回避关键点"知难而退"，而是突破难点强化重点的重要手段之一. 随着课堂教学内容的逐步深入，教师在讲清概念、规律的基础上，配合以相应的空白，可使学生进一步形成正确的数学概念，发展学生的思维能力和灵活变通能力.

例如，有关复合型三角函数式.

$y = a\sin^2 x + b\sin x + c$ 其最大值、最小值的求法. 这道题对部分学生是比较困难的. 在教学中，我采用复习旧知识做好铺垫的方法组织教学. 首先，用换元思想，设 $t = \sin x$，再复习二次函数 $y = ax^2 + bx + c$ 的有关知识；另一方面由 $t = \sin x$ 复习正弦函数的有关知识，然后举例，最后回到课题，由下列一组习题解决求最大值、最小值问题：

① $y = 2\sin^2 x + 1$；② $y = 2\left(\sin x - \dfrac{1}{3}\right)^2 + 1$；③ $y = -2\left(\sin x + 3\right)^2 + 1$.

通过以上过程，可以把复杂的问题分解为若干个有关联的容易解决的小题. 这样分散了难点，即使一般程度的学生学习起来也是比较容易接受的. 而对思维敏捷的学生，在变式训练中，则可通过改变命题条件去进行一些探索的思维训练. 例如上题，把题目改成 $y = 2\left(\sin x + a\right)^2 + b$，这就需要对 $|a| > 1$、$|a| < 1$ 和 $|a| = 1$ 的不同情况进行分类讨论了. 对能力较强的学生来说，就可以激起他们的探索精神，达到培养能力的目的.

（3）学习误区的空白. 在教学中，学生先前错误的感觉、印象、观念、习惯的思维定式往往影响学生形成科学的数学概念和原理，致使学习进入误区，教师要针对误区，设置空白，暴露问题，纠正和理顺学生思路，发展思维能力.

如讲完反三角函数概念后，让学生做这样一道题：

解不等式 $2\arcsin x > \arccos x^2$.

有不少学生这样解：

$$\cos\left(2\arcsin x\right) < \cos\left(\arccos x^2\right)$$

$$1 - 2\sin^2\left(\arcsin x\right) < \cos\left(\arccos x^2\right)$$

$$1 - 2x^2 < x^2 \Rightarrow x < -\frac{\sqrt{3}}{3} \text{或} x > \frac{\sqrt{3}}{3}$$

通过启发引导学生，使学生发现上述解法中忽视反三角函数的定义域，于

是由 O 得到 $\begin{cases} 1 - 2x^2 < x^2 \\ -1 \leqslant x \leqslant 1 \\ 0 \leqslant x2 \leqslant 1 \end{cases} \Rightarrow -1 \leqslant x < -\dfrac{\sqrt{3}}{3} 或 \dfrac{\sqrt{3}}{3} < x < 1$

上述解法是否还存在问题呢？引导学生做更深入的思考．一部分学生发现解

题中没有考虑到反三角函数的值域．因为当 $-1 \leqslant x < -\dfrac{\sqrt{3}}{3}$ 时，$-\dfrac{\pi}{2} \leqslant \arcsin x \leqslant 0$，

而 $0 \leqslant \arccos x^2 \leqslant \dfrac{\pi}{2}$，于是得到 $2\arcsin x < \arccos x^2$，这与题设相矛盾，所以

$-1 \leqslant x < -\dfrac{\sqrt{3}}{3}$ 不是原不等式的解．经过反复思考才得出正确的答案．

3. 组织教学的空白艺术

青少年的注意力持续性较差．教师教学的语言轻重缓急、抑扬顿挫对学生的思维过程直接起着调控作用．在学生昏昏欲睡、交头接耳、做小动作或"走神"的情况下，有经验的教师滔滔不绝的讲授戛然则止，原有的"刺激"突然消失后，学生的注意力马上会集中到教师身上，思维重新回到教学中来，片刻的"空白"后，教学秩序井然．

4. 结课时的空白艺术

结课是一堂课的"终曲"．设置空白，弹好"终曲"，激起学生进一步探究的兴趣和继续思维的浪花，会取得"言尤尽而意无穷"的教学效果．如在学习组合数的两个性质后，有的学生会提出"排列数有没有性质"的问题，这时教师可引导学生模仿组合数第二性质的实际背景，从某一元素排不排在特定位置上去分析排列得到式子 $P_n^m = P_{n-1}^{m-1} + (n-1) P_{n-1}^{m-1} = n P_{n-1}^{m-1}$．

围绕 $P_n^m = P_{n-1}^{m-1} + (n-1) P_{n-1}^{m-1}$ 和 $P_n^m = P_{n-1}^{m-1}$ 是否成立，既然成立，课本中为什么不把它们叫作排列数的性质等问题进行讨论，学生通过思维仍很难"知其所以然"，这为"下回分解"埋下了伏笔．

（二）设置教学空白的原则

1. 针对性原则

空白设置是课堂教学的一个组成部分，是为一定教学目的服务的，它必须服从于课堂教学的思想和内容，这就要求设置空白有明确的目的性和鲜明的针对性，从实际出发适时进行．

2. 适度性原则

"度"是指空白的内容的难度、梯度、频度．设置空白要难度适中，要有

一定的启发性和思考量，使学生通过深思熟虑、"跳一跳可以摘到桃子"．过难，学生无从下手，会挫伤学生的积极性；过易，则不能激起学生的求知欲和学习兴趣．同一内容多层次设置空白，知识间的梯度要适当．同时还要注意一堂课空白的频度，如果空白过多，过于空虚，学生会感到茫然，无所适从．

3. 探索性原则

"空白"是教师语言的停顿，并不是思维过程的中断．设置空白就是给学生提供思维的材料和动力，燃起学生探求的火花，牵引学生主动求知心理，获得反馈后为学生矫正思路．好奇是人们对事物积极探索的一种心理倾向．因此，设置空白常选择学生感兴趣，最关注，同时又寓意深刻，耐人寻味或者与学生已有认知相矛盾的素材，切忌不能盲目强调趣味性而把学生引入歧途，也不能单纯为了吸引学生而游离于教学内容之外．

4. 灵活性原则

设置空白要根据课型、知识内容和学生的接受能力灵活安排，没有任何固定的标准．要"空"得巧妙、"白"得灵活，以"空"引思，以"白"激思，从而达到使学生对数学知识的自觉"内化"．

第四节　"激活思维"的教学艺术

教师在数学教学中对学生思维能力的培养，通常采用的方法有以下几种．

1. 质"疑"

学起于思，思源于疑，引导学生质疑，就能引发学生探究反思．如讲完对数定义提出 $\because a^1 = a$，$\therefore \log a^a = 1$ 是否正确？这与直接问什么叫对数，背一下定义效果不同．这需要思考，有意设置矛盾，使得思维波澜起伏，激起思维浪花，把学生引入思考的境地．

2. 引"趣"

由于思维具有可导性，兴趣能有效地诱发学生的思维．因此，在教学中可以有意识地提出能激发学生学习兴趣的习题，激起学生的求知欲，如在讲《排列与组合》时，提出：我市电话号码由 7 位数改为 8 位数之后，可增设多少台电话？问题一提出，就把学生的注意力吸引住了.

3. 攻"难"

无难，用不着开动思维机器；畏难，有碍于思维发展；攻难，使学生在克服困难，解决疑难问题过程中，积极展开形象思维和抽象思维.

例如，设 $\sin\alpha = a\sin\beta$，$\tan\alpha = b\tan\beta$

求证：$\cos^2\alpha = \dfrac{a^2 - 1}{b^2 - 1}$

这是一个三角条件等式的证明，如果指导学生观察变量特征（局部观察）即可发现差异：条件中含有角 β，结论中不含角现问题的本质要求消去 β（表面上要求是证明条件等式），发现了这一本质特点，联想到"平方关系"的消元法，并与题中分母 $\tan\beta$ 相比较（外部相似）即可借助 $\cos^2\beta - \cot^2\beta = 1$ 很快获解.

4. 善"议"

议能集思广益，互相启发，引发思维. 例如，讲授高一的立体几何《球的体积》这一课时，围绕如何"构造参照体"这一难点，设计下列议题：

（1）先讨论半球. 如何设计一个几何体，使它的体积和半球的体积相等，并且是容易计算的？（让学生充分讨论并画出图形分析）

（2）启导引议. 设计的几何体会不会是圆柱、圆锥、圆台？（从图形看不可能）那么，会不会是与它们有关联的几何体呢？譬如是组合体呢？

（3）进一步启导引议. 根据祖暅原理"面动成体"的思想，可从半球截面面积的表达式入手，去猜想所要设计的几何体的形状. 学生经过这番讨论，并做适当概括，掌握知识可水到渠成.

5. 争"辩"

辩者必据理力争，需旁征博引. 教学中教师有意识地把易于混淆的问题抛出来，适时地组织课堂辩论来激发学生思维.

6. 独"思"

古人说："一寂就凝思，思接千载悄然动容，视通万里."教学中，教师有针对性地提出问题让学生深思，就能架起教与学之间的思维桥梁.

如讲余弦定理时，可以从勾股定理出发，在 Rt$\triangle ABC$ 之中根据三边关系 $c^2 = a^2 + b^2$ 提出如果不是直角三角形的三边关系又会怎样？钝角三角形中钝角的对边 c 与其他两边关系会不会是 $c^2 = a^2 + b^2 + $（？），或是钝角的对边 c 又会不会是 $c^2 = a^2 + b^2 - $（？），从而引入余弦定理的推理.

7. 动"情"

情感是学生认识活动的催化剂. 以情感打动学生的心灵，也可以引发学生思维. 例如，讲相似形比例线段时，介绍毕达哥拉斯因发现了勾股定理杀了 100 头牛来庆贺的故事；学习正多边形前，讲刘徽、祖冲之的大量趣闻；在讲无理数时，向学生介绍毕达哥拉斯学派的成员伯索斯因发现了无理数被扔进了大海的史实. 这些故事不仅点燃了学生求知欲之火，还激发了学生民族自尊心和爱国热情.

8. 求"变"

从"一题一问"到"一题多变"，沟通知识的联系，增加大脑中思维的内在模式. 课本中的多数问题，只要求回答一个方面的问题，对有些问题可以适当做些扩展、演变，增加设问，起到"一题多练""一题多得"的作用，特别是可以鼓励学生自己进行改题训练，以收到举一反三，触类旁通之功效.

9. 求"异"

鼓励学生在学习中敢于联想，敢于发表不同见解. 即使学生提出的问题错了，也不能训斥学生，否则就会扑灭学生已燃起的思维火花.

比如，解方程 $x + \sqrt{x-3} = 3$.

多数学生的解法是移项后平方，少数学生能用换元法求解，看来已没有其他解法了. 但教师引导学生对题目的特点进行分析，联想到二次根式的定义和非负数的性质，于是得到比较新颖的、独特的解法.

10. 指"法"

教学中，教师还要结合实际向学生介绍一些思维的方法，如教《指数函数与对数函数的性质》一节，教材是分类教的，教什么，练什么，内容简单，激发不起学生的学习热情. 可是把它们结合起来教，运用"比较法""综合归类法"等教学方法就好多了. 古人云："授之以鱼，不如授之以渔." 根据不同内容采取不同方法，如启导法、问题讨论法、质疑法等，且各种方法交替变换，使学生愉快地接受问题，轻松地学会.

除此以外，还有单向、多向、逆向等一些思维方法，只要教师注意有针对性地运用，都可以达到训练学生思维的目的.

第五节　"联想展开"的教学艺术

联想是一种重要的解题思想，是由此事物想到彼事物的一种思维方法．众所周知，创造性构想与创造性的解决问题，离不开创造性的思考方法．在解题过程中，围绕题目中给定的条件充分展开联想，可实现思维的飞跃，利用他山之石可以攻玉，往往会收到奇效．

一、善于联想，在联想中求创新

要求学生针对某一问题，通过类比思维去解决，从而达到较好的教学效果．

例1　已知 x，$y \in \mathbf{R}$，且 $x^2 + 2\sqrt{3}xy - y^2 = 3$，求 $x^2 + y^2$ 的最小值，并指出此时 x，y 的值．

分析与解：由已知条件不能直接求出 $x^2 + y^2$ 的值，但观察题目的形式，联想到 $x^2 + y^2$ 表示原点到点 P（x，y）距离的平方．题意就是在双曲线上求一点，使它到原点距离最短．故设 $\sqrt{x^2 + y^2} = d$，OP 与 x 轴成 θ 角，则 $x = d\cos\theta$，$y = d\sin\theta$ 代入已知等式得

$$d^2(\cos^2\theta - \sin^2\theta) + 2\sqrt{3}d^2\sin\theta\cos\theta = 3.$$

故 $x^2 + y^2$ 的最小值为 $\dfrac{1}{\sqrt{3}}$，此时，$x = \pm\dfrac{3}{4}\sqrt{2}$，$y = \pm\dfrac{\sqrt{5}}{4}$．

二、不拘于常规，在反思寻异中求独特

我在巡视学生练习"求经过两条曲线 $x^2 + y^2 + 3x - y = 0$ 和 $3x^2 + 3y^2 + 2x + y = 0$ 交点的直线的方程"时发现，大多数学生的解法是先解方程组：

$$\begin{cases} x^2 + y^2 + 3x - y = 0 & ① \\ 3x^2 + 3y^2 + 2x + y = 0 & ② \end{cases}$$

得两交点坐标为（0，0）和 $\left(-\dfrac{4}{13}, -\dfrac{7}{13}\right)$，以此求得直线方程为 $7x - 4y = 0$，

但有一位学生的解法却只是①×3 – ②. 同样得到方程 $7x - 4y = 0$.　　　③

我考虑到，这个解法隐含着深刻的道理，并对解决后将遇到的许多题目均有指导作用，具有典型性，于是与学生一起研究这个解法的道理：若 (x_1, y_1)，(x_2, y_2) 是两曲线的交点，则其坐标应同时满足①②两式，从而满足③式，即③表示的直线过两曲线的两交点，又因这样的直线只有一条，故③式即为所求.

三、逆向思维，在双向联想中求灵活

设计安排逆向思维的教学环节与过程，增加探究力度，创设问题情境，有效地组织学生的逆向思维活动，使学生熟练地掌握逆向思维的方法.

例 2　两个不同点 P，Q 在曲线 $y = x^2$ 上移动，不管如何选择其位置，它们总不能关于直线 $y = m(x - 3)$ 有对称，求 m 的取值范围.

解析：显然原命题从正向求解不易，考虑反面求解，即先求曲线 $y = x^2$ 上关于直线 $y = m(x - 3)$ 有对称的相异两点时 m 的取值范围 A，然后求 A 在全集 I 在 **R** 上的补集. 若 $m = 0$，曲线 $y = x^2$ 上没有关于 $y = 0$ 对称的两点，若 $m \neq 0$，设与 $y = m(x - 3)$ 垂直的直线 L：$y = -\dfrac{1}{m}x + b$，代入 $y = x^2$ 得 $x^2 + \dfrac{1}{m}x - b = 0$，据此 L 与抛物线有两个交点关于直线 $y = m(x - 3)$ 对称的充要条件是：

$$\begin{cases} \triangle = \dfrac{1}{m^2} - 4b > 0 \\[2mm] m\left(-\dfrac{1}{2m} - 3\right) = \left(-\dfrac{1}{m}\right)\left(-\dfrac{1}{2m}\right) + b \end{cases}$$

$$\Rightarrow (2m + 1)(6m^2 - 2m + 1) < 0$$

$$\Rightarrow m > -\dfrac{1}{2}$$

故当 $\geq -\dfrac{1}{2}$ 时满足题设条件.

四、不囿于定式，在多种变化中求变通

例如，在教学棱锥体积时，我对一个例题进行启发.

例 3　如图 1 所示，三棱锥 $A - BCD$ 中，$AB \perp CD$，EF 是异面直线 AB 与 CD 的公垂线段，若 $AB = a$，$CD = b$，$EF = c$，求 V_{A-BCD}.

一般性启发：本题中条件比较分散，如何把它们集中起来呢？（学生有了思维方向，课堂气氛顿时活跃起来了.）

特殊性启发：能否用"割"或"补"的方法呢？（学生们纷纷提出方法）

应变性启发：当有学生提出能否直接用棱锥体积公式求解时，教师及时予以启发.

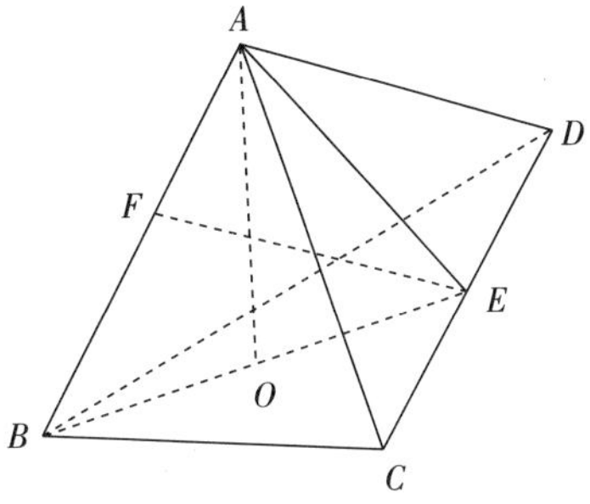

图 1

（1）用哪个三角形做底面呢？（△BCD），这个三角形的高是哪一条线段？（BE），BE 为什么垂直于 CD？能算出 BE 的长吗？

（2）点 A 到底面 BCD 的距离呢？（作 AO ⊥底面 BCD 于 O），点 O 的位置呢？（在 BE 上），能证明吗？能算出 AO 的长吗？

（3）若能求出 BE 和 AO 的长，问题当然解决了，但这是很困难的，想一想，$V_{A-BCD}=\dfrac{1}{6}AO\cdot BE\cdot CD$，既然如此，只要算出 $AO\cdot BE$ 即可. 怎样算呢？

（因为 $EF\perp AB$，故有 $S_{\triangle ABE}=\dfrac{1}{2}AO\cdot BE=\dfrac{1}{2}AB\cdot EF=AO\cdot BE=AB\cdot EF$）

（4）$V_{A-BCD}=\dfrac{1}{6}AB\cdot CE\cdot EF=\dfrac{1}{6}abc.$

（5）问题的揭示：$V_{A-BCD}=V_{D-ABE}+V_{C-ABE}=\dfrac{1}{6}ac（CE+ED）=\dfrac{1}{6}abc.$

这样使学生不拘泥于一个途径，在纷繁复杂的诸多变化中求得对问题的理解和领会，使学生思维的变通性与灵活性提高到一个更新的水平.

五、经纬纵横，在自由联想中求流畅

"数学问题是训练思维的体操"，要使学生的思维像展翅的雄鹰在知识的天空中自由翱翔.

教学中教师应精心安排有关题目，启发学生展开丰富的想象，引发多端的联想.

例 4 在锐角△ABC 中，求证：$\tan A\cdot\tan B>1$，并说出这个命题的逆命题，判断逆命题的真假.

思路一：为判断 $1-\tan A\cdot\tan B$ 的正负，联想到和角公式：

$\tan（A+B）=\dfrac{\tan A+\tan B}{1-\tan A\tan B}$，再利用已知条件 $\angle A$，$\angle B$，$\angle C$ 均为锐角可证.

思路二：要证 $\tan A \cdot \tan B > 1$（$\angle A$，$\angle B$ 为锐角），只需证

$\sin A \cdot \sin B > \cos A \cdot \cos B$，联想到和角公式：

$\cos\,(A + B)\, = \cos A \cdot \cos B - \sin A \cdot \sin B$ 可证.

思路三：由于三角形中 $\tan A + \tan B + \tan C = \tan A \cdot \tan B \cdot \tan C$，

由 $\tan A \cdot \tan B = \dfrac{\tan A + \tan B + \tan C}{\tan C} = 1 + \dfrac{\tan A + \tan B}{\tan A} > 1$ 可证.

思路四：由 $A + B > \dfrac{\pi}{2}$ 得 $\dfrac{\pi}{2} > A > \dfrac{\pi}{2} - B > 0$，利用正弦函数的单调性可得

$\sin A > \cos B > 0$，同理，$\sin B > \cos A > 0$，两式相乘可证.

思路五：如图 2 所示，作 AB 边上的高 CD，以 AB 为直径作圆，交 CD 于 C'（注意 $\triangle ABC$ 为锐角三角形）.

故 $\tan A \cdot \tan B = \dfrac{CD}{AD} \cdot \dfrac{CD}{BD} > \dfrac{C'D^2}{AD \cdot BD} = 1$，

得证.

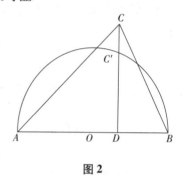

图 2

学生围绕这一问题，左思右想，思维是经纬交织、纵横交错，向多方向延展的. 教学中不失时机地设计这类问题供学生思考，长期坚持，学生的创造性思维能力会在自由联想的天地中获得顺利发展.

六、触类旁通，在搜集罗列中求通法

例如，现行课本中的例题：已知圆的方程是 $x^2 + y^2 = r^2$，求经过圆上一点 $M\,(x_0, y_0)$ 的切线方程.

在教师启发下，对课本例题加以探讨研究，寻求多种解法，拓宽思维广度，选择最优程序极有益处.

解法一：

利用切线斜率与圆心和切点连线斜率间的关系.

解法二：

利用圆心到切线的距离与圆半径相等的关系.

解法三：

利用直角三角形的边边关系.

略解：如图 3 所示，$P\,(x, y)$ 为切线上任一点，则

$| OP |^2 = | OM |^2 + | MP |^2$，下用两点间距离公式代入化简即得.

解法四：

判别式法.

判别式法即设切线方程为 $a(x - x_0) + b(y - y_0) = 0$，与圆方程：$x^2 + y^2 = r^2$ 联立. 消去一个未知数，得到关于另一个未知数的（一元）二次方程. 由 $\triangle = 0$ 推出 a，b 之间的比例关系.

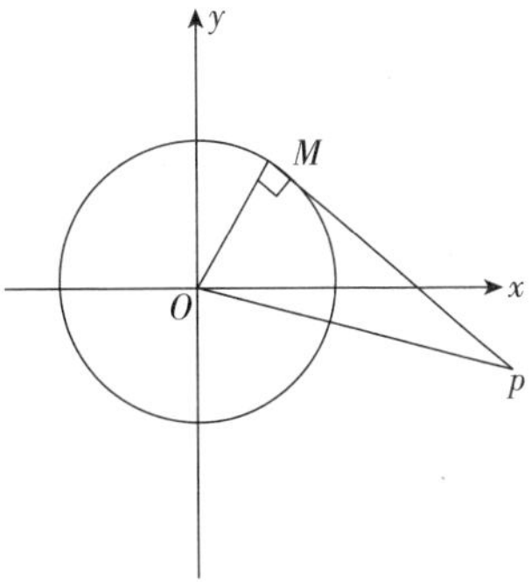

解法五：

解方程组法.

解方程组法即联立直线方程：圆的切线方程 $x_0 x + y_0 y = r^2$ 与圆方程：$x^2 + y^2 = r^2$，通过解方程组，得出其只有唯一解.

这样学生在教师启发下思索出来，也是学生集体智慧的结晶，充分显示了学生的创造才能.

展开联想的一般方法有如下几种.

1. 接近联想，指由一事物想到在时间或空间上接近的另一事物

例如，由三角形的面积等于 $\frac{1}{2} \times$ 底 $\times$ 高可以联想到等底等高的三角形面积相等；两个三角形如果相似，则它们的面积之比等于对应边（或线段）的平方比；相似多边形面积之比等于对应边的平方比；等等.

运用接近联想的方法，要特别注意体现联想的主观动机. 漫无目的地把时空接近的事物都凑在一起是毫无意义的.

2. 相似联想，指由一事物想到在某特征上与之相似的另一事物

例如，求函数 $f(x) = \sqrt{x^2 + 1} + \sqrt{(x - 3)^2 + 1}$ 的最小值.

观察函数 $f(x)$ 的表达式的形式与结构，可以辨认出它是两个两点间距离之和，于是可以借助联想原式改写：

$$f(x) = \sqrt{(x - 0)^2 + (0 - 1)^2} + \sqrt{(x - 3)^2 + (0 + 1)^2}$$

将问题变为"已知 x 轴上的一点 $P(x, 0)$，求它到两定点 $A(0, 1)$，$B(3, -1)$ 的距离之和的最小值". 然后解决. 也可以从函数表达式有形如 $\sqrt{a^2 + b^2}$ 的特点入手，联想到复数的模，将问题变为

"设 $Z_1 = x_1 + i$，$Z_2 = 3 - x + i$，求 $f(x) = | Z_1 | + | Z_2 |$ 的最小值".

再借助 $| Z_1 | + | Z_2 | \geqslant | Z_1 | + | Z_2 |$ 来解决.

图 3

3. 类比联想，指由事物想到在性质上与之相同的另一类事物的联想

例如，一个西瓜，横一刀，竖一刀可分成 4 块，横两刀，竖两刀可分成 9 块，试问横八刀，竖八刀能把西瓜分成几块？横八竖八似乎很具体，但究竟把西瓜分成几块，搞得糊里糊涂，一时答不出来，如果把这个问题类比成数学问题：用 n 条平行 x 轴的直线与 n 条平行于 y 轴的直线，把平面分成几个区域？找到答案 $(n+1)^2$ 时，再回到上面的问题，就迎刃而解了.

又如，任意 13 个实数，证明其中有两个实数 a、b 满足不等式

$$0 \leqslant \frac{a-b}{1+ab} \leqslant 2-\sqrt{3}.$$

分析：要证的式子可类比联想到 $\tan(\alpha-\beta) = \dfrac{\tan\alpha - \tan\beta}{1+\tan\alpha\tan\beta}$ 的公式. 要证明 $0 \leqslant \dfrac{a-b}{1+ab} \leqslant 2-\sqrt{3}$，只需证明 $0 \leqslant \tan(\alpha-\beta) \leqslant 2-\sqrt{3}$. 又注意到

$\tan\dfrac{\pi}{12} = 2-\sqrt{3}$ 时，问题转化成证明 $0 \leqslant \alpha-\beta \leqslant \dfrac{\pi}{12}$.

证明：设任意 13 个实数分别为 $\tan\theta$，$(i=1, 2, \cdots, 13)$ $\left(-\dfrac{\pi}{2} < \theta < \dfrac{\pi}{2}\right)$，将 $\left(-\dfrac{\pi}{2}, \dfrac{\pi}{2}\right)$ 等分成 12 个区间，则 θ 中至少有两个角的终边落在同一区间，不妨设此两角分别为 α，β $(\alpha \geqslant \beta)$，则 $0 \leqslant \alpha-\beta \leqslant \dfrac{\pi}{12}$，令 $a=\tan\alpha$，$b=\tan\beta$，则 $\tan(\alpha-\beta) = \dfrac{a-b}{1+ab}$，再由正切函数在 $\left(-\dfrac{\pi}{2}, \dfrac{\pi}{2}\right)$ 上递增及 $\tan\dfrac{\pi}{12} = 2-\sqrt{3}$，$\tan 0 = 0$ 得 $0 \leqslant \dfrac{a-b}{1+ab} \leqslant 2-\sqrt{3}$.

4. 对比联想，指由一事物想到与之性质相关的另一事物，或由某事物的一个方面想到与其相反的另一个方面

例如，证明在 6 人中，总能找到至少 3 人，他们或者彼此互相识，或者彼此互不相识.

此题若用常规方法，不易叙述清楚. 但若把问题转换为几何模型，把 6 人看成平面上的 6 个点，如果两人互相认识，则连以红色边；如果不认识，则连以蓝色边，于是问题可以转化为"在上述的图形中，一定可以找到由同一颜色的边构成三角形". 转化后问题不难用抽屉原则加以证明.

5. 表里联想，指由事物的表象想到它的本质意义，再由它的本质意义想到相关的事物

例如，由数列 1，0，1，0，…，1，0，…的通项公式 $a_n = \sin^2 \dfrac{n\pi}{2}$，联想到

数列 0，1，0，1，…，0，1，…的通项公式 $b_n = \sin^2 \dfrac{(n-1)\pi}{2}$，还可以进一步

想到数列 α，β，α，β…的通项公式 $C = \alpha a_n + \beta b_n$.

第六节 "诱导心理"的教学艺术

学生一般具有以下几种心理：好奇求异、喜新求趣、争强求胜、好动求乐. 数学教师应该悉心研究学生这些心理特征，使数学教学适应学生的心理实际，以提高数学教学质量.

1. 巧设疑、善激思，以适应学生好奇求异心理

"设疑"是为了使学生对问题产生疑团，学生有了"疑"，就会产生求知欲，学生思维的积极性就会得到充分发挥. 如上专题讨论课可从分析作业的错误入手.

例如，如图 1 所示，把长宽分别为 4、3 的长方形 $ABCD$ 沿对角线 AC 折成直二面角，求顶点 B 和 D 的距离.

先给出作业中一种错误解法. 在图 2 中，过 B 作 $BH \perp AC$ 于 H，连 $HD \Rightarrow AC \perp HD \Rightarrow \angle BHD$ 为二面角 $B - AC - D$ 的平面角，二面角 $B - AC - D$ 为 $90°$，让学生辨析正误并说明理由.

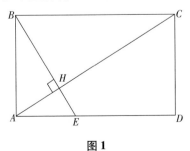

图1

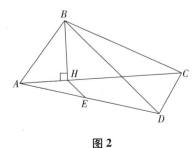

图2

学生指出：$\angle BHD$ 不是二面角 $B-AC-D$ 的平面角，理由是没有证明 $HD \perp AC$. 追问："能否证明 $AC \perp HD$，使 $\angle BHD$ 是二面角 $B-AC-D$ 的平面角？"发问引起学生的浓厚兴趣，产生了强烈反响. 有些学生议论纷纷，有人在纸上画图，企图证明 $AC \perp HD$. 这样，辨析设疑激发学生探求、讨论的欲望，适应学生的求异心理.

2. 多变化，找规律，以适应学生喜新求趣心理

学生在议论上题时，有学生提出："因为 AC 与 HD 根本不垂直，所以 $\angle BHD$ 不可能是二面角 $B-AC-D$ 的平面角."新的问题再一次激发学生的思维. 很快，有人指出，翻折前的矩形平面图，可清楚看到 AC 与 HD 不垂直. 这时，犯同样错误的学生恍然大悟：翻折题不仅要折起来看，还要铺平了看.

折起来看与铺平了看，这"两看"之间有什么内在联系呢？抓住这个探索中的核心问题是提出第二个讨论题："翻折前、后图中，哪些量改变？哪些没变？"学生通过对图形仔细观察分析，讨论发现"翻折前后，在同一平面内基本量不变，不同平面内基本量改变"的规律. 接着，又引导学生研究 BH 和 HD 长的求法. 这样，学生通过对典型错题步步深入，辨析讨论，最后探求归纳出翻折题的解法的一般规律：折起来观看，铺平了察看，同一平面内基本量不变.

如何使学生进一步加深对规律的认识，以适应学生喜新求趣心理？可将原题做如下补充和变形.

（1）原题若将 $\triangle ABC$ 折起，使 B 到 AD 距离为 2，求二面角 $B-AC-D$ 的大小.

（2）原题改为边长为 3 的正方形，沿对角 AC 折起，使 B、D 两点距离为 4，求二面角 $B-AC-D$ 的大小. 只要求学生说出解题思路.

3. 多鼓励，勤表扬，以适应学生争强求胜心理

对学生的每一点滴成绩和微小进步都必须热情表扬和鼓励. 绝不能无动于衷. 许多成才的数学家的事例表明，数学教师对学生疑问、猜想等肯定和表扬，会成为学生热爱数学的巨大动力. 基于学生的争强求胜心理，我在课堂教学中及时地表扬了学生们提出 $\angle BAD$ 不是二面角 $B-AC-D$ 的平面角的理由，在表扬的同时鼓励学生找出规律："同一平面内基本量不变，不同平面内基本量改变."这样不仅调动了学生学习数学的积极性，而且有效地培养了学生的思维能力.

4. 精讲解，多练习，以适应学生好动求乐心理

天真活泼、好动贪玩、勇于参与是青少年的天性. 顺应学生这种心理特点，数学教师可采用精讲多练的教法，用少量时间讲清重点难点，启发指导学生多用各种形式的数学练习．如学生做上面两个变式练习时，教师指出解这两道题关键是正确确定二面角的位置．"怎样在翻折后的图中准确而迅速地确定平面角的位置呢？"使学生围绕新问题展开讨论．学生通过对图形、条件的观察分析发现：①二面角平面角的位置常由题目中隐含条件（如正方形对角线互相垂直）来确定；②在平面图中从特殊点向折痕线引垂线段，则垂线段被折线所分割成的两部分即为二面角平面角的两条边，进而归纳出"先平面作、后翻折找出"的在翻折题中确定二面角平面角的有效方法．这样启发讲解，引导学生就几种常见图形的翻折情况，进行较系统的确定二面角平面角位置的双基训练．学生通过做练习找规律，觉得活泼有趣，轻松愉快，以达到课堂教学的最佳效果．

第七节　"逻辑图表"的教学艺术

　　图表在数学教学中的应用广泛，数学课内容多，联系性强，板书的内容要尽量少精．图表既能体现知识的系统性、全面性，又能突出重点，减少板书量．

1. 微型包容效应

　　板书图表教学是一种微型化的教学，它突出的特点是由口头讲述变为直观图表展示，将数学的组成部分、结构、从属关系等内容，从大到小，由主到次，形成一种新的信息传导．比如，在讲立体几何《直线和平面》之前，我让学生先自学，要求明确本节所要讨论的大致内容，列出下面内容：

$$
直线
\begin{cases}
线在面内 \\
线与面平行（判定和性质定理） \\
线与面相交
\begin{cases}
垂直（定义、判定和性质定理） \\
斜交（线面所成角、三垂线定理及逆定理）
\end{cases}
\end{cases}
$$

　　这样设计，简单明了，对每个知识点间的结构依存关系，可提纲挈领地把握教学总体内容．

2. 美学效应

　　板书的结构美是教学中影响学生学习心理的因素之一，精心设计富于美感的板书图表，有助于学生端正学习态度，激发求知兴趣．如讲"加法原理和乘法原理"时，我的板书设计如图 1 所示.

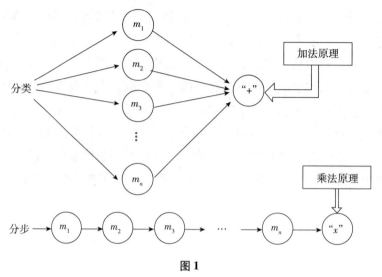

图 1

3. 提高学生综合能力效应

提高综合能力的关键是培养学生良好的思路. 结构是教材思路的再现，所以抓结构就是抓住了教学的重点，在鲜明直观的图表中，准确无误地勾画出教材的整体结构内容，就能给学生留下深刻的印象. 如高中平面解析几何中，研究形如 $x^2 + y^2 + Dx + Ey + F = 0$ 的方程曲线是不是圆，先将方程的左边配方得：$\left(x + \dfrac{D}{2}\right)^2 + \left(y + \dfrac{E}{2}\right)^2 = \dfrac{D^2 + E^2 - 4F}{4}$，然后根据 $D^2 + E^2 - 4F$ 的值就可得出结论.

我就这样设计了板书图表（如图 2 所示），可直接看出结果.

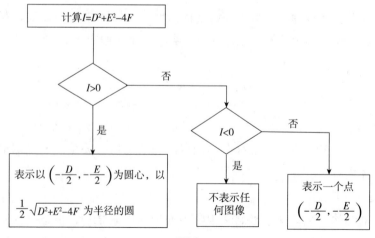

图 2

4. 对比效应

列对比表，将相近或类似，但又有本质区别的某些知识内容列在一起进行观察、分析、比较，既容易分辨个性，又容易领悟其共性．例如，在学完直线和圆的参数方程之后，我这样设计了板书图表（见表1）．

表1 板书图表

分类	条件	参数	方程	图像
直线	定点 M_0（x_0，y_0） 倾角为 α	$M_0M = t$ $t \in$（$-\infty$，$+\infty$）	$\begin{cases} x = x_0 + t\cos\alpha \\ y = y_0 + t\sin\alpha \end{cases}$	
圆	圆心 C（x_0，y_0） 半径为 R	$\angle ACM = \phi$ $0 \leqslant \phi < 2\pi$	$\begin{cases} x = x_0 + R\cos\phi \\ y = y_0 + R\sin\phi \end{cases}$	

很明显，这能使学生对两个形如姐妹的方程各自特定条件及参数和几何意义，有更加鲜明的印象．

5. 图解高能效应

在习题教学过程中，板书图表可以简化教学过程，节约时间，如学习指数函数 $y = a^x$ 的性质时，我分别画出当 $0 < a < 1$ 和 $a > 1$ 时的函数图像，使学生对指数函数的性质脉络一目了然．

第八节 "心理效应"的教学艺术

教育学和教学法都是以教育心理学为理论根据的．心理学家认为："感觉、知觉、思维、记忆等是主要的心理过程．"学生的学习活动是在教师指导下的认识活动，探求其学习数学的心理规律，选择恰当的教学方法，才能富有成效地进行教学.

1. 图（表）的直观性与学生的"感知效应"

感觉、知觉是认识过程的初级阶段，是对客观事物的直观反映. 在教学过程中运用数学实物、幻灯、图表等直观手段能获得良好的效果. 运用图表、图形是数学教学中最主要、最简便、最常用的直观手段. 数学图形可以把数学问题加以形象化，使它具有"感知优先性".

例如：设复数集合 $M = \{z \mid |z - 1 - \sqrt{3}\mathrm{i}| \leqslant 23, z \in \mathbf{C}\}$，

$N = \{z \mid \arg(z - 4) = \dfrac{5\pi}{6}, z \in \mathbf{C}\}$，

若集合 $P = M \cap N$，求集合 P 中满足模为 $\dfrac{4\sqrt{3}}{4}$ 的元素的辐角主值.

解：M 的元素为复平面内以（1，$\sqrt{3}$）为圆心，半径 $2\sqrt{3}$ 的圆及其内部的点，N 的元素为复平面内经过点（4，0），且倾角为 $\dfrac{5}{6}\pi$ 的射线 AB（不包含 A 点）上的点，故 P 的元素即为线段 AB 上的点（不包含 A 点）. 设满足要求的复数为点 C，则由正弦定理得

$$\frac{|OC|}{\sin \angle CAO} = \frac{|OA|}{\sin \angle ACO}, \quad 即 \frac{\dfrac{4\sqrt{3}}{3}}{\sin \angle CAO} = \frac{4}{\sin \angle CAO}$$

其中 $\angle CAD = \dfrac{\pi}{6}$，解得 $\angle ACO = \dfrac{\pi}{3}$ 或 $\dfrac{2\pi}{3}$ 故 $\theta = \dfrac{\pi}{2}$ 或 $\dfrac{\pi}{6}$.

又如，证明反三角函数恒等式的教学中，在证明例题：求证 $\arctan x + \operatorname{arccot} x = \dfrac{\pi}{2}$ 后，可板书如下思路：

这样，既给学生美的感觉，又使学生明确了解同类问题的思路.

数学图形有效地把数学语言变成直观的有空间位置的图形，有效地传递解题信息，从而使它具有"空间感知性"和"感知可见性". 在教学过程中充分运用"感知效应"规律，使感知具有可行性.

2. 教学方法的多样性与学生的"注意效应"

注意是心理过程进行的一种状态，是心理活动对一定事物的指向与集中. 它是心理活动的调节机制. 经常对学生进行数学学科重要性的教育，加强数学思维能力的培养，使学生主动、自觉地注意学习对象. 尤其要结合学生具有爱动、精力分散的特点，利用"无意注意"的积极因素吸引学生注意，使之保持饱满、积极、稳定的学习情绪，减少乏味枯燥感. 为此，我采用了下述方法：

（1）象形注意法. 例如，学习"两个平面垂直的判定定理"时，我以帆船为例进行提问："帆船的帆只要紧靠着船杆，则不论风向怎样，船怎样旋转，船帆总是与船面保持垂直，为什么？"这样在丰富想象中，引导学生进入意境，引起了学生的无意注意.

（2）趣味性注意法. 运用中外古代数学的成就，导入新课来引趣. 例如，结合课本教学，可以从祖冲之的成就讲圆周率；从高斯的故事，讲等差数列；从国王与象棋发明人的故事（或折纸问题）讲等比数列；等等，来引起学生兴趣.

（3）形象语言注意法. 教师的语言、动作、表情是学生无意注意的直接对象. 生动的话语、恰到好处的手势、有趣适当的比喻等，都是学生无意注意的心理倾向目标. 例如，举例："小孩站在石凳上和大人比高矮."学生自觉地认为是一种笑话，笑小孩的错误，但错在何处？学生能用"线段的比较方法"说明. 教师讲课深入浅出，生动有趣，学生则思维活跃，听得津津有味；教师声情并茂，创建和谐的课堂气氛，学生学习轻松、愉快，师生相互沟通，情景交融，使容易分散的无意注意在外部环境的影响下做出调节和控制.

（4）形象记忆注意法. 有些知识如果能借助图形可以加强记忆. 例如，化函数 $y = a\sin x + b\cos x$（$a > 0$，$b > 0$）为一个角的三角函数，可以用 a、b 为直角边作 $Rt\triangle ABC$，则斜边 $AB = \sqrt{a^2 + b^2}$，于是 $a = \sqrt{a^2 + b^2}\cos\theta$，$b = \sqrt{a^2 + b^2}\sin\theta$，$y = \sqrt{a^2 + b^2}\sin(x + \theta)$，这样就很容易记忆.

3. 教学内容的知识与"智能效应"

学生的思维能力、观察能力、语言表达能力、记忆力是在教学活动中逐步形成，在知识的运用中发展起来的. 数学教学在让学生掌握系统知识过程中，还要有目的、有意识地发展学生的智力，培养学生的能力. 智能的发展，促使学生寻求新的知识，促进数学教学质量的提高.

通过阅读指导和自学思考，培养学生的自学能力，把知识转化为能力，通过已知探求未知，创设问题情境或提出质疑，启发学生积极思维，寻求答案.例如，在讲解斜三角形之前提出："不过河，你能测得河对岸 A、B 两点间的距离吗？"使学生产生悬念，带着问题进行学习.

通过列表、对比、联想、回忆、追忆等方法，让学生"乐而知之"，培养记忆能力.

通过分析、讨论、讲练、阅读，培养学生的语言表达能力，利用寻求异中之同或同中之异的方法，帮助学生储存丰富的数学语言材料.

4. 强化主动性与学生的"反馈效应"

把学习动机充分调动起来，就是要利用一定的诱因，使已形成的学习动机由潜伏状态转入活动状态，使其成为推动学习活动的内部动力. 在方法上运用及时反馈、自我反馈、调节反馈和积极反馈等.

例如，已知过三棱台上底面的一边与一条侧棱平行的一个截面，截面的另两个顶点是下底面两边的中点，下面是学生在解题过程中的反馈.

生：因为被分成两部分的高相等，所以它们体积之比等于对应的底面积 $S_{\triangle BDE}$ 与 $S_{梯形ADEC}$ 的比……

师：你这样决策的根据是什么？

生：祖恒原理吗？

师：符合祖恒原理吗？

生：好像……好像符合吧.

师：那么，原理中的"任一截面的面积都相等"这个条件存在吗？

生：（看了图形后，……无言）

从学生的思考过程不难发现，由于主体对学过的旧知识（这里主要是祖恒原理）的实质认识上比较模糊，或者对相似的概念产生混淆，于是产生思维上的负迁移，造成解题失误，通过"反馈效应"，应用知识的成效，以激发学生的求知欲望.

第九节　"激励点拨"的教学艺术

教育心理学告诉我们，教师以激励的教育方式，诱导学生产生内驱力，从而把教师的教育教学要求内化为学生的自觉行动，学生便会获得生动活泼、主动自觉的发展．这正如法国著名的教育家，被誉为"教师的教师"的斯第多惠所说：教学的艺术主要在于"激励、唤醒、鼓舞"，而不是"传授本领"．

1. 感情激励

通过感情交流利用积极的情感体验形成学生积极的学习态度，从而调动学生的积极性和创造性．苏霍姆林斯基说过："教育教学的全部目的在于如何爱护学生．"因此，在生活方面对学生爱护体贴，在思想行为上理解尊重学生，在学习方面培养指导学生，让学生尊其师，学其理，信其道，就可以形成一种积极和愉快的教学心理环境，促使学生产生积极的情感体验，在这种情感体验产生过程中形成正确的学习动机，浓厚的求知兴趣和学习热情．

2. 榜样激励

俗语说：榜样的力量是无穷的．学生的榜样可以是著名人物，也可以是学生，还可以是教师．教师对于课堂表现好，作业完成好，有独特见解的学生可以给予经常性的表扬：一方面使被表扬的学生进一步提高兴趣，更加努力学习；另一方面可使其他学生自觉地以该学生为榜样，迎头赶上．另外，教师的表率作用也很重要，要求学生做到的，教师首先做到．举个简单的例子，学习初等数学时，多次遇到作函数图像问题，作图是一个基本的要求，也是一种基本功．教学实践使我感到，如果教师作图严谨认真，线条优美，那么学生作图也会认真细心．反之教师作图很随便，学生的作业也很潦草．教师的表率作用不仅给学生提供了示范，而且清晰、优美的图像也能唤起学生的美感．

3. 需要激励

需要是人们对客观需求的反映．学生的学习需要是多层次、多结构的．一般说来，有求知的需要，有创造的需要，成绩好的学生有个人能力特长得到显示和发展等方面的需要．引导学生形成某些需要，然后满足这些需要则是教学中需要激励的重要手段. 如讲《两角和与差的余弦》一节时，首先引导学生形成如下需要：

（1）为什么想到使用单位圆？这样做是否会失去一般性？

（2）$\alpha+\beta$ 角的终边能否落在 α 角的内部？

（3）α 为什么可以用点 P_2，P_3 的坐标表示任意角 $\alpha-\beta$，$\alpha+\beta$ 的三角函数？

（4）对于任意角 α，β 而言，总有 $\angle P_1OP_3=\angle P_2OP_4$ 吗？（$\angle P_2OP_4$ 总是由 $\angle P_1OP_3$ 旋转一周而得到的）

（5）为什么 $|P_1P_3|=|P_2P_4|$？

（6）怎样用一种间接方法把 $\cos(\alpha+\beta)$ 与 α，β 的三角函数建立起关系式？

然后让学生弄清这个证法每一步是怎样想的. 只有这样，教材中"上面的公式，对于任意角都成立"才不是一句空话，满足学生上述需要.

4. 目标激励

目标是指行为所要达到的预期结果. 明确的目标是学生产生学习动力的外部条件. 目标激励的作用在于给学生以导向、鼓励和力量. 而目标的制订则要有科学性和可行性. 既要有根据课程标准制订的整体统一目标，又要有从学生实际情况出发的不同层次的目标. 如复习《椭圆、双曲线、抛物线》这一单元时，根据这一单元的目标要求，联系学生实际，可以制订以下问题：

（1）建立二次曲线方程的思想方法是什么？它们是怎样将曲线（形）转化为方程（数）来研究的？

（2）怎样从二次曲线的标准方程的不同表达形式中掌握它的图形的特征和位置关系？

（3）确定椭圆、双曲线、抛物线的方程各需要多少个独立条件？椭圆、双曲线方程的参数 a、b、c、e 有什么关系？它们的几何意义是什么？抛物线方程中的参数 β 对曲线有何影响？

（4）椭圆、双曲线、抛物线之间有何异同？

这些问题对教材进行了分析、类比、综合、归纳，对于不同层次的学生来说"跳一跳"都能摘到属于自己的"苹果".

5. 参与激励

组织引导学生参与教学，根据学生个性特长，让他们在参与中体验成功带来的愉悦. 苏霍姆林斯基说："成功带来的愉快是一股强大的力量. 儿童想当一名好学生的愿望就是依靠这股力量."在课堂上，注意采用课堂讨论的形式，让学生有充分发表意见的机会，以经常参与获得成功唤起学生学数学的热情和兴趣，也是提高学生学习成绩的有效方法.

6. 强化激励

强化激励是运用奖励、批评、限制等手段进行激励的一种方法. 如对学生学习行为、思维品质、学习成绩等方面及时、相符、公正地提出肯定或批评，以造成一定程度的紧张心理激励，对解题速度、阅读速度做出时间、数量和质量的限制，以造成一种紧迫的心理激励. 另外，扩大激励面也是强化激励的一个重要方面. 如实行多层次全方位的激励：设成绩优秀奖，也设成绩进步奖；设优秀作业奖，也设作业进步奖，给大多数学生以激励的机会.

第十节 "变式延伸"的教学艺术

变式教学就是有目的地从多方面、多层次、多维度思考、分析、学习数学知识、培养学生理解数学概念，灵活运用数学公式，提高解题应变能力的一种教学方法. 采用变式教学还有助于我们透过现象揭示数学规律.

一、在基本概念教学中的应用

基本概念是对客观事物本质属性的概括和反映，任何事物的本质都是通过某种现象表现出来的. 因此，如果采取变式教学，即通过变换感性材料的形式，从概念的外延选取最具有典型意义的事例，使概念的非本质属性不断变化，本质属性多次重复出现，就能较好地帮助学生形成准确的概念.

如学习映射概念的时候，应让学生注意到定义中关于 x，y 的要求不是"对等"的. 映射的定义要求对于集合 A 中的任一元素 x，在集合 B 中唯一存在着元素 y 与之对应，而并没有要求对任意的 y（$y \in B$）在集合 A 中唯一存在着一个元素 x 与之对应. 因此一般来说由 A 到 B 的对应 f，若是一个映射，并不能保证它同时确定一个从 B 到 A 的映射. 为了弥补这一不足，我们就在映射的基础上引进了"满射""单射"的概念，最终得到一一映射，实现了 x 与 y 的"对等"，进而引进逆映射、反函数的概念，从而实现了数学概念体系的形成.

二、在习题课教学中的应用

1. 在习题课教学中运用"变式"可以使知识纵向深入

讲授直线与圆锥曲线关系时，在解析几何中有这样一道例题：已知某圆的方程是 $x^2 + y^2 = 2$，当 b 为何值时，直线 $y = x + b$ 与圆有两个交点？两个交点重合为一点？没有交点？若在讲授时，变化引用教材的内容和形式，可向学生设置这样的问题：①若将圆改为二次曲线，情况如何？②如何求二次曲线的切线？并配以练习：

（1）求通过点 P（3，0）的曲线 $y^2 - 4x^2 = 64$ 的切线方程.

（2）当 m 为何值时，直线 $y = x + m$ 与椭圆 $4x^2 + 9y^2 = 36$ 相交？相切？相离？

这样，学生经过动脑动手，不但知道了二次方程根的判别式的重要性，而且还懂得了直线与二次曲线的位置关系是如何判别的.

2. 通过抓变式，可以使学生思维流畅，掌握概念

如在不等式中有这样一道习题：

求证：$\left(\dfrac{a+b}{2}\right)^2 \leqslant \dfrac{a^2 + b^2}{2}$.

此题证明不难：$\left(\dfrac{a+b}{2}\right)^2 = \dfrac{a^2 + b^2 + 2ab}{4} \leqslant \dfrac{a^2 + b^2 + a^2 + b^2}{4} = \dfrac{a^2 + b^2}{2}$.

但是，这个式子能否推广到一般情况呢？即，是否有：

$\dfrac{a_1 + a_2 + \cdots a_n}{n} \leqslant \dfrac{a_1^2 + a_2^2 + \cdots a_n^2}{n}$ 成立.

仿照上面的证明方法此式是正确的. 另外上式可以写成

$$\dfrac{a_1 + a_2 + \cdots + a_n}{n} \leqslant \sqrt{\dfrac{a_1^2 + a_2^2 + \cdots + a_n^2}{n}}.$$

若 a_1，a_2，$\cdots a_n$ 都是正数，上式即说明：几个正数的算术平均数不大于它们的平方平均数.

经过这样推广之后，学生就容易解决如下的题目：

（1）若 $a + b + c = 1$，a、b、c 是正数，求证 $a^2 + b^2 + c^2 \geqslant \dfrac{1}{3}$.

（2）若 a、b 是正数，且 $a + b = 1$，求证 $\left(a + \dfrac{1}{a}\right)^2 + \left(b + \dfrac{1}{b}\right)^2 \geqslant \dfrac{25}{2}$.

3. 一题多变，引导学生进行类比联想

改变题目的条件，联想结论变化；改变题目的结论，联想条件的变化，开拓学生的思路，使学生在多变中把握问题本质，沟通知识，掌握规律，提高解题应变能力.

例如，如图1所示，PA 切圆于 A，$PA = PB$，BCD 是圆的割线，DP 交圆于 E，BE 交圆于 F，连接 CF，求证 $CF /\!/ BP$. 在学生证完此题后可引导学生讨论求解：

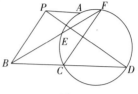

图1

（1）如果假设 A，P，B 在一直线上，其他条件不变，原求证之结论 $CF /\!/ BP$ 是否成立？

（2）如果 B 点在圆内，割线 BCD 变为弦 CBD，其他条件不变，原求证之结论 $CF /\!/ BP$ 是否仍成立？

（3）若把 $CF /\!/ BP$ 换成条件，$PA = PB$ 换成结论，所得新题目是否成立？

这样，教学中有机地把一些有关系的习题串联起来，揭示内在联系，组成题组，形成了知识链，培养了学生综合分析、概括问题的能力.

又如，在三角函数求值教学中，已知：$\tan\alpha = \dfrac{1}{3}$，$\tan\beta = -2$.

（1）求 $\cot(\alpha - \beta)$.

（2）求 $\alpha + \beta$ 的值.（其中 $0° < \alpha < 90°$，$90° < \beta < 180°$）

在教学过程中，我对此例做了如下改动：已知 $\tan\alpha = \dfrac{1}{3}$，$\tan\beta = -2$，其中 $0° < \alpha < 60°$，$90° < \beta < 180°$，求 $\cos(\alpha + \beta)$，并求 $\alpha + \beta$ 的值.

经过这样改动，教学效果令人满意，不仅挖掘了学生解题的闪光点，而且调动了每名学生的积极性，在变化中训练学生思维的深刻性和灵活性.

三、在公式教学中的应用

对公式，不但要熟悉它的常用功能，常常还要追问这些公式、结论是怎样得到的.

这时教师就应恰当地进行启发、引导，学生根据教师提供的线索，自己动手去得到这些公式、结论. 这样做了以后，学生不仅复习巩固了有关知识，还充分享受到探索、创造的快乐. 例如，在数学归纳法这一节中有这样一个例题：

$$1^2 + 2^2 + 3^2 + \cdots + n^2 = \frac{n\,(n+1)\,(2n+1)}{6}.$$

这个例题书上有详尽的证明，证完后，可向学生提出下列问题：

（1）这个公式是怎样得到的？可启发学生考虑从恒等式

$(k+1)^3 = k^3 + 3k^2 + 3k + 1$ 入手.

（2）既然从 $(k+1)^3$ 展开式可求出自然数的平方和，那么从 $(k+1)^n$ 的展开式你可得到什么？

（3）更一般地，能否利用 $(k+1)^{m-1}$ 的展开式来求 $1^m + 2^m + 3^m + \cdots + n^m$？这个和有什么特点？

（4）你能否利用上面的结论，来求通项公式 $a_n = f(n)$ $\left[f(n) \right.$ 是 n 的 k 次多项式 $\left. \right]$ 的数列 $\{a_n\}$ 的前 n 项和 S_n？——用待定系数法求.

通过上面的探索、引申，学生不但知道了公式的来源，还知道了通项公式为多项式的数列的前 n 项和的一般求法.

总之，变式在数学教学中确有一定特殊的意义和作用，而且能有效地引导和启发学生思维的多向性和灵活性，应当引起教师的重视.

变式在数学教学中应从以下几个方面培养学生的思维能力.

1. 一题多解培养学生求异创新的发散性思维

通过一题多解的训练，学生可以从多个角度、多种途径寻求解决问题的方法，开拓解题思路，使不同的知识得到综合运用，并能从多种解法的对比上优选最佳解法，总结解题规律，使分析问题的能力提高，使思维的发散性和创造性增强.

例1 若抛物线 $y = ax^2 - 1$ 上存在弦 AB 被直线 L：$y = x$ 垂直平分，求 a 的取值范围.

分析：设计如下几个方案.

（1）设抛物线上一点 A，其坐标为 $(x, ax^2 - 1)$，它关于直线 L 的对称点为 B；只要 B 点在抛物线上，则适合条件的弦 AB 存在.

（2）利用弦 AB 与 L 垂直的条件设 AB 所在直线方程为 $y = -x + b$，求出它们与抛物线相交所得弦的中点坐标，利用中点在 L 上求 a 的范围.

（3）求原抛物线关于直线 L 的对称抛物线，只要两条抛物线存在不在直线 L 上的交点，则弦 AB 就存在. 这是因为这个交点关于 L 的对称点也一定是这两条抛物线的公共点，这两个交点所连线段即 AB.

解法一：设 A 点坐标为 $(x, ax^2 - 1)$，A 关于 L 的对称点 B 为 $(ax^2 - 1, x)$，点 B 在抛物线上，得：$x = a (ax^2 - 1)^2 - 1$①

整理变形得 $(ax^2 - x - 1)(a^2x^2 + ax - a + 1) = 0$

故 $ax^2 - x - 1 = 0$②或 $a^2x^2 + ax - a + 1 = 0$③. 由方程②得 $x - ax^2 - 1$，此时 AB 重合，不合题设条件，方程③有实根，则 $\triangle = a^2 - 4a^2(1 - a) > 0$（若 $\triangle = 0$，得两个重根，对应的 A、B 两点重合，仍不符合题设条件），解得 $a > \dfrac{3}{4}$，故当 $a > \dfrac{3}{4}$ 存在弦 AB 被 L 平分.

解法二：∵ $AB \perp L$

∴ 可设 AB 所在直线方程为 $y = -x + b$，与抛物线方程联立，消去 y，得 $ax^2 + x - b - 1 = 0$. ④

方程④的两实根即 A，B 的横坐标，设 AB 中点 $M(x_0, y_0)$，利用韦达定理，得 $x_0 = \dfrac{x_a + x_b}{2} = -\dfrac{1}{2a}$，代入直线 AB 的方程，得

$$y_0 = \dfrac{1}{2a} + b.$$

因为 AB 被 L 垂直平分，所以 M 点坐标适应 L 的方程，得

$$-\dfrac{1}{2a} = \dfrac{1}{2a} + b \qquad\qquad ⑤$$

再由方程④存在不等实根的条件，得

$$\triangle = 1 + 4a(b + 1) > 0 \qquad\qquad ⑥$$

由⑤式得 $b = -\dfrac{1}{a}$⑥，解得 $a > \dfrac{3}{4}$.

解法三：原抛物线关于 L 对称的新抛物线方程为：$x = ay^2 - 1$⑦，与原抛物线方程联立，两式左右分别相减得 $(x - y) = a(y - x)(y + x)$，由 $y = x$，对应的两条抛物线的交点在直线 $y = x$ 上，不是 A、B，因此有 $x + y = -\dfrac{1}{a}$，由方程⑦得

$$a^2y^2 + ay - a + 1 = 0.$$

由 $\triangle = a^2 + 4a^2(a - 1) > 0 \Rightarrow$，$a > \dfrac{3}{4}$ 对比以上各方案，可知在解法一中，方程①是个 4 次方程，变形处理是有困难的. 但如果能想到当 A、B 重合时，它们关于 L 对称，它们的横坐标是方程①的解，那么就能将这个 4 次多项式分解出一个因式 $ax^2 - x - 1$ 来，仔细想来，解法一与解法三看起来不同，实质是类似的，在解法一中，A 点在抛物线上运动，它关于 L 的对称点 B 的轨迹其实就

是原抛物线上相当于两抛物线有交点.

2. 一题多变，培养学生思维的应变性

把习题通过条件变换、因果变换等，使之变为更多的有价值、有新意的问题，使更多的知识得到应用，从而获得一题多练、一题多得的效果. 使学生的思维能力随问题的不断变换、不断解决而得到不断提高，有效地促进学生思维的敏捷性和应变性，使创造性思维得到培养和发展.

例 2 一条线段 AB（$AB = 2a$）的两个端点 A 和 B 分别在 x 轴和 y 轴上滑动，求线段 AB 的中点 M 的轨迹方程.

略解：设线段 AB 中点坐标为 $(x，y)$，A 点坐标为 $(x_1，0)$，B 点坐标为 $(0，y_1)$.

$$\begin{cases} x = \dfrac{0 + x_1}{2} \\ y = \dfrac{y_1 + 0}{2} \end{cases} \Rightarrow \begin{cases} x_1 = 2x \\ y_1 = 2y \end{cases}$$

根据题意得：$x^2 + y^2 = 2a^2$.

通过分析以上的方法之后，提出下列问题思考.

变式一：一条长 $2a$ 的线段 AB 的两个端点分别在两条互相垂直的直线上滑动，求证线段 AB 的中点 M 的轨迹是圆.

变式二：一条长 $2a$ 的线段 AB 的两个端点分别在两条互相垂直的直线上滑动，点 M 分 $\overrightarrow{AB}$ 成定比 $\dfrac{1}{2}$ 求 M 点的轨迹方程.

变式三：一条长 $2a$ 的线段 AB 的两个端点分别在夹角为 $45°$ 的两条直线上滑动，试求线段 AB 的中点 M 的轨迹方程.

变式四：一条长 $2a$ 的线段 AB 的两个端点分别在夹角为 $45°$ 的两条直线上滑动，点 M 为 AB 的定比分点，且 $\dfrac{MA}{MB} = \dfrac{1}{2}$，试求 M 的轨迹方程.

通过训练，发现学生对变式一到变式三都能做出，而对变式四，有相当部分学生把 $\dfrac{1}{2}$ 当作线段 AB 的定分比，造成解题失误. 通过分析，加深了学生对数学知识的理解，变式练习拓宽了思维.

3. 多题归一，培养思维的收敛性

数学习题虽然题型各异，所问不同，但有的问题的实质相同. 若能对这些"异型质同"或"型近质同"的问题进行归类分析，则能掌握解答此类问题的规律，还能训练学生解题的灵活性和敏捷性，使学生通过处理一个问题而获得解决一串问题的本领.

例 3　求证 $\sin\left(\alpha+\beta\right)\sin\left(\alpha-\beta\right)=\sin2\alpha-\sin2\beta$.

例 3 揭示了两角和差的正弦与两角正弦平方差的一种和谐的关系，它的形式像代数中的平方差公式，我们称它为三角中的平方差公式. 运用此公式来解一些三角题，可以简化推算过程，提高解题速度. 下面几道题目都可利用此公式很快得到解决.

（1）求 $\sin20°\cos70°+\cos50°\cos10°$ 的值.

（2）求证 $\dfrac{\sin^2A-\sin^2B}{\cos^2A-\sin^2B}=\tan\left(A+B\right)\tan\left(A-B\right)$.

（3）在 $\triangle ABC$ 中，若 a^2，b^2，c^2 成等差数列，试证 $\cot A$，$\cot B$，$\cot C$ 也成等差数列.

（4）在 $\triangle ABC$ 中，若 $\dfrac{\sin^2A+\sin^2B-\sin^2C}{\sin^2A-\sin^2B+\sin^2C}=\dfrac{1-\cos2C}{1+\cos2B}$，试判断 $\triangle ABC$ 的形状（等腰三角形或直角三角形）.

（5）求和 $S_n=\displaystyle\sum_{k=1}^{n}\sin\left(2k-1\right)\alpha\ (\alpha\neq k\pi,\ k\in\mathbf{z})$.

提示：$\sin\alpha\cdot S_n\displaystyle\sum_{k=1}^{n}\sin\left[ka+\left(k-1\right)\alpha\right]\cdot\sin\left[k\alpha-\left(k-1\right)\alpha\right]$

多题归一，抓住了命题与命题之间的内在联系，引导学生对习题进行归类训练，从题目数量上的"多"向"一"转化，从思维方法上的未知向已知化归. 这样既有助于思维能力的培养，又能从题海中解脱出来，从而收到举一反三、触类旁通的教学效果.

总之，变式在数学教学中确有一定特殊的意义和作用，而且能有效地引导和启发学生思维的多向性和灵活性.

第四章

思意内核：生成"思意数学"教学范式

第一节 "思维学导式"的教学范式与设计

"思维学导式"数学教学，就是强调以问题为主线，以思维训练为核心，以学生自主学习为动力，教师运用问题性手段在充分唤启学生思维本质，打开知识准入的心理前提下，在有效地协调学生智力与非智力因素的基础上，促使传授知识，培养能力，提高素质三位一体化的教学方法. 这种教学范式力图使教材能表现为"活动"，呈现出"过程"，具有"导学、助学、促学"作用的引导系统，已逐渐成为课堂教学的重要模式.

一、"思维学导式"数学教学的核心价值

"思维学导式"数学教学是把教材转化为一个科学的、生动的、富有启发性和导向性的、符合该年龄段学生认识水平和心理水平的问题系统组成的学材，并由此去转化、规范教与学的方法，优化数学教学诸因素，减轻师生负担，提高数学课教学的效率和质量. "思维学导式"数学教学自始至终贯穿问题线、思维线和发展线，具体路径是：采用"问题—思维起点选择—组织思维程序—得出结论"的问题线索，通过"思维活动"力图呈现对教材的"思维过程"，充分发掘学生的思维本质. 简图如图1所示.

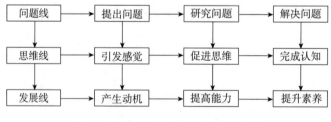

图1 "思维学导式"数学教学路径图

二、"思维学导式"数学教学的模式构建

"思维学导式"的课堂教学模式，以知识为载体，以思维过程为主线，以问

题为手段，合理组织教材，根据不同的教学对象和不同的教学内容应采取不同的教学方法，才能最大限度地"启迪思维，发展智力，培养能力，提高素养".

实施"思维学导式"教学是个比较复杂的过程，各步骤之间关系比较密切，操作如图2所示.

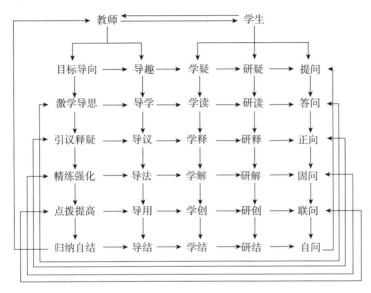

图2　"思维学导式"数学教学步骤图

下面以就《四种命题间的相互关系》的教学设计为例谈谈"思维学导式"教学的程序.

《四种命题间的相互关系》 教学设计

【教材分析】

数学活动离不开对问题进行等价转化与非等价转化，四种命题间的相互关系是进行这些转化的逻辑基础，它们是研究命题的条件与结论之间逻辑关系的重要工具，是中学数学中最重要的数学概念之一，目的是为数学推理的学习打下基础.

从学生学习的角度看，教学时间的前移，可能会因为学生逻辑思维能力还不够充分，而给教师的教学带来一定的困难. 因此，在《普通高中数学课程标准》(试验版) 中，把学生的学习要求规定为"了解四种命题及其关系"，是比较切合教学实际的.

从教材编写角度来看，新教材的编写者在数学概念的处理上贯彻了"淡化形式，注重实质"这一新的教学观. 因此，教师在进行这一内容的教学时，不可拔高要求，追求一步到位，而要在今后的教学中滚动式逐步深化，使之与学生的知识结构同步发展、完善.

基于上述理解，我对本节内容的教学目标和重难点做了如下考虑.

【教学目标】

1. 知识与技能目标

（1）初步理解四种命题的概念以及表现形式.

（2）理解四种命题之间的相互关系，尤其是互为逆否命题的等价性.

2. 过程与方法

通过引导学生观察—讨论研究—归纳小结等活动，进一步培养学生的逻辑思维能力.

3. 情感态度与价值观目标

（1）使学生具备一定的逻辑知识，养成严谨的思维习惯.

（2）从命题的多样性体验数学的和谐统一美.

（3）使学生认识到逻辑知识和推理能力是认识和分析问题不可缺少的工具.

【教学重难点】

教学重点：四种命题的相互关系.

教学难点：判断四种命题的真假.

教学关键：帮助学生分清命题的题设与结论.

【教学方法】

1. 教学方法

采用"思维学导式"的教学方法：目标导向—激学导思—引议释疑—点拨提高—精练强化—巩固练习—归纳小结.

2. 学法指导

采用自主探索、合作交流的研讨式学习方式，使学生真正成为学习的主体.

【教学过程】

1. 目标导向：设计问题，创设情境

问题1：指出下列命题中的条件与结论，并判断真假.

（1）矩形的对角线互相垂直且平分.

（2）函数 $y = x^2 - 3x + 2$ 有两个零点.

（设计意图：通过思考，使学生复习回顾上一节课学习的知识，为学习新知识创设情境.）

2. 激学导思：学生探索，尝试解决

问题2：下列各命题之间有什么关系？

命题1：若两个三角形全等，则它们面积相等.

命题2：若两个三角形的面积相等，则它们全等.

命题3：若两个三角形不全等，则它们面积不相等.

命题4：若两个三角形的面积不相等，则它们不全等.

师：我们已经知道命题1与命题2，3，4之间的关系. 若把命题2看成原命题，则命题1，3，4分别是它的什么命题？若把命题3，4分别看成原命题呢？

活动设计：学生独立思考，然后小组交流并回答问题.

生：若把命题2看成原命题，则命题1，3，4分别是它的逆命题、逆否命题和否命题. 若把命题3看成原命题，则命题1，2，4分别是它的否命题、逆否命题和逆命题. 若把命题4看成原命题，则命题1，2，3分别是它的逆否命题、否命题和逆命题. 可以发现，命题2，3互为逆否命题，命题2，4是互否命题，命题3，4是互逆命题.

命题关系见表1.

表1 命题关系

原命题	逆命题	否命题	逆否命题
若 p，则 q	若 q，则 p	若 $\neg p$，则 $\neg q$	若 $\neg q$，则 $\neg p$

（设计意图：通过几个命题让学生从更高的层次了解命题，并引导探究四种命题间的相互关系.）

3. 引议释疑：探究新知，剖析概念

一般地，互逆命题、互否命题与互为逆否命题是说明两个命题的关系，把其中一个命题称为原命题时，另一个命题就是原命题的逆命题、否命题或逆否命题，四种命题的关系可用图3表示.

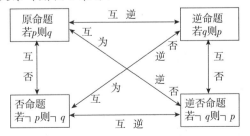

图3 四种命题关系

提出问题：

问题 3：上面考查了四种命题之间的相互关系，它们的真假性是否也有一定的关系呢？

活动设计：以命题 1～4 为例，并设命题 1 为原命题，判断它们的真假。然后让学生以"菱形的对角线互相垂直"为原命题，写出它的逆命题、否命题及逆否命题，并判断它们的真假。

（设计意图：让学生积极思考，小组讨论，并且让一个小组展示结果。）

生：原命题 1 是真命题，它的逆命题 2 不是真命题，它的否命题 3 也不是真命题，而它的逆否命题 4 是真命题。

（设计意图：在具体实例分析的基础上进行抽象提炼，使学生初步体会四种命题真假性之间的关系。）

问题 4：再分析其他的一些命题，你能从中发现四种命题的真假性之间有什么规律吗？

活动设计：学生分组交流，发表自己的看法。教师在肯定成绩的同时，指出不足，并补充。对于四种命题都是假命题的例子学生感到比较困难。

问题 5：如何来寻找规律？当变化比较多时，我们可以先固定一个命题不变，例如原命题为真的时候，其余 3 个命题的真假性如何？

师生共同寻找规律：①原命题为真，逆否命题也为真；②原命题为假，逆否命题也为假。原命题与逆否命题同真假。逆命题与否命题同真假。

生回答总结：

结论一：原命题与它的逆否命题同真假；

结论二：两个命题为互逆命题或互否命题，它们的真假性没有关系。

一般地，四种命题的真假性，有而且仅有下面四种情况（见表 2）。

表 2　四种命题的真假性

原命题	逆命题	否命题	逆否命题
真	真	真	真
真	假	假	真
假	真	真	假
假	假	假	假

（设计意图：教师的启发提问与学生的自主探索相结合，师生以一种平等民主的方式进行教与学，在对话中，师生互相影响，互相补充，最终共同

进步.)

4. 精练强化：运用规律，解决问题

问题 6：写出下列命题的逆命题、否命题、逆否命题，并判断它们的真假.

（1）同位角相等，两直线平行.

逆命题：_____

否命题：_____

逆否命题：_____

（2）当 $c > 0$ 时，若 $a > b$，则 $ac > bc$.

逆命题：_____

否命题：_____

逆否命题：_____

（3）正弦函数是周期函数.

逆命题：_____

否命题：_____

逆否命题：_____

活动设计：各小组先讨论，让 3 个小组进行展写，然后分别派代表进行展讲，学生补充，教师点评.

（设计意图：让学生利用规律来解决问题，题目的安排低起点，小台阶，循序渐进，符合学生接受知识的特点.)

5. 点拨提高：变式训练，深化提高

问题 7：判断下列说法是否正确.

（1）一个命题的逆命题为真，它的逆否命题不一定为真.

（2）一个命题的否命题为真，它的逆命题一定为真.

（3）一个命题的原命题为假，它的逆命题一定为假.

（4）一个命题的逆否命题为假，它的否命题为假.

问题 8：把问题 6 中的第（2）个问题改为：若 $a > b$，则 $ac > bc$. 写出逆命题、否命题、逆否命题，并判断它们的真假.

问题 9：把问题 8 中改为：若 $a > b$，则 $ac^2 > bc^2$. 写出逆命题、否命题、逆否命题，并判断它们的真假.

活动设计：先让各小组讨论，然后各小组派一名代表出来进行展写和展讲. 学生根据展讲情况进行补充，教师点评.

（设计意图：通过变式练习，让学生在思考与讨论中对命题的认识更上一层

楼，并培养学生相互交流的能力．）

问题 10：证明：若 $x^2 + y^2 = 0$，则 $x = y = 0$．

生：证明：若 x，y 中至少有一个不为 0，不妨设 $x \neq 0$，则 $x^2 > 0$，所以 $x^2 + y^2 > 0$，也就是说 $x^2 + y^2 \neq 0$．

因此，原命题的逆否命题为真命题，从而原命题为真命题．

活动设计：各小组先讨论，让 1 个小组进行展写，然后让其代表进行展讲，学生补充，教师点评．

（设计意图：使学生在已有知识的基础上，学会运用原命题和逆否命题有相同的真假性这一结论解决问题，使学生解决问题的能力得到进一步提高．）

6. 巩固练习：信息交流，反馈矫正

写出下列命题的逆命题、否命题及逆否命题，并判断它们的真假．

（1）若 $a > b$，则 $a + c > b + c$．

（2）若 $x^2 + y^2 = 0$，则 x，y 全为 0．

（3）全等三角形一定是相似三角形．

（4）相切两圆的连心线经过切点．

活动设计：各小组先讨论，让 4 个小组进行展写，然后让这 4 个小组分别派代表进行展讲，学生补充，教师点评．

（设计意图：这 4 个小题让学生在学案上限时完成，作为一个当堂的小检测，培养学生限时完成的能力及竞争能力．）

7. 归纳小结：观点提炼，自主评价

（1）四种命题的关系．

（2）四种命题的真假及其关系．

活动设计：各小组先讨论归纳，让 1 个代表进行归纳小结，学生补充，教师点评．

（设计意图：学生回顾学习历程，一方面启发学生从知识技能、数学思考、问题解决等方面进行总结，使本节课所学内容得到升华；另一方面训练学生的总结归纳能力，及时肯定，鼓励学生敢于参与，敢于多说．）

【教学反思】

这一节课是在传媒艺术班上完成的，坚持"以人为本，主动发展"的理念．教学设计在进行中根据学生实际进行设计．本节课重点设计了四种命题间的相互关系，学生只需要理解四种命题间的相互关系，不要求拓展内容，以免加重学生的负担，也偏离课标的要求．教学活动采用"问题学导"的教学模式，把学生需要掌握的知识转化成问题，引导学生分组讨论，整节课力主把更多的时间、机会留给学生，把探索的机会留给学生，把体会成功后的快乐送给学生，让学生在操作中探索，在探索中领悟，在领悟中理解.

第二节 "思维表达型"的教学范式与设计

课堂中的正式学习是培育和落实数学素养的主渠道. 目前，课堂学习中存在着一些亟须面对和解决的问题. 一方面，学习过程中的师生关系及学习的内容、学习方法、学习评价等诸要素之间搭配欠缺合理性，关系不融洽. 这主要体现在：学生的实际学习过程中，要么缺少或弱化了某一些要素，要么要素配置不适合学生的实际需要而生搬硬套. 另一方面，各要素之间的思维含量缺乏整体互通性，没有形成良好的互为关照，学习者在学习后尚未形成既定的思维品质. 因此，基于学习和借鉴斯滕伯格思维教学理论、布鲁姆掌握学习理论和建构主义理论以及新课程理念，总结以往课堂教学改革实践经验，我提出并探索了建设"思维表达型"数学课堂的构想.

一、"思维表达型"数学课堂的内涵

"思维表达型"课堂基于学习过程中诸要素配置合理和谐的基础，合理搭配各个学习过程中的要素，通过教师、学生、课堂之间的思维性对话产生互通，致力于培养学生的数学思维品质，构建高效课堂学习环境，实现从掌握知识和能力到提升思维与智慧的转变.

1. 概念阐述

"思维表达型"数学课堂是一种"师生共生"的课堂. 教师精心设计贴近学生思维表达的问题情境，学生基于此情境展开学习和思考，其思维能力不断地被提升，即思维的概括性、多维性、整体性、逻辑性、适应性和创新性等皆在此学习过程中被提升. 该课堂旨在为改变思维而教（学），学生的学习从表层走向深度理解性高效学习，从而通过学习数学思维来改变生活行为，进而改变习惯，改变人格，适应复杂多变的未来社会.

2. 特征解读

"思维表达型"数学课堂的基本特征体现为民主平等、现代开放、丰富多元、师生共学和卓越发展. 第一, "民主平等"指的是师生之间的关系是平等的. 教师只是学生学习的引导者和参与者, 通过与学生的交流互动来确立教学目标、选择教学方式、采用教学评价、布置课堂作业等, 学生在此过程中获得充分的参与感. 第二, "现代开放"即教学内容、教学手段、教学环境等的开放. 教师需立足并超越教材, 研究、挖掘教材, 将教材内容与现实生活相连接. 根据"互联网+"时代的需要, 教学内容贴合学生实际, 充分利用好教育信息技术; 学生在课堂上进行正式学习, 此外, 需提供开放的、可选择的课下的拓展研究性课程. 第三, "丰富多元"即教学方式、学习方式和评价方式多元. 课堂形态多元化, 采取多种方式来引导学生学、思、研、做和评, 如情境设计、问题牵引、活动体验、交流展示、讨论对话等; 发展"自主、合作、探究"的学习方式, 尊重学生的主体性地位, 将"学生自学、生生共学、师生共学和远程共学"结合并统一起来; 评价方式应重视过程性评价, 方式多元化, 坚持个体评价与小组评价相结合, 定性评价与定量评价相结合. 第四, "师生共学"是指在课堂上教师作为"学习者"和学生一起学习, 一起收获并成长, 以此实现师生共赢的课堂, 挖掘课堂的最大价值. 第五, "卓越发展"是指"规范课堂—高效课堂—精品课堂"的发展过程, 即要处理好传承与发展、借鉴与创新、规范与自由的关系, 在确保课堂全面转型的基础上, 追求个性化的"卓越课堂".

二、"思维表达型"数学课堂的实践路径

基于"思维表达型"数学课堂的基本内涵特征, 我探索并构建出"思维表达型"数学课堂的实践路径, 如图1所示. 该课堂实践路径主要有以下九个环节: 第一, 学生思维可视化有理有据表达; 第二, 呈现思维过程; 第三, 呈现思维方法; 第四, 换位思维, 推测他人观点的思维过程和方法; 第五, 引导质疑思维; 第六, 引爆创新思维; 第七, 阐述教师思维观点; 第八, 形成优化团体思维; 第九, 达成思维成果. 表达重心旨在培养学生说话有理有据、说有观点的话的能力; 表达仅仅是思维暴露, 观点的质疑补充、方法的创新、思维的优化与提升等争辩反馈才是思维课堂需要放大的地方. 其教育意义在于: 通过改变思维来改变生活行为, 进而改变习惯, 改变人格.

在"思维表达型"数学课堂上, 学生具有充分的学习时间, 明确的学习目

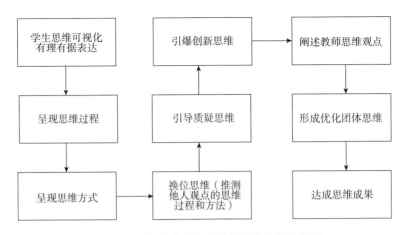

图1　"思维表达型"数学课堂的实践路径图

标，主动学习状态，集中的学习注意力，自觉的学习策略，自由选择的学习内容，高效的学习效果，愉悦的学习体验．与此同时，想要让学生达到这样适切的体验，对教师而言，"思维表达型"数学课堂教师是学生的引导者、辅助者、共同参与学习的学习者．当学习时间不充分时，教师要提高教学效率，为学生提供更多的学习时间；目标不明晰时，教师要及时地指明方向，引导学生朝着既定目标迈进；状态不主动时，教师要开导激活学习动机，激发学生的学习参与热情；氛围不专注时，教师要倡导营造课境，让学生更加关注学习和思考；策略不自觉时，教师要适当地指导渗透学法，给学生提供思路参考；内容不开放时，教师要诱导鼓励探究，开发更多潜在资源；效果不理想时，教师要疏导挖掘潜能，挖掘学生的多种可能性；体验不愉悦时，教师要化导赏识人格，以情动学．

三、"思维表达型"数学课堂教学的实践探索

"思维表达型"数学课基于现代教学发展的方向和中学生认知心理特点，探索学生如何在教师的引导下通过自主或合作探究的方式了解公式的生成过程，对于相关知识和概念的掌握也更为牢固，对如何使更多的学生积极参与探究、形成对数学学习的兴趣以及如何进一步提高教学针对性等问题给予关注．我以"三角函数的诱导公式"作为切入点，旨在探索"思维表达型"数学课堂模式在课堂教学中的实际运用．

学习"三角函数的诱导公式"之前，学生已经学习过的三角函数的定义、单位圆中的三角函数线、同角三角函数关系式等知识，本节课是对这些知识的

延伸和拓展，同时也是推导诱导公式的基础，在三角函数这一章中发挥着承上启下的重要作用．因此，本节课的教学目标共有五个：第一，帮助学生理解相关知识，并在此基础上将诱导公式记熟；第二，能够独立运用诱导公式将任意角的三角函数转化为锐角三角函数，同时具备简单的三角变换能力；第三，在教学过程中，使学生经历从几何特征（终边的对称）到发现数量关系（诱导公式）的探索过程；第四，使学生在推导和运用公式的过程中体会到数形结合、转化与化归等思想方法；第五，使学生形成对三角函数和周期性变化间内在联系的初步体会．

（一）创设情境，引导学生思维

1. 创设问题情境，让学生思维可视化

第一个环节，即创设问题情境环节，我将三角函数诱导公式的学习放在了"建构和研究刻画周期性的数学模型"这个问题情境下进行，以此向学生展现三角函数的本质——周期性函数．创设问题情境的设计如下：

同学们，在之前的学习中，我们已经了解了任意角三角函数的相关概念．简单地讲，三角函数就是以圆周运动为原型、以刻画周期性运动为目标而构建的数学模型．那么，周期性是如何体现在三角函数概念之中的呢？下面就让我们带着这样的疑问开始本节课的学习．

第二个环节，本环节分为三个知识点学习，遵循"提出问题—解决问题—小结—应用"这样的逻辑展开学习．

2. 阐述教师思维观点，引导学生质疑思维

第一个知识点是引导学生探究新知识．新课标强调，数学教育应重视知识的发生和发展．考虑到三角函数值取决于角的终边位置，在课堂教学中先从终边位置的关系提出问题，让学生在思考和解决问题的过程中能够通过几何来更加直观地发现数量关系，获得将角的终边所具有的特定位置转化为三角函数的学习体验，最终将三角函数的周期性牢牢记在心中．第二个知识点是由终边重合开始，逐步向终边关于原点对称进行过渡，这种做法与学生的认知规律相符，能够帮助他们对正切函数的周期性形成更好的体会．第三个知识点重点突出"以问题为中心"，学生对公式进行自主探究，教师巡视指导，最后展示学生的思路和成果．这种做法可以帮助培养学生勇于探索的精神以及自主学习的能力，在突出学生主体地位的同时让他们体会转化这一数学思想，加深对公式间联系的印象．第四是揭示课题，我将这几组公式称为诱导公式，它们可以揭示出终边存在某种对称关系的两个角在三角函数值方面的关系．

（二）问题牵引，让学生展示思维

1. 终边相同角的三角函数

（1）活动体验，呈现学生思维过程. 向学生展示课件，已知任意角 α，观察角 α 的终边绕原点做逆时针旋转的全过程.

问题：在这个过程中，有哪些东西会周而复始地反复出现呢？

（2）活动体验，呈现学生思维方法. 视学生的实际回答提出以下提示性问题：

问题1：角的终边位置会不会重复出现？三角函数值会不会重复出现？

问题2：角的终边位置会在什么时候重复出现？三角函数值会在什么时候重复出现？

要求学生通过数学等式将分析所得结论表示出来：

$$\sin\ (\alpha+2k\pi)\ =\sin\alpha\qquad(k\in\mathbf{Z})$$

$$\cos\ (\alpha+2k\pi)\ =\cos\alpha\qquad(k\in\mathbf{Z})$$

$$\tan\ (\alpha+2k\pi)\ =\tan\alpha\qquad(k\in\mathbf{Z})$$

问题3：角 α 与角 $\alpha+2k\pi$（$k\in\mathbf{Z}$）的三角函数值为何相等？

让学生回到定义来解决问题.

（3）讨论对话，达成学生思维成果. 通过对问题解决思路的分析与回顾，我们可以得到如图2所示的关系图.

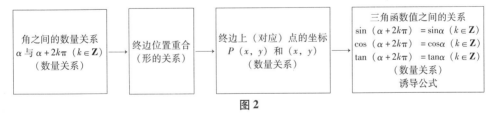

图 2

（4）应用训练，引爆学生创新思维. 为学生提供两个练习题，要求求值：

$\sin\dfrac{9\pi}{4}$ 和 $\cos\ (-690°)$.

在出示习题的同时，应向学生指出：通过公式，可以将任意角三角函数转化成我们已经非常熟悉的 $0\sim2\pi$ 角的三角函数值.

2. 角 α 与角 $\pi+\alpha$ 的三角函数关系

（1）活动体验，呈现学生思维过程

问题：如果角 α 终边绕原点逆时针旋转半周，那么它的三角函数值是否会重复出现？

（2）活动体验，呈现学生思维方法

问题1：角 α 与角 β 的终边有怎样的位置关系？

问题2：角 α 与角 β 终边上点的坐标有怎样的关系？

问题3：角 α 与角 β 的三角函数值有怎样的关系？

经过讨论可以得出：

$$\sin(\pi + \alpha) = -\sin\alpha$$
$$\cos(\pi + \alpha) = -\cos\alpha$$
$$\tan(\pi + \alpha) = \tan\alpha$$

（3）讨论对话，达成学生思维成果

通过回顾问题的解决思路，我们可以得到如图3所示的关系图.

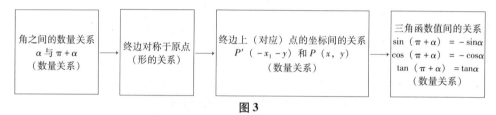

图3

（4）应用训练，引爆学生创新思维. 为学生提供两个练习题，要求求值：$\sin\dfrac{7\pi}{4}$ 和 $\tan 225°$.

在出示习题的同时，应向学生指出：通过公式，我们掌握了角 α 与角 $\pi + \alpha$ 的关系，由此我们可以将 $\pi \sim 2\pi$ 角的三角函数转化为 $0 \sim \pi$ 的三角函数.

（设计意图：由终边重合开始，逐步向终边关于原点对称进行过渡，这种做法与学生的认知规律相符，能够帮助他们对正切函数的周期性形成更好的体会.）

3. 角 α 与 $-\alpha$ 的三角函数关系

（1）活动体验，呈现学生思维过程

学生探究活动：值得我们研究的终边特殊位置关系还有哪些？

问题：角 α 与角 β 的终边关于 x 轴对称，则它们的三角函数有怎样的关系？如果关于 y 轴对称，它们的三角函数又有怎样的关系？

（2）活动体验，呈现学生思维方法

学生以小组为单位，针对预先准备好的单位圆进行研究和交流.

$$\sin\,(-\alpha)\,=-\sin\alpha$$

$$\cos\,(-\alpha)\,=\cos\alpha$$

$$\tan\,(-\alpha)\,=-\tan\alpha$$

教师对学生所得思路进行总结，同时指出：通过这组公式，可以将任意负角的三角函数值转化为正角的三角函数值.

$$\sin\beta=\sin\alpha$$

$$\cos\beta=-\cos\alpha$$

$$\tan\beta=-\tan\alpha$$

逐步形成如图 4 所示的关系图.

图 4

讨论：具有何种数量关系的两个角的终边会对称于 y 轴？可得公式：

$$\sin\,(\pi-\alpha)\,=\sin\alpha$$

$$\cos\,(\pi-\alpha)\,=-\cos\alpha$$

$$\tan\,(\pi-\alpha)\,=-\tan\alpha$$

（3）讨论对话，达成学生思维成果

根据研究的思路，对上面的关系图进行补充，可得到如图 5 所示的关系图.

图 5

思考：根据二、三组公式能否推导第四组公式？是不是根据三组公式中任意两组公式都能够推导出另外一组公式？这些疑问留到课后研究.

（4）应用训练，引爆学生创新思维

为学生提供两个练习题，要求求值：$\cos\dfrac{2\pi}{3}$ 和 $\tan135°$.

在出示习题的同时，应向学生指出：通过公式，我们可以将 $\dfrac{\pi}{2}\sim\pi$ 的三角函数转化为锐角三角函数.

（三）师生共学，形成优化团体思维

我们将这几组公式称为诱导公式，它们可以揭示出终边存在某种对称关系的两个角在三角函数值方面的关系.

（四）数学运用，让学生换位思维

环节三是数学运用，通过演算习题，帮助学生巩固诱导公式的相关知识和使用方法.

为学生提供三个练习题，要求求值：$\sin(-750°)$、$\cos\dfrac{11\pi}{4}$、$\tan(-1560°)$.

思考：在将任意角三角函数转化为锐角三角函数时，都需要经过哪些步骤？经过讨论，得出以下解题程序：

任意负角三角函数—正角三角函数—$0\sim2\pi$角的三角函数—锐角三角函数.

可以看出，转化与化归的过程贯穿了整个解题过程.

练习：为学生提供两个练习题，要求求值：$\cos\dfrac{5\pi}{4}$、$\tan\left(-\dfrac{16\pi}{3}\right)$.

化简：$\sin3(\alpha)\cos(2\pi+\alpha)\tan(-\alpha-\pi)$.

学生练习结束后，教师进行点评.

（五）回顾反思，达成思维成果

环节四设计课堂回顾部分的目的是引导学生对本节课进行归纳和总结，形成对诱导公式本质和作用的进一步认识，以此帮助学生形成知识、方法网络，从而帮助学生巩固本节课所学知识、训练基本方法和技能，使学生形成良好的学习习惯. 习题由浅入深梯度布置，目的是让不同能力的学生都有所发展，这也是因材施教原则的体现.

1. 课堂回顾

问题：从思想方法、知识点的层面对本节课做一个回顾.

三角函数诱导公式的推导：从本质上来看，公式就是将终边对称的图形关系转化为三角函数的代数关系，其思路可简化为：角的数量关系—终边位置的对称关系—终边上点的坐标关系—三角函数的关系.

三角函数诱导公式的运用包括求值、化简等.

数学思想方法：数形结合、转化、化归.

2. 作业布置

习题一：以下函数为奇函数的是哪些？

$f(x)=\cos2x$、$f(x)=x-\sin x$、$f(x)=x\tan x$.

习题二：已知$\cos\left(x+\dfrac{\pi}{3}\right)=\dfrac{1}{5}$，求$\cos\left(\dfrac{2\pi}{3}-x\right)$.

本节课的探究活动是从学生最近所学知识出发，通过"思维表达型"数学课堂的教学模式的具现化，即创设问题情境—引导学生自主探究—构建数学知识理论—实际运用—回顾反思，帮助学生自主开展探究活动．教师在其中发挥引导和辅助的作用，与学生共同实现教学目标，实现"师生共生"的和谐学习氛围．从学生原有认知结构的视角提出全新的问题，即在建构和研究刻画周期性数学模型这个大背景下进行诱导公式的学习，不仅符合学生的认知规律，而且也充分尊重学生的主体地位．在教师的帮助和引导下，学生以小组形式开展探究活动，在轻松愉悦的良好氛围中，类比联想、数形结合、等价转换等数学思想方法在小组内部得到充分交流，既有利于弥补学生知识或理念的局限性，又能帮助他们更好地掌握三角函数诱导公式，体现了对知识生成的重视，提高了学生的数学素养．

第三节　"三二六"的教学范式与设计

一、"三二六"课堂教学模式准则

"三为主"教学准则：以教师为主导、学生为主体、教材内容为主线．两种教学手段：形成以导学为主线，启发式教学和目标教学的教学艺术的整体手段．六个基本环节：①基础目标，检测补偿；②交代目标，引导学习；③依据目标，引议释疑；④围绕目标，练习测试；⑤实施目标，精讲点拨；⑥对照目标，分类达标．

二、"三二六"课堂教学模式特点和特色

我们提出了课堂教学"精讲、善导、激趣、引思"八字要求．其各自的含义是："精讲"，讲是教学基本手段，贵在于"精"，包含精确、精练、精彩的意思．精确，指讲的内容准确无误，逻辑性强．精练，指紧扣关键讲，突出重点，突破难点，画龙点睛，切中要害．精彩，指语言简练、清晰、生动、富有启发性．"善导"，即想方设法对学生进行因势利导，相机诱导，循循指导，导

思想、导方向、导质疑、导思维、导方法、导训练、导创造、导学风等，使学生学会学习，学会探索，学会做人. "激趣"，即运用各种方法，调动各种手段，激发学生潜在的学习兴趣，发展他们的学习兴趣，促使他们始终怀着浓厚的感情、强烈的求知欲，主动地学习和探究. "引思"，指善于抓住教材中的关键问题、重点和难点等，想方设法引导学生多思、深思、会思，使学生始终处于积极的思维状态之中，培养他们良好的思维品质和思维习惯，培养他们的创造能力. "精讲""善导""激趣"和"引思"，它们各自有相对独立性，但它们之间相互联系，相互依存，相互作用，形成以导学为主线，启发式教学和目标教学为手段的主体教育思想. 课堂教学就能体现以思想为导向、知识为基础、训练为主干、方法为中介、思维为核心、能力为重点、操作为体现，达到教学思想先进性、教学目标完整性、教学过程有序性、教学方法灵活性、教学手段多样性、教学效果可靠性，全面提高学生素质.

教师为主导、学生为主体、教材内容为主线的结构关系合理. 不论哪种教学观点，教学都离不开"教师、学生、教材"这三个基本要素及其组成的某种结构关系，表示它们之间关系的旧公式是"教师—学生—教材". "三二六"教学模式的公式则是"学生—教材—教师". 新公式是使学生与教材直接打交道，教师则在其中起架桥摆渡作用，从而改变了学生与教材严重脱节的不正常现象. 这也体现了知识的掌握是学生自己智慧活动产物的这一基本教学原理. 强调教师、学生和教材三要素的协同作用，这种协同关系如图1所示.

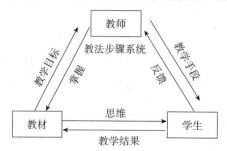

图1 教师、学生和教材三要素的协同作用

"三二六"课堂教学模式主张在施教过程中要"有序"和"启动". 所谓有序就是教学过程要符合学生认识规律，教师要充分发挥主导作用引导学生掌握规律，有规律地去学习，循序渐进地发展智力、培养能力. 学生在教师的指导下贯彻教学大纲精神，掌握学习方向，使自学不至于自发、自流. 教师对学生在各个思考过程中所起的作用是对学生思维的指点和引导，使学生通过自己的努力，掌握科学的学习和思考的方法：不是带着学生走路，而是指点学生走路，真正体现了教师的主导作用. 在教学过程中负起了"指导的责任". 这个过程可以表示为：

$$设置疑问 \longrightarrow 指导交流 \longrightarrow 点拨关键 \longrightarrow 矫正训练$$

所谓启动就是充分发挥学生的主体作用，使学生在教师指导下，围绕教学目标、教学目的、任务和要求，充分动眼观察、阅读；动脑思考；动耳听讲，接收教学信息；动口表达、讨论；动笔练习、研讨. 教师设疑激学，使学生对学习产生了兴趣，从典型实例和知识冲突中，引导个体的思考；然后学生通过讨论、交流、了解别人的想法，有对照、有比较，再结合教师的指导，寻找到科学的学习和思考的方法；最后运用所掌握的这些方法进行思维练习，从而掌握新知识，发展自己的智能，培养思维能力. 在整个学习过程中，学生是主动的、积极的，充分体现了主体的作用. 这个过程可以表示为：

$$探索思考 \longrightarrow 交流所思 \longrightarrow 矫正思考 \longrightarrow 形式方法$$

"三二六"课堂教学模式"有序"和"启动"有机地结合，成为互相联系的整体. 它把"双基"教学与发展智能的任务有机地结合起来，两者水乳交融，相互促进，协同发展，使学生既具有丰富的知识与扎实的基本功，又有活跃的思维和强劲的能力.

三、"三二六"课堂教学模式的构建与操作策略

教学以教师和学生在教学过程中的相互作用为基础，教和学各有一套独立的活动，构成教学活动这个整体. 中学生已经具有较强的学习能力，如果在学生进入初中时就注重培养学生的自学能力，许多问题就可以让学生自己去解决，这样可以节省许多有效时间，这是完成该模式教学的重要条件. 只有将大量机械的、较机械及属于低水平（如小学水平）的学习，让学生去完成，才能充分利用课堂教学的时间，达到既培养智能又掌握知识的双重目的. 因此，该模式特别强调学生的学习贯穿于课堂教学前后的所有有关学习进程之中.

（一）"三二六"课堂教学模式的学习阶段

1. 教学规划阶段

教师确定单元及课堂教学目标体系，选择教学方法，准备教学中所需的资料，备好各类各成系统的问题，并且指导学生预习. 学生通过自学了解课本知识概况、提出各类问题、尝试解答问题. 在这一阶段，教师的工作最复杂，而

学生自学水平也是上好课的基础.

2. 教学实施阶段

教学实施包括情境创设、问题系统化、问题解决与能力训练四个过程. 教师首先要创设情境，然后在组织学生讨论的过程中，将学生提出的各种问题具体化、系统化，以明确学习的目标，然后通过引导启发、讲解示范及组织讨论等方法解决问题. 最后教师提供变式进行能力训练，达到巩固知识的目的. 在这一过程中，学生应积极呈现问题，参与讨论、尝试解答、认真思考.

3. 教学总结阶段

教师提供学生进行反思的步骤、方法，引导学生反思自己在课堂学习全过程中的内隐与外显学习行为，并考虑如何修正行为. 同时教师创设新的情境激发学生再进行新一轮自学的兴趣，且将反思的结果在新一轮学习时对自己的学习行为进行修正. 这一过程也是提高学生自我监控能力的重要一环. 其流程如图 2 所示.

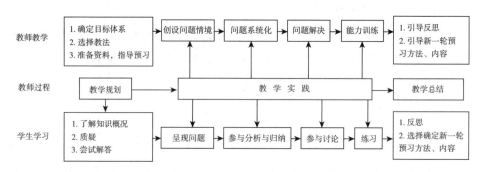

图 2　教学总结流程图

（二）"三二六"课堂教学模式的基本做法

1. 基础目标，检测补偿

教师对学生基本知识掌握的情况，对同一课堂授课制中，学生的离散度状态可在检测中获得. "补偿"就是教师通过对学情的了解，进行适当的补课、讲解或说明，使中下生基本能达到接受新知识的水平. 检测方法是灵活多样的，可以通过师生的谈话的问答式，也可以选择填空操作式，还可以采用书面答题的测验式. 例如，初二代数中二次三项式 $x^2 + (a+b)x + ab$ 的因式分解.

学生已经具有用公式法分解因式的基础，就以完全平方公式为起点.

复习练习：因式分解 $x^2 - 4y^2$ 、 $a^2 + ab + 4b^2$.

问题 1： $x^2 + 4x +$ _____ 中添上什么数才能使这个式子可以用公式分解.

答：添上 4 就可以用完全平方公式分解成 $(x+2)^2$.

问题 2：如果添上的数不是 4 而是 3，即 x^2+4x+3 还能不能分解？与 $x^2+4x+4 = (x+2)^2 = (x+2)(x+2)$ 比较，问 $x^2+4x+3 = (x+?)(x+?)$. 学生通过试探比较，可以发现这两个数分别是 1 和 3，还可以再提出一两个类似的例子，如 x^2+7x+6、x^2+5x+6 进行试探.

问题 3：改为 $x^2-5x-6 = (x+?)(x+?)$，常数项是 -6，所填的两数应是一正一负，考虑各种可能（-2、$+3$；$+2$、-3；-6、$+1$；$+6$、-1），经试探应是 $x^2-5x-6 = (x-6)(x+1)$.

在这一系列问题解决之后，再提出一般的 $x^2+(a+b)x+ab$ 的分解问题，学生得到的不只是形式上的结果 $(x+a)(x+b)$，而且对 a，b 两数可能取的数的符合情况也有了感性的认识.

2. 交代目标，引导学习

（1）交代目标. 这是与传统课堂教学的根本区别所在，因而也是课堂教学结构改革的重要环节. 过去，教学目标只为教师所了解，而学生不掌握，只是盲目学习，有意注意与无意注意不能自我调节，增加学习疲劳感，同时为教师组织教学带来困难. 交代目标根除了这些弊端，易于调动和发挥学生主观能动性，突出了学生的主体作用.

交代目标的方式：目标单一的可由教师口述，目标内容繁多的以板书为宜.

交代目标的时机，由教学内容来决定，交代的时机一般有下面三种情况：

在课前测评后，新课前交代；在教学过程中按知识线索分层交代；在巩固教学中交代.

例如，《绝对值》这部分内容，交代目标明确告诉了以下内容给学生.

第一，记住实数的绝对值的含义、符号.

第二，正确求出一个实数的绝对值.

第三，理解绝对值的几何意义，进行数形转化.

第四，已知某数绝对值，求原数.

第五，借助语言翻译归纳出纵向深化的结论. $|a| = \begin{cases} a & (a>0) \\ 0 & (a=0) \\ -a & (a<0) \end{cases}$.

第六，用"非负"把绝对值 $|a|$ 与 $a^2 \geq 0$，$\sqrt{a}$（$a \geq 0$）统一起来.

第七，在距离公式教学中深化绝对值的几何意义.

第八，绝对值的几何意义应用于解不等式.

（2）引导学习. 引导的方法，从大的方面讲可以是某一种教学方法；从小的方面讲涉及教师的一言一行. 总之，受教学内容、教学条件、教师本人特点所制约.

（三）"三二六"课堂教学模式的操作策略

学生依据教学目标进行自学，体现了学生的主体地位，这是培养学生学习能力的重要手段. 在学生自学前，教师提出自学要求和自学的具体方法，或者提示并设计思考题，为学生创设自学条件，最终获取知识. 教师在学生的自学过程中可做指导，随时解答学生提出的疑难问题，以充分调动学生的主动性、积极性，使其不断提高自学能力，发展智力. 我们抓了如下几点.

1. 导读

教师指导学生阅读课本和课外读物《掌握学习指导》（广东省教育厅编），根据教材内容、学生心理和教学时间等具体情况灵活掌握. 具体做法是：

（1）指导学生阅读课本. 开始时，学生没有阅读数学教材的习惯，即使阅读也抓不住中心，一知半解，似懂非懂，领会不深. 一些学生贪多求快，走马观花，急于做练习题；个别学生还偷懒不读. 这就需要指导学生学会读书，教给他们读书的方法，即"三读"——粗读、细读、精读.

① 粗读，就是快速通读全文，大致了解课文的内容，不忙于思考和解答具体问题，先把问题、概念、定理、公式、法则和看不懂的地方用记号标出来.

② 细读，就是具体、细致地逐句阅读，难懂的地方反复思考，将其与旧知识联系起来，把课文中各个问题搞明白，在理解的基础上进行识记，弄懂知识间的内在联系.

③ 精读，就是在弄清各个问题的基础上，对其中一些问题做深入的分析，从不同的角度去理解，思考多种解决问题的方法，并加以评注.

（2）循序渐进，逐步加深. 初始时，教师采用逐句领读加解释的方法串读串讲，以后让学生多读多想，也为学生拟好阅读提纲. 提出问题、拟订提纲时需注意突出重点，抓住关键；问题要有启发性，能启迪学生的思维. 对于有些教材，还可通过教具演示法，以增强学生的感性认识，使学生容易抓住事物的主要特征和本质性，进而能够独立自学，概括内容要点，逐步完成单元小结. 在读书过程中，无论学生提出什么样的问题，教师应均予以鼓励.

（3）分清情况，提出具体要求. 读概念要"三会"，即会叙述、会判断、会举例. 要求学生读数学书也要咬文嚼字，要理解每个字的含义，在字里行间找学问，对关键的字词做标注，会用正确的语言叙述，能举出符合定义的例子，对其他人所举例子会根据定义判断是否正确. 读定理、公式要分清条件和结论；要掌握推导的思路方法，参与整个指导过程，以提高抽象思维能力；掌握定理、公式的具体应用. 读例题要审清题意，自己先试解答，然后与读本上的解答做比对. 若自己错了，就要找出错误的原因；若对了，则要看看自己的解答与课本上的有什么不同，哪一种解法更好. 对于一组相关联的例题，要相互比较，着力寻找、领悟解题规律，掌握书本规范. 每读完一章都要归纳该章教材的要点，做好学习笔记.

2. 导思

教师注意多创设一定的教学情境让学生"异想天开"，启发学生积极思维. 教师所提出的问题，要尽可能让学生通过思考来回答，以培养他们爱思考的习惯，提高其思维能力.

比如，化简 $\dfrac{x-y}{\sqrt{x}+\sqrt{y}}$.

本题表面看很简单，但初学者一做就错. 我们在讲解此题时，先让学生动手算一算，大多学生因受定式思维影响，将原式的分子、分母同乘以 $\sqrt{x}-\sqrt{y}$，很快写出结果. 教师问：将一个式子的分子、分母同乘以一个数或式子，对这个数或式子有什么限制？此时，学生马上意识到上述解法是错误的，因为本题不能保证 $\sqrt{x}-\sqrt{y}\neq0$. 此时，学生解题思维受阻. 教师点拨：我们能否换一种思路，从分子上考虑呢？如果分子中含有因式 $\sqrt{x}+\sqrt{y}$，那么同样能达到化简的目的，启发学生思考：$x=(\sqrt{x})^2$，$y=(\sqrt{y})^2$ 成立的条件是什么？本题中 x，y 满足条件吗（可引导学生从分母中寻找隐含条件）？经过教师的"引路"，学生很快将分子分解因式后，进行"约分"，从而达到化简的目的. 最后，教师指出本题除上述解法，也可用一般的分母有理化法化简，不过要分两种情况讨论：当 $x=y$ 时，式子为 0；当 $x\neq y$ 时，才可用分母有理化法.

3. 导向

教师鼓励学生大胆质疑问难，同时注意多到学生中去巡视，借以获得反馈信息. 这样，便可以及时地了解学生的学情，以利于下一步有针对性地进行精讲（重点讲解学生普通犯疑的问题）.

引导的原则是教师要尽可能调动学生多感观参与活动，以提高学习效果.

例如，如图 3 所示，在一块底 BC 长为 a，高为 h 的三角形铁板 ABC 上，截

下一个矩形铁板 *EFGH*，使它的一边 *FG* 在边 *BC* 上，矩形边长 *EF* 等于多长时，矩形铁板面积最大？

问题提出后，引导学生按下列思路探讨：① 明确求哪一个变量的最大值（$S_{矩形EFGH}$）. ② 确定的自变量是什么？（*EF*，可设 *EF* = *x*）③通过什么样途径建立函数关系式？（$S_{矩形EFGH} = EH \cdot x$）④怎样处理中间变量？〔将它变为自变量的函数），即由 $\triangle AEH \backsim \triangle ABC \Rightarrow EH/a = (h-x)/a \Rightarrow EH = a/h \, (h-x)$ 结合③可得函数关系式：$S_{矩形EFGH} = \dfrac{a}{h}\left(x - \dfrac{h}{2}\right)^2 + \dfrac{ah}{4}.$〕

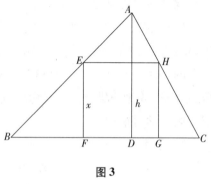

图 3

用什么方法求函数最大值？（配方法和公式法皆可），再让学生写出规范的解题过程. 像这样，用引导的方法要比教师边讲边板书或先讲再板书的方法好得多. 两种教法有着本质的区别，前者是启迪学生思维，后者便是"灌". 有时还让学生走上讲台，向全班同学介绍自己的思考方法，给学生以说的机会，通过说的锻炼，更好地理解和掌握所学知识.

4. 依据目标，引议释疑

此时在目标的控制下，学生对学习内容的难点、重点、知识体系有一定了解，教师应对学生中存在的共性问题进行点拨：一种是教学过程中的分散点拨，一种是教学内容基本讲完的总体点拨. 这一环节主要是议论和回授. 议论着重为以下几方面的内容：

议疑难，探索解决问题的方法；议关键和规律，寻找思路；议"常发病"，挖掘根源，厘清原因；议争议，统一认识；议知识的结构和特征，构建思维导图；议创见和发现，培养创新意识和创新思维.

教师在共议中要充分发挥"引"的作用，做到：

① 增强"议"的目的性，使每个学生都明白"议"要解决什么问题，达到什么要求，从而积极参与；

② 提高"议"的关注度，使每个学生都对"议"感兴趣，感到有问题要探讨，有矛盾要解决，有见解要发表；

③ 充分估计"议"的难易度，做好知识的铺垫，使学生"议"得起来；

④给学生留下"议"的准备时间，让学生能够用眼观察，动脑思考.

现以"二次根式的第二个重要公式"这节课来进行详细讨论.

在学生的认知结构中，已经具备代数式、算术平方根、二次根式、公式 $(\sqrt{a})^2 = a$（$a \geq 0$）以及代数用字母表示数的思想等. 现在要学习的公式 $\sqrt{a^2} = |a|$ 比 $(\sqrt{a})^2 = a$（$a \geq 0$）困难在于：$(\sqrt{a})^2 = a$ 中，a 的限制范围是正实数和零，这正好与学生已经熟悉的算术概念一致，而新学习的公式中，虽然只是把平方从根号外"移到"根号内，但这一移却把问题的性质改变了——a 的范围扩大到全体实数，学生的认识并不能与这种扩展同步，于是就会在运算中出现错误——符号上的错误，而这就是我们创设问题情境的出发点. 教师从引导学生回忆 $(\sqrt{a})^2 = a$（$a \geq 0$）开始，接着提问："如果把式子 $(\sqrt{a})^2$ 中的平方记号从根号外移到根号内，变为 $\sqrt{a^2}$，那等于什么呢？"当学生回答 $\sqrt{a^2} = a$ 以后，再问："那么 $\sqrt{(-a)^2}$ 又等于什么呢？"学生又回答 $\sqrt{(-a)^2} = -a$. 接着，由 $a^2 = (-a)^2$ 可以推知，"若两个结论都正确，则应有 $a = -a$，即 a 的任意性，难道任何数都等于它的相反数？！显然不可能，那么问题到底在哪里呢？"这样就引起了学生的认知矛盾冲突，把学生的思路引向"应根据 a 的不同取值情况而定". 为使学生更好地开展讨论，教师根据"从特殊到一般"的原则，给学生提供了两组具体计算题，其中 $\sqrt{a^2} = （a > 0）$ $\sqrt{a^2} = （a < 0）$ 两个式子. 由具体数字运算的指引，学生比较容易归纳.

$$\sqrt{a^2} = \begin{cases} a & (a > 0) \\ 0 & (a = 0) \\ -a & (a < 0) \end{cases}$$

教师再要求学生用语言表述上式，使学生再经历一次概括，达到强化的目的，最后，再提出问题"以前我们学过的什么知识也有类似的表达式"，由学生回忆出绝对值的情况，通过对比，获得 $\sqrt{a^2} = |a|$.

5. 围绕目标，练习测试

通过学生的学习，教师的引导和点拨强化，学生对知识的学习完成了"感受—理解—记忆"的初级过程. 单有这个过程还不够，教师必须创造一个使学生把学到的知识转化为能力的条件，这就是围绕目标练习测试，使学生能够通过练习形成技能，完成"再感受（应用）—深理解—形成技能"的中级过程.

这一环节是学生学习课本知识后，先布置"尝试性练习"，让学生试一试，及时了解学生对新知识的理解和掌握程度，发现不足，立即补救；再布置"独立性练习"，即带有"运用性练习"，使学生的"双基"得到巩固、运用；后布置"综合性练习"以活跃学生思维，提高解题能力；最后布置"测验性练习"，检查单元学习效果.

练习设计:

以教材作业题的要求为依据，吸收其他教材、资料练习题的长处，组合、改编、编选单元练习题.

练习题的题型设计要有"新异性"，避免"单调性"，做到有利于激发学生的学习兴趣；练习题的内容设计要避免"机械重复"，在打好"双基"的基础上，设计训练思维习题，有利于训练学生思维的准确性、敏捷性、深刻性、创造性.

高中数学教学大纲明确指出：练习是数学教学的有机组成部分，对于学生掌握基础知识、基本技能和发展能力是必不可少的，是他们学好数学的必要条件. 由此可知，练习是数学课堂教学中的重要环节，是教学过程中学生实践的主要形式. 优化课堂练习题的设计是提高课堂效率、减轻学生过重负担的重要途径. 我们设计练习题的原则是：

（1）针对性. 设计课堂练习题，不能简单地把数学题堆砌在一起抛给学生，而是要有明确的目的，要围绕一节课的教学要求和教学重难点进行有的放矢的设计习题. 例如，在教学分式时，针对学生在头脑中还未完全建立起分式要领的情况下，给出如下一组代数式：$-3x,\ \dfrac{x}{2},\ \dfrac{1}{5+x},\ \dfrac{x}{x-y},\ \dfrac{x}{y},\ \dfrac{1}{2}$ 让学生判断哪些是分式，为什么？通过这样一组有针对性的练习题，能有效地使学生掌握分式概念，确保教学目标的落实.

（2）有序性. 学习了概念，或公式定理后，如果紧接着就来解一些较难的问题，学生会感到无从下手. 这主要是学生对新知识理解不深所致. 这时可根据所学内容，本着"起点要低、坡底要小、台阶要密"的原则，有序地从易到难设计练习题.

例如，在"弦切角定理"的新课中，教师先出示一道计算题.

已知：如图 4 所示，AD 是圆 O 直径，AB 是切线，弧 $AC = 100°$.

求 $\angle CAB$ 的度数.

学生能用已学过的圆周角的性质和"同角的余角相等"求出 $\angle CAB$ 的度数，并由此猜测结论：弦切角等于

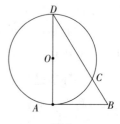

图 4

它所夹的弧对的圆周角. 这时教师立即提问：这个猜测的结论在一般条件下，即 AD 不是 $\odot O$ 的直径是否也正确？能否用推理的方法加以证明？

（3）多样性. 设计课堂练习题要灵活多样、生动活泼，使学生有新鲜感，从而激发他们的学习兴趣. 就练习的方式、方法而言，既要有口头表达的练习题，也要有动手操作的练习题. 就练习的题型而言，既要有填空题、判断题、选择题，也要有计算题、证明题. 就练习的形式而言，既可设计条件、结论都完备的常规题，也可设计补充条件，或补充结论的探索题. 讨论题、抢答题、一题多问、一题多解、一题多变等也要经常涉及. 这样动静交替，张弛错落，能使学生思维自始至终处于兴奋状态.

（4）时量性. 一般地，一节课的练习时间约为 15～25 分钟. 设计练习题要在这有限的"空间"内，围绕讲授内容精选习题，当堂练习，当堂完成. 设计时应以课本中的习题为主，适量选配填空、选择、判断、改错等类型的习题. 要严格控制题目的数量，充分发挥习题的功能，以小的题量举一反三.

（5）有互逆性. 数学中的一些定义都有正反两方面的作用，计算公式也有顺向应用和逆向应用. 对于某些例题、习题，也可将条件、结论互换位置，研究、探讨其规律. 因此，设计练习题时要考虑互逆性，对某个知识点，要从正、反两方面编拟习题，这样能加深学生对知识的理解及运用.

（6）有重复性. 学生对知识的获取、技能的形成需要有一个量的积累，这种量的积累就需要练习的适度重复. 需要说明的是，这种重复不是对刚刚做过的题目又重做一遍，而是对需用同一知识点的不同数学题再次练习.

（7）有发展性. 编拟习题时，教师应注意挖掘知识的纵横联系，将其有机地串联在一起，使前题是后题的基础，后题是前题的发展，这样学生做起来既有攀登感，也有成功感，从而发展了他们的智力，也增强了他们战胜困难的勇气.

一是变条件：p 为正三角形 ABC 外接圆劣弧 BC 上任一点.

求证：$AB^2 = PA^2 - PB \cdot PC$. 若把条件正三角形改为等腰三角形，结论不变，问题就深化了.

二是变结论：若 $|x-5| + \sqrt{3y-9} = 0$，求实数 x、y 的值. 若条件不变，将结论改为求 $\lg xy$ 的值或求 $\sqrt{y^2 - 2xy + x^2}$ 的值等.

三是变形式：在实数范围内分解因式 $x^2 - 7x + 6$. 此题可改变为解方程 $x^2 - 7x + 6 = 0$；解不等式 $x^2 - 7x + 6 < 0$；求函数 $y = \sqrt{x^2 - 7x + 6}$ 的定义域等.

四是变内容：若 $(c-a)^2 - 4(a-b)(b-c) = 0$. 求证：$2b = a + c$. 此题

可改为：若∠*A*，∠*B*，∠*C* 为△*ABC* 的三个内角，

且 $(\sin C - \sin A)^2 - 4(\sin A - \sin B)(\sin B - \sin C) = 0$，求证：$2\sin B = \sin A + \sin C$.

（8）调控性. 所谓调控性，主要是指依据学生在课堂上做练习题时的反馈信息，对练习题的容量及难度进行调整的策略. 课堂练习题应包括"基本容量"和"调控容量". 因为最出色的教师也不可能在备课时考虑到课堂的全部细节，因此也就不可能设计出完全符合课堂情况的练习题. 在保证"基本容量"的情况下，适当设计调控性练习题，能确保课堂教学各环节的顺利实施. 设计调控性练习题无疑会增强教师的课堂应变能力.

6. 实施目标，精讲点拨

教师讲授是课堂教学中的重要环节，是教师主导作用的具体体现. 它包括教师的启发教学、传授双基、反馈指导、培养能力等多种指导性活动. 同时结合学生练习反馈的信息，教师进行精要的指导性评价，要做到讲到精要，讲出精华，讲得精彩，帮助学生深化所学知识，揭示解题规律，使之具有条理性、系统性和灵活性. 教给学生分析问题与解决问题的方法，要注意以下几点：

（1）善于启发、诱导，充分调动和发挥学生的积极性和创造性. 学生随着年龄的增长，不仅知识增加了，而且还具有一定的思考、分析和综合能力. 因此，教师在课堂上要注意以多种形式提出问题，充分调动学生学习的主动性，激发学生的求知欲望和探索精神，启发学生积极思考，使学生融会贯通，形成独立获取知识和运用知识的能力.

（2）要有选择，突出重点，突破难点. 教师讲授不能面面俱到，要根据学生实际，有所选择，分出主次和难易，弄清楚教材中哪些知识学生通过自学能够理解，哪些需要引导，哪些需要讲练. 这样，针对不同内容，采取不同教学方法，从而做到突出重点，突破难点.

（3）注重培养学生的各种能力. 在教学中，不仅要向学生传授基本知识，更重要的是培养学生的各种能力，即将重点放在学生系统掌握知识的内在联系、掌握分析问题的方法和提高解决问题的能力上. 因此，在教学过程中，教师要注意提示，突出数学之"理"，培养和发展学生的数学思维能力，引导、帮助学生在掌握基本知识的基础上掌握其演变和发展规律，灵活运用数学基本知识，培养其知识迁移能力.

7. 对照目标，分类达标

这一环节可课上进行，也可课后完成，对达标生给出一些高一层次的练习；对学困生给予个别辅导，强化练习，或面批面改，使其达标. 基本做法：设计

出有层次的两组练习. 第一层次为基层目标练习，一般为识记、理解性的练习；第二层次为高层目标练习，一般为应用、综合性的练习. 但基层和高层是相对而言. 若这节课是纯概念课，最高目标是"理解"，各层次题目的多少，整体难度的选择，要视教学目标、教材内容、学生基础而定，使全班学生的成绩尽量取齐，使高才生吃饱，学困生吃得好.

我们对于各个层次的要求和目的一定要明确，将较难题、中档题、基础题分别布置给 A，B，C 三组学生完成. 例如，

C 组：如图 5 所示，BE，CF 是 $\triangle ABC$ 的高，求证：F，B，C，E 四点共圆.

B 组：如图 5 所示，BE，CF 是 $\triangle ABC$ 的高，求证：$\angle AEF = \angle ABC$.

A 组：如图 5 所示，BE，CF 是 $\triangle ABC$ 的高，求证：$\cos A = \dfrac{EF}{BC}$.

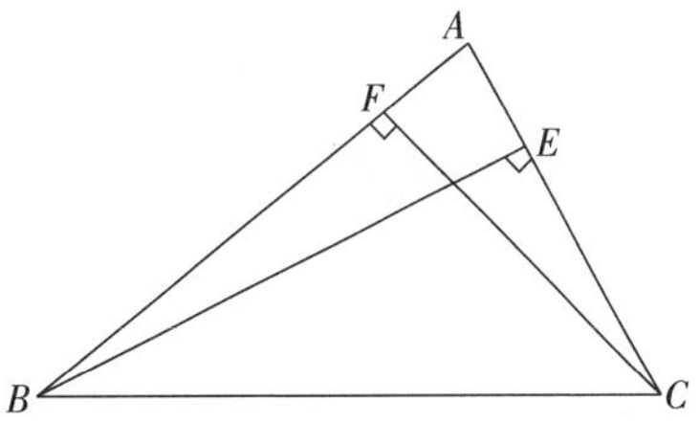

鼓励学生完成本组练习，从做题中体会到成功的乐趣. 对于同一问题也可以提出不同层次的要求. 例如，在讲完两圆位置关系后，可布置下面的作业.

C 组：两圆半径分别是 4 和 3，且圆心距是 7. 则两圆的位置关系是_____.

图 5

B 组：两圆半径分别是方程 $x^2 - 7x + 12 = 0$ 的两个根，且圆心距是 7，则两圆的位置关系是_____.

A 组：两圆半径分别是 R 和 r（$R > r$），圆心距是 d，若 $R^2 + d^2 - 1^2 = 2Rd$，则两圆的位置关系是_____.

利用作业分层，可以避免抄袭作业等不良现象，调动学生独立完成作业的积极性，做到人人动笔，个个用脑.

"三二六"课堂教学模式中，以"问题解决"为中心，开始就是检测信息反馈和补偿性练习，授课中随时都有信息反馈和矫正性练习. 结束也有测试信息反馈和补救性练习. 使得课堂结构紧凑，教学目标清晰，教师的主导作用和学生的主体作用得以发挥. 在课堂教学的各个环节都做到及时反馈、及时评价、及时矫正调控，使得教与学同步. 教师把抽象的教材变成学生具体的学材.

下面以"弦切角"作为切入点，旨在探索"三二六"课堂教学模式在课堂教学中的实际运用.

学生已学过圆心角和圆周角的知识，具有一定的研究问题的能力，对《弦切角》这一内容，学生一般都可以通过自学掌握弦切角的定义和定理. 本节课通过教师的正确引导，学生能自己观察、分析、归纳，揭示特殊图形与一般图形的相互关系，发现图形的性质，从而使学生自觉地掌握从特殊到一般的研究问题和解决问题的数学方法；通过典型例题，训练学生一题多解，培养学生发散思维；通过多媒体，用运动的观点显示弦切角与它所夹的弧所对的圆周角的关系.

《弦切角》 教学设计

【教学目标】

（1）使学生理解弦切角的定义，掌握弦切角的相关知识并能加以应用.

（2）通过对图形性质的猜想及定理的证明和应用，培养学生由特殊到一般的数学方法及发散思维能力.

【教学重难点】

（1）重点：弦切角的定义与定理的证明.

（2）难点：添加辅助线证明"两种一般情况".

【教学过程】

（一）复习铺垫，明确目标

师：我们已经学习了与圆有关的两类角：圆心角和圆周角，它们的定义各是什么？

生：顶点在圆心的角叫圆心角；顶点在圆上并且两边都与圆相交的角叫作圆周角.

师：图6利用多媒体将∠BAC的边AB绕顶点A旋转至与圆相切，图7是不是圆周角？

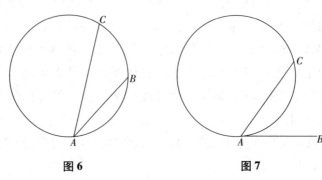

图6　　　　　　　图7

生：不是.

师：这是与圆有关的又一种角，叫作弦切角. 那么怎样给弦切角下定义？请同学们先思考下面的问题. 如图8所示，已知 AB 是圆 O 的弦线，$\angle A$ 是不是弦切角？为什么？

生：$\angle A$ 不是弦切角，因为 $\angle A$ 的顶点不在圆上.

评注：启发得好，让学生抓住了概念的本质属性.

师：对. 弦切角的顶点在圆上，而它的两边与圆又有什么联系呢？怎样给弦切角下定义？

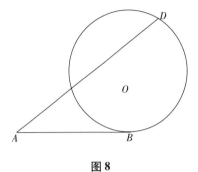

图8

生：一边与圆相交，一边与圆相切的角叫作弦切角.（板书：弦切角的定义）

（设计意图：启发学生揭示概念的本质属性，再由学生亲自给概念下定义，这对于掌握概念、理解概念是有效的，又能发挥学生的主体作用，激发学生积极思考.）

（二）启发引导，紧扣目标

师：如图9所示，已知 AB，BC 分别切圆 O 于 D，E 两点，图中哪些角是弦切角？

生：$\angle ADF$，$\angle ADE$，$\angle BDE$，$\angle BDF$，BED 和 $\angle CED$ 都是弦切角.

师：如图10所示，若在优弧 AC 上取一点 E，然后连接 AE、CE，所得的 $\angle AEC$ 是什么角？

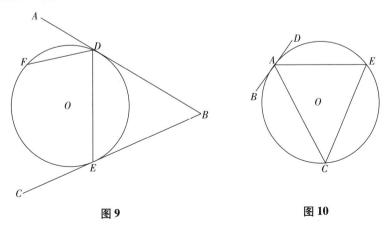

图9　　　　　　　　图10

生：圆周角.

师：这个圆周角所对的弧是劣弧 AC，它在弦切角 $\angle BAC$ 的内部，这段弧，我们称它为弦切角所夹的弧，所以圆周角 $\angle AEC$ 就是弦切角 $\angle BAC$ 所夹的弧所对的圆周角. 按照以上说法，$\angle ACE$ 又应该怎样定义？

生：$\angle ACE$ 是弦切角 $\angle DAE$ 所夹弧所对的圆周角.

师：弦切角有什么性质，这是本课的主要问题. 请同学们先看看 PPT（先展示图 11，然后固定切线 AB 不动，使另一边 AC 绕 A 点转动得到图 12），以圆上的一点 A 为顶点的弦切角有多少个？这些角与圆心的位置关系有哪几种？

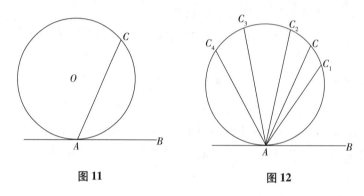

图 11　　　　　　　　**图 12**

生：以圆上一点为顶点的弦切角有无数个，这些角与圆心的位置关系有三种：圆心在弦切角的边上、圆心在弦切角的内部、圆心在弦切角的外部.

师：对. 当弦切角变大时，它所夹的弧有什么变化？它所夹的弧的圆周角有什么变化？

生：弦切角变大时，它所夹的弧及所夹的弧所对的圆周角也随着变大.

师：对. 这一情况说明，弦切角与它所夹的弧所对的圆周角有密切联系. 为了弄清这一关系，大家思考下列问题.

师：在弦切角的三类情况中，要猜想弦切角的性质，应观察分析哪种情况？你有什么猜想？为什么？

（学生讨论，教师巡视. 学生积极思考讨论两分钟后，许多学生举手要求回答.）

生 1：因为特殊图形中包含着一般图形的性质，要猜想图形性质，应分析简单图形 11.

生 2：弦切角等于它夹的弧所对的圆周角，因为图 11 的弦切角是直角而它夹的弧是半圆，半圆所对的圆周角是直角.（板书：弦切角命题）

（设计意图：教师提出的一连串问题，旨在利用学生好奇、好问的心理特征，诱发学生的学习兴趣，充分调动学生思考问题的积极性，培养学生的思维能力.）

（三）议论点拨，落实目标

师：刚才同学们提出的猜想很好，但这仅仅是一种猜想，怎样才能说明这一命题是否正确？

生：要证明这一命题为真命题，必须证明题设的所有情况都符合结论，即证明三种情况都为真命题.

师：对，先证明哪种情况？怎样证明？

生：先证明第一种情况.

证明：分三种情况讨论.

（1）如图 13 所示，圆心 O 在 $\angle BAC$ 的边 AC 上.

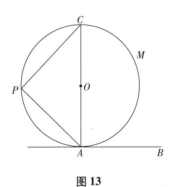

图 13

∵ AB 是圆 O 的切线

∴ $\angle BAC = 90°$.

又∵ AMC 是半圆，

∴ $\angle APC = 90°$,

∴ $\angle BAC = \angle APC$.

师：同学们分析一下，第一种情况的证明是否适用第二、第三种情况.

生：不适用. 过角的顶点 A 作直径，其他的两种情况转化为第一种情况来解决.

师：对. 大家证明第二、第三种情况.

（教师让学生在黑板上板演.）

（2）如图 14 所示，圆心 O 在 $\angle BAC$ 的外部.

作圆 O 的直径 AQ，连接 CQ

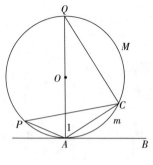

图 14

$\because \angle BAQ = 90 \quad \because \angle ACQ = 90°$

$\therefore \angle BAC = 90° - \angle 1, \quad \angle Q = 90° - \angle 1$

$\therefore \angle BAC = \angle Q$

又 $\because \angle P = \angle Q$

$\therefore \angle BAC = \angle P$

（3）如图 15 所示，圆心 O 在 $\angle BAC$ 的内部，作圆 O 的直径 AQ，连接 CQ

$\because \angle BAC = 180° - \angle DAC$

由（2）知 $\angle DAC = \angle Q, \ \angle P = 180° - \angle Q$

师：证明对不对？

生：对.

师：到此，我们完全证明了弦切角命题是真命题，是定理，说明我们的猜想是对的，说明了我们同学具有发现问题的能力.（生大笑）

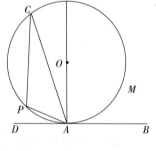

图 15

（设计意图：从命题的提出到命题的证明，是难度很大的问题. 但学生在教师的指导下，积极思考，不但解决了本节课的难点问题，而且顺利掌握了思考问题、解决问题的方法.）

（四）练习反馈，检测目标

师：已知：如图 16 所示，圆 O 和圆 O' 相交于 A、B 两点，AC 是圆 O' 的切线，交圆 O 于点 C，AC 是圆 O 的切线，交圆 O' 于点 D，求证：$AB^2 = BC \cdot BD$.

怎样证明 $AB^2 = BC \cdot BD$？

生：由弦切角定理知 $\angle 1 = \angle C, \ \angle D = \angle 2$.

所以 $\triangle ABC \backsim \triangle DBA$，则 $\dfrac{BC}{AB} = \dfrac{AB}{AD}$，即 $AB^2 = BC \cdot BD$.

师：对．请大家写出证明过程，并练习下一题．

如图 17 所示，经过圆 O 上的点 T 的切线和弦 AB 的延长线相交于点 C，

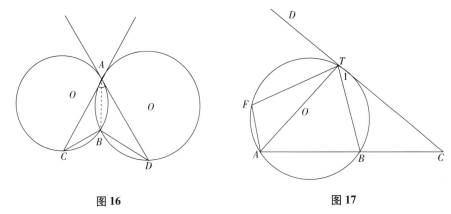

图 16   图 17

求证：$\angle ATC = \angle TBC.$

（许多学生要求作答，教师请五位学生到台上讲解．）

生 3：由弦切角定理知 $\angle 1 = \angle A$，又 $\angle C = \angle C$，则 $\triangle CTB \backsim \triangle CAT$，所以 $\angle ATC = \angle TBC.$

生 4：我认为不必要证明两三角形相似，由 $\triangle CTB = \triangle CAT$ 可知有两个角相等，根据三角形内角和定理，可得出 $\angle ATC = \angle TBC.$

生 5：由弦切角定理得 $\angle TBA = \angle DTA$，利用等角的补角相等，

证得 $\angle ATC = \angle TBC$ 更方便．

生 6：利用三角形的补角 $\angle TBC = \angle A + \angle ATB$，又 $\angle A = \angle 1$，也可以证明 $\angle ATC = \angle TBC.$

生 7：还有一种方法，在劣弧 AT 上取一点 F，连接 AF，TF，因为 A，B，T，F 四点共圆，所以 $\angle F = \angle TBC$，又根据弦切角定理得 $\angle F = \angle TAC$，所以 $\angle ATC = \angle TBC.$

（设计意图：学生对一道题，善于从不同的角度分析问题，一题多解，这对提高学生的思维能力是很有益的．）

（五）总结强化，达成目标

师：同学们能从不同角度思考问题，一题多解，这很好．哪种方法好同学们课后再思考，最后我提出两个问题．

（1）对一个问题的几种情形，要发现图形的一般性质，往往观察、分析哪种情形？证明命题时，先证明哪种情况，其他情况怎样证明？

生：要发现图形的一般性质，往往分析特殊情况；证明命题时，先证明特

殊情况,然后作辅助线把一般情形转化为特殊情形来解决.

师:对.这是一种思考问题的方法.这种方法叫作从特殊到一般的思考方法.我们知道,特殊图形中包含着一般的普遍性质,我们从简单的特殊的情形入手,分析探求常有助于发现图形的一般性质,而且有助于找到正确的解题途径.因此,我们必须掌握从特殊到一般的思考问题的方法,但绝不能用特殊代替一般.

(2)本节课要掌握哪些东西?

生:理解弦切角定义,掌握弦切角定理及其推论的证明,并且会证明.

师:是否有不同的意见或补充?

生:还要掌握从特殊到一般的思考方法.

师:对.今天作业:P131第5题,P132第6题.

【教学反思】

过去教师讲概念、定理,往往用讲解的方法进行,讲定理的证明方法是按教师想好的,学生主要是听和记,有依赖性.这堂课教师讲概念,注重概念的形成过程,提供感性材料,且与圆周角等知识系统建立了有机的联系,从而完整地、本质地、内在地揭示概念的本质属性,然后大胆地放手让学生给概念下定义.讲定理,不是直接搬出定理,而是引导学生用特殊到一般的思想方法观察、分析、归纳获得合理的猜想和找到正确的证题途径,从而得到定理.这堂课,重视学生的在学习过程中的主体地位,最大限度地调动了学生学习的积极性,尽量让学生多动脑,多动手,多动口.重视培养学生的思考方法,善于引导学生观察、分析,由学生对问题做出结论,使学生掌握了从特殊到一般的思考方法.善于选择典型题目,训练学生的发散性思维,巩固所学知识,培养探索能力,激发学生学习兴趣.合理使用多媒体,把动态变化的相互关系的研究迁移到弦切角与圆周角的关系上来,提高了课堂效率,收到了良好的教学效果.

第四节 "四主五环节目标"的教学范式与设计

一、"四主五环节目标"教法的主要课堂结构

课堂教学是传授知识的主要形式，课堂结构的优化是教法改革的重要内容.

1. 横向联系

从横向联系上把学生、教师、教学内容、教学环境所组成的相互协调、同时态空间结构概括为：学生为主体，教师为主导，教学内容为主线，教学环境为主措施的"四主"新结构，如图1所示.

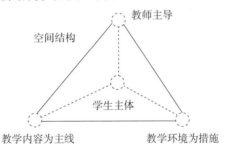

图1 "四主"新结构图

2. 纵向联系

从纵向联系看，"四主五环节目标"教学过程的程序是：给予悬念—阅读自学—议论点拨—分层练习—导结自评，如图2所示.

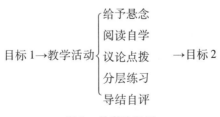

图2 教学流程图

其中目标1属知性目标，在整个教学中具有导向作用；目标2是指学生通

过学习已经达到的目标，它包念知识与能力等，它是学生知识水平的具体体现，是比目标1更高一级的目标.

3. 实验基本做法

"四主五环节目标"教学法坚持以"教学目标—教学活动—教学目标"循环往复的课堂模式来完成教学目标为最终目的. 如图3所示.

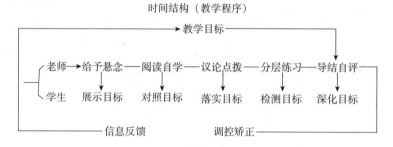

图3

（1）给予悬念，展示目标. 中学生不完全具备独立的数学学习能力. 因此，教师要带着饱满的感情，用一些具体材料提出本节课要解决的问题. 教师把问题作为教学出发点，启发诱导或创设新知识的问题情境，引入新知识，为学习新知识扫清障碍，激发学生的求知欲和学习兴趣，创设一种浓厚的教学氛围，让学生在迫切要求下进行学习. 然后出示本节课的目标，使课堂从开始就注入生机和活力，学生兴趣大增，急切地想学下去，参与教学，使课堂教学有良好的开端.

（2）阅读自学，对照目标. 通过学生各自阅读课文，观察图像、实验类比、联想尝试活动，让学生对照目标，探究模仿、应用等，并将知识网络化. 因此要抓好以下几个方面：①首先根据前面出示的目标，布置自学提纲. 开始时，还可以由教师做出阅读理解教材的示范，并做简要提示，指出重点和难点，为学生自学创造条件；②在学生阅读教材时，教师要随时解答学生提出的问题并督促学生自学，对阅读能力较差的学生，还可通过提问、指导和检查来促进他们的学习；③对学生提出的个别问题，应随时回答，对带有普遍性的问题和重要问题或者不易一时回答的复杂问题，可在黑板上记录下来，以唤起全班学生的注意和思考.

（3）讲议点拨，落实目标. 教师通过出示教学目标，使学生掌握了教学目的，发挥了教师的主导作用. 在教学过程中教师自觉地运用教学目标指导教学，同时引导学生围绕目标学习，通过教学目标统一和调动师生教学双方的积极性，激发学生的求知欲和引导他们探索知识，采取边读，边议，边讲和边问边答的方法，实实在在引导学生体验获取新知的"内化"过程．①以学生为主体的教学过程对教学内容的分析、综合、抽象和概析，让学生通过分析现象得出科学结论，把学生学习知识的过程变成"模拟"的探索知识的过程．②采取分析比较法教学．分析比较法一般应用于概念不多，难度较小的教材，整个过程以学生自学、议论为主，教师只以普通"学生"的身份参加教学活动，只做必要的引导，让学生进行分析比较，使知识条理化和规律化．这要求教师要及时收集各种反馈信息，使"讲议点拨"始终围绕教学目标进行．

讲议点拨重在教师主导作用的发挥：①引导学生围绕中心问题去议论，有议论时加强引导，引导学生发言要有依据．②提倡一个"争"字．鼓励学生提出问题，从不同角度去分析，去比较，难懂的概念和易于混淆的问题都可以去争论，求得解决，这样不仅调动了学生学习的积极性和迫使他们钻研教材，还可以开阔他们的思路和开发他们的能力，创造出和谐理想的学习氛围．

（4）分层练习，检测目标．根据教学目标，对学生必须掌握的知识、技能订出具体的标准，编出一些相应梯度的练习题．练习应注意面向全体，先练基本，及时反馈，及时矫正，及时奖励，及时强化，然后再变化提高，转化迁移，从而使不同水平的学生能"吃饱吃好"，各得其所，各享其乐．同时评定学生学习效果和检测教学目标的落实程度．这一环节主要有两个目的：一是通过解题，将已学的知识和技能付诸实践，在应用过程中检查学生所学知识的深度和广度，以便及时补充、完善；二是训练学生观察、分析问题、解决问题的能力，检测目标要有针对性，要针对重要目标和学生的薄弱环节进行，了解教学目标的达成情况．

（5）导结自评，深化目标．在引导学生进行小结的同时，让学生自己检查知识缺漏，自我评价．教师组织学生归纳总结有关知识、技能等方面的结论，指出这些结论在整体中的相互关系和结构上的统一性，纳入知识链，并对知识做适度延伸，使教学目标进一步深化．

二、"四主五环节目标"的教学范式与设计

下面以《函数的概念》作为切入点，旨在探索"四主五环节目标"课堂教学．

《函数的概念》教学设计

【教学内容】

普通高中课程标准实验教科书必修 1，1.2 函数及其表示第一课时 1.2.1 《函数的概念》.

【教学目标】

（1）通过丰富的实例，使学生建立起函数概念的背景，在体会两个变量间的依赖关系的基础上，引导学生用集合的语言刻画函数概念，并从三个层次理解函数的概念：函数定义、函数符号、函数三要素.

（2）通过从实际问题中抽象概括函数概念的活动，培养学生的抽象概括能力及观察问题、提出问题、分析问题、解决问题的探究能力，进一步培养学生学习数学的兴趣.

（3）通过函数定义由变量观点向集合观点的过渡，使学生能从发展与联系的角度看待数学学习.

【教学重难点】

（1）重点：从集合与对应关系的角度认识与理解函数概念.

（2）难点：函数概念及符号 $f(x)$ 的理解.

【教学过程】

（一）情境创设，给予悬念，展示目标

师：同学们，初中我们学习了哪些函数呢？

生：一次函数、二次函数、正比例函数和反比例函数.

师：请同学们回忆初中函数的定义是什么？

生：在一个变化过程中有两个变量 x 与 y，如果对于 x 的每一个值，y 都有唯一的值与它对应，则称 y 是 x 的函数；x 是自变量，y 是因变量.（同时 PPT 演示）

师：好的，同学们都记得很清楚啊，很棒. 那么现在请同学们考虑下面两个问题：（PPT 演示）

（1）$y = 1$ $(x \in \mathbf{R})$ 是函数吗？

（2）$y = x$ 与 $y = \dfrac{x^2}{x}$ 是同一个函数吗？

（学生讨论，发表各自的意见.）

生 1：$y = 1$ $(x \in \mathbf{R})$ 不是函数，它没有两个变量.

生 2：不对，这是函数，可以把它看成 $y = 0x + 1$.

师：你们说的都有道理. 那么对于第 2 题，同学们有什么看法？

生 3：不是同一个函数，看着就不一样.

生 4：是同一个函数吧，$y = \dfrac{x^2}{x}$ 化简就是 $y = x$.

生 5：能这样化简吗？好像没学过吧！

师：同学们都发表了自己的意见，都有合理之处，但是全班不能得出统一的答案，而且理由也不完全. 其实就是因为初中函数定义的不完善，这也正是我们今天研究函数定义的必要性. 新的定义将在与原定义不相违背的基础上从更高的角度，将它完善与深化. 学了下面的知识，相信同学们都能轻易解决这两个问题.

[设计意图：通过复习初中函数的定义，体会初中函数定义中的两个变量间的依赖关系以及初中函数定义的局限性. 由于受认知能力的影响，利用初中所学函数知识很难回答这些问题，形成认知冲突，让学生带着悬念、带着认知冲突学习后面的知识，这样有利于激发学生的学习欲望，从而引出本节课的主题（用幻灯片打出课题）.]

（二）情境引入，阅读自学，对照目标

师：现在请同学们打开书翻到第 16 页，阅读三个实例，并回答 PPT 上面的问题.

学生仔细阅读.

教师 PPT 演示.

实例一：一枚炮弹发射后，经过 26s 落到地面击中目标. 炮弹的射高为 845m，且炮弹距地面的高度 h（单位：m）随时间 t（单位：s）变化的规律是：$h = 130t - 5t^2$.

思考以下问题：

（1）炮弹飞行 1s、3.5s、10s、28s 时距地面多高？

（2）炮弹何时距离地面最高？

（3）你能指出变量 t 和 h 的取值范围吗？分别用集合 A 和集合 B 表示出来.

（4）对于集合 A 中的任意一个时间 t，按照对应关系，在 B 中是否都有唯一确定的高度 h 和它对应？

学生作答.（教师适时提点）

教师 PPT 演示.

实例二：近几十年来，大气层中的臭氧迅速减少，因而出现了臭氧层空洞问题．图 3 中的曲线显示了南极上空臭氧层空洞的面积 1979—2001 年的变化情况．

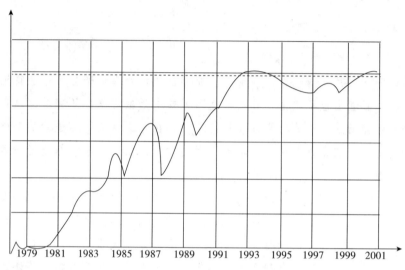

图 4

思考以下问题：

（1）能从图中看出哪一年臭氧层空洞的面积最大吗？

（2）哪些年的臭氧层空洞的面积大约为 $1.5 \times 10^7 \, \text{km}^2$？

（3）变量 t 的取值范围是多少？

学生作答．（教师适时提点）

教师 PPT 演示．

实例三：国际上常用恩格尔系数反映一个国家人民生活质量的高低．恩格尔系数越低，生活质量越高．表 1 中恩格尔系数随时间（年）变化的情况表明，"八五"计划以来，我国城镇居民的生活质量发生了显著变化．

表 1　恩格尔系数随时间（年）变化的情况

时间（年）	1991	1992	1993	1994	1995	1996	1997	1998	1999	2000	2001
恩格尔系数（%）	53.8	52.9	50.1	49.9	49.9	48.6	46.4	44.5	41.9	39.2	37.9

思考以下问题：

（1）恩格尔系数与时间之间的关系是否和前两个事例中的两个变量之间的关系相似？

（2）如何用集合与对应的语言来描述这个关系？

学生作答.（教师适时提点）

师：以上三个实例的共同点是什么？

生：……

（设计意图：由前三个实例，抽象出函数概念的本质，未设计不是函数关系的对应图，这样处理有利于形成知识的正迁移. 通过学生的观察、分析、比较、归纳、概括，培养学生抽象思维的能力，同时也培养了学生的创新意识. 但还要引导学生发现三个对应关系的共同点.）

教师提炼出共同点，并 PPT 演示.

（1）都有两个非空数集.

（2）两个数集之间都有一种确定的对应关系. 对于数集 A 中的每一个 x，按照某种对应关系 f，在数集 B 中都有唯一确定的 y 和它对应.

（设计意图：通过丰富的实例，使学生建立起函数概念的背景，在体会两个变量间的依赖关系的基础上，引导学生用集合的语言刻画函数概念.）

（三）新知学习，讲议点拨，落实目标

教师边演示边念，重点词汇着重念.

1. 定义

如果 A，B 是非空的数集，如果按某个确定的对应关系 f，使对于集合 A 中的任意一个数，在集合 B 中都有唯一确定的数 $f(x)$ 和它对应，那么就称 $f:A{\rightarrow}B$ 为从集合 A 到集合 B 的一个函数，记作

$$y=f(x), x\in A$$

其中，x 叫作自变量，x 的取值范围 A 叫作函数的定义域；与 x 的值相对应的 y 的值叫作函数值，函数值的集合 $\{f(x)\mid x\in A\}$ 叫作函数的值域.

2. 重点解读

（1）强调"非空数集".

（2）$f:A{\rightarrow}B$ 中，f 是对应关系，可用解析式、图像、表格来刻画. A，B 是非空数集，其中集合 A 就是定义域，而值域是集合 B 的子集. "定义域原则"：不使函数式失去意义，不使实际问题失去意义.

（3）$y=f(x)$ 表示 y 是 x 的函数. $f(a)$ 表示当自变量 $x=a$ 时，函数 $f(x)$ 的值，是一个常量.

（4）对应关系、定义域、值域称为函数的三要素，其中对应关系和定义域决定值域.

3. 本质分析

函数实质上是两个非空数集之间的对应关系. 注意：初中函数本质上是两个变量之间的关系.

（设计意图：教师引导学生总结常见函数定义域的求法，使学生加深对定义域的认识；重在强化任意自变量的函数值是唯一的，加深对符号 $f(x)$ 的理解，体会由特殊到一般、由具体到抽象的分析问题的方法，同时培养学生的运算能力. 这组问题重在加深对函数三要素的理解，以此培养学生观察问题、分析问题的能力.）

（四）习题演练，分层练习，检测目标

师：好的，那么请同学们现在来解决刚才遗留下来的问题.

（1）$y=1$（$x\in\mathbf{R}$）是函数吗？

（2）$y=x$ 与 $y=\dfrac{x^2}{x}$ 是同一个函数吗？

生6：此时 $A=\mathbf{R}$，$B=\{1\}$，$f: x\to y=1$，$x\in A$，$y\in B$，满足集合与对应观点下的函数定义，故是一个函数.

生7：$y=x$ 与 $y=\dfrac{x^2}{x}$ 不是同一个函数. 因为 $y=x$ 的定义域为 $\mathbf{R}$，而 $y=\dfrac{x^2}{x}$ 的定义域为 $x\neq 0$. 定义域不同，所以不是同一个函数.

师：同学们同意他们的说法吗？

生：同意！（全班齐答）

师：真不错，同学们学习能力很强. 那么我们再来完成巩固一下所学知识（函数相关知识见表2）.

表 2

函数	对应法则	定义域	值域
一次函数			
二次函数			
正比例函数			
反比例函数			

（一次函数和二次函数、正比例函数、反比例函数三要素填写.）（PPT 演示）

学生独立作答.（教师稍后公布答案）

师：接下来，请同学们完成例1.（PPT 演示）

例1 已知函数 $f(x) = \sqrt{x+3} + \dfrac{1}{x+2}$，

（1）求函数的定义域.

（2）求 $f(-3)$，$f\left(\dfrac{2}{3}\right)$ 的值.

（3）当 $a > 0$ 时，求 $f(a)$，$f(a-1)$ 的值.

师：现在让我们邀请 3 位同学上黑板分别做这 3 道小题.

学生独立作答.（教师在下面巡视，指导学生，并查看学生的掌握情况）

师：请上来答题的同学依次展示答案，并向全班同学讲解你们的做法.（教师点评，对于书写规范性，教师在旁提点并加以规范.）

师：在例 1 中，取值范围的表示是用以前学习过的集合法，那么我们现在再介绍一种区间表示法.（PPT 演示）

区间的概念：

设 a，b 是两个实数，且 $a < b$，规定：

（1）满足不等式 $a \leqslant x \leqslant b$ 的实数的 x 集合叫作闭区间，表示为 $[a, b]$.

（2）满足不等式 $a < x < b$ 的实数的 x 集合叫作开区间，表示为 (a, b).

（3）满足不等式 $a \leqslant x < b$ 的实数的 x 集合叫作半开半闭区间，表示为 $[a, b)$.

（4）满足不等式 $a < x \leqslant b$ 的实数的 x 集合叫作也叫半开半闭区间，表示为 $(a, b]$.

说明：① 对于 $[a, b]$，(a, b)，$[a, b)$，$(a, b]$ 都称数 a 和数 b 为区间的端点，其中 a 为左端点，b 为右端点，称 $b - a$ 为区间长度.

② 引入区间概念后，以实数为元素的集合就有三种表示方法.

不等式表示法：如 $3 < x < 7$（一般不用）；集合表示法：如 $\{x \mid 3 < x < 7\}$；区间表示法：如 $(3, 7)$.

③ 在数轴上，这些区间都可以用一条以 a 和 b 为端点的线段来表示，在图中，用实心点表示包括在区间内的端点，用空心点表示不包括在区间内的端点.

④ 实数集 **R** 也可以用区间表示为 $(-\infty, +\infty)$，"∞"读作"无穷大"，"$-\infty$"读作"负无穷大"，"$+\infty$"读作"正无穷大"，还可以把满足 $x \geqslant a$，$x > a$，$x \leqslant b$，$x < b$ 的实数 x 的集合分别表示为 $[a, +\infty)$，$(a, +\infty)$，$(-\infty, b]$，$(-\infty, b)$.

师：那么同学们把刚才用集合表示法表示的集合改用区间表示法试试.

学生独立作答.

师：现在请一位同学口述其答案.（教师板书其答案，并加以点评）

师：那么现在请同学们完成例2.（PPT演示）

例2 下列函数中哪个与函数 $y = x$ 相等？

(1) $y = (\sqrt{x})^2$ (2) $y = \sqrt[3]{x^2}$ (3) $y = \sqrt{x^2}$ (4) $y = \dfrac{x^2}{x}$

师：（分析）两个函数要相等，那么它们的定义域和值域，还有对应法则都要相等．但值域是由定义域和对应法则确定的，所以说，如果定义域和对应法则相等，那么其值域也一定相等，因此我们只需看其定义域和对应法则就可以了．

师：现在让我们邀请4位同学上黑板分别做这4道小题.

学生独立作答.（教师在下面巡视，查看学生的掌握情况．对于较难题目，教师做适当提示）

师：请刚才上来答题的学生展示其答案，并向全班讲解．（教师点评，对于书写规范性，教师在旁提点并加以规范）

（五）知识总结，导结自评，深化目标

师：下面我们来总结一下这次课所学知识点.（鼓励学生积极回答，适时可以抽学生回答）

生1：我们学习了函数的概念.（同时教师再次 PPT 演示函数的概念）

师：那么对于函数的概念，其关键与实质是什么？

生2：关键是定义域、对应关系、值域.

生3：函数实质是两个非空数集之间的对应关系.

师：总结得很好！（同时引导学生温故板书所示内容）

生4：判断两个函数是否相等，只需要判断定义域、对应关系是否相等，也就是说一个函数的定义域和对应关系确定后，那么这个函数也就确定了.

师：好的．点明了如何判定两个函数相等的条件．还有同学对这次课的内容做补充吗？

生5：我们还学习了集合的另外一种表示方法——区间，在表示定义域和值域的时候就可以用它，比以前的集合表示法简单些.

生6：这节课还教会我们要学会把握一堆东西的共同点、本质，就像那三个例子．这三个例子帮助我们更容易地理解函数的概念.

师：大家都总结得很好．初中我们学了函数的概念，高中也学，但是高中函数概念是初中函数概念的完善与深化．这说明我们的学习是在不断进步的，数学是发展中的数学. 大家要能从发展与联系的角度看待数学学习.

（设计意图：让学生归纳、总结出本节课所学主要内容，教师做适当点拨引导，培养学生的概括能力、表达能力和自我获取知识的能力.）

（六）作业巩固，反馈矫正，提升目标

必做：

（1）21 页第 1、3 题.（书上作答）

（2）27 页第 1、2 题.（作业本作答）

选做：

（3）28 页第 1 题.（作业本作答）

（设计意图：分层次要求，分层次作业，其中 A 组学生基础较差占六分之一，其余为 B 组学生. 说明：我在教学过程中把主要精力和多数时间用来引导学生归纳函数概念和函数的剖析.）

【教学反思】

很多学生即使预习了课本，听课后也难以理解函数的概念. 但也有部分学生一听就能理解，这会让部分学生怀疑自己的智力，学习的能力，甚至产生消极的情绪. 为此，作为教师，我一直积极引导学生明白：对于函数的概念，这个抽象的内容，直到今天依然有不少的数学教师难以准确回答，因此不必感到难过、伤心，我们应该明白，每个人都有自己擅长的领域. 而对于不擅长的部分，我们相信通过你的不气馁，不放弃，假以时日，定能学好，数学也是一样. 同时对于问问题的学生都报以微笑，以理解的心态去为其讲解. 相信这样，定能让学生保持学习的兴趣.

在本节课的教学中，以学生作为活动的主体，总是创设恰当的问题情境，引导学生积极思考，大胆探索，最大限度地调动学生参与教学活动的积极性，在教学难点处适当放慢节奏，给学生充分的时间进行思考与讨论，适时地给予适当的思维点拨，必要时进行大面积提问，让学生做课堂的主人，充分发表自己的意见. 这样既有利于化解难点、突出重点，也有利于充分发挥学生的主体作用，使课堂气氛更加活跃，让学生在生生互动、师生互动中掌握知识，提升能力. 教学过程既注重锻炼学生独立解决问题的能力，又注重对学生交流合作意识和创新意识的培养. 通过本节课的教学，希望能对学生的思维品质的培养、数学思想的建立、心理品质的优化起到良好的作用.

第五节　"思意数学"的教学范式与设计

　　"思意数学"是指教育者引导学生自觉以数学思维思考问题，激发和引领学生在数学学习中共同探究、体悟，使学生自主地、能动地、创造性地实现自我身心从经验走向智慧，实现感性与理性之合一、知性与悟性之交融，并最终促成学生形成自我独立而稳固的数学能力与素养的数学教育．在"思意数学"教学中，以问题为核心，再现具体"意境"，激趣、设疑、引思，引导学生思维从感性走向理性，透过现象看本质，提供最精髓的学习材料给学生．学生在学习中通过自己对知识的理解和吸收，获得数学知识、方法的提升，掌握数学思维方法，从而深入学习，批判性思考，追求卓越．其教学模式如图 1 所示．

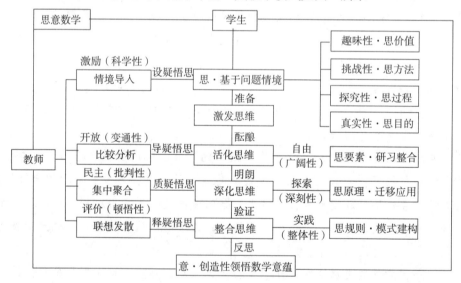

图 1　"思意数学"课堂教学模式图

　　在"思意数学"的课堂结构的探索下，落实到具体的课堂实践中，"思意数学"课堂教学的基本流程如下．激学导思：激励唤醒，开启思维；思维展开：独思互助，交流思维；应用提高：学以致用，提升思维；梳理提炼：回顾总结，优化思维；质量检测：反馈矫正，拓展思维. 这一课堂教学模式的落实从两条路径展开：第一，基于问题创设，通过师生多方对话交互、反馈、导向型评价，达成学生整体掌握知识的效果；第二，综合运用不同维度的知识，如结合程序性知识和陈述性知识，关注顿悟的产生，为改变思维，搭建有效载体.

一、"五环节"课堂结构

激学导思：激励唤醒，开启思维.

思维展开：独思互助，交流思维.

应用提高：学以致用，提升思维.

梳理提炼：回顾总结，优化思维.

质量检测：反馈矫正，拓展思维.

二、"五环节"课堂教学模式的基本含义

环节一：激学导思

激学导思就是"激励唤醒，开启思维"的过程. 教师以课标和学情为依据，从学生学习兴趣的最佳结合点出发进行教学设计，创设适合学生学习的情境和思维梯度，把教材和教学目标内化为符合学生认知规律的学习方案，学生在教师的诱导下，自主完成预设问题的学习，初步内化学习目标和内容.

环节二：思维展开

思维展开是教师在"开启思维"的基础上，进一步"交流思维、提升思维、优化思维". 在这个过程中构建师生"学习共同体"，有效引导共同完成：剖析重点、突破难点、澄清疑点、补充盲点，既完成预设目标，又可以生成新的目标. 学生不仅体验知识生成的过程，而且体现思维发展的轨迹，展示思维提升的层次.

环节三：应用提高

应用提高是学生"学以致用，提升思维"的过程. 教师根据教学内容设计基础问题，实现本节课的教学目标，并且引导学生从知识向能力的转化与延伸，逐步达到知识与方法融会贯通，实现"发展思维"的目的.

环节四：梳理提炼

梳理提炼是师生共同"回顾总结，优化思维"的过程. "总结回顾"既包括对数学知识的梳理，也包括对数学方法的提炼. 学生反思学习过程，总结和整理出获取知识体系、方法体系和解决问题的方法. 教师将本节课所学内容融

171

入单元或章节中，凝练获取知识方法或思考问题的思路，形成完整的知识体系和方法体系.

环节五：质量检测

质量检测是"矫正反馈，拓展思维"的阶段. 通过检测诊断教和学的质量效果，检测教学目标的达成度和准确度，查漏补缺，反馈矫正，进一步帮助学生完成知识的落实、方法的内化，最终拓展学生思维向纵深延伸.

三、"思意数学"教学实践

下面以《导数在函数中的应用》为例谈谈"思意数学"教学的程序.

导数的教学分为四个课时：第一课时为导数的概念及几何意义，第二课时为导数的基本运算，第三课时为导数在函数中的应用，第四课时为导数在实际问题中的应用.

《导数在函数中的应用》 教学设计

【教材分析】

导数是高中数学新增内容，是初等数学与高等数学的重要衔接点. 它在解决数学问题中起到工具的作用，其地位十分重要. 近年来年的高考题都涉及这个知识点，主要用来解决与函数相关的一类问题，难度较大，涉及面广，如研究函数的单调性，讨论函数图像的变化趋势、求极值和最值、不等式恒成立等，且考查时有一定的综合性，并与思维方法紧密结合，对函数与方程、数形结合、分类讨论等思维方法又进行了深入的考查，运用导数解决这类问题能化繁为简，起事半功倍的作用.

【学情分析】

本节课是传媒艺术班的专题复习课. 上本节课时是 5 月下旬，学生越临近高考越患得患失，太注重结果，忽视过程，心态急躁，急功近利，毛手毛脚，不知所措，并且由于是传媒艺术班的学生，生源较差，基本功差，连续几次模拟函数解答题的得分情况让人十分不满意，具体暴露的问题很多，绝大多数的学生都出现了"会而不对，对而不全"解题不规范的情况，同时学生对函数知识不够重视，有似懂非懂之感，总认为自己会. 为此，我认为很有必要把函数知识分两节课作为专题再次强化. 本节课选择三道典型函数试题组，重点是要通过规范训练，让学生再次强化解决函数解答题的策略和方法.

【教学目标】

通过本节课的学习让学生进一步建立利用导数解决与函数有关问题的意识. 并掌握以下三个方面的内容：

（1）理解导数与函数的单调性与极值的关系、极值与最值的关系.

（2）会用导数研究函数的单调性，会求函数的单调区间及参数的取值范围.

（3）会用导数求函数的极大值、极小值，会求闭区间上函数的最值及参数的取值范围.

【教学重难点】

（1）重点：利用导数研究函数的单调性，求函数的极值与最值.

（2）难点：导数在含参数函数中的应用.

【教学过程】

（一）激学导思：激励唤醒，开启思维.

1. 判断函数单调性

在某个区间 (a, b) 内，如果 $f'(x) > 0$，那么函数 $f(x)$ 在这个区间内单调递增；如果 $f'(x) < 0$，那么函数 $f(x)$ 在这个区间内单调递减.

2. 函数的极值

（1）判断 $f(x_0)$ 是否是极值的方法：

一般地，当函数 $f(x)$ 在点 x_0 处连续时，

① 如果在 x_0 附近的左侧 $f'(x) > 0$，右侧 $f'(x) > 0$，那么 $f(x_0)$ 是极大值；

② 如果在 x_0 附近的左侧 $f'(x) < 0$，右侧 $f'(x) > 0$，那么 $f(x_0)$ 是极小值.

（2）求可导函数极值的步骤：

① 求 $f'(x)$；

② 求方程 $f'(x) = 0$ 的根；

③ 检查方程 $f'(x) = 0$ 的根左右值的符号. 如果左正右负，那么 $f(x)$ 在这个根处取得<u>极大值</u>；如果左负右正，那么 $f(x)$ 在这个根处取得<u>极小值</u>，如果左右两侧符号一样，那么这个根不是极值点.

3. 函数的最值

（1）在闭区间 $[a, b]$ 上连续的函数 $f(x)$ 在 $[a, b]$ 上必有最大值与<u>最小值</u>.

（2）若函数 $f(x)$ 在 $[a, b]$ 上单调递增，则 $f(a)$ 为函数的最小值，$f(b)$ 为函数的最大值；若函数 $f(x)$ 在 $[a, b]$ 上单调递减，则 $f(a)$ 为函数的最大值，$f(b)$ 为函数的最小值.

（3）设函数 $f(x)$ 在 $[a, b]$ 上连续，在 (a, b) 内可导，求 $f(x)$ 在 $[a, b]$ 上的最大值和最小值的步骤如下：

① 求 $f(x)$ 在 (a, b) 内的极值；

② 将 $f(x)$ 的各极值与 $f(a)$，$f(b)$ 比较，其中最大的一个是最大值，最小的一个是最小值.

4. 导数与函数单调性的关系

（1）$f'(x) > 0$ 是 $f(x)$ 为增函数的充分不必要条件，如函数 $f(x) = x^3$ 在 $(-\infty, +\infty)$ 上单调递增，但 $f'(x) \geq 0$.

（2）$f'(x) \geq 0$ 是 $f(x)$ 为增函数的必要不充分条件. 当函数在某个区间内恒有 $f'(x) = 0$ 时，则 $f(x)$ 为常函数，函数不具有单调性.

5. 函数的"最值"与"极值"的区别和联系

（1）"最值"是整体概念，是比较整个定义域或区间内的函数值得出的，具有绝对性；而"极值"是局部概念，是比较极值点附近函数值得出的，具有相对性.

（2）函数在其定义区间上的最大值、最小值最多各有一个，而函数的极值可能不止一个，也可能一个也没有.

（3）极值只能在区间内部取得，而最值可以在区间的端点处取得.

（4）有极值的未必有最值，有最值的未必有极值；极值有可能成为最值，最值只要不在端点处必定是极值.

（设计意图：预习之后，学生自主完成导学案，需要讨论解决的做好标记. 教师上课前将学生梳理的知识进行分类，确定讲解重点.）

（二）思维展开：独思互助，交流思维

（1）$f'(x) > 0$ 是 $f(x)$ 在区间 I 上为增函数的_____条件.

（2）$f'(x) \geq 0$ 是 $f(x)$ 在区间 I 上为增函数的_____条件.

（3）若 $f'(x) \neq 0$ 时，$f'(x) > 0$ 是 $f(x)$ 在区间 I 上为增函数的_____条件.

（4）若函数 $f(x)$ 在区间 I 内可导，则导数为 0 的点是_____点，反之极值点的导数_____.

（5）极大值是否一定大于极小值？极值是局部范围内函数值的比较，最值是在一个区间上函数值的比较，极值是否一定是最值？

（三）应用提高：学以致用，提升思维

类型一：利用导数研究函数的单调性

例1　已知函数 $f(x)=x^3+ax^2-x+c$，且 $a=f'\left(\dfrac{2}{3}\right)$.

（1）求 a 的值.

（2）求函数 $f(x)$ 的单调区间.

（3）设函数 $g(x)=[f(x)-x^3]\cdot e^x$，若函数 $g(x)$ 在 $x\in[-3,2]$ 上单调递增，求实数 c 的取值范围.

解：（1）由 $f(x)=x^3+ax^2-x+c$，得 $f'(x)=3x^2+2ax-1$.

当 $x=\dfrac{2}{3}$ 时，得 $a=f'\left(\dfrac{2}{3}\right)=3\times\left(\dfrac{2}{3}\right)^2+2a\times\dfrac{2}{3}-1$，解之，得 $a=-1$.

（2）由（1）可知：

$f(x)=x^3-x^2-x+c$. 则 $f'(x)=3x^2-2x-1=3\left(x+\dfrac{1}{3}\right)(x-1)$，列表（见表1）.

表 1

x	$\left(-\infty,-\dfrac{1}{3}\right)$	$-\dfrac{1}{3}$	$\left(-\dfrac{1}{3},1\right)$	1	$(1,+\infty)$
$f'(x)$	$+$	0	$-$	0	$+$
$f(x)$	↗	极大值	↘	极小值	↗

（3）函数 $g(x)=[f(x)-x]\cdot e^x=(-x^2-x+c)\cdot e^x$，

有 $g'(x)=(-2x-1)e^x+(-x^2-x+c)e^x$

$\qquad\qquad=(-x^2-3x+c-1)e^x$，

∵ 函数 $g(x)$ 在 $x\in[-3,2]$ 上单调递增，

∴ $h(x)=-x^2-3x+c-1\geqslant0$ 在 $x\in[-3,2]$ 上恒成立.

由 $h(2)\geqslant0$，解得 $c\geqslant11$，

∴ c 的取值范围是 $[11,+\infty)$.

（三）应用提高：学以致用，提升思维

利用导数研究函数单调性的一般步骤：

（1）确定函数的定义域.

（2）求导函数 $f'(x)$.

（3）利用导数研究函数单调性的方法.

①若求单调区间（或证明单调性），只要在函数定义域内解（或证明）不等式 $f'(x) > 0$ 或 $f'(x) < 0$. ②若已知函数的单调性，则转化为不等式 $f'(x) \geq 0$ 或 $f'(x) \leq 0$ 在单调区间上恒成立的问题来求解.

类型二：利用导数求函数的极值

例2 设 $f(x) = 2x^3 + ax^2 + bx + 1$ 的导数为 $f'(x)$，若函数 $y = f'(x)$ 的图像关于直线 $x = -\dfrac{1}{2}$ 对称，且 $f'(1) = 0$.

（1）求实数 a，b 的值.

（2）求函数 $f(x)$ 的极值.

分析： 由条件 $x = -\dfrac{1}{2}$ 为 $y = f'(x)$ 的图像的对称轴及 $f'(1) = 0$ 求得 a，b 的值，再由 $f'(x)$ 的符号求其极值.

解：（1）∵ $f(x) = 2x^3 + ax^2 + bx + 1$，

∴ $f'(x) = 6x^2 + 2ax + b$.

从而 $f'(x) = 6\left(x + \dfrac{a}{6}\right)^2 + b - \dfrac{a^2}{6}$，

即 $y = f'(x)$ 的图像关于直线 $x = -\dfrac{a}{6}$ 对称，

从而由题设条件知 $-\dfrac{a}{6} = -\dfrac{1}{2}$，解得 $a = 3$.

又∵ $f'(1) = 0$，即 $6 + 2a + b = 0$，解得 $b = -12$.

（2）由（1）知 $f(x) = 2x^3 + 3x^2 - 12x + 1$，

$f'(x) = 6x^2 + 6x - 12 = 6(x-1)(x+2)$.

令 $f'(x) = 0$，即 $6(x-1)(x+2) = 0$，

解得 $x_1 = -2$，$x_2 = 1$.

当 $x \in (-\infty, -2)$ 时，$f'(x) > 0$，故 $f(x)$ 在 $(-\infty, -2)$ 上为增函数；

当 $x \in (-2, 1)$ 时，$f'(x) < 0$，故 $f(x)$ 在 $(-2, 1)$ 上为减函数；

当 $x \in (1, +\infty)$ 时，$f'(x) > 0$，故 $f(x)$ 在 $(1, +\infty)$ 上为增函数.

从而函数 $f(x)$ 在 $x_1 = -2$ 处取得极大值 $f(-2) = 21$，

在 $x_2 = 1$ 处取得极小值 $f(-2) = -6$.

运用导数求可导函数 $y = f(x)$ 的极值的步骤：

（1）先求函数的定义域，再求函数 $y = f(x)$ 的导数 $f'(x)$.

（2）求方程 $f'(x)=0$ 的根.

（3）检查 $f'(x)$ 在方程根的左右值的符号，如果左正右负，那么 $f(x)$ 在这个根处取得极大值；如果左负右正，那么 $f(x)$ 在这个根处取得极小值.

类型三：利用导数求函数的最值

例3 已知函数 $f(x)=\dfrac{x^2}{8}-\ln x$，$x\in[1,3]$.

（1）求 $f(x)$ 的最大值与最小值.

（2）若 $f(x)<4-at$ 对任意的 $x\in[1,3]$，$t\in[0,2]$ 恒成立，求实数 a 的取值范围.

解：（1）$\because$ 函数 $f(x)=\dfrac{x^2}{8}-\ln x$，

$\therefore f'(x)=\dfrac{x}{4}-\dfrac{1}{x}$，令 $f'(x)=0$ 得 $x=\pm2$.

$\because x\in[1,3]$，当 $1<x<2$ 时，$f'(x)<0$；当 $2<x<3$ 时，$f'(x)>0$；

$\therefore f(x)$ 在 $(1,2)$ 上是单调减函数，在 $(2,3)$ 上是单调增函数，

$\therefore f(x)$ 在 $x=2$ 处取得极小值 $f(2)=\dfrac{1}{2}-\ln2$；又 $f(1)=\dfrac{1}{8}$，

$f(3)=\dfrac{9}{8}-\ln3$，

$\because \ln3>1$，

$\therefore \dfrac{1}{8}-\left(\dfrac{9}{8}-\ln3\right)=\ln3-1>0$，

$\therefore f(1)>f(3)$，

$\therefore x=1$ 时 $f(x)$ 取得最大值为 $\dfrac{1}{8}$，$x=2$ 时函数取得最小值为 $\dfrac{1}{2}-\ln2$.

（2）由（1）知当 $x\in[1,3]$ 时，$f(x)\leqslant\dfrac{1}{8}$，

故对任意 $x\in[1,3]$，$f(x)<4-at$ 恒成立，只要 $4-at>\dfrac{1}{8}$ 对任意 $t\in[0,2]$ 恒成立，即 $at<\dfrac{31}{8}$ 恒成立，记 $g(t)=at$，$t\in[0,2]$.

$\therefore \begin{cases} g(0)<\dfrac{31}{8} \\ g(2)<\dfrac{31}{8} \end{cases}$，解得 $a<\dfrac{31}{16}$，

∴ 实数 a 的取值范围是 $\left(-\infty, \dfrac{31}{16}\right)$.

函数最值的求解策略:

(1) 根据最值的定义,求在闭区间 $[a, b]$ 上连续,开区间 (a, b) 内可导的函数的最值时,可将过程简化,即不用判断使 $f'(x)=0$ 成立的点是极大值点还是极小值点,直接将极值点与端点的函数值进行比较,就可判断最大(小)值.

(2) 定义在开区间 (a, b) 内的可导函数,如果只有一个极值点,该极值点必为最值点.

(设计意图:例 1 主要是从导数与函数单调性关系出发,找出不等式恒成立,通过分离变量或数形结合,解决有关参数的范围问题. 例 2 则是应用导数求函数的极值,重点在于熟练使用求极值的方法. 例 3 则是应用导数求含参数函数的最值与参数范围,重点在于熟练使用求最值的方法. 三个例题考查学生对导数与函数单调性、极值、最值关系的理解能力和分析问题、简化问题的能力.

通过形式多样的师生、生生的互动学习、感受交流,教师一是表扬优点,指出问题;二是扫除疑团,准确答复;三是重点点拨,归纳方法;四是科学评价各小组展示情况. 教师根据教学重点、难点及学生在自学交流过程中遇到的问题,进行重点讲解.)

(四)梳理提炼:回顾总结,优化思维

利用导数研究函数性质的一般步骤:

(1) 确定函数的定义域.

(2) 求导函数 $f'(x)$.

(3) 利用导数研究函数单调性的方法.

① 若求单调区间(或证明单调性),只要在函数定义域内解(或证明)不等式 $f'(x)>0$ 或 $f'(x)<0$ 即可.

② 若已知函数的单调性,则转化为不等式 $f'(x)\geq 0$ 或 $f'(x)\leq 0$ 在单调区间上恒成立的问题来求解.

(4) 研究极值问题.

① 若求极值,则先求方程 $f'(x)=0$ 的根,再检查 $f'(x)$ 在方程根的左右函数值的符号.

② 若已知极值大小或存在情况,则转化为已知方程 $f'(x)=0$ 根的大小或

存在情况来求解.

（5）求函数 $f(x)$ 在闭区间 $[a，b]$ 的最值时，在得到极值的基础上，结合区间端点的函数值 $f(a)$，$f(b)$ 与 $f(x)$ 的各极值进行比较得到函数的最值.

（设计意图：教师引导学生归纳总结本节课所学的重点内容、解题思路和一般技巧. 梳理成线，加深印象；突出易错、易混、易漏点；强化重点、难点、提升点.）

（五）质量检测：反馈矫正，拓展思维.

1. 设 $f(x) = \dfrac{e^x}{1+ax^2}$，其中 a 为正实数.

（1）当 $a = \dfrac{4}{3}$ 时，求 $f(x)$ 的极值点.

（2）若 $f(x)$ 为 **R** 上的单调函数，求 a 的取值范围.

2. 已知 a 为实数，且函数 $f(x) = (x^2-4)(x-a)$.

（1）求导函数 $f'(x)$.

（2）若 $f'(-1) = 0$，求函数 $f(x)$ 在 $[-2，2]$ 上的最大值、最小值.

3. 函数 $f(x) = x^3 + ax^2 + b$ 的图像在点 $P(1，0)$ 处的切线与直线 $3x+y=0$ 平行.

（1）求 $a，b$ 的值.

（2）求函数 $f(x)$ 在 $[0，t]$（$t>0$）上的最大值和最小值.

4. 已知函数 $f(x) = \ln x + \dfrac{2a}{x}$，$a \in \mathbf{R}$.

（1）若函数 $f(x)$ 在 $[2，+\infty)$ 内是增函数，求实数 a 的取值范围.

（2）若函数 $f(x)$ 在 $[1，e]$ 上的最小值为3，求实数 a 的值.

5. 已知函数 $f(x) = (x+a)e^x$，其中 e 是自然对数的底数，$a \in \mathbf{R}$.

（1）求函数 $f(x)$ 的单调区间.

（2）当 $x \in [0，4]$ 时，求函数 $f(x)$ 的最小值.

【教学反思】

本节课教师从几次模拟卷中发现了学生的问题，得到了启发，进而产生课题. 针对学生知识的薄弱点和高考的重点创设教学情境，激活学生的思维，引发更深入的探究，生生产生共振. 它较好地体现了教师与学生都是教学的主体，教师和学生通过交流，相互沟通和补充，突出教师的"导"和学生的"学"，形成师生互教互学，彼此成为一个真正的"学习共同体". 应该说本节课是一节利用旧题组展现新课程理念的成功案例. 本节课增强了学生解决函数问题的能力和信心.

第六节 "思意数学"基本课型的教学范式

所谓课型，一般指根据教学任务而划分出来的课堂教学的类型. 换个角度来说，课型就是由一节课的教学内容、教学目标、教学方式、师生双方在教学中的地位所决定的一种课堂教学结构.

我们需要选择各学科重要的基本课型，研究和揭示其结构和性质，从而认识不同课型的特征，使我们的教学设计及教学组织实施自觉地遵循和符合课型的特征和要求，更好地完成教学任务.

课堂教学是落实数学核心素养的主渠道. 课堂教学的课型泛指课的类型或模型，是课堂教学最具有操作性的教学结构和程序. 现代教学理论认为，教学过程结构是课型分类的主要依据之一，特定的课型必然有特定的教学过程结构.

从理论和实践两个层面对不同课型进行深入系统的研究，在继承的前提下发展. 我们以数学课型为切入点，继承传统的数学课型新授课、复习课和讲评课，不断研究了数学新的课型——概念课、定理课（公式课）、例题课（习题课）、复习课（专题课）、讲评课、课题研究课. 我们强调："提升理念，研究课标，吃透教材，整体把握." 因此，我们构建了以下六种课型，并且提出教学模式，解决教师的"教"与学生"学"的关系问题.

一、概念课教学模式和原则

（一）概念课的教学模式

概念课课型通过各种数学形式、手段，揭示和概括研究对象的本质属性，引导学生把握准某类事物的共同属性和关键特征，解决好概念的"内涵"与"外延"的认识和理解问题. 概念课的教学模式是通过"问题情境，引入概念——激学导思，形成概念——引议释疑，理解概念——点拨提高，深化概念——精讲训练，应用概念——归纳自结，升华概念"六个环节来实现的. 概念课的教学模式的示意图如图 1 所示.

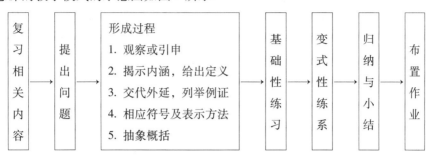

图 1　概念课教学模式示意图

概念课最关键之处是概念的导入. 教师根据概念，设计问题或具体事例，引导学生解决问题. 在这个过程中学生置身于具体的学习情境，直观体验、感知概念，通过对情境呈现的感性材料的观察、分析，发现并凝练出其本质属性，从而转化为数学模型. 学生通过概念学习将深刻理解所学概念、方法和新知识的内在联系. 学生不断地内化新知识、搭建知识结构、知识再建构，经过这样的过程之后，不仅全面完成了教学目标，并且帮助学生逐步形成了对概念的深度理解的能力.

（二）概念课教学的原则

1. 科学性与思想性统一的原则

作为新知识中的概念，要正确地初步地转化为学生自身认知结构的概念体系里的概念. 通过"语言学习"，对概念的文字、语言叙述或概念的定义能初步理解，掌握这些数学概念所对应的数学符号及这些符号的书写、使用方法. 初步了解由这些数学符号组成的语言含义，并能初步把它转译成一般语言.

教师传授的知识和引导学生发现的共性结论，应当是科学合理的. 使学生从中了解科学的方法，培养科学的态度. 在引入、概括概念的过程中，要结合社会、生活实际及学生的思想实际，适时进行品德教育，发挥教材内在的思想性和教育性功能，培养学生辩证唯物主义的观念.

2. 启发性原则

要根据教学内容和学生实际，提供机会、创设情境，启发学生积极、主动地思考，逐步培养学生独立思考、自主学习、主动获取新知识的能力. 重视概念课教学的启发性和艺术性，重视创设情境，激发学习兴趣，引导学生对概念学习的高度重视. 同时应采用多种形式进行训练（如选择、填空、辨析、变式等），从多个侧面去加深学生对概念的理解与应用.

3. 直观性与抽象性相结合的原则

概念课应注意直观教学. 让学生了解研究对象，多采用语言直观、教具直观、情境直观、电化直观等教学手段，引导学生从具体到抽象，经概括和整理之后形成新的概念，或从旧概念发展形成新概念. 在概念教学中，教师应以典型、生动、直观的事例，让学生观察、感知，使其从具体到抽象、从表象到概念、从感性认识发展为理性认识，通过设计不同层次的直观事例，逐步加工、抽象，形成正确、合理的数学概念.

4. 循序渐进原则

在概念教学中，要按照数学的逻辑系统和学生认识发展的水平进行，使学生系统地掌握基础知识、基本技能、基本思想方法，形成严密的逻辑思维能力. 新概念的引入是对已有概念的继承、发展和完善. 对于一些内涵丰富、外延广泛的概念，应当分成若干层次，循序渐进，逐步提高和加深，避免一步到位的做法.

5. 理解与巩固相结合的原则

使学生认识概念、理解概念、巩固并运用概念，是概念教学的根本目的. 通过概念课的教学，要力求使学生明白：①此概念讨论的对象是什么？②概念中有哪些规定和限制条件？③概念的名称、表述的语言有何特点？与自然语言、其他概念相比较，有没有容易混淆的地方？应当如何加以区别？④此概念有没有等价的叙述？为什么等价？应当如何处理和应用？⑤由此概念中的条件和规定，能够归纳出哪些基本性质？各个性质是由概念中的哪些条件所决定的？这些性质在具体应用中有何意义？能派生出某些数学思想和方法吗？

二、定理（公式）课教学模式

定理（公式）课旨在揭示公式、定理的来龙去脉，揭示其推导、论证中所用的有代表性的数学思想、思维方法和典型的数学技能技巧；交代清楚公式、定理适用的范围及成立的特定条件，理解由某一条件下所得出的必然结论. 定理（公式）课教学模式的操作程序为："问题情境，引入定理——激学导思，探究猜想——引议研讨，验证论证——点拨提高，获得定理——释疑解惑，理解定理——精讲训练，应用定理——归纳自结，升华定理". 图 2 是定理（公式）课教学模式示意图.

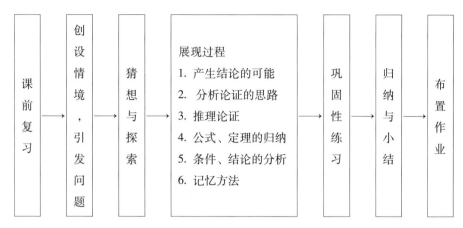

图2　定理（公式）课教学模式示意图

学生在对所学定理、公式、方法的学习和探索的过程中，知识不断地得到内化再建构，形成自己的知识结构，从而全面完成教学目标，逐步形成大胆假设、演绎推理以及创新能力.

定理（公式）课教学中应解决学生以下几个问题：

（1）培养学生从实际事物中发现和提出数学问题，或从已有的数学知识中提出新的数学问题的创造性思维能力，逐步提高学生从实际（或旧知识）中类比猜想、归纳概括以及推理论证，最后得出结论的从感性到理性的抽象思维能力. 公式、定理课应通过各种有效的教学手段，把主要的精力和时间用在公式、定理推导、证明的全过程上，让学生记住某一个公式、某一定理并非定理（公式）课的最终目的. 定理（公式）课要达到的教学目标是：揭示公式、定理的来龙去脉，揭示其推导、论证中所用的有代表性的数学思想、思维方法和典型的数学技能技巧；交代清楚公式、定理适应的范围及成立的特定条件，理解由某一条件下所得出的必然结论.

（2）克服"只重视结论及结论的套用，不重视推导过程"的命题学习心理，以及克服"只强调死记结论，不重视知识形成过程"的急功近利的"结论式"的命题教学心理. 定理（公式）课应让学生准确地掌握命题的条件部分和结论部分，了解定理（公式）中诸条件的性质和作用，掌握公式变形的各种形式.

（3）要解决好对公式、定理的记忆问题，可在理解记忆、口诀记忆、形象（图形）记忆、表格记忆、类比记忆、逻辑记忆、分类记忆这些记忆方法中，引导学生选取适合自己的记忆方法，与学习上的遗忘做斗争.

（4）解决好命题、定理、公式、法则等数学原理从文字到数式之间的互译问题.

三、例题（习题）课教学模式

例题（习题）课是新知课之后，教师有目的、有计划地指导学生运用已学过的知识进行一系列基本训练的教学活动. 例题（习题）课的教学程序为："梳理知识，精选范例——激学导思，方法探究——引议释疑，方法应用——点拨提高，变式强化——精讲训练，拓展提升——归纳自结，诊断评价." 图 3 是例题（习题）课教学模式示意图.

图 3　例题（习题）课教学模式示意图

通过例题（习题）课对知识体系、解题方法、规律的认识和提炼，学生将课堂上所用知识、方法加以梳理、概括，纳入知识方法体系，学生加深对基本概念的理解，对概念的理解进一步完整化、具体化，牢固掌握所学知识系统，学生的观察、归纳、类比、直觉、抽象等能力皆在潜移默化中提高. 学生对研究问题的方法加以总结，能够掌握探究学习的方式方法，并逐步使之成为学生的自觉行为，培养良好的思维习惯.

例题（习题）课教学中要注意以下几个问题：

（1）例题（习题）课应体现学生的学习活动是在进行"解决问题学习"，也就是把已经掌握的基本概念，基本的公式、法则、定理，迁移到不同情境下加以应用，找出解决当前问题的方法，并加以比较、择优.

（2）例题（习题）课的教学过程应着力展现解题思维的全过程，充分发掘数学教材中没有具体表述的能力、智力的教育因素，注意对解题策略、思维方法、解题技巧等进行分类、归纳、评价.

（3）根据例题（习题）的难度、学生的知识基础及思维能力水平，铺设合适的梯度，设计好同类知识的训练题组，寻求解题规律和思路特点，达到举一反三的正迁移的教学效果. 要抓住例题（习题）之间的变化层次进行分析，揭示它们之间的相互关系，达到触类旁通的目的. 同时要引发解答问题时的"发散性思维"，促进学生思维的发展，培养创造性思维.

（4）例题（习题）课的教学，应让师生共同交流解题思维的全过程，引导学生自己动脑、动手、动口，积极参与解题教学活动；引导学生自我评价、优化解题思路，改进解题策略，从而寻求最优的解题方法.

（5）例题（习题）课应解决学生在"解决问题学习"中的几个问题：①对教材中的例题、习题必须引导学生认真过好审题关；对实际遇到的数学问题，更要解决好"抽象成数学模型"这个问题. 学会审题，是"解决问题学习"的第一步.

四、复习（专题）课教学模式

学生复习的过程就是对已学知识进行整理、巩固、提高的过程. 在这个过程中应以学生的活动为主，即以主动整理知识为主，让学生主动参与教学全过程，充分发挥每位学生的主体动能，激活学生的思维. 复习（专题）课的教学程序是："知识归析，构建网络——精选范例，引议释疑——激学导思，方法探究——点拨提高，探索变式——精讲训练，拓展提升——归纳自结，反馈矫正". 图4是复习（专题）课教学模式示意图.

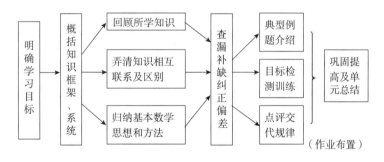

图4 复习（专题）课教学模式示意图

复习（专题）课上，教师引导学生按一定的标准把有关知识进行整理、分类、综合，学生通过整理知识，教师出示问题，回顾所要复习的知识点、方法及规律. 这样学生对所学知识的记忆被唤醒，加深了对知识的理解. 其实，知识梳理可以让学生在课前完成，通过回忆、思考、查阅课本等方式，以表格、树状图或纲要的形式，把本单元的知识系统化、结构化，理顺知识、方法的前后关系，构建学生自己的知识系统.

复习（专题）课教学中要遵循以下原则：

（1）针对性原则．复习必须突出重点，针对性强，注重实效．要注意全班学生的薄弱环节，紧扣知识的易混点、易错点、考查重点设计复习内容，做到有的放矢，对症下药．

（2）自主性原则．在整个复习过程中，要充分发挥学生的自主性，让学生积极主动参与复习的全过程，特别是要让学生参与知识梳理、板演批改、错误剖析、规范整理、总结归纳等环节，只有这样才能使学生有效地掌握所学习的知识和方法．

（3）系统性原则．在复习过程中，必须根据知识间的纵横联系，系统规划复习内容和训练内容，使学生分散的知识得以系统化．

（4）发展性原则．复习要重温已学习的知识，但这种重温不是简单的重复，而应在原有知识的基础上提高、发展，同时向外延伸拓展，方法要灵活．

五、讲评课教学模式

讲评课是学生继续学习过程中的一个"中转加油站"，因此，"及时矫正错漏""增强学习自信心"是讲评课的教学目的和特点．数学讲评课的教学程序是："发放试卷，总体评价——激学导思，讲析研讨——精讲点拨，针对训练——回顾全卷，自查自纠——归纳自结，反馈矫正"．图 5 是讲评课教学模式示意图．

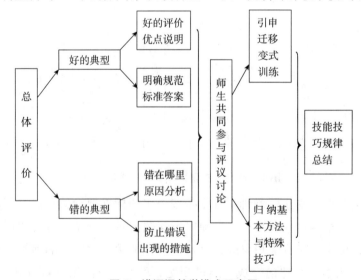

图 5　讲评课教学模式示意图

讲评课教学中要遵循以下原则：

（1）及时性原则．要做到及时反馈、及时讲评、及时总结．

（2）针对性原则．讲评课的教学内容要根据学生的测试情况而定，应具有典型意义和普遍意义，要清楚讲什么、重点讲什么、为什么讲、怎样讲、师生谁来讲等，以此提高讲评的有效性．

（3）激励性原则．激励应贯穿讲评的始终，对不同程度的学生采用不同的激励方法：成绩一直较好的学生要激励他们找差距，进步大的学生要激励他们更上一层楼，成绩不理想的学生要找准激励的角度以激发他们的学习兴趣和动力．

六、课题研究课教学模式

课题研究课是主要是以学生探究为主，小组合作完成，培养学生创新精神与实践能力．课题研究课的教学程序是："选好研究课题——定好研究计划——搜集信息、整理资料，展开研究——撰写研究报告，交流研究成果"．图6是课题研究课的教学模式示意图．

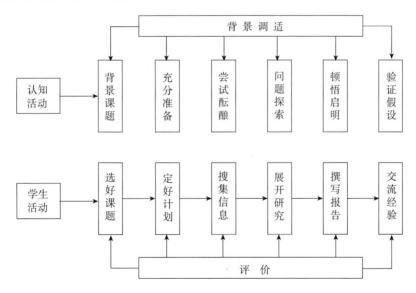

图6　课题研究课的教学模式示意图

需要强调的是，课题的选择除了应具有一定的开放性、科学性、可行性和实用性，还必须注重趣味性和参与性，所选择的课题要使所有的学生都想参与并且都能参与．研究课题的选择自由化使学生可以根据自身兴趣选择课题，然而由于绝大多数学生缺少课题研究学习的经历，缺乏研究课题的基础，教师可以有针对性地给学生提供多个研究方向，介绍不同研究方向的基本知识，供学生合理地自主选择．而当学生有了一定的课题学习基础之后，则应鼓励、引导学生根据自身的学习、生活经验以及对社会和大自然的观察自主提出问题，确定研究方向，以此培养学生发现问题、解决问题的能力，促进学生研究意识的形成以及对研究方法的初步掌握．

第五章

思意课堂：实践"思意数学"的教学范例

第一节　分步推进，深入剖析，形成概念

——《指数函数及其性质》教案及评析

【教材分析】

《指数函数及其性质》选自人教A版高中数学必修2. 本节是学生在初步掌握了函数的基本性质和简单的指数运算的基础上，进一步学习指数函数，以及指数函数的图像与性质的内容.

通过本节内容的学习，可以对指数和函数的概念等知识进一步巩固和深化；同时，因为指数函数是高中新引进的第一个基本初等函数，所以学好本节内容不仅可以使学生初步体会到指数函数与函数这种特殊与一般的逻辑关系，还可以为后面的对数函数、三角函数等其他初等函数的学习提供研究的思路和学习的方法. 另外，指数函数具有广泛而又深刻的实际应用背景，因此，指数函数对解决呈几何级数增长的实际问题起着重要的作用. 我在教学中通过引导学生对两类指数函数图像的绘制，让学生初步体会到"不完全归纳法"这种探索和发现事物规律的数学方法，通过指数函数性质的探究培养学生的观察能力，通过问题的解决进一步培养学生运用数形结合的思想解题的能力. 另外，教学中让学生通过经历几种特殊指数函数图像的绘制过程，使他们感受到特殊与一般的关系，从而培养他们探究的兴趣和科学的探究方法；让学生通过体验指数函数性质的探究过程，使他们感悟到数形结合的魅力，从而感受到成功的快乐和挫折中的坚强，激发他们的创新意识，培养探究精神.

【设计理念】

本节课遵循"教师的主导地位和学生的主体地位相统一"的原则，采用引导发现式的教学方法并充分利用多媒体辅助教学. 为了发挥学生的主观能动性，提高学生的思维能力，确定了自主探究性学习法. 根据作图的常规方法画出特殊指数函数的图像，类比一般指数函数图像；通过观察、分析、探索，合作、交流并归纳出指数函数的性质.

【教学目标】

（1）理解并掌握指数函数的概念.

（2）能借助计算器或计算机画出具体指数函数的图像，探索并理解指数函数的单调性与特殊点.

【教学重难点】

（1）重点：指数函数概念的产生过程.

（2）难点：用数形结合的方法，从具体到一般地探索、概括指数函数性质.

【教学过程】

（一）创设情境，提出问题

问题1：一个细胞每次分裂为2个，那么1次分裂为2个，2次分裂为4个，3次分裂为8个……，设 x 次分裂后的个数为 y，那么 y 与 x 的函数关系式是_____.

生：$y = 2^x$.

问题2：一种放射性物质不断变化，每经过一年剩余原来质量的84%，设 x 年后剩余质量为 y，则 y 与 x 的函数关系式是_____.

生：$y = 0.84^x$.

（设计意图：通过小组间相互PK的教学活动，激发学生探求新知的主动性，并培养学生的观察能力、表达能力和归纳总结能力.）

（二）师生互动，形成概念

问题3：上述两个实际问题得出的函数关系的共同特征是什么？

生：底数是常量，指数为变量，y 是 x 的函数，即 $y = a^x$.

（三）发现问题，深化概念

加深对指数函数定义的把握，尤其注意底数范围的限制.

问题4：为什么要限制 $a > 0$ 且 $a \neq 1$？

师：假设 $a = 0$，那么当 $x > 0$ 时，$a^x = 0$，当 $x < 0$，a^x 无意义；假设 $a < 0$，则对于 x 取任何值，a^x 在实数范围内都不存在，也就是说 a^x 无意义，故当 $a \leq 0$ 时，a^x 不一定有意义；假设 $a = 1$，那么 $y = 1^x = 1$，是一个常量，没有研究的必要.

师：为了避免上述各种情况，所以规定 $a > 0$ 且 $a \neq 1$.

在这里要注意生生之间、师生之间的对话.

问题5：指数函数与幂函数有什么区别？

生：幂函数 $y = x^n$ 中，指数为常量，底数为变量，指数函数 $y = a^x$ 中，指数为变量，底数为常量.

师：判断下列函数是否为指数函数.

(1) $y = -3^x$ (2) $y = 3^{\frac{1}{x}}$ (3) $y = 3^{1+x}$ (4) $y = (-3)^x$ (5) $y = 3^{-x}$

学生讨论回答.

师：判断一个函数是否为指数函数的方法：①a^x 前面系数为1；②自变量 x 在指数位置；③$a > 0$ 且 $a \neq 1$.

（设计意图：通过自主探索、合作学习不仅体现了学生的主体地位，而且可以让学生在探索过程中体会数形结合这一思想方法，学会借助图像分析问题，同时感受到从具体到一般的思想方法的应用，渗透概括能力的培养.）

（四）探究图像，理解性质

师：要研究一个函数，应从哪几个方面研究函数问题？

生：①对应法则；②定义域；③值域；④图像；⑤函数性质（单调性、奇偶性）.

师：请同学们独自作图，利用描点法作函数 $y = 2^x$ 和 $y = (-)^x$ 的图像.

（要求在同一坐标系中作图）

$y = 2^x$ 和 $y = \left(\dfrac{1}{2}\right)^x$ 的图像分别见表1、表2.

表1　函数 $y = 2^x$ 的图像

x	...	−1	0	1	2	3	...
$y = 2^x$	...	0.5	1	2	4	8	...

表2　函数 $y = \left(\dfrac{1}{2}\right)^x$ 的图像

x	...	−3	−2	−1	0	1	...
$y = \left(\dfrac{1}{2}\right)^x$	...	8	4	2	1	0.5	...

师：$y = 2^x$ 与 $y = \left(\dfrac{1}{2}\right)^x$ 的图像（见图1）有什么关系？它们都是偶函数吗？为什么？

生：这两个函数的图像关于 y 轴对称，都不是偶函数. 因为偶函数的图像是自己图像的两部分关于 y 轴对称.

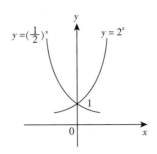

图 1　函数 $y = 2^x$ 和 $y = \left(\dfrac{1}{2}\right)^x$ 的图像

　　教师通过在几何画板中改变参数 a 的值，追踪 $y = a^x$ 的图像，在变化中，让全体学生进一步观察指数函数的变化规律.

　　师：从图像入手，我们可以很容易看出函数的单调性、奇偶性，以及过定点（0，1），但定义域、值域却不确定；从解析式（结合列表）可以很容易得出函数的定义域、值域，但对底数的分类却很难想到.

　　引导学生归纳总结：函数 $y = a^x$（$a > 0$ 且 $a \neq 1$）的图像及其特征与函数性质. 具体见表 3、表 4.

表 3　$y = a^x$（$a > 0$ 且 $a \neq 1$）的图像与性质

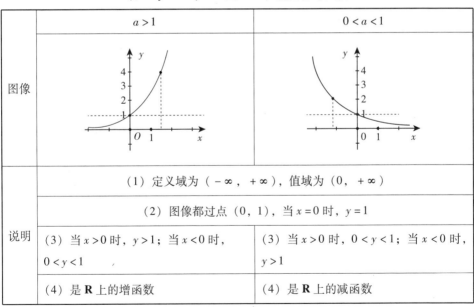

	$a > 1$	$0 < a < 1$
图像		
说明	（1）定义域为（$-\infty$，$+\infty$），值域为（0，$+\infty$）	
	（2）图像都过点（0，1），当 $x = 0$ 时，$y = 1$	
	（3）当 $x > 0$ 时，$y > 1$；当 $x < 0$ 时，$0 < y < 1$	（3）当 $x > 0$ 时，$0 < y < 1$；当 $x < 0$ 时，$y > 1$
	（4）是 **R** 上的增函数	（4）是 **R** 上的减函数

表4 $y = a^x$ （$a > 0$ 且 $a \neq 1$）的图像特征与函数性质

图像特征		函数性质	
$a > 0$	$0 < a < 1$	$a > 1$	$0 < a < 1$
向 x，y 轴正负方向无限延伸		函数的定义域为 **R**	
图像关于原点和 y 轴不对称		非奇非偶函数	
函数图像都在 x 轴上方		函数的值域为 $\mathbf{R}^+$	
函数图像都过定点（0，1）		$a^0 = 1$	
自左向右看，图像逐渐上升	自左向右看，图像逐渐下降	增函数	减函数
在第一象限内的图像纵坐标都大于1	在第一象限内的图像纵坐标都小于1	$x > 0$，$a^x > 1$	$x > 0$，$a^x > 1$
在第二象限内的图像纵坐标都小于1	在第二象限内的图像纵坐标都大于1	$x < 0$，$a^x < 1$	$x < 0$，$a^x > 1$
图像上升趋势是越来越陡	图像上升趋势是越来越缓	函数值开始增长较慢，到了某一值后增长速度极快	函数值开始减小极快，到了某一值后减小速度较慢

（设计意图：以探究活动的形式让学生合作交流，实现学生知识的自我建构，使学生在开放、民主的教学氛围中发现问题、获取新知.）

（五）强化训练，落实掌握

例1 指数函数 $y = a^x$（$a > 0$ 且 $a \neq 1$）的图像经过点（3，9），求 $f(x)$，$f(1)$ 的值.

方法指导：待定系数法求指数函数解析式.

例2 比较下列各题中两个值的大小.

（1）$1.7^{2.5}$，1.7^3　　　　（2）$0.8^{-0.1}$，$0.8^{-0.2}$　　　　（3）$1.7^{0.3}$，$0.9^{3.1}$

方法指导：化为同底的指数函数，利用函数单调性比较.

课堂练习：

1. 设 $y_1 = a^{3x+1}$，$y_2 = a^{-2x}$ 其中 $a > 0$ 且 $a \neq 1$，确定 x 为何值时，有

（1）$y_1 = y_2$　　　　（2）$y_1 > y_2$

2. 求函数 $y = \left(\dfrac{1}{2}\right)^{x^2 - 2x - 1}$ 的单调递增区间.

3. 当 $-1 < x < 0$ 时，0.5^x，5^x，5^{-x} 的大小关系是_____.

（设计意图：通过练习帮助学生尽快熟悉指数函数的图像和性质，逐步渗透数形结合思想方法.）

（六）归纳总结，拓展深化

让学生在知识和方法上谈谈对这一节课的收获和体会.

知识上：学习了指数函数的定义、图像和性质以及简单的应用. 关键是根据 $a>1$ 和 $0<a<1$ 掌握函数图像的不同的特征和性质.

方法上：从特殊到一般的认知过程，在观察中获得知识，同时了解指数函数的实际应用背景和研究函数的基本方法. 体会分类讨论思想、数形结合思想.

（设计意图：培养学生及时复习的习惯. 小结的形式符合学生的认知规律，能优化认知结构.）

（七）布置作业，延伸课堂

1. 画出 $y=3^x$，$y=\left(\dfrac{1}{3}\right)^x$ 的图像.

2. 方程 $2^x=x+2$ 解的个数是_____.

3. 函数 $y=2^{-x}$ 的单调区间是_____，是_____函数.

4. 一产品的成本原来是 m 元，在今后的 m 年内，计划使成本平均每年比上一年降低 $P\%$，写出成本随经过年数变化的函数关系.

【教学反思】

本节课在情境设置上由具体的实例入手，以问题为主线，使学生在学习中有形可观，有物可见，思想有据. 从具体的问题中抽象出共性特点，让学生从不同的角度去研究函数，体验从简单到复杂、从特殊到一般的认知规律. 教师以问题为导向，让学生动手操作，主动观察，积极思考，自主探究，实现对知识的发现和接受. 同时，借助多媒体辅助手段，将抽象的知识以动画的形式呈现出来，让学生直观地观察指数函数的图像与性质.

在教学过程中不断向学生渗透数学思想方法，让学生在活动中感受数学思想方法之美，体会数学思想方法之重要. 有的学生对底数的认识还不够深入，需进一步体会分类讨论的思想方法.

第二节　由浅入深，由简到繁，逐步解决问题

——《余弦定理》教案及评析

【教材分析】

《余弦定理》是必修 5 第一章第一单元中"正弦定理和余弦定理"的第二节课．余弦定理是关于任意三角形边角之间的另一定理，是解决有关三角形问题与实际应用问题（如测量等）的重要定理．它将三角形边和角有机地结合起来，实现了"边"和"角"的互化，从而使"三角"与"几何"有机地结合起来，为求与三角形有关的问题提供了理论依据，同时也为判断三角形的具体形状和证明三角形中的等式提供了重要的依据．

本节课的主要内容是余弦定理的推导和证明．在学习本节课之前，学生已经学习了正弦定理的内容，初步掌握了正弦定理的证明及应用，并明确了用正弦定理可以解哪些类型的三角形．教材中提出了一个思考问题："勾股定理指出了直角三角形中三边平方之间的关系，余弦定理则指出了一般三角形中三边平方之间的关系，如何看这两个定理之间的关系？"并进而指出，"从余弦定理以及余弦函数的性质可知，如果一个三角形两边的平方和等于第三边的平方，那么第三边所对的角是直角；如果小于第三边的平方，那么第三边所对的角是钝角；如果大于第三边的平方，那么第三边所对的角是锐角"．从上述内容可知，余弦定理是勾股定理的推广．在教学时，考虑到余弦定理在形式上比正弦定理更加复杂，教师可以有目的地提供一些研究的素材，并做必要的启发和引导，让学生进行思考，通过类比、联想、质疑、探究等步骤，辅以小组合作学习，建立猜想，获得命题，再想方设法去证明．

【教学目标】

1. 知识与技能

掌握余弦定理的两种表示形式及证明余弦定理的向量方法，并会运用余弦定理解决两类基本的解三角形的问题．

2. 过程与方法

利用向量的数量积推出余弦定理及其推论，并通过实际演算，掌握运用余弦定理解决两类基本的解三角形问题的方法.

3. 情感态度与价值观

培养学生在方程思想指导下处理三角形问题的能力；通过三角函数、余弦定理、向量的数量积等知识间的关系，来理解事物之间的普遍联系与辩证统一的关系.

【教学重难点】

（1）重点：余弦定理的发现和证明过程及其基本应用.

（2）难点：利用向量法证明余弦定理的思路，对余弦定理的熟练应用.

【教学问题诊断】

运用向量法来证明余弦定理，可能学生比较难以想到，因而在证明的过程中应放慢速度，让学生理解运用向量的方法的巧妙性.

本节课的难点是学生对余弦定理运用的熟练程度，能否灵活运用余弦定理来解三角形及判断三角形的具体形状.

【教学支持条件分析】

学生高一下学期已经学习了平面向量，也掌握了平面向量的数量积运算，运用向量法来证明余弦定理学生能够接受；在运用余弦定理判断三角形具体形状时用到了必修 4 中的三角函数知识，学生可能不能快速解决问题，因而需要在学习余弦定理的推论之后再做引导. 课堂练习中有两个变式提高题，是针对学业成绩比较好的学生设计的.

【教学过程】

（一）知识回顾

师：前面我们学习了正弦定理，现在让我们一起回顾一下正弦定理的有关内容：

（1）正弦定理：$\dfrac{a}{\sin A} = \dfrac{b}{\sin B} = \dfrac{c}{\sin C} = 2R$.

变式：$a = 2R\sin A$，$b = 2R\sin B$，$c = 2R\sin C$.

推导：$a : b : c = \sin A : \sin B : \sin C$.

（2）正弦定理可以解决哪些类型的题目？

①已知三角形的任意两个角与一条边；

②已知三角形的任意两边与其中一边的对角.

师：这节课我们继续学习余弦定理，但在推证余弦定理的过程中，我们要用到向量的数量积的知识．同学们还记得向量的数量积怎么表示吗？

（3）向量的数量积定义：$\vec{a} \cdot \vec{b} = |\vec{a}| |\vec{b}| \cos\theta$，其中 $\vec{a} \neq \vec{0}$，$\vec{b} \neq \vec{0}$，θ 为 $\vec{a}$ 与 $\vec{b}$ 的夹角．

（4）向量的数量积的模：$\vec{a}^2 = |\vec{a}|^2$．

（设计意图：让学生回忆正弦定理，使学生认识用正弦定理解三角形的题目；回顾向量的数量积知识，为推证余弦定理做铺垫．）

（二）新课引入

1. 情境引入

师：同学们，请你们运用所学的知识来解决下列问题：

如图 1 所示，某隧道施工队为了开凿一条山地隧道，需要测算隧道通过这座山的长度．工程技术人员先在地面上选一适当的位置 A，量出 A 到山脚 B，C 的距离分别为 $AB = 500$m，$AC = 300$m，再利用经纬仪测出 A 对山脚 BC（线段 BC）的张角 $\angle A = 60°$，最后通过计算求出山脚的长度 BC．

图 1

同学们，请问你们能解决这个问题吗？联系我们学过的向量的知识，我们一起来解决这个问题．

（设计意图：抓住学生急切解决问题的心理，在学生运用上一节知识不能解决问题的情况下，提高学生学习数学的积极性，也为后面的推理证明创造良好的学习氛围．）

2. 余弦定理的探究

联系已经学过的知识和方法，可用什么途径来解决这个问题？

用正弦定理试求，发现因 A，B 均未知，所以较难求边 AB．由于涉及边长问题，从而可以考虑用向量来解决这个问题．

如图 2 所示，设 $\vec{CB} = \vec{a}$，$\vec{CA} = \vec{b}$，$\vec{AB} = \vec{c}$，

那么 $\vec{c} = \vec{a} - \vec{b}$，$|\vec{c}|^2 = \vec{c} \cdot \vec{c} = (\vec{a} - \vec{b}) \cdot (\vec{a} - \vec{b})$

$= \vec{a}^2 - 2\vec{a} \cdot \vec{b} + \vec{b}^2 = a^2 - 2ab\cos C + b^2.$

$\therefore c^2 = a^2 + b^2 - 2ab\cos C.$ 同理可以证明：

$a^2 = b^2 + c^2 - 2bc\cos A$，$b^2 = a^2 + c^2 - 2ac\cos B.$

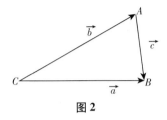

图2

余弦定理：

三角形中任何一边的平方等于其他两边的平方的和减去这两边与它们的夹角的余弦的积的两倍，即

$$a^2 = b^2 + c^2 - 2bc\cos A$$
$$b^2 = a^2 + c^2 - 2ac\cos B$$
$$c^2 = a^2 + b^2 - 2ab\cos C$$

强调几个问题：

（1）熟悉定理的结构，注意"平方""夹角""余弦"等；

（2）在余弦定理中，每一个等式均含有四个量，利用方程的观点，可以知三求一；

（3）当夹角为90°时，即三角形为直角三角形时即可以用勾股定理. 余弦定理是勾股定理的推广，勾股定理是余弦定理的特例.

（设计意图：在学习了余弦定理的证明之后，让学生了解余弦定理的特点.）

思考：定理指出了三角形的三条边与其中的一个角之间的关系，应用余弦定理，我们可以解决已知三角形的三边确定三角形的角的问题，怎么确定呢？

从余弦定理，可以得到它的推论：

$$\cos A = \frac{b^2 + c^2 - a^2}{2bc}.$$

应用以上推论，就可以由三角形的三条边计算出三角形的三个角.

（设计意图：让学生自己探究余弦定理的推论，使学生对余弦定理的理解更加深刻.）

思考：运用余弦定理的推论，你能确定三角形的具体形状吗？该如何表述？

解析法：

如图 3 所示，以 C 为原点，CB 所在的直线为 x 轴，建立平面直角坐标系，设点 B 的坐标为 $(a, 0)$，$AB = b$；点 A 的坐标为 $(b\cos C, b\sin C)$，$AC = c$，根据两点间距离公式，求 AB.

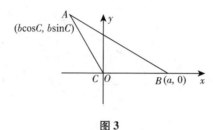

图 3

$$AB^2 = (b\cos C - a)^2 + (b\sin C - 0)^2$$
$$= b^2\cos^2 C - 2ab\cos C + a^2 + b^2\sin^2 C$$
$$= a^2 + b^2 - 2ab\cos C$$

$$\therefore c^2 = a^2 + b^2 - 2ab\cos C.$$

几何法：

如图 4 所示，在 $\triangle ABC$ 中，设 $BC = a$，$AB = c$，$AC = b$，试用 b，c，$\angle A$ 来表示 a.

作 $CD \perp AB$，则 $CD = b\sin A$，$BD = c - b\cos A$

$$\therefore a^2 = CD^2 + BD^2$$
$$= (b\sin A)^2 + (c - b\cos A)^2$$
$$= b^2\sin^2 A + c^2 + b^2\cos^2 A - 2bc\cos A$$

同理有

$$b^2 = a^2 + c^2 - 2ac\cos B$$
$$c^2 = a^2 + b^2 - 2ab\cos C$$

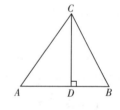

图 4

思考：这个式子中有几个量？从方程的角度看已知其中三个量，可以求出第四个量，能否由三边求出一角？

（由学生推出）从余弦定理又可得到以下推论：

$$\cos A = \frac{b^2 + c^2 - a^2}{2bc}$$

$$\cos B = \frac{a^2 + c^2 - b^2}{2ac}$$

$$\cos C = \frac{b^2 + a^2 - c^2}{2ba}$$

理解定理：

由余弦定理和余弦函数的性质可知：①如果一个三角形两边的平方和等于第三边的平方，那么第三边所对的角是直角；②如果一个三角形两边的平方和小于第三边的平方，那么第三边所对的角是钝角；③如果一个三角形两边的平方和大于第三边的平方，那么第三边所对的角是锐角.

思考：根据余弦定理的两种形式，你们能归纳出它能解决关于三角形的哪些类型的题目吗？

余弦定理的运用范围：

（1）已知三角形的两边和它们的夹角，求第三边和其他的两个角；

（2）已知三角形的三边，求三个角.

（设计意图：使学生明白余弦定理的用法及其使用类型.）

（三）例题讲解

例1 在 $\triangle ABC$ 中，已知 $b=3$，$c=3\sqrt{3}$，$\angle A=30°$，求 a，$\angle B$，$\angle C$.

解： 由余弦定理得

$$a^2 = b^2 + c^2 - 2bc\cos A = 3^2 + \left(3\sqrt{3}\right)^2 - 2 \times 3 \times 3\sqrt{3}\cos 30° = 9 \therefore a = 3$$

$$\because \cos B = \frac{a^2 + c^2 - b^2}{2ax} = \frac{3^2 + \left(2\sqrt{3}\right)^2 - 3^2}{2 \times 3 \times 3\sqrt{3}} = \frac{\sqrt{3}}{2}, \quad \therefore \angle B = 30°$$

$$\therefore \angle C = 120°$$

（设计意图：举例运用余弦定理解决第一类问题，即已知两边及其夹角，解三角形，运用余弦定理知三而求一.）

例2 在 $\triangle ABC$ 中，已知 $a=\sqrt{3}$，$b=\sqrt{3}$，$c=3$，求 $\angle A$，$\angle B$，$\angle C$.

解法一：

由余弦定理的推论得

$$\cos A = \frac{b^2 + c^2 - a^2}{2bc} = \frac{(\sqrt{3})^2 + 3^2 - (\sqrt{3})^2}{2 \times \sqrt{3} \times 3} = \frac{\sqrt{3}}{2}, \quad \therefore \angle A = 30°$$

$$\cos B = \frac{a^2 + c^2 - b^2}{2ac} = \frac{(\sqrt{3})^2 + 3^2 - (\sqrt{3})^2}{2 \times \sqrt{3} \times 2} = \frac{\sqrt{3}}{2}, \quad \therefore \angle B = 30°$$

$$\therefore \angle C = 120°$$

所求的三角形三个内角分别是 $\angle A=30°$，$\angle B=30°$，$\angle C=120°$.

解法二：

由余弦定理的推论得

$$\cos A = \frac{b^2 + c^2 - a^2}{2bc} = \frac{(\sqrt{3})^2 + 3^2 - (\sqrt{3})^2}{2 \times \sqrt{3} \times 3} = \frac{\sqrt{3}}{2}, \quad \therefore \angle A = 30°$$

$$\sin B = \frac{b \sin A}{a} = \frac{\sqrt{3} \times \sin 30°}{\sqrt{3}} = \sin 30° = \frac{1}{2}, \quad \therefore \angle B = 30° \text{或} \angle B = 150° \text{（舍去）}$$

$$\therefore \angle C = 120°$$

所求的三角形三个内角分别是 $\angle A = 30°$，$\angle B = 30°$，$\angle C = 120°$.

（设计意图：举例运用余弦定理解决第二类问题，运用了正弦定理和余弦定理两种方法解决，让学生体会到在解决问题中能运用多种方法，同时也比较两种方法的利弊.）

思考：在解三角形的过程中，求某一个角有时既可以用余弦定理，也可以用正弦定理，两种方法有什么利弊？

（设计意图：让学生自己去体会和总结两种方法的利弊.）

（四）课堂训练

1.（1）在 $\triangle ABC$ 中，已知 $a = 5$，$b = 4$，$\angle C = 120°$，则 $c = $ _____.

（2）在 $\triangle ABC$ 中，已知 $b = 8$，$c = 3$，$\angle A = 60°$，则 $a = $ _____.

2.（1）在 $\triangle ABC$ 中，已知 $a = 3$，$b = 2$，$c = \sqrt{19}$，则 $\angle A = $ _____，$\angle B = $ _____，$\angle C = $ _____.

（2）在 $\triangle ABC$ 中，已知 $a = 3$，$b = 2$，$c = \sqrt{19}$，则 $\angle A = $ _____，$\angle B = $ _____，$\angle C = $ _____.

（变式提高题）

3. 在 $\triangle ABC$ 中，若三边 a，b，c 满足 $a^2 = b^2 + c^2 + bc$，则 $\angle A = $ _____.

4. 在 $\triangle ABC$ 中，已知 $\sin A : \sin B : \sin C = 3 : 4 : 5$，这个三角形是 _____（填锐角、直角、钝角三角形）.

（设计意图：课堂巩固，了解学生的掌握情况，及时纠正和总结.）

（五）知识小结

（1）了解余弦定理的证明过程，自己会推导余弦定理的推论.

（2）掌握余弦定理的运用范围，学会知三求一解三角形.

（3）了解如何运用余弦定理判断三角形的具体形状.

（4）思考本节学到的探究方法：定性发现—定量探讨—得到定理.

（六）课后作业

1. 若三角形三边长之比如下：①3：5：7；②10：24：26；③21：25：28，

判断它们之中哪个是锐角三角形，哪个是直角三角形，那个是钝角三角形.

2. 在 $\triangle ABC$ 中，已知 $a = 5$，$c = 2\sqrt{3}$，$\angle B = 150°$，则边长 $b = $ _____ .

3. 若三角形三边分别为 a，b，$\sqrt{a^2 + b^2 + ab}$，则三角形的最大角为_____ .

4. 钝角 $\triangle ABC$ 的三边长为连续自然数，求这三边长.

5. 已知钝角 $\triangle ABC$ 的三边 $a = k$，$b = k + 2$，$c = k + 4$，求 k 的取值范围.

【教学反思】

本教学设计，以问题—探究—证明—应用为线索，让学生充分发现问题，合作探究，体现新课程理念，较好地实现了三维目标，完成了课程内容，解决了重点难点，设计充分体现了"民主教学思想". 在整个教案设计中，学生的思维活动量大，学生的探究欲望及精神状态始终处于最佳状态. 整个教学设计的主线也是贯穿实际课堂教学的主线.

第三节　交流中理解，争辩中思考，点拨中提高

——"高考中的三角函数"教案及评析

【内容介绍】

高考中的三角函数以解答题为主，解答题的中档题也经常出现这方面的内容，是高考命题的一个常考的基础性的题型. 其命题热点是章节内部的三角函数求值问题，命题新趋势是跨章节的学科综合问题. 本课程主要介绍三个方面的内容：①三角变换与求值；② 三角函数的图像与性质；③解三角形问题.

【课程特色】

1. 教学设计

本课程的特色是把三角函数内容划为多个板块，以题型为载体，渗透三角函数知识点，特别是三角函数的图像和性质、研究命题的角度和总结解题规律. 在教学过程中突出知识要点问题化、主干知识题型化、思想方法专题化.

2. 教学方法

本节课采用学导法，也就是"以案导学，问题为线，自主学习"，教师通过结构设计、创设情境、智慧导学、规范指导、思维激活、合作评论、回归指导来完成教学任务.

【学习要求】

在教学三角函数时重点把握下面几个要求：

（1）以图像为载体，教学要涉及三角函数的最值、单调性、对称性、周期性.

（2）加强三角函数式的化简、三角函数的图像和性质、角的求值，把握高考的必考点.

（3）突出三角形恒等变换有关公式的变形使用，和同角三角函数的关系、诱导公式结合.

（4）利用正弦定理或余弦定理解三角形或判断三角形的具体形状、求值等，和三角形恒等变换结合进行综合考查.

【知识网络】

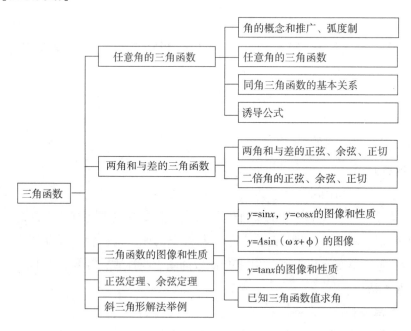

【复习策略】

1. 解答三角高考题的一般策略

（1）发现差异：观察角、函数运算的差异，即进行所谓的"差异分析".

（2）寻找联系：运用相关三角公式，找出差异之间的内在联系.

（3）合理转化：选择恰当的三角公式，促使差异的转化.

2. 三角函数恒等变形的基本策略

（1）常值代换：特别是用"1"的代换，如 $1 = \cos^2\theta + \sin^2\theta = \tan45°$ 等.

（2）项的分拆与角的配凑. 如分拆项：

$$\sin^2 x + 2\cos^2 x = \left(\sin^2 x + \cos^2 x\right) + \cos^2 x = 1 + \cos^2 x;$$

配凑角：$\alpha = \left(\alpha + \beta\right) - \beta,\ \beta = \dfrac{\alpha + \beta}{2} - \dfrac{\alpha - \beta}{2}$ 等.

（3）降次，即二倍角公式降次.

（4）化弦（切）法. 将三角函数利用同角三角函数基本关系化成弦（切）.

（5）引入辅助角. $a\sin\theta + b\cos\theta = \sqrt{a^2 + b^2}\sin\left(\theta + \varphi\right)$，这里辅助角 φ 所在象限由 a，b 的符号确定，φ 角的值由 $\tan\varphi = \dfrac{b}{a}$ 确定.

【题型研究】

三角变换与求值见表 1.

表 1　三角变换与求值

热点一	三角变换与求值
命题角度	（1）利用和（差）、倍角公式对三角函数式化简，进而研究三角函数的图像与性质. （2）利用和（差）、倍角公式对三角函数式化简，且与解三角形交汇命题

例 1　若函数 $f\left(x\right) = 2\cos^2 x + 2\sqrt{3}\sin x\cos x + m$ 在区间 $\left[0,\ \dfrac{\pi}{2}\right]$ 上的最大值为 2.

（1）求函数 $f\left(x\right)$ 的单调递增区间.

（2）在 $\triangle ABC$ 中，内角 A，B，C 的对边分别为 a，b，c，且 $f\left(\dfrac{A}{2}\right) = 1$，$a = \dfrac{\sqrt{6}}{2}c$，求 $\sin B$.

师生共研：

（1）$f\left(x\right) = 2\cos^2 x + 2\sqrt{3}\sin x\cos x + m = 1 + \cos 2x + \sqrt{3}\sin 2x + m$

$$=2\left(\frac{\sqrt{3}}{2}\sin2x+\frac{1}{2}\cos2x\right)+m+1=2\sin\left(2x+\frac{\pi}{6}\right)+m+1,$$

$\because$ 函数 $f(x)$ 在区间 $\left[0, \frac{\pi}{2}\right]$ 上的最大值为 2,

则由 $\frac{\pi}{6}\leqslant 2x+\frac{\pi}{6}\leqslant\frac{7\pi}{6}$ 知,当 $2x+\frac{\pi}{6}=\frac{\pi}{2}$,即 $x=\frac{\pi}{6}$ 时,

$f(x)=2\sin\left(2x+\frac{\pi}{6}\right)+m+1$ 的最大值为 $2+m+1=2$,

$\therefore m=-1$,$\therefore f(x)=2\sin\left(2x+\frac{\pi}{6}\right)$.

由 $2k\pi-\frac{\pi}{2}\leqslant 2x+\frac{\pi}{6}\leqslant 2k\pi+\frac{\pi}{2}$ $(k\in Z)$,得 $k\pi-\frac{\pi}{3}\leqslant x\leqslant k\pi+\frac{\pi}{6}$ $(k\in \mathbf{Z})$,

$\therefore$ 函数 $f(x)$ 的单调递增区间为 $\left[k\pi-\frac{\pi}{3}, k\pi+\frac{\pi}{6}\right]$ $(k\in \mathbf{Z})$.

(2) $\because f\left(\frac{A}{2}\right)=1$,$\therefore \sin\left(A+\frac{\pi}{6}\right)=\frac{1}{2}$,

$\because \frac{\pi}{6}<\angle A+\frac{\pi}{6}<\frac{7\pi}{6}$,$\therefore \angle A+\frac{\pi}{6}=\frac{5\pi}{6}$,$\angle A=\frac{2\pi}{3}$,$\sin A=\frac{\sqrt{2}}{2}$.

$\because a=\frac{\sqrt{6}}{2}c$,$\therefore$ 由正弦定理得 $\frac{a}{\sin A}=\frac{c}{\sin C}$,即 $\sin C=\frac{\sqrt{2}}{2}$.

又 $\because \angle C\in\left(0, \frac{\pi}{2}\right)$,$\therefore \angle C=\frac{\pi}{4}$,

所以 $\sin B=\sin(A+C)=\sin A\cos C+\cos A\sin C=\frac{\sqrt{3}}{2}\times\frac{\sqrt{2}}{2}-\frac{1}{2}\times\frac{\sqrt{2}}{2}=\frac{\sqrt{6}-\sqrt{2}}{4}$.

规律总结:

1. 条件求值的一般思路

(1) 先化简所求式子或所给条件.

(2) 观察已知条件与所求式子之间的联系(从三角函数名及角入手).

(3) 将已知条件代入所求式子,化简求值.

2. 三角恒等变换的"五遇六想"

(1) 遇正切,想化弦.

(2) 遇多元,想消元.

(3) 遇差异,想联系.

(4) 遇高次,想降次.

（5）遇特角，想求值.

（6）想消元，引辅角.

三角函数的图像与性质见表2.

表 2　三角函数的图像与性质

热点二	三角函数的图像与性质
命题角度	由三角函数的图像特征给出三角函数的解析式，然后考查三角函数的图像变换或性质

例 2　已知函数 $f(x) = A\sin\omega\left(x + \dfrac{\pi}{4}\right)$ $(A > 0,\ \omega > 0)$ 的振幅为 2，其图像的相邻两个对称中心之间的距离为 $\dfrac{\pi}{3}$.

（1）若 $f\left(\dfrac{2}{3}a + \dfrac{\pi}{12}\right) = \dfrac{6}{5}$，$0 < \alpha < \pi$，求 $\sin\alpha$.

（2）将函数 $y = f(x)$ 的图像向右平移 $\dfrac{\pi}{6}$ 个单位得到 $y = g(x)$ 的图像，若函数 $y = g(x) - k$ 在 $\left[0, \dfrac{11}{36}\pi\right]$ 上有零点，求实数 k 的取值范围.

师生共研：

（1）由题意知 $A = 2$，$T = \dfrac{2\pi}{\omega} = \dfrac{2\pi}{3}$，$\therefore \omega = 3$，

$\therefore f(x) = 2\sin\left(3x + \dfrac{\pi}{4}\right)$，

又 $\because f\left(\dfrac{2}{3}a + \dfrac{\pi}{12}\right) = 2\sin\left[3\left(\dfrac{2}{3}a + \dfrac{\pi}{12}\right) + \dfrac{\pi}{4}\right] = 2\sin\left(2\alpha + \dfrac{\pi}{2}\right) = 2\cos 2\alpha = \dfrac{6}{5}$，

$\therefore \cos 2\alpha = \dfrac{3}{5}$，

$\therefore \sin^2\alpha = \dfrac{1 - \cos 2\alpha}{2} = \dfrac{1}{5}$，

又 $\because 0 < \alpha < \pi$，

$\therefore \sin\alpha = \dfrac{\sqrt{5}}{5}$.

（2）由题意知 $g(x) = 2\sin\left[3\left(x - \dfrac{\pi}{6}\right) + \dfrac{\pi}{4}\right] = 2\sin\left(3x - \dfrac{\pi}{4}\right)$，则函数

$y = g(x) - k = 2\sin\left(3x - \dfrac{\pi}{4}\right) - k$，

$\because 0 \leqslant x \leqslant \dfrac{11\pi}{36}$,

$\therefore -\dfrac{\pi}{4} \leqslant 3x - \dfrac{\pi}{4} \leqslant \dfrac{2\pi}{3}$,

$\therefore -\sqrt{2} \leqslant 2\sin\left(3x - \dfrac{\pi}{4}\right) \leqslant 2$.

$\because y = g(x) - k$ 在 $\left[0, \dfrac{11\pi}{36}\right]$ 上有零点,

$\therefore y = g(x)$ 与 $y = k$ 的图像在 $\left[0, \dfrac{11\pi}{36}\right]$ 上有交点,

$\therefore$ 实数 k 的取值范围是 $\left[-\sqrt{2},\ 2\right]$.

规律总结:

研究三角函数图像与性质的常用方法:

（1）求三角函数的周期、单调区间、最值及判断三角函数的奇偶性，往往是在定义域内，先化简三角函数式，尽量化为 $y = A\sin(\omega x + \varphi)$ 的形式，然后再求解.

（2）对于形如 $y = a\sin\omega x + b\cos\omega x$ 的三角函数，要通过引入辅助角化为

$y = \sqrt{a^2 + b^2}\sin(\omega x + \varphi)\left(\cos\phi = \dfrac{a}{\sqrt{a^2 + b^2}},\ \sin\phi = \dfrac{b}{\sqrt{a^2 + b^2}}\right)$ 的形式来求解.

解三角形问题见表3.

表3　解三角形问题

热点三	解三角形问题
命题角度	利用正弦定理、余弦定理解三角形问题

例3　$\angle\triangle ABC$ 中，角 A，B，C 所对的边分别为 a，b，c. 已知 $a = 3$，$\cos A = \dfrac{\sqrt{6}}{3}$，$\angle B = \angle A + \dfrac{\pi}{2}$.

（1）求 b 的值.

（2）求 $\triangle ABC$ 的面积.

考题揭秘：本题考查解三角形中正弦定理的应用、三角公式的应用、三角形面积公式等基础知识和基本方法，考查考生的运算求解能力及分析问题、解决问题的能力.

审题过程:

第一步：审条件. 已知 $\triangle ABC$ 中，$a = 3$，$\cos A = \dfrac{\sqrt{6}}{3}$，$\angle B = \angle A + \dfrac{\pi}{2}$.

第二步：审结论. 求 b 的值及 $\triangle ABC$ 的面积.

第三步：建联系. ①根据已知条件求出 $\sin A$ 和 $\sin B$，然后利用正弦定理求解；②求出 $\sin C$，然后使用三角形面积公式计算面积.

规范解答：

（1）在 $\triangle ABC$ 中，

由题意知 $\sin A=\sqrt{1-\cos^2 A}=\dfrac{\sqrt{3}}{3}$，又∵ $\angle B=\angle A+\dfrac{\pi}{2}$，

$$\therefore \sin B=\sin\left(A+\frac{\pi}{2}\right)=\cos A=\frac{\sqrt{6}}{3}. \qquad ①$$

由正弦定理 $\dfrac{a}{\sin A}=\dfrac{b}{\sin B}$，　　②

得 $b=\dfrac{a\sin B}{\sin A}=\dfrac{3\times\dfrac{\sqrt{6}}{3}}{\dfrac{\sqrt{3}}{3}}=3\sqrt{2}$.　　③

（2）由 $\angle B=\angle A+\dfrac{\pi}{2}$，得 $\cos B=\cos\left(A+\dfrac{\pi}{2}\right)=-\sin A=-\dfrac{\sqrt{3}}{3}$.

由 $\angle A+\angle B+\angle C=\pi$，得 $\angle C=\pi-(\angle A+\angle B)$.

$$\begin{aligned}\therefore \sin C&=\sin[\pi-(A+B)]=\sin(A+B)\\&=\sin A\cos B+\cos A\sin B\\&=\frac{\sqrt{3}}{3}\times\left(-\frac{\sqrt{3}}{3}\right)+\frac{\sqrt{6}}{3}\times\frac{\sqrt{6}}{3}=\frac{1}{3}.\end{aligned}$$

$\therefore \triangle ABC$ 的面积 $S=\dfrac{1}{2}ab\sin C=\dfrac{1}{2}\times3\times3\sqrt{2}\times\dfrac{1}{3}=\dfrac{3\sqrt{2}}{2}$.

模型归纳：

利用正弦定量、余弦定理解三角形的模型示意图如下：

定已知—梳理已知条件，确定三角形中已知边和角以及待求问题，然后确定转化的方向，如步骤①

↓

选定理—根据已知条件和所求问题合理选择转化的定理，进行边角间的转化. 边角互化时，应注意转化的方向，一般有两种思路：一是全部转化为边之间的关系，二是全部转化为角之间的关系. 然后进行恒等变换. 如步骤②

↓

定结果—将已知条件中的数据代入所选用的定理公式中并求出相应的结论. 如步骤③

图 1　利用正弦定理和余弦定理理解三角形的模型示意图

创新预测：

1. 已知函数 $f(x) = \sin\left(3x + \dfrac{\pi}{4}\right)$.

（1）求 $f(x)$ 的单调递增区间.

（2）若 α 是第二象限角，$f\left(\dfrac{a}{3}\right) = \dfrac{4}{5}\cos\left(a + \dfrac{\pi}{4}\right)\cos 2\alpha$，求 $\cos\alpha - \sin\alpha$ 的值.

2. 已知函数 $f(x) = \sin(x + \theta) + a\cos(x + 2\theta)$，其中 $a \in \mathbf{R}$，$\theta \in \left(-\dfrac{\pi}{2}, \dfrac{\pi}{2}\right)$.

（1）当 $a = \sqrt{2}$，$\theta = \dfrac{\pi}{4}$ 时，求 $f(x)$ 在区间 $[0, \pi]$ 上的最大值与最小值.

（2）若 $f\left(\dfrac{\pi}{2}\right) = 0$，$f(\pi) = 1$，求 a，θ 的值.

3. 已知函数 $f(x) = \sqrt{3}\sin\dfrac{\omega x}{2}\cos\dfrac{\omega x}{2} + 3\sin\dfrac{\pi}{6}\cos\omega x$ 的最小正周期为 4.

（1）求函数 $f(x)$ 的单调递增区间.

（2）将函数 $f(x)$ 的图像上的所有的点向右平移 $\dfrac{2}{3}$ 个单位得到函数 $g(x)$ 的图像，点 P，Q 分别为函数 $g(x)$ 图像的最高点和最低点（见图 2），求 $\angle OQP$ 的大小.

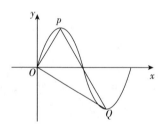

图 2

4. 设 $\triangle ABC$ 的内角 A，B，C 所对边的长分别是 a，b，c，且 $b = 3$，$c = 1$，$\angle A = 2\angle B$.

（1）求 a 的值.

（2）求 $\sin\left(A + \dfrac{\pi}{4}\right)$ 的值.

5. 已知函数 $f(x) = 2\cos^2 x + 2\sqrt{3}\sin x \cdot \cos x + a$，且当 $x \in \left[0, \dfrac{\pi}{6}\right]$ 时，

$f(x)$ 的 最小值为2.

（1）求 a 的值，并求 $y=f(x)$ 的单调递增区间.

（2）保持函数 $y=f(x)$ 的图像上的点的纵坐标不变，将横坐标缩短到原来的 $\dfrac{1}{2}$，再把所得图像向右平移 $\dfrac{\pi}{12}$ 个单位，得到函数 $y=g(x)$ 的图像，求方程 $g(x)=2$ 在区间 $\left[0,\dfrac{\pi}{2}\right]$ 上的所有根之和.

6. 已知向量 $\boldsymbol{m}=\left[\sin\left(2x+\dfrac{\pi}{6}\right),\ \sin x\right]$，$\boldsymbol{n}=(1,\ \sin x)$，

$f(x)=\boldsymbol{m}\cdot\boldsymbol{n}-\dfrac{1}{2}$.

（1）求函数 $f(x)$ 的单调递减区间.

（2）在 $\triangle ABC$ 中，a，b，c 分别是角 A，B，C 的对边，$a=2\sqrt{3}$，

$f\left(\dfrac{A}{2}\right)=\dfrac{1}{2}$，若 $\sqrt{3}\sin(A+C)=2\cos C$，求 b 的大小.

【教学反思】

教师从几次模拟卷中发现学生的问题，得到启发，进而产生了本课题. 针对学生知识的薄弱点和高考的重点，创设教学情境，激活学生的思维，引发更深入的探究. 本节课较好地体现了教师与学生都是教学的主体，教师和学生通过各种信息交流，实现师生互动，相互沟通，相互补充. 传统意义上的教师的教和学生的学，将不断让位于师生互教互学，彼此将成为一个真正的"学习共同体". 应该说本节课是一节利用旧题组展现新课程理念的成功案例. 本节课增强了学生解决函数问题的能力和信心.

我的数学课堂教学策略的一些观点：

（1）少一些"作秀"，多一些"真实". 教师应遵循学生的需要和状况来设计教学. 每节课要选择合适的活动方式、学习方法及多媒体，把激发学生兴趣和增强学生达成目标的自信心作为重要任务.

（2）少一些"设想"，多一些"生成". 教师应根据课堂教学进程中出现的情况，及时调整课前的预设，给学生留出空间，让学生在共同探究中享受生成. 应少一些把学生思维引导到自己思路上的提问方式，多一些鼓励学生参与的话语，给学生较多的自主发挥的时间和空间.

（3）少一些"灌输"，多一些"引领". 教师在实施教学时要将"教师主导"尽可能"让步"于"学生主体". 既然学生是学习的主体，那么教师的任

务就是组织学生有效地学习，如教师可在教学活动中创设好的问题情境，激活学生思维的兴奋点；可运用举一反三的思想，帮助学生归纳提升；可运用"先学后教"的策略，让学生有独立思考、自主实践的时间；可营造同伴"互动"的氛围，让学生明确知识的本质，提高沟通的能力；可通过总结反思，引导学生养成反思的意识与习惯.

专家点评

广州市教育研究院副院长　谭国华

林伟老师的这节课属于数学高考复习课型，主题是高考中的三角函数. 从这节课的课程介绍、教案和教学视频来看，这是一节非常实在的数学高考复习课，它较好地完成了数学高考复习课型承担的主要教学任务.

数学高考复习课型承担的主要教学任务有三项：整理知识、归纳题型、培养能力. 整理知识亦即帮助学生回顾过去所学的相关数学知识并使之结构化和系统化，只有具有结构化和系统化的知识才更有利于记忆和运用；归纳题型是指通过对本节内容蕴含的主要数学问题类型的归纳总结，以帮助学生更好地掌握高考考查的要求和试题特点以及相应的解题策略；培养能力主要是在完成前两项任务的基础上帮助学生更好地运用所学的解题策略去分析和解决相似类型的其他数学问题.

林伟老师这节课较好地体现了数学高考复习课型所应承担的这三项教学任务. 这节课主要着眼于高考中的三角函数解答题型. 根据他在教学视频中所说的，估计在这节课之前应该复习过高考中的三角函数的客观题型（包括选择题和填空题），并且对相关的基础知识是进行过回顾的. 本课中，又再一次提供了一个完备的知识网络. 这一知识网络较好地揭示了三角函数不同知识板块之间的内在逻辑关系，这不仅可以帮助学生更好地理解三角函数的相关知识，而且这实际上提供了一个记忆的线索，这一记忆线索可以有效地帮助学生回顾相关的知识，从而也有利于更好地运用这些知识. 这可视为完成了整理知识这一教学任务.

数学高考复习课型承担的第二项教学任务是归纳题型，这可以说是林伟老师这节课最大的亮点，同时也反映了林伟老师在数学高考命题研究方面的深厚功力．林伟老师认为："高考中的三角函数以解答题为主，解答题的中档题也经常出现这方面的内容，是高考命题中一个常考的基础性的题型．其命题热点是章节内部的三角函数求值问题，命题新趋势是跨章节的学科综合问题．"林伟老师通过对高考试题的研究将本课程的教学要求归结为"三个方面四项要求"．

三个方面：①三角变换与求值；②三角函数的图像与性质；③解三角形问题．

四项要求：①以图像为载体，教学要涉及三角函数的最值、单调性、对称性、周期性；②加强三角函数式的化简、三角函数的图像和性质、角的求值，把握高考的必考点；③突出三角恒等变换有关公式的变形使用，和同角三角函数的关系、诱导公式结合；④利用正弦定理或余弦定理解三角形或判断三角形的具体形状、求值等，经常和三角恒等变换结合进行综合考查．

根据"三个方面四项要求"，林伟老师精选了三道例题和七道练习题．我们来看这三道例题．

例1 涉及高考中的热点问题：三角变换与求值．试题的特点为：①利用和（差）、倍角公式对三角函数式化简，进而研究三角函数的图像与性质；②利用和（差）、倍角公式对三角函数式化简，且与解三角形交汇命题．解题策略包括：

（1）条件求值的一般思路

①先化简所求式子或所给条件；②观察已知条件与所求式子之间的联系（从三角函数名及角入手）．③将已知条件代入所求式子，化简求值．

（2）三角恒等变换的"五遇六想"

①遇正切，想化弦；②遇多元，想消元；③遇差异，想联系；④遇高次，想降次；⑤遇特角，想求值；⑥想消元，引辅角．

例2 涉及高考中的热点问题：三角函数的图像与性质．试题特点是：由三角函数的图像给出三角函数的解析式，然后考查三角函数的图像变换或性质．解题策略包括：

（1）求三角函数的周期、单调区间、最值及判断三角函数的奇偶性，往往是在定义域内，先化简三角函数式，尽量化为 $y = A\sin(\omega x + \varphi)$ 的形式，然后再求解．

（2）对于形如 $y = a\sin\omega x + b\cos\omega x$ 的三角函数，要通过引入辅助角化为 $y = a\sin\theta + b\cos\theta = \sqrt{a^2 + b^2}\sin(\theta + \varphi)$ 的形式来求解．

213

例 3 涉及高考中的热点问题：解三角形问题. 试题特点为：利用正弦定理、余弦定理解三角形. 解题策略具体表现为定已知、选定理、定结果三个步骤.

以上三个例题不仅抓住了高考考查的热点，而且充分体现了高考考查的要求. 试题特点明确，解题策略有效，为培养学生运用三角函数的有关知识分析和解决问题奠定了非常好的基础.

数学高考复习课型承担的第三项教学任务是培养能力. 仅就本课而言，主要是培养学生运用先前所学数学知识分析和解决有关三角函数综合问题的能力，其核心是解答三角函数综合问题的一般策略. 从林伟老师提供的课程介绍、教案中可以看到，林伟老师对这一点有着非常清醒的认识，而且着深刻的研究. 林伟老师将解答高考三角函数题的一般策略归纳为：

（1）发现差异：观察角、函数运算的差异，即进行所谓的"差异分析".

（2）寻找联系：运用相关三角公式，找出差异之间的内在联系.

（3）合理转化：选择恰当的三角公式，促使差异的转化.

将三角函数恒等变形的基本策略归纳为：

①常值代换；②项的分拆与角的配凑；③降次，即二倍角公式降次；④化弦（切）法；⑤引入辅助角.

可以说，这些策略不仅抓住了解答三角函数题的关键，而且非常简明，便于操作.

当然，教学是一门遗憾的艺术，任何人的教学都不可能做到尽善尽美，总会有不尽如人意的地方，也一定有可改进之处. 作为正高级教师、享受政府特殊津贴的专家，林伟老师的教学水平必然达到了很高的境界. 但仅就本课而言，我认为，在对学生分析和解决有关三角函数综合问题的能力培养方面还可以有所加强. 具体来说，就是如何更好地通过对每道例题的审题分析，帮助学生如何去发现差异，如何寻找联系，如何进行合理转化，以便使教案中总结得非常好的解题策略能在实施过程中得到具体落实，不至于使人感觉到两者有脱节的嫌疑.

第四节　策略引发，技巧指导，意识养成

——《椭圆及其标准方程》教案及评析

【教材分析】

《椭圆及其标准方程》是高中数学选修 1－1 中第二章《圆锥曲线与方程》第一节的内容. 圆锥曲线是平面解析几何研究的主要对象，圆锥曲线的有关知识不仅在生产、日常生活和科学技术中有着广泛的应用，而且是今后进一步学习数学的基础. 平面解析几何是数学的一个重要分支，它沟通了数学内数与形、代数与几何等最基本对象之间的联系. 教科书以椭圆为学习圆锥曲线的开始，并以之来介绍求圆锥曲线方程和利用方程讨论几何性质的一般方法，可见本节内容所处的重要地位，且基于高一学习过的直线和圆这两个基本的几何图形，椭圆及其标准方程起到了承上启下的重要作用.

本节课主要内容是学习椭圆的定义及其标准方程，是一节概念课.

本节在必修课程《数学 2》学习直线和圆的基础上，利用解析法进一步研究椭圆的定义及其标准方程，让学生进一步理解数形结合思想、类比思想，为拓宽学生的思维奠定良好的基础.

【教学目标】

根据数学学科的特点、学生身心发展的合理需要和社会的政治经济、科学技术的需求，本节课从知识、能力和情感三个层面确定了相应的教学目标.

1. 知识与技能

准确理解椭圆的定义，掌握椭圆的标准方程及其推导过程.

2. 过程与方法

通过引导学生亲自动手尝试画图，发现椭圆的形成过程进而归纳出椭圆的定义，培养学生观察、辨析、归纳问题的能力.

3. 情感态度与价值观

通过经历椭圆方程化简的过程，增强学生战胜困难的意志品质并让学生体

会数学的简洁美、对称美. 通过讨论椭圆方程推导的等价性使学生养成扎实严谨的科学作风.

【目标解析】

（1）理解椭圆的定义，明确焦点、焦距的概念.

（2）熟练掌握椭圆的标准方程，能根据所给的条件画出椭圆的草图并确定椭圆的标准方程.

（3）能由椭圆定义推导出椭圆的方程.

（4）启发学生能够发现问题和提出问题，善于独立思考，学会分析问题和创造性地解决问题，培养学生抽象概括能力和逻辑思维能力.

【教学重难点】

（1）重点：椭圆的定义及椭圆的标准方程.

（2）难点：推导椭圆的标准方程，特别是含有两个根式的等式化简.

【教学问题诊断】

在推导椭圆的标准方程的过程中对含有两个根式的等式进行化简，学生可能反应比较慢，因而在化简的过程中要尽量放慢速度以便于学生理解；在讲解新课的过程中也要强调标准方程的形式，a，b，c 的关系以及大小，主要是预防学习后面的双曲线的知识点时混淆.

【教学支持条件分析】

学生在高一的时候学习了圆的标准方程，知道了圆的定义是什么，圆的标准方程的形式是怎样的，求点的轨迹方程的一般步骤以及如何推导圆的标准方程. 通过类比，我们可以让学生去探究椭圆的形成过程，通过引导让学生列出椭圆标准方程需满足的条件，通过示范给学生板演推导过程. 课堂练习中有两个变式提高题，是针对学业成绩比较好的学生设计的.

【教学过程】

1. 激学导思：激励唤醒，开启思维

利用多媒体演示一些生活中有关椭圆的例子，然后利用动画演示一些天体运行的轨迹图，并提出问题："这些天体运行的轨迹是什么呢？"学生经过观察，很直观地看出是椭圆，从而引出本课要研究的问题："我们能否描述这些天体运行的轨迹的概念并求出其方程呢？"学习了本节课的内容，就可以解决这些问题.

（设计意图：一方面，通过复习前面学过的相关知识，唤醒学生的记忆，为本节课的学习做好铺垫. 另一方面，利用多媒体形象、直观的演示，让学生知道学习椭圆的重要性和必要性，激发学生求知的兴趣，让学生积极地参与到教学中来，为今后的学习做好准备.)

2. 思维展开：独思互助，交流思维

让学生拿出事先准备好的自制教具：厚白纸、细绳子、图钉、铅笔，按要求与同桌合作画椭圆，然后教师通过椭圆仪和多媒体动画演示画椭圆. 在画椭圆的过程中让学生思考以下三个问题：

（1）视笔尖为动点，两个图钉为定点，动点到两定点距离之和符合什么条件？其轨迹是什么？

（2）若绳长等于两图钉之间的距离，画出的图形还是椭圆吗？

（3）若绳长小于两图钉之间的距离呢？

学生在作图过程中，积极思考和讨论，根据上述三个问题进行研究. 教师引导学生在做中学，让学生发言，不断相互补充，从而探究出上述三个问题的结论，并在此基础上概括出椭圆的定义.

（设计意图：通过实验活动，让学生画椭圆，亲身体验知识的形成过程，让学生参与其中，成为学习的主人，让他们通过实践、观察、讨论，概括出椭圆的定义，这样既获得了知识，又提升了抽象思维的能力.）

3. 应用提高：学以致用，提升思维

例1　用定义判断下列动点 M 的轨迹是否为椭圆.

（1）到点 F_1（-2，0），F_2（2，0）的距离之和为 6 的点 M 的轨迹.

解：∵ $|MF_1|+|MF_2|=6>|FF|=4$，∴ 点 M 的轨迹为椭圆.

（2）到点 F_1（-2，0），F_2（2，0）的距离之和为 4 的点 M 的轨迹.

解：∵ $|MF_1|+|MF_2|=4=|F_1F_2|=4$，∴ 点 M 的轨迹不是椭圆（是线段 F_1F_2）.

（3）到点 F_1（-2，0），F_2（2，0）的距离之和为 3 的点 M 的轨迹.

解：∵ $|MF_1|+|MF_2|=3<|F_1F_2|=4$，故点 M 无轨迹图形.

（设计意图：让学生初步运用实践性知识来解决数学问题，激发学生的学习兴趣，达到学以致用的目的.）

4. 梳理提炼：回顾总结，优化思维

（1）迁移类比，推导方程. 教师提出以下两个问题，引导学生思考：

① 求曲线方程的一般步骤是什么？

② 圆心在原点与不在原点的圆的方程哪个形式更简单？为什么？

（设计意图：通过忆旧引新，让学生有明确的思维方向，为在椭圆上建立坐标系做好铺垫.)

教师提问：前面已经学习了利用解析法推导圆的方程，能否类比此方法建立直角坐标系推导椭圆方程？怎么样才能使椭圆方程更简单？

通过回忆前面学过的知识，学生积极思考和交流，可以建立下列坐标系，推导椭圆方程：

① 以经过椭圆两焦点的直线为 x 轴，以两个焦点连线的中点为原点，建立直角坐标系；

② 设出动点的坐标，根据条件，写出动点满足的集合；

③ 把动点条件坐标化；

④ 化简关系式得到方程 $\dfrac{x^2}{a^2} + \dfrac{y^2}{a^2 - c^2} = 1$.

（设计意图：通过类比让学生体验推导椭圆标准方程的过程，从而掌握推导方法.)

（2）启发引导，探究意义.

① 如图 1 所示，让学生在椭圆上找出 a，c，$\sqrt{a^2 - c^2}$ 表示的线段.

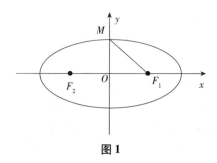

图 1

② 让学生理解引入 $b = \sqrt{a^2 - c^2}$ 的必要性及其几何意义.

③ 得到椭圆的标准方程 $\dfrac{x^2}{a^2} + \dfrac{y^2}{b^2}$（$a > 0$，$b > 0$）.

（设计意图：阐述 a，b，c 的几何意义，进一步解释引进 b 的好处，体会解析几何数形结合的思想.)

（3）拓展引申，比较分析. 教师提问："前面已经得到了焦点在 x 轴上的椭圆方程，若椭圆的焦点在 y 轴上，椭圆的标准方程又是如何呢？"

学生经过观察、思考，发现交换坐标轴就可以了，从而得到了焦点在 y 轴上的椭圆的标准方程：$\dfrac{y^2}{a^2} + \dfrac{x^2}{b^2} = 1$ （$a > 0$, $b > 0$）.

接着，让学生对两种方程进行分析和比较，加深对椭圆两种标准方程的认识和理解.

（设计意图：学生通过对两种方程对比分析，利用对称性进行猜想处理数学问题，培养学生的类比思维能力. 学生进一步加深对椭圆定义和标准方程的理解，同时体会和学习类比的思想方法，为后边双曲线、抛物线的学习打下扎实的基础.）

5. 质量检测：矫正反馈，拓展思维

例 2 求下面方程中 a，b 的值，并说出焦点的位置.

（1）$\dfrac{x^2}{5^2} + \dfrac{y^2}{3^2} = 1$，则 $a = $ _____，$b = $ _____.

（2）$\dfrac{x^2}{4^2} + \dfrac{y^2}{6^2} = 1$，则 $a = $ _____，$b = $ _____.

（3）$\dfrac{x^2}{9} + \dfrac{y^2}{6} = 1$，则 $a = $ _____，$b = $ _____.

活动形式：思考—解答—点评.

（设计意图：检测学生对椭圆两种形式的标准方程的认识和理解.）

练习： 写出符合下列条件的椭圆的标准方程.

（1）已知两个焦点的坐标分别是 （-4，0），（4，0），椭圆上一点 P 到两焦点的距离之和等于 10.

（2）将上题焦点改为 （0，-4），（0，4），它的标准方程又是怎样的？

（3）将上题改为两个焦点的距离为 8，椭圆上一点 P 到两焦点的距离的和等于 10. 它的标准方程又是怎样的？

（设计意图：通过变式练习加强对数学概念的巩固，让学生进一步理解椭圆的定义，掌握椭圆的标准方程，并且使知识内化为素养，在解题过程中体验数形结合思想.）

（1）知识总结（见表 1）.

表1　知识总结

比较	定义		
不同点	图形		
	标准方程		
	焦点坐标		
相同点	a，b，c 的关系		
	焦点位置的判断		

（2）思想方法总结.

一种方法：坐标法.

二类方程：$\dfrac{x^2}{a^2}+\dfrac{y^2}{b^2}=1$，　　　　$\dfrac{y^2}{a^2}+\dfrac{x^2}{b^2}=1$（$a>b>0$）

三个思想：代数化思想、类比思想、数形结合思想.

（设计意图：学生通过填写表格对本节课所学内容进行归纳和反思，构建知识网络，从而达到深化理解知识的目的.）

【教学反思】

本节课学生在自觉进入问题情境后，通过实践、探索、体验、反思等活动开展探究式学习，亲身经历知识的形成过程. 教师的恰当引导让学生认识科学的思维规律，学会如何用严谨的逻辑思维从已知导出未知，从而达成目标获得成功.

同时通过本节课的学习，学生对于数形结合以及"坐标法"有了更进一步的认识和理解，为后续的学习开阔了视野，奠定了坚实的基础.

本课时为《椭圆及其标准方程》的第一课时，部分学生可能在认知上还存在一定的困难，我们将在后续的学习中做进一步的巩固和提高.

第五节　自主、探究、合作，培养主角意识

——《直线与平面垂直的判定（一）》教案及评析

【教材分析】

直线与平面垂直是直线与平面相交中的一种特殊情况．它既是线线垂直的拓展，也是学习面面垂直的基础，同时它也为研究线面角、二面角、点到平面的距离、直线到平面的距离、两个平行平面间的距离等内容做了必要的知识准备．因此它不仅是连接线线垂直和面面垂直的纽带，也是空间中点、线、面位置关系的核心内容．

本节课主要研究直线与平面垂直的定义、判定定理以及它们初步应用，并在此过程中渗透类比、猜想、归纳等方法，让学生从中体会将空间问题转化为平面问题，将无限转化为有限，将线面垂直转化为线线垂直的化归思想．

【教学目标】

1. 知识与技能目标

通过本节课的学习，使学生理解直线与平面垂直的定义和判定定理，并能对它们进行简单的应用．

2. 过程与方法目标

通过对定义的总结和对判定定理的探究，不断提高学生的抽象概括和逻辑思维能力．

3. 情感态度与价值观目标

通过学习，使学生在认识到数学源于生活的同时，体会数学中的严谨细致之美、简洁朴实之美、和谐自然之美，从而使学生更加热爱数学，热爱生活．

【教学重难点】

（1）重点：直线与平面垂直的定义、判定定理以及它们的初步应用．

（2）难点：对直线与平面垂直的定义的理解和对判定定理的探究．

【教具准备】

计算机、多媒体课件、三角形卡纸.

【教学问题诊断及策略分析】

（1）学生对直线与平面垂直的现象是很容易有"感觉"的，但是如果要问他们什么是直线与平面垂直，他们却往往不知道怎么回答. 所以如何让学生对线面垂直的认识由感性上升到理性是本节课的一个教学难点. 这里我没有直接告诉学生定义的内容，而是把它放到了具体的情境中让学生自己去感受和体会. 按说定义是不需要这样的分析和探究的，但是通过对旗杆和它在地面上影子的位置关系的观察，通过对旗杆所在直线 l 和地面所在平面 α 内不经过点 B（点 B 是直线 l 和平面 α 的交点）的直线的位置关系的思考，让学生亲自参与定义的构建，就使原本干巴巴的定义在学生心中变得具体生动，有血有肉. 再通过对定义中的"任意一条直线"能否换成"无数条直线"问题的探讨，使学生对定义的认识进一步深化. 考虑到学生的空间想象能力和语言表达能力的参差不齐，这里可以根据学生在课堂上的反应进行适当的启发引导，同时也对到讲台上进行演示讲解学生的答案进行补充和完善.

（2）虽然在新课程中对判定定理是通过试验确认的，并不需要严格证明，但如何将线面垂直转化成线线垂直，如何提出"如果一条直线与一个平面内的两条相交直线都垂直，那么该直线与此平面是否垂直"的问题是本节课的另一个教学难点. 不少教师都进行了有益的尝试. 但是考虑到学生的认知水平，我并没有采取通过引导观察现实生活中的实例进行猜想，从而提出问题的方法. 因为一百个人心中就有一百个哈姆雷特，不同的人看同一幅图的感受可能是千差万别的，采用这种方法可能更多的时候是教师在进行引导，对学生的认知帮助不大. 所以这里我仍然采用了类比猜想的方法，从学生已有的知识出发，通过合情推理最终提出上面的问题. 然后通过试验探究总结出线面垂直的判定定理. 其实通过实验并不能直接得出直线与平面垂直的判定定理，这里我会引导学生对"如果直线 l 与平面 α 内的两条相交直线 m，n 都垂直，但不经过它们的交点，那么直线 l 还与平面 α 垂直吗？"这个问题进行探究. 一方面是因为这个问题难度并不大，与新课程中的降低判定定理部分难度的要求并不违背；另一方面通过对这个问题的研究也培养了学生严谨细致的作风，提高了学生的抽象概括能力和逻辑思维能力.

（3）在直线与平面垂直的判定这部分的题目中往往要进行多次线面垂直和线线垂直之间的转化，而且有时还需要添加辅助线，而这些都是学生感觉比较棘手的问题. 所以本节课我会对例 1 进行透彻的分析，从而让学生掌握分析此类问题的方法和步骤，然后通过几道有梯度的练习题让学生逐步对定义和判定定理能够进行灵活运用，并不断增强学生的空间感.

【教学过程】

（一）直线与平面垂直定义的构建

1. 联系生活——提出问题

在复习了直线与平面的三种位置关系后，给出几幅现实生活中常见的图片，让学生思考其中旗杆与地面、竖直的墙角线与地面、大桥的桥柱与水面之间的位置关系属于这三种情况中的哪一种，它们还给我们留下了什么印象，从而提出问题：什么是直线与平面垂直？

（设计意图：使学生意识到直线与平面垂直是直线与平面相交中的一种特殊情况，并引出本节课的课题. 另外这样设计也吸引了学生的注意力，激发了学生的好奇心，使其主动参与到本节课的学习中来.）

2. 创设情境——分析感知

播放动画，引导学生观察旗杆和它在地面上影子的位置关系，使其发现：旗杆所在直线 l 与地面所在平面 α 内经过点 B 的直线都是垂直的. 进而提出问题：直线 l 与平面 α 内不经过点 B 的直线垂直吗？

（设计意图：在具体的情境中，让学生去体会和感知直线与平面垂直的定义.）

3. 总结定义——形成概念

由学生总结出直线与平面垂直的定义，即如果直线 l 与平面 α 内的任意一条直线都垂直，我们就说直线 l 与平面 α 互相垂直. 引导学生用符号语言将它表示出来. 然后提出问题：如果将定义中的"任意一条直线"改成"无数条直线"，结论还成立吗？

［设计意图：让学生通过思考和操作（用三角板和笔在桌面上比画），加深对定义的认识.］

（二）直线与平面垂直判定定理的构建

1. 类比猜想——提出问题

根据线面平行的判定定理进行类比，通过不断的猜想和分析，最终提出问题：如果一条直线与一个平面内的两条相交直线都垂直，那么该直线与此平面垂直吗？

（设计意图：不少教师都在本环节中进行了一些有益的尝试，但考虑到学生的认知水平，我仍然决定采用类比猜想的方法，从学生已有的知识出发，进行分析.）

2. 动手试验——分析探究

演示试验过程：过△ABC的顶点A翻折纸片，得到折痕AD，再将翻折后的纸片竖起放置在桌面上（BD，DC与桌面接触），如图1所示.

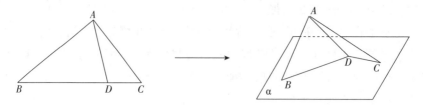

图1

问题1：此时的折痕AD与桌面垂直吗？

又问：为什么说此时的折痕AD与桌面不垂直？

（设计意图：让学生从另一个角度来理解直线与平面垂直的定义——只要直线 l 与平面 α 内有一条直线不垂直，那么直线 l 就与平面 α 不垂直.）

问题2：如何翻折才能让折痕AD与桌面所在平面 α 垂直呢？（学生分组试验）

（设计意图：通过分组讨论增强数学学习氛围，让学生在交流中互相学习，共同进步.）

问题3：通过试验，你能得到什么结论？

在回答此问题时大部分学生都会直接给出结论：如果一条直线与一个平面内的两条相交直线都垂直，则该直线与此平面垂直. 此时注意引导学生观察，直线AD还经过BD，CD的交点，如图2所示. 请他们思考在增加了这个条件后，实验的结论更准确地说应该是什么.

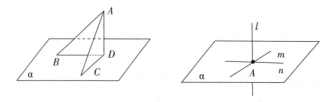

图2

又问：如果直线 l 与平面 α 内的两条相交直线 m，n 都垂直，但不经过它们的交点，那么直线 l 还与平面 α 垂直吗？

（设计意图：提高学生抽象概括的能力，同时也培养他们严谨细致的作风.）

3. 提炼定理——形成概念

给出线面垂直的判定定理，请学生用符号语言把这个定理表示出来，并由此向学生指明，判定定理的实质就是通过线线垂直来证明线面垂直，它体现了降维这种重要的数学思想.

判定定理：一条直线与一个平面内的两条相交直线都垂直，则该直线与此平面垂直.

符号语言：如图 3 所示，$l \perp m$，$l \perp n$，$m \subset \alpha$，$n \subset \alpha$，$m \cap n = A \Rightarrow l \perp \alpha$.

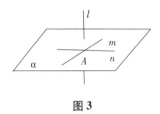

图 3

（三）初步应用——深化认识

1. 例题剖析

例 1　已知 $a /\!/ b$，$\alpha \perp \alpha$. 求证 $b \perp \alpha$.

分析过程：

$$a \perp \alpha \Rightarrow \begin{cases} a \perp m \\ a \perp n \end{cases} \overset{a /\!/ b}{\Rightarrow} \begin{cases} b \perp m \\ b \perp n \end{cases} \xrightarrow{\text{在平面}\alpha\text{内作两条相交直线}m，n} b \perp \alpha$$

证明：如图 4 所示，在平面 α 内作两条相交直线 m，n

∵ 直线 $a \perp \alpha$，

根据直线与平面垂直的定义知

$a \perp m$，$a \perp n$.

又∵ $b /\!/ a$，

∴ $b \perp m$，$b \perp n$.

又∵ $m \subset \alpha$，$n \subset \alpha$，m，n 是两条相交

直线，

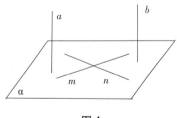

图 4

∴ $b \perp \alpha$.

（设计意图：不仅让学生学会使用判定定理，而且要让他们掌握分析此类问题的方法和步骤.）

本题也可以使用直线与平面垂直的定义来证明，这可以让学生在课下完成．

另外，例 1 向我们透露了一个非常重要的信息，这里可以请学生用文字语言将例 1 表示出来——如果两条平行线中的一条直线与一个平面垂直，那么另外一条直线也与此平面垂直．

2. 随堂练习

练习1 如图 5 所示，在三棱锥 $V-ABC$ 中，$VA=VC$，$AB=BC$.

求证：$VB \perp AC$.

证明：取 AC 中点为 K，连接 VK，BK，

∵ 在 $\triangle VAC$ 中，$VA=VC$，且 K 是 AC 中点，

∴ $VK \perp AC$.

同理 $BK \perp AC$.

又∵ $VK \subset$ 平面 VKB，$BK \subset$ 平面 VKB，

$VK \cap BK=K$，

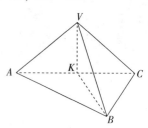

图 5

∴ $AC \perp$ 平面 VKB.

∵ $VB \subset$ 平面 VKB，

∴ $VB \perp AC$.

（设计意图：用展台展示部分学生的答案，督促学生规范化做题．）

变式引申：如图 6 所示，在三棱锥 $V-ABC$ 中，$VA=VC$，$AB=BC$，K 是 AC 的中点．若 E，F 分别是 AB，BC 的中点，试判断直线 EF 与平面 VKB 的位置关系．

解：直线 EF 与平面 VKB 互相垂直．

∵ 在 $\triangle VAC$ 中，$VA=VC$，且 K 是 AC 中点，

∴ $VK \perp AC$.

同理 $BK \perp AC$.

又∵ $VK \subset$ 平面 VKB，$BK \subset$ 平面 VKB，

$VK \cap BK=K$，

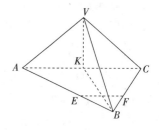

∴ $AC \perp$ 平面 VKB.

又∵ E，F 分别是 AB，BC 的中点，

∴ $EF /\!/ AC$，

∴ $EF \perp$ 平面 VKB.

图 6

（设计意图：在定义和判定定理之外，例 1 又给出了第三种证明直线与平面垂直的方法，构造这道变式引申题的目的就是让学生在运用中将其内化．）

练习 2 如图 7 所示，PA 垂直于圆 O 所在的平面，AC 是圆 O 的直径，B 是圆周上一点，问三棱锥 $P-ABC$ 中有几个直角三角形？

解：在三棱锥 $P-ABC$ 中有四个直角三角形，分别是：

$\triangle ABC$，$\triangle PAB$，$\triangle PAC$ 和 $\triangle PBC$.

（设计意图：通过练习 1 和练习 2 培养学生熟练地进行线线垂直和线面垂直之间的转化，从而使他们能够对定义和判定定理进行灵活应用.）

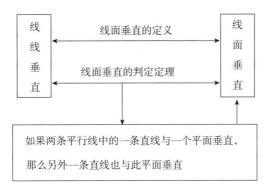

图 7

四、总结回顾——提升认识

五、布置作业——巩固认识

必做题：习题 2 中 3 B 组的第二题和第四题.

选做题：如图 8 所示，$SA \perp$ 平面 ABC，$AB \perp BC$，过 A 作 SB 的垂线，垂足为 E；过 E 作 SC 的垂线，垂足为 F.

求证：$AF \perp SC$.

探究题：课本 66 页的探究题.

【教学反思】

教无定法，本节课并没有简单地只使用某一种教学方法，而是根据学生情况和教材特点同时进行了多方面的尝试. 在定义的构建中通过创设情境，使学生对定义的总结水到渠成. 在判定定理的构建中，通过

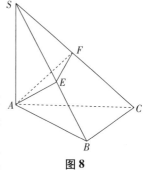

图 8

小组合作增强了数学学习的氛围，也使学生在交流中互相学习共同进步. 对直线与平面垂直的画法这类会用就可以的问题直接传授，而对折纸实验中提出的

问题却给学生留出充足的时间进行讨论，并根据情况进行适时的启发引导．总之，所有的教学活动都要以学生的可持续发展以及学生在知识、能力和情感方面的提高和进步为根本出发点．在每个环节的设计中，要求学生对每一个问题都要独立思考，在学生遭遇挫折后，要引导他们进行正确归因，帮助他们找出症结，加强个别指导，激发不同层次的学生的学习兴趣．

第六节　小组合作，互助探究，发挥学生主体作用

—— "高中生性别与喜欢数学课程间关系的研究" 教案及评析

一、课题背景、意义及介绍

1. 背景说明（怎么会想到本课题的）

日常生活中变量间的相关关系很普遍，例如，性别是否会影响对数学课程的喜欢呢？在高中生里面，给人的感觉似乎是女生都特别害怕学数学，数学成绩好的多数是男生，究竟性别是否与喜欢数学课程有关呢？此类问题学生都很好奇，都想知道这是不是普遍的现象．本教学设计组织学生进行研究性学习．

学生到了高中阶段，特别是到了高二选科时，总是男生选理科的特别多，而女生就多数选文科，而且，女生似乎都不喜欢数学，选科也很多与此有关．

究竟影响学生喜欢数学的因素有哪些呢？例如，高中男女生的智力发育、对教师上课的喜欢、学生的数学基础等．还有人认为是否喜欢数学还与个人左右脑的发育有关．

那么性别与喜欢数学课程之间有没有什么必然的联系呢？我们这次研究性学习的研究目的就是希望通过数据统计和分析找出它们之间的关系．

2. 课题的意义（为什么要进行本课题的研究）

在高一的学习中，学生知道性别与喜欢数学课程间是一种相关关系．通过本次的研究性学习，再深入理解相关关系的概念及掌握定量分析相关关系的方法．探究内容包括判断两变量的相关性，是正相关还是负相关，相关的程度的强弱，用独立性检验的方法定量分析相关关系的强度．同时让学生参与到实践活动中，提高学生调查、收集、处理信息的能力以及互相合作学习的能力．通过本次研究性活动，培养学生动手能力，通过切身的探索过程，激发学生的兴趣，让他们感受数学的魅力所在．

3. 课题介绍

通过调查深圳市各年级学生是否喜欢数学课程，采集数据，对数据进行线性回归分析，并进行独立性检验，了解性别与喜欢数学课程之间的内在关联

二、研究性学习的教学目的和方法

［可按新课程标准的三维目标（或布鲁姆目标分类法）进行研究性学习的教学目的和方法的阐述］

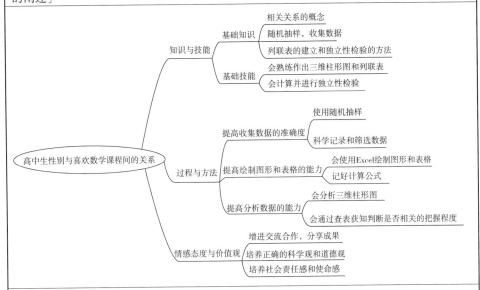

三、参与者特征分析

（重点分析学生有哪些共性，有哪些差异，尤其对开展研究性学习有影响的因素.）

（1）学生是高二理科班的学生，具有良好的数据统计能力.

（2）学生对抽样调查的方法熟悉，并能进行独立性检验.

（3）学生具有一定的计算机能力，能够使用 Word，Excel，PowerPoint 及网络资源.

（4）学生对"性别是否决定喜欢数学课程"很好奇，也很感兴趣.

（5）学生理性思维好，善于和同学交流，乐于表达自己，渴望得到同学和老师的赞许.

（6）各层次学生对数据分析的能力有很大差异，要分好组，争取让分析能力强的学生带动其他学生，提高学生整体参与的程度和积极性

四、研究的目标与内容

（课题研究所要解决的主要问题是什么，通过哪些内容的研究来达成这一目标.）

本课题研究的目标：

通过对高中生性别与喜欢数学课程间关系的研究，了解高中生性别与喜欢数学课程间的内在关联，以及影响喜欢数学课程的重要因素. 同时提高学生发现问题和解决问题的能力，以及数据采集和分析的能力. 此外，使学生加强彼此的合作交流，分享劳动成果，增强学生自信心，增进学生学习数学的兴趣，培养正确的科学观和对社会的责任心.

本课题研究的内容：

（1）收集和调查深圳市高中生性别与是否喜欢数学课程人数的数据.

（2）用独立性检验的方法对变量间关系进行定量分析.

（3）对分析结果做出解释和提议

五、研究的预期成果及其表现形式
（研究的最终成果以什么样的形式展现出来，是论文、实验报告、实物、网站、多媒体，还是其他形式？）
研究的预期成果和形式可以多种多样，有研究论文、调查报告、专题板报、专题讲座等. 根据本次研究性学习的特点，主要通过研究报告、多媒体演示和专题板报进行展示

六、资源准备
教师资源准备： （1）讲授研究性学习的概念、研究方法、评价方式等. （2）讲述列联表的建立方法和独立性检验的方法. （3）学校图书馆、电脑室、多媒体教室. （4）评价量规. **学生资源准备：** 调查问卷、相机、电脑

七、研究性学习的阶段设计			
研究性学习的阶段	学生活动	教师活动	起止时间
第一阶段：动员和培训（初步认识研究性学习、理解研究性学习的研究方法）	（1）接触、讨论问题. （2）了解本次活动的学习目的. （3）学习了解本次综合实践活动的步骤、方法、要求	（1）介绍数学与生活的密切联系. （2）介绍研究性学习的意义、评价方式等. （3）介绍科学探究的一般方法和过程	1课时
第二阶段：课题准备阶段	提出和选择课题	同学们到了高中阶段，给人的感觉似乎是女生都特别害怕学数学，男生似乎都更乐意学数学，而数学成绩好的多数是男生，女生因为数学成绩不好不喜欢数学，因此更愿意选文科.那么性别是否会影响对数学课程的喜欢呢？究竟影响学生喜欢数学课程的因素有哪些呢？经过大家的深刻学习和热烈讨论确定了本次研究的课题是"高中生性别与喜欢数学课程间关系的研究"	（1）向学生介绍研究性学习的选题原则和方法. （2）组织学生讨论，与学生一起筛选课题	2课时

续表

研究性学习的阶段		学生活动	教师活动	起止时间
第二阶段：课题准备阶段	成立课题组	(1) 学生根据自己的专长和喜好，以及合作小组组成原则，搭配形成小组. (2) 各小组成立后，选定组长，学习讨论小组合作学习评价量规. (3) 根据自己的选题，进行小组分工，分为数据采集组、资料搜集组、问卷调查组、数码及信息技术组	(1) 介绍合作小组的分组原则，在学生自愿成组的前提下，合理调配各组成员，以利于能力较弱的学生也能更好地参与到研究当中. (2) 根据合作学习的要求，制订合作学习评价量规. (3) 组织、指导学生进行小组讨论、小组成员分工	2课时
	形成小组实施方案	(1) 各小组根据分工制订研究计划. (2) 明确具体实施步骤，责任到人. (3) 确定调查的对象、设计调查问卷和抽样方法. (4) 确定利用多媒体信息技术辅助研究的时间和地点. (5) 确定定初稿的时间和结题时间	(1) 指导学生了解基本的安全常识及紧急事件的处理办法. (2) 对学生进行礼仪及挫折教育，使学生做好失败的心理准备. (3) 设计"研究方案"模版，为学生制订研究方案提供指引. (4) 设计"调查记录表"为学生调查记录提供指引. (5) 设计成果展示模版，为学生展示研究结果提供指引	
第三阶段：课题实施阶段		(1) 设计调查问卷并收集数据根据抽样方法的要求，一般是从总体中收集部分个体的数据得出结论. 通过样本来推断总体的情况. 所以为了得到研究内容的数据，我们采用了随机抽样的方法，从几个学校的高中部不同年级，选择了共180个个体进行数据分析.	(1) 指导学生制订好问卷调查表与数据的收集整理. (2) 督促学生在规定的时间内完成数据的收集工作. (3) 指导学生进行数据的整理和分析.	1个月

续 表

第三阶段：课题实施阶段	（2）分析数据. ①建立 2×2 列联表，统计男生喜欢数学课程、不喜欢数学课程的人数，统计女生喜欢数学课程、不喜欢数学课程的人数，并绘制三维柱形图直观感知两变量间的相关关系. ②计算随机变量 K^2 的值，通过查表得出"性别与喜欢数学课程之间有关系"的百分比约为 95%. 由此判断"性别与喜欢数学课程之间有关系"这一命题成立. ③写出各阶段的感受，整理调查问卷、照片、数据分析的过程. ④完成实验报告初稿. ⑤进行修改，完成定稿. ⑥拍集体照做纪念	（4）引导和帮助学生进行数据的计算和查表，得出结论. （5）指导学生进行初稿的修改和定稿. （6）指导教师总结课题研究的成果	1 个月

八、总结与反思

（实践后总结、反思整个研究性学习过程，提出改进意见）

（1）本课题通过对高中生性别与喜欢数学课程间关系的研究，使学生加深了对独立性检验的理解，加强了采集信息和分析数据的能力，增进了学生之间的交流，培养了他们的社会责任感和自信心.

（2）由于研究的问题来自学生身边，学生感到很有兴趣，一点儿也不陌生. 这就提高了学生的思想认识：虽然性别与喜欢数学课程间有一定关系，但是性别不应该作为主要影响喜欢数学课程的要素，让他们认识到，不要凭兴趣去学数学. 通过本次研究性活动，也提高了学生学习数学的兴趣.

（3）在研究过程中，学生所表现出来的团队精神和合作意识很强. 学生蕴藏着极大的创造潜能，只要我们能营造出适合他们发展的环境，为他们创设发展的空间，提供更多发挥其创造潜能的机会，他们就能够发挥自己的聪明才智，更好地展示自己的才华.

（4）由于要调查几所学校的学生信息，学生的工作量较大，同时对信息的筛选也会存在一定的误差. 另外，学生对信息技术的应用水平也有限，如三维柱形图的绘制等.

（5）以后进行研究性学习，应该预见学生存在的问题，既要放手让学生完成，也要加强过程性的指导

【教学反思】

这是一节课题研究课，在这次研究性学习活动中，增加了不少新意识、新

知识、新方法，大大地提升了学生的学习兴趣，也发现了学生乐意接受新知识、新方法，勇于探索的精神，（作为新一代中学生，要有勇气和信心将学习学好）培养了学生的合作精神、研究意识和研究能力，体现了团队作用，较好地落实了新课标．学生在活动中积极互动、交流．通过伙伴式的学习突出了学生的学习地位，也发挥了教师的评价作用，打破了以往单一课外作业的形式，有效地支持了教学活动的开展．教师在建立教学日志和电子档案中有了丰富的积累，为以后的教学提供了参考的素材．

第六章

思意复盘：凝练"思意数学"复习技巧

第一节　高考复习的教学艺术

数学科高考的趋势是知识覆盖面向广度发展，综合归纳性向跨度纵深发展、难度向考查能力方面发展．根据高考这一要求变化，我按识记、理解、分析、综合各个不同层次的智能要求组织复习活动，取得高考的好成绩．我的体会有以下几方面.

一、抓纲务本，在"实"上下功夫

"实"包含三方面的内容.

1. 基础知识的准确性、全面性和牢固性

基础知识好比水之源，木之本，能力的提高，智力的发展，都离不开基础知识．复习中首先要将基础知识"三性"落实好，提高学生对知识的分析能力（准确性），增强知识的整体感（全面性），降低知识的遗忘率（牢固性）．不仅重点、难点内容要过关，而且对各个知识点都要全面复习，做到没有"被遗忘的角落".

2. 发掘知识的内涵，拓宽知识的外延

发掘知识的内涵，目的在于加深学生对知识的理解；拓宽知识的外延，则可以扩大学生的知识面，帮助学生发现隐含在知识之间的新联系.

例如，我复习解不等式这一节时，举了下面的一个例子：

解不等式 $\sqrt{3-x} > x-1$.

（1）从方程不等式方向，可列出等价条件组：

$$\begin{cases} 3-x \geqslant 0 \\ x-1 \geqslant 0 \\ 3-x \geqslant (x-1)^2 \end{cases} \quad 或 \begin{cases} 3-x \geqslant 0 \\ x-1 < 0 \end{cases}$$

异化：对数不等式，三角函数不等式等.

（2）从几何方向，可看作是求半支抛物线 $y = \sqrt{3-x}$ 在直线 $y = x-1$ 的上

方部分对应的 x 的值.

异化：如圆与直线，$\sqrt{3-x^2}>x-1$，折线与直线，$|3-x|>x-1$；椭圆，$|3-x|+|x-1|>6$ 等.

（3）从函数方向，可求 $f(x)=\sqrt{3-x}+1-x$ 的正值区间.

令 $\sqrt{3-x}=t$，则等价于 $\begin{cases} g(t)=t^2+t-2>0 \\ t>0 \end{cases}$

异化：函数在给定条件下自变量的取值范围等，如 $f(x)$ 为奇函数，且在 $(0,+\infty)$ 内为增函数，$f(1)=0$，设 $g(t)=-t^2+2mt+m^2-7m+2$（$0\leqslant t\leqslant 2$），求使 $g(t)<0$ 和 $f[g(t)]<0$ 同时成立的实数 m 的范围.

这样，从不同的方向找到相应的解决方法，并对各种方法进行比较和取舍，还可以进一步分析同一方向的各种异化情形，从而派生并解决一大类问题.

3. 循序渐进，强化训练

（1）三轮复习，步步深入. 第一轮复习时，按照教材的篇、章、节顺序，进行单元同步训练，重在查漏补缺，巩固并熟练掌握知识；第二轮复习时，打破篇、章、节的界限，以专题为核心，进行分类综合训练，重在纵贯知识，厘清线索，使知识条理化、系统化；第三轮复习时，进行纵横联系、高强度的训练，重在提高运用知识解决问题的能力.

（2）随堂训练与课外训练相结合. 随堂训练的内容以当堂复习的知识为主，但题目要精心设计，要有一定的难度，深度题型要多样化.

课外训练是随堂训练的极好补充，要提出严格要求，以防走过场，要注意有适当的梯度，重点放在提高学生综合、分析、解决问题的能力上.

不管是随堂训练还是课外训练，教师都要注意信息的反馈，以便改进复习方法，调整复习内容，取得更好的复习效果.

（3）集中强化训练. 高三复习的最后阶段，应留出一定时间，在分析近几年高考试题和当年的《考试说明》及高考信息处理的基础上，精心拟定几套与高考题型、题量、难易度等相吻合的模拟试题，集中强化训练，要求学生一切按高考要求完成答卷，使学生得到良好的知识、技能和心理上的综合训练.

二、因材施教，在"活"上下功夫

1. 灵活的复习方法和形式

要提高复习效果，复习方法和形式就必须根据复习内容、要求的不同而相应变化. 如复习直线的参数方程和圆的参数方程时, 可用比较法; 对较复杂又有内在联系的内容则可采用分析综合法等.

总之, 复习方法和形式很多, 切不可拘于一格, 但也不是花样越多越好, 运用的基本原则是: ①有利于复习课的教学; ②有利于提高学生的能力; ③运用简便, 易掌握.

2. 精讲、精练

精讲指的是:

(1) 复杂内容简明化, 重点内容要点化.

(2) 相关知识系列化、条理化.

(3) 有的放矢, 解惑释疑.

精练指的是:

(1) 练的目的明确, 要求清楚.

(2) 精心设计和选编习题. 习题贵在精而不在多, 如何做到精? 这就要靠教师精心设计和选编.

① 注意习题的科学性、适应性. 习题质量的高低, 首先看它是否科学, 是否适应学生现有的知识水平. 难度视学生水平而定, 太难太易都不利于复习效果的提高.

② 不管自编题目, 还是选用题目, 都要注意对同一问题进行不同角度的设问. 设问要含蓄, 学生经一定思考后, 方能把握题目的要求和做法. 例如,

三棱锥 $V-ABC$ 的三条侧棱两两垂直, H 是顶点在底面上的射影.

(1) 求证三个侧面两两互相垂直 (且为充要条件).

(2) 求证 $\cos \angle VAB \cdot \cos \angle VAC = \cos \angle BAC$.

(3) 求证 $\triangle ABC$ 是锐角三角形.

(4) 求证 $S_{\triangle VAB}^2 = S_{\triangle HAB} \cdot S_{\triangle CAB}$ (联系直角三角形的射影定理).

(5) $S_{\triangle VAB}^2 + S_{\triangle VBC}^2 + S_{\triangle VCA}^2 = S_{\triangle ABC}^2$ (联系平面的勾股定理).

(6) 设以 AB、BC、CA 为棱的二面角分别为 α、β、γ,

求证 $\cos^2 \alpha + \cos^2 \beta + \cos^2 \gamma = 1$ (联系长方体的对角线定理).

(7) 如果六条棱的总长为 m, 求证体积 V 最大值是 $\dfrac{5\sqrt{2}-7}{162} m^2$.

③ 力求试题新颖. 新颖包括两个方面: 一是学生容易忽视的问题或接触较少的题型; 二是结构大, 综合性强, 分析能力要求较高的题目.

(3) 认真批改, 精心讲评. 精讲、精练不仅是指教师的讲述、编题、选题

和学生自身训练，它还涉及教师对学生训练作业的评改（包括考试卷的批改和讲评）．练而不改，改而不评，其效半焉．在批改时详细记录在不同内容、不同题型和不同解题方法上存在的突出问题、普遍问题，做到心中有数，讲评时有针对性地解答各类存在问题，重在帮助学生分析问题出现的原因，并提出不同的解决办法．

三、科学安排，在"巧"上下功夫

"巧"主要包含三个方面的内容．

1. 巧记数学知识

例如，一元二次不等式的解集，可总结为"大于零取两边，小于零取中间"；复合函数的单调性，记为"增增、减减都增，又增又减就是减"．

2. 科学的解题方法和技巧

科学的解题方法和技巧是快、准、好地解答数学问题不可少的条件之一．

3. 复习时间"巧"安排

具体做法是：

（1）内紧外松．内紧外松，即抓紧课堂复习，增大知识容量，解决好主要问题，充分利用每分钟，做到紧张而有序．至于课外复习，只要求弥补课堂复习的不足，时间由各人自定．

（2）重要训练抓紧落实，辅助训练灵活机动．对于重点、难点、热点问题，综合性强、分析能力要求高的题目以及新颖的题型、习题等，严格要求学生一丝不苟地按时按量完成．对于一些基础性的、辅助性的练习，学生可根据自己的情况，采用不同的方式去完成．

四、落实方法，在"思"上下功夫

在数学总复习中我们要培养学生的观察能力、解题能力、记忆能力等，但是关键的还是思维能力．思维是各种能力的核心．只有提高思维能力，才能大大提高学生分析问题和解决问题能力，达到总复习的目的．

下面着重谈在数学总复习中，如何提高学生思维的正确性、敏捷性和灵活性．

（一）提高思维的正确性

思维的正确性是指学生的思维遵循着正确的方向进行．它是思维敏捷性、灵活性的前提．

数学总复习中对学生思维正确性的提高，应着重提高学生对知识的正迁移能力．学生对知识是正迁移还是负迁移，关键在于复习过程中能不能让学生把知识的内涵与外延弄清楚，能不能对相关的、接近的、易于混淆的知识有准确清晰的认识．只有在学生对概念、原理等有了清晰、正确的理解后，才能促使他们对知识正迁移．

1. 紧扣相关概念进行分析对比

紧扣相关概念，特别是对于容易混淆的概念，抓住关键地方进行分析，获得较好的效果．比如，复习曲线方程时，我们分析这三个概念：曲线的参数方程、含参数的曲线方程、曲线系方程．

2. 将知识网络化

将知识网络化就是把点（各个知识点）、线（知识点之间关系）、面（整体知识关系）连接起来形成网络．例如，复习函数这一章，列出以下知识结构图（见图1）．

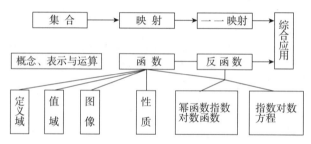

图 1　函数的知识结构图

此图体现了点、线、面的关系，使学生对函数的知识结构有了一个清晰的认识．在此基础上，我们编写了一组练习，从不同角度促使学生知识正迁移．

（二）提高思维的敏捷性

思维敏捷性就是思维过程的速度问题．在高考试题分量较重的今天，提高思维的敏捷性，加快解题速度，有利于提高数学高考成绩．所以，在总复习过程中要注重思维敏捷性的提高．

1. 良好的基础知识是思维敏捷性的保证

总复习中要把基础知识的系统复习与巩固放在首位．这好比盖房子，没有砖、瓦、水泥，再好的建筑师也无能为力．同样，没有扎实的基础知识，提高思维敏捷性也是一句空话．比如复习函数时，我们以下题为例：

设函数 $f(x)$ 定义域为 **R**，且对于任意 $a, b \in$ **R** 都有

$f(a+b)+f(a-b)=2f(a)f(b)$，又有 $f(0)\neq0$.

（1）求证：$f(x)$ 为偶函数.

（2）若存在正数 m，使得 $f(m)=0$，求证 $f(x)$ 是周期函数.

解题时从题目先弄清函数概念、函数解析式、函数奇偶性和周期性等. 然后，让学生摸索解法：①对于字母可以取任意实数的一类题，往往可以用"赋值法"，即赋予字母以特殊值；②证明周期函数的关键是求出或猜出周期 T 的值. 本题 $f(x)$ 的一个原型是 $\cos x$，由 $\cos\left(\dfrac{\pi}{2}\right)=0$，且 $\dfrac{\pi}{2}$ 是 $\cos x$ 的周期 2π 的 $\dfrac{1}{4}$ 可猜出本题的 $T=4m$. 因此，我们很快地得出下列解法：

证明：（1）令 $a=b=0$，得

$f(0)+f(0)=2f^2(0)$，又 $\because f(0)\neq0,\therefore f(0)=1$

又令 $a=0$，得 $f(b)+f(-b)=2f(0)\cdot f(b)=2f(b)$.

$\therefore f(-b)=f(b)$，$\therefore f(x)$ 是偶函数.

（2）$f(x+2m)+f(x)=2f(m+x)f(m)=0$.

$\therefore f(x+2m)=-f(x)$.

$\therefore f(x+4m)=-f(x+2m)=f(x)$. 从而 $f(x)$ 是周期函数且 $4m$ 是它的一个周期.

2. 加强直观思维的培养，有利于提高思维的敏捷性

直观思维是一种整体的粗线条的简略的思维. 在复习过程中，培养学生通过对事物的直接感知，把握对象的整体，能很快得出正确的结论，有利于提高解题的速度. 例如，

设集合 $M=\{$复数的幅角主值$\}$，$N=\{$直线的倾斜角$\}$，$P=\{$直线和平面所成的角$\}$，$R=\{$两条异面直线所成的角$\}$，那么它们之间的包含关系应是（　　）.

A. $M\supset N\supset P\supset R$ 　　　　B. $M\subset N\subset P\subset R$

C. $N\supset M\supset P\supset R$ 　　　　D. $P\subset R\subset M\subset N$

对此我们引导学生从角的取值范围入手：复数的幅角主值 $Q\in[0,2\pi)$，直线的倾斜角 $\alpha\in[0,\pi)$，直线和平面成的角 $\beta\in\left[0,\dfrac{\pi}{2}\right]$，两条异面直线所成的角 $\gamma\in\left(0,\dfrac{\pi}{2}\right]$，这样学生很快就找出答案为 A.

3. 一些常见的数量、概念和公式

一些常见的数量、概念和公式要求学生熟练记忆，也有利于提高思维敏

捷性.

（三）提高思维的灵活性

思维的灵活性是指对问题能从不同角度、不同方向进行思考.

灵活是思维的灵魂. 学生思维灵活性的提高，可以大大提高学生分析问题、解决问题的能力，同时，也能进一步巩固思维的正确性和敏捷性.

1. 用不同表达形式来表达同一关系

用不同表达形式来表达同一关系有利于提高思维的灵活性. 在数学复习过程中，经常用一题多问、一题多变的形式，可以提高思维的灵活性，使学生能多方位地思考问题.

2. 具体问题具体分析

利用顺逆不同叙述的问题，让学生具体问题具体分析，通过改变题目的条件的练习提高思维逆转能力，也有利于提高思维灵活性. 例如，在复习三垂线定理时，通过具体证明原定理和逆定理的正确性，可以提高学生思维的灵活性.

3. 选编适当练习，提高思维灵活性

在复习中，仅靠书本上的练习是不够的，还不足以提高思维的灵活性. 所以要选取一定量的练习加以补充，进行思维训练. 学生练习以后，一定要抓紧评讲工作，让学生明确错在哪里，同时从基础知识上去找原因，以弥补知识缺陷.

第二节 高考数学复习教学方法

教学是由教师的教和学生的学构成的共同的双边活动过程. 教师教为主导，学生学为主体. 教学方法是实现教学目的的手段，对高中数学复习教学来说，教师应根据教学大纲、教材以及考纲的基本要求，结合近几年高考试题越来越重视知识应用、能力考查等特点，进一步明确教学目标与复习目标. 传授数学知识的规律性，增强学生应考数学的针对性，改进和优化数学复习教学方法，是提高高考数学复习教学效果的重要途径. 在高考数学复习教学实践中，我采取"三步教学法"，即章节过筛法、单元网络法、综合系统法. 这三步教学法由点到面、由易到难，既自成一法，又互为联系，揭示了高考数学复习教学的基本规律，效果显著.

一、章节过筛复习教学法

章节过筛复习教学法，就是根据数学教学大纲、教材及考纲的要求，对中学数学各册的每一章节，理出要求学生掌握的基本知识和基本技能（"双基"）要点，以教材为线，使学生掌握课本知识体系，为数学知识结构的建立和完善打下基础. 这一阶段的复习，含量大，基本知识概念、原理、技能训练内容多. 高三学生虽然通学过一遍，但知识比较零乱，"双基"不够稳固扎实，所以在复习教学方法上，第一，要灵活多样，粗细结合，快慢组合，不宜匀速推进；第二，要采用同步系列练习题，强化每一章节内容的印象；第三，要采取一章一试的策略，保证学生章节"双基"知识的过关.

二、单元网络复习教学法

数学高考复习，将初高中知识有机结合，按单元编结知识网络，采用订标、讲导、训练、评讲四环节复习.

按数学教材单元组织复习教学，目的是建立一个完整的数学知识体系. 单元划分，以高中数学教材为主，把相关知识融为一体. 例如，在组织复习高中数学《函数》这一单元时，在内容上包括初三的正、反比例函数和一次函数以及二次函数.

一是采用单元网络复习教学法按单元网络复习订标. 所谓订标，就是单元复习的目标和要达到的目的. 其目标应依据大纲规定的"教学内容要点"部分，细化为网络知识点. 知识点的确定一要明确、具体，二要注意网与点的内涵层次. 既要注意覆盖面，又要保证重点知识，实现知识点的落实.

例如，复习"复数的三角形式"这一知识点时，可联系：①利用复数三角式讨论向量旋转问题，讨论三角形边的关系；②利用复数的三角式可将几何问题、代数问题化归为三角问题进行讨论，反之亦然；③利用复数的三角式解题，也是一种重要的数学思想——换元思想，可强化训练学生的变通思维. 下面略举一例说明.

自定圆 O 外一个定点 A，与圆上任一点 B 连接得线段 AB，以 AB 为一边作等边三角形 ABC，试求顶点 C 的轨迹.

解：如图 1 所示建立坐标系，设定圆半径为 r，A 点坐标为 $(a, 0)$，

$(a > r)$，点 B 所对应的复数为 $r(\cos\theta + i\sin\theta)$，以 AB 为边作等边三角形可得两个三角形.

先对等边 $\triangle ABC$ 进行讨论，设 C 点对应的复数为 Z，C 点坐标为 (x, y).

$\because \overrightarrow{OC} = \overrightarrow{OA} + \overrightarrow{AC}$，$\overrightarrow{AC}$ 由 $\overrightarrow{AB}$ 顺时针旋转 $\dfrac{\pi}{3}$ 得到，

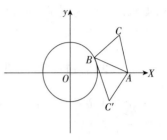

图 1

$$\overrightarrow{AB} = \overrightarrow{OB} - \overrightarrow{OA}$$

$$\therefore Z = a + \left[r(\cos\theta + i\sin\theta - a) \right] \left[\cos\left(-\dfrac{\pi}{3}\right) + i\sin\left(-\dfrac{\pi}{3}\right) \right]$$

$$= \left(\dfrac{a}{2} + \dfrac{1}{2}r\cos\theta + \dfrac{\sqrt{3}}{2}r\sin\theta \right) + \left(\dfrac{\sqrt{3}}{2}a + \dfrac{1}{2}r\sin\theta - \dfrac{\sqrt{3}}{2}r\cos\theta \right)i$$

由复数相等的概念得

$$\begin{cases} x = \dfrac{a}{2} + \dfrac{1}{2}r\cos\theta + \dfrac{\sqrt{3}}{2}r\sin\theta \\ y = \dfrac{\sqrt{3}}{2}a + \dfrac{1}{2}\sin\theta - \dfrac{\sqrt{3}}{2}r\cos\theta \end{cases}$$

消去参数 θ 得

$$\left(x - \dfrac{a}{2} \right)^2 + \left(y - \dfrac{\sqrt{3}}{2} - a \right)^2 = r^2 \qquad\qquad ①$$

对等边在三角形 ABC' 中的点 C' 用类似方法可得

$$\left(x - \dfrac{a}{2} \right)^2 + \left(y + \dfrac{\sqrt{3}}{2}a \right)^2 = r^2 \qquad\qquad ②$$

因此，①和②就是点 C 的轨迹方程，它们是两个圆.

二是按单元网络复习内容，即在教师的指导下，组织学生看书复习，做到精讲多练，保证复习效果，注重教师的督导. ①按照单元复习目标，在教师指定的章节内进行复习；②在复习中突出重点问题；③及时解答学生在复习中提出的疑难问题，把握数学单元网络知识结构.

三是按单元网络复习训练. 训练是单元目标复习的重要环节，是评价达标与否的必要手段，也是教学的延伸和重要组成部分. 训练题源于教学大纲和课标. 单元复习训练，可分为练习题和考查题两大类. 前者是查基础知识的广度和基本技能的过关题，后者是查深度的侧重点、难点、疑点的综合题. 练习题

突出"双基"，紧扣教材. 考查题要有典型性、代表性. 通过演练，收到触类旁通、举一反三的学习效果.

四是按单元网络复习训练评讲. 训练评讲是练习结果的反馈，是对学生训练中暴露出的问题和缺漏进行弥补. 这一过程是教学再统一的课堂表现. 练后评讲的重点是：

① 带有普遍性、规律性的问题，切忌论题. 例如，求证 $\sqrt{2} + \sqrt{7} < \sqrt{3} + \sqrt{6}$.
我们证完此题后，发现这个特殊不等式蕴含了如下的规律：

设 $0 < A < B < C < D$，且 $A + D = B + C$，则 $\sqrt[n]{A} + \sqrt[n]{D} < \sqrt[n]{B} + \sqrt[n]{C}$（$n = 2$，$3$，$\cdots$）；

设 $0 < A < B < C < D$，且 $AD = BC$，则 $\sqrt[n]{A} + \sqrt[n]{D} > \sqrt[n]{B} + \sqrt[n]{C}$（$n = 2$，$3$，$\cdots$）.

② 抓知识的薄弱环节，如错误概念、疑难问题、习惯性错误等.

③ 讲该单元知识结构、解答思路和模式，启发学生学习思考，提高解决问题的能力.

三、综合系统复习法

在高考数学复习的教学中，我认为，综合系统分析法是搞好高考数学复习的关键，也是复习教学的重点和难点. 通过章节过筛法、单元网络复习法，为运用综合系统复习法打下了基础. 这一阶段的复习应从教材为主转向学科知识为主，把教材内容提炼出来，形成和建立完整的知识体系.

在运用综合系统复习法教学实践中，我认为应抓好如下几个方面：

一是抓"概念"重"消化". 在高考综合复习教学中，注意把那些易混淆的概念罗列出来，让学生在对比中识差异.

二是抓"综合"重"联系". 要找出知识各要素之间的内存联系及其相互影响、相互制约的关系，把这些知识串成"线"，织成"网".

例如，复习三棱锥时我安排了这样一道题：将一个边长为 l 的正方形 $ABCD$（见图 2）沿 AM，BM 折起（其中 M，N，P，Q 分别为 CD，AB，AD，BC 的中点），使 C，D 重合于 S.

① 求证 $SM \perp AB$.

② 求 SM 与 AB 的距离. （$\sqrt{3}$）

③ 求 EF 与面 MAB 的距离（其中 E，F 是 PQ 分别与 MA，MB 的交

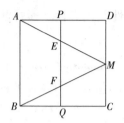 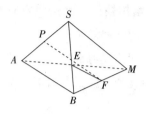

图 2

点. $\left(\dfrac{\sqrt{3}}{4}\right)$

④ SN 与面 SAB 所成的角. （30°）

⑤ SM 与面 MAB 所成的角. （60°）

⑥ MB 与面 SMN 所成的角. $\left(\arctan\dfrac{1}{2}\right)$

⑦ 若 $SO\perp MN$，垂足为 O，求证 $MB\perp SO$.

⑧ 面 $SBM\perp$ 面 SAB.

⑨ 二面角 $S-BM-A$ 的大小. $\left(\arccos\dfrac{1}{4}\right)$

⑩ 求截面 $EFPQ$ 的面积. $\left(\dfrac{1}{8}\right)$

⑪ 求三棱锥 $S-ABM$ 的体积. $\left(\dfrac{\sqrt{3}}{24}\right)$

这样一来，其内容几乎概括了立体几何的基本内容，在解答过程中，能以点带面，形成一个网络.

三是抓"归纳"求"规律". 例如，

① a，b，c 为正数，且 $a+b+c=abc$，求证 $a^n+b^n+c^n\geqslant 3\sqrt{3^n}$.

分析：由于 a，b，c 为正数，a^n，b^n，c^n 亦为正数，根据算术平均数不小于几何平均数不等式得

$$a^n+b^n+c^n\geqslant 3\sqrt[3]{(abc)^n}\geqslant 3\sqrt[3]{(3^{\frac{2}{3}})^n}=3\sqrt{3^n}\ （其中\ abc\geqslant 3^{\frac{3}{2}}，因为$$

$$abc=a+b+c\geqslant\sqrt[3]{abc}）.$$

② 在 $\triangle ABC$ 中，证明：$\sin\dfrac{A}{2}\sin\dfrac{B}{2}\sin\dfrac{C}{2}\leqslant\dfrac{1}{8}$，其中 $\angle A$，$\angle B$，$\angle C$ 为 $\triangle ABC$ 的三个内角.

分析：由于 $0 < A$，B，$C < \pi$，$\sin \dfrac{A}{2}$，$\sin \dfrac{B}{2}$，$\sin \dfrac{C}{2}$ 均大于 O. 要证明三个正弦函数之积小于一个定数，联想到可运用算术平均数不小于几何平均数不等式：

$$\sin \frac{A}{2} + \sin \frac{B}{2} + \sin \frac{C}{2} < \left(\frac{\sin \dfrac{A}{2} + \sin \dfrac{B}{2} + \sin \dfrac{C}{2}}{3} \right)^3 \leqslant \left(\sin \frac{\dfrac{A}{2} + \dfrac{B}{2} + \dfrac{C}{2}}{3} \right)^3 =$$

$\left(\dfrac{1}{2} \right)^3 = \dfrac{1}{8}$（利用凸函数定理）.

③ 解方程 $\dfrac{x-y+5}{\sqrt{x-y+1}} + \dfrac{x+2y+9}{\sqrt{x+2y}} = 10$.

解：左边 $= \dfrac{x-y-1}{\sqrt{x-y+1}} + \dfrac{4}{\sqrt{x-y-1}} + \dfrac{x+2y}{\sqrt{x+2y}} + \dfrac{9}{\sqrt{x+2y}}$

$\qquad = \sqrt{x-y-1} + \dfrac{4}{\sqrt{x-y+1}} + \sqrt{x+2y} + \dfrac{9}{\sqrt{x+2y}} \geqslant 4 + 6 = 10$

当且仅当 $\sqrt{x-y+1} = \dfrac{4}{\sqrt{x-y+1}}$，$\sqrt{x+2y} = \dfrac{9}{\sqrt{x+2y}}$ 时，等号成立，解之

得 $\begin{cases} x = 5 \\ y = 2 \end{cases}$

从上面三个例子可以看出，它们证明的主要步骤都应用了算术平均数不小于几何平均数不等式. 通过这种选择练习，不但能加深对算术平均数不小于几何平均数不等式的记忆，而且也有利于摸索解题规律，总结方法，以达到灵活运用的目的.

四是抓"反馈"补"漏缺"，就是根据学生复习反馈的各种问题信息，查出原因，及时弥补，即为查漏补缺，细化措施，达到强化学生掌握数学知识的薄弱环节的目的，提高学生整体掌握数学知识规律的能力.

第三节　知识要点问题化

《考试大纲》规定了知识点 146 个，高考的考题对主干知识进行重点考查，即重点知识重点考，高频考点突出．在复习过程中对重点知识点尽可能问题化．下面举例来说明．

案例 1：直线的倾斜角与斜率

问题 1：对于平面直角坐标系内的一条直线，它的几何位置由哪些条件确定？

（设计意图：以问题的形式引导学生进入课堂，带领学生在平面直角坐标系内讨论直线的几何要素，在课堂引入环节留给学生足够的探究空间.）

问题 2：我们知道两点能确定一条直线，一个点能确定一条直线吗？如果不能，需要加什么条件？

（设计意图：引导学生在复习回顾的基础上探索新知，激发学生探究的兴趣.）

问题 3：怎样描述直线的倾斜程度？

（设计意图：为引出本节课的新知识做铺垫.）

问题 4：什么是直线的倾斜角？它的定义是什么？范围是什么？

（设计意图：让学生在讨论中得出倾斜角的概念，可激发兴趣，让学生有成就感.）

问题 5：还能找到其他可以表示直线倾斜程度的量吗？

（设计意图：引导学生探究本节课中另外一个描述直线倾斜程度的重要概念——斜率.）

问题 6　如何求斜率？

（设计意图：将直线的倾斜程度与实数建立对应关系，让学生经历几何问题的代数化.）

问题 7：斜率与直线上的两点的顺序有关吗？

（设计意图：引导学生对斜率进行更深刻的理解，以便灵活地运用斜率解决问题.)

问题8：当直线与 x 轴平行或重合时，斜率公式还成立吗？

（设计意图：引导学生发现斜率的特殊性，更全面地理解斜率.）

问题9：当直线与 y 轴平行或重合时，公式还成立吗？

（设计意图：引导学生发现斜率的特殊性，更全面地理解斜率.）

问题10：斜率与倾斜角分别从代数和几何的角度反映了直线的倾斜程度，两者之间有什么关系？

（设计意图：让学生自主探索、相互交流斜率与倾斜角的关系，突破本节课的重难点.）

问题11：通过本节的学习，你学到了哪些知识？这些知识是从什么角度研究的？你又掌握了哪些学习数学的方法？

（设计意图：小结本节课的知识，让学生感知研究数学问题的一般方法，将学生的思维引到更高的层次.）

设计说明：倾斜角和斜率对学生来说是新的概念，以"问题链"的形式逐步呈现新知识，采用师生对话的探究方式，能使学生在讨论探究中激发学习新知识的兴趣，培养学生的思维能力，理解数学概念产生的合理性，也加深学生对新概念的理解. 基于"问题链"进行探究式学习的过程具有交互性，主张教师是学生的合作者，这正是建构主义所倡导的核心理念.

案例2：平面向量的数量积

问题1：我们已经学习了平面向量的哪些运算？这些运算的结果是什么？

（设计意图：引导学生回顾向量的加法、减法及数乘运算，为后面理解平面向量数量积运算结果的特殊性埋下伏笔.）

问题2：我们是怎么引入向量的加法运算的？是按照怎样的顺序研究向量的加法运算的？

（设计意图：类比向量的加法的教学方法与顺序，引导学生自主探究.）

问题3：回忆一下，物理中"功"的计算公式，结合向量的学习你有什么想法？如果我们将公式中的力与位移推到一般向量，其结果又该如何表示？

（设计意图：让学生了解向量数量积的物理背景，从而产生学习这种新运算的愿望与热情，有利于学生理解数量积的概念.）

问题4：平面向量数量积定义中涉及哪些量？它们有什么关系？

（设计意图：带领学生深入地理解数量积的概念.）

问题5：平面向量的数量积运算与线性运算的结果有什么不同？影响数量

积大小的因素有哪些?

（设计意图：使学生认识到数量积运算的结果与线性运算结果有着本质的区别，突出向量的夹角在数量积运算中的作用.）

问题6：你能确定两个非零向量的数量积的值何时为正，何时为负吗？能等于零吗？

（设计意图：引导学生进一步探讨向量的数量积的运算.）

问题7：两个向量的夹角决定了它们数量积的符号，那么，它们共线或相互垂直时，数量积有什么特殊性吗？

（设计意图：引导学生探究两个向量夹角决定数量积符号的特殊性，更全面地理解向量夹角对于数量积符号的决定作用.）

问题8：我们学习过实数乘法的哪些运算律？这些运算律对向量是否也适用？

（设计意图：使学生在类比的基础上，猜测提出数量积的运算律，体会类比的数学思想和猜想归纳的问题解决方法.）

问题9：你能证明平面向量数量积的运算律吗？

（设计意图：培养学生推理论证的能力，将知识获得与能力培养结合起来.）

问题10：本节我们学习的主要内容是什么？我们应该怎样研究平面向量的数量积？

（设计意图：小结本节课的知识，使学生对平面向量数量积有更全面的认识.）

设计说明： 平面向量的数量积是继向量的线性运算之后的又一个重要的运算，也是高中数学的一个重要概念，在数学、物理等学科中的应用十分广泛.这个概念比较抽象，蕴含类比、数形结合等重要的数学思想方法，设计"问题链"引导学生主动探究能使学生更好地掌握本小节的内容，所设计的这些问题是有序、有效地进行教学的重要载体，学生也能够保持思维的活跃，积极参与课堂活动.

第四节 主干知识题型化

对于具有支撑作用的主干知识多为理解、掌握. 同时考纲也对各知识点提出了明确的要求，如对函数、数列、不等式、平面向量、圆锥曲线、概率与统计、立体几何、导数等都提出了较高要求，因而这些内容是高考命题的指导和热点，高考将以这些内容为背景来命制解答题.

下面以《高考数列题的考查类型及其解题策略》和《高考立体几何中有关角的类型及解法探讨》为例来说明.

数列作为一种特殊的函数，是反映自然规律的基本数学模型，如在储蓄、分期付款、放射性物质衰变等方面都有用到. 它不仅是高中数学的重要内容之一，也是后续高等数学学习的重要工具，因而成了历年高考的重点.

高考数列综合问题主要是在等差数列、等比数列相互渗透的基础上，将数列与函数、方程、不等式等知识有机整合而编制的题型. 解决这类问题不但要熟练运用数列的相关知识，而且还要综合运用其他知识. 根据高考"重视数学基本能力和综合能力的考查"精神，高考中对数列综合问题的考查呈现出综合性强、立意新、难度大的特点，客观题突出"小、巧、活"，主观题将它嵌入函数、不等式、解析几何、三角变换、导数、推理与证明之中，并渗透函数与方程、等价转化、分类讨论等数学思想，综合考查学生的数学素养.

案例 1：《高考数列题的考查类型及其解题策略》

数列综合问题在高考中通常以中高档题出现，对大部分学生来说是一个难点. 下面结合历年的高考数列试题加以归纳、总结、分类，从而探求其解题规律，并有针对性地给出突破策略.

（一）考查等差（等比）数列概念、公式的计算题

等差（等比）数列概念、公式的计算题主要是直接利用等差、等比数列的概念、公式去处理，只要熟练应用概念、公式就能做出正确的解答.

例 1 （1990 年全国高考题）有四个数，其中前三个数成等差数列，后三个数成等比数列，并且第一个数与第四个数的和是 16，第二个数与第三个数的和是12，求这四个数.

解：设这四个数依次为 x，y，$12-y$，$16-x$，

依题意，有 $\begin{cases} x + (12-y) = 2y \\ y(16-x) = (12-y)^2 \end{cases}$

解之得 $x=0$，$y=4$ 或 $x=15$，$y=9$. 从而得所求四个数为 0，4，8，16 或 15，9，3，1.

例2 （1992年全国高考题）设等差数列 $\{a_n\}$ 的前 n 项和为 S_n，已知 $a_3 = 12$，$S_{12} > 0$，$S_{13} < 0$.

（1）求公差 d 的取值范围.

（2）指出 S_1，S_2，$\cdots$，S_{12} 中哪一个值最大，并说明理由.

解：（1）依题意得 $\begin{cases} S_{12} = 12a_1 + \dfrac{12 \times 11}{2}d > 0 \\ S_{13} = 13a_1 + \dfrac{13 \times 12}{2}d < 0 \end{cases} \Rightarrow \begin{cases} 2a_1 + 11d > 0 \\ a_1 + 6d < 0 \end{cases}$

又 $\because a_3 = 12$，$\therefore a_1 = 12 - 2d$，代入（1）（2）得 d 的取值范围为

$$-\frac{24}{7} < d < -3.$$

（2）（利用二次函数的最值）

$S_n = na_1 + \dfrac{n(n-1)}{2}d = n(12-2d) + \dfrac{1}{2}n(n-1)d$，即

$$S_n = \frac{d}{2}\left[n - \frac{1}{2}\left(5 - \frac{24}{d}\right)\right]^2 - \frac{d}{2}\left[\frac{1}{2}\left(5 - \frac{24}{d}\right)\right]^2.$$

$\because d < 0$，$\therefore \left[n - \dfrac{1}{2}\left(5 - \dfrac{24}{d}\right)\right]^2$ 最小时，S_n 最大，

当 $-\dfrac{24}{d} < d < -3$ 时，$6 < \dfrac{1}{2}\left(5 - \dfrac{24}{d}\right) < 6.5$，

$\therefore$ 正整数 $n=6$ 时 $\left[n - \dfrac{1}{2}\left(5 - \dfrac{24}{d}\right)\right]^2$ 最小，即 S_6 最大.

（二）考查求有关数列的通项问题

有关数列的通项问题主要是通过观察、分析题设条件的特征，构造等差或等比这两类特殊数列，灵活运用特殊数列的公式和性质求解.

例3 （1986年全国高考题）已知数列 $\{a_n\}$，其中 $a_1 = \dfrac{3}{4}$，$a_2 = \dfrac{13}{9}$，且当 $n \geq 3$ 时，$a_n - a_{n-1} = \dfrac{a_{n-1} - a_{n-2}}{3}$，求 $\lim\limits_{n \to \infty} a_n$.

解：显然数列 $\{a_n - a_{n-1}\}$ 是公比为 $\dfrac{1}{3}$，首项为 $a_2 - a_1 = \dfrac{1}{9}$ 的等比数列，

$\therefore a_n - a_{n-1} = \dfrac{1}{3^n}$，即 $3^n a_n = 3 \times 3^{n-1} a_{n-1} + 1$.

令 $b_n = 3^n a_n$，即 $b_n = 3b_{n-1}$，可得

$b_n + \dfrac{1}{2} = 3\left(b_{n-1} + \dfrac{1}{2}\right)$. 可求得 $3^n a_n = \dfrac{1}{2} \times 3^{n+1} - \dfrac{1}{2}$.

$a_n = \dfrac{3}{2} - \dfrac{1}{2} \times \dfrac{1}{3^n}$. $\therefore \lim\limits_{n \to \infty} a_n = \dfrac{3}{2}$.

例 4 （1987 年全国高考题）设数列 $\{a_n\}$ 的前 n 项和 S_n 与 a_n 的关系是：

$S_n = -ba_n + 1 - \dfrac{1}{(1+b)^n}$，其中 b 是与 n 无关的常数，且 $b \neq -1$.

（1）求 a_n 与 a_{n-1} 的关系式.

（2）写出用 n 与 b 表示 a_n 的表达式.

解：（1）$a_n = \dfrac{b}{1+b} a_{n-1} + \dfrac{b}{(1+b)^{n-1}}$ $(n \geq 2)$.

（2）由（1）知 $(1+b)^{n-1} a_n = b(1+b)^n a_{n-1} + b$，当 $b \neq 1$ 时，可得

$(1+b)^{n-1} a_n + \dfrac{b}{b-1} = \left[(1+b)^2 a_1 + \dfrac{b}{b-1}\right] b^{n-1}$.

由 $a_1 = -ba_1 + 1 - \dfrac{1}{1+b} \Rightarrow a_1 = \dfrac{1}{(1+b)^2}$.

故 $a_n = \dfrac{b^{n+1} - b}{(b-1)(1+b)^{n+1}}$ $(b \neq 1)$. 当 $b = 1$ 时，$a_n = \dfrac{n}{2^{n-1}}$.

例 5 （1994 年全国高考题）设 $\{a_n\}$ 是正数组成的数列，其前 n 项和为 S_n，并且对于所有的自然数 n，a_n 与 2 的等差中项都等于 S_n 与 2 的等比中项，求 a_n.

解：由 $\dfrac{a_n + 2}{2} = \sqrt{2S_n} \Rightarrow 8S_n = (a_n + 2)^2$，得 $a_1 = 2$，$n \geq 2$ 时，

$8(S_n - S_{n-1}) = (a_n + 2)^2 - (a_{n-1} + 2)^2$

$\Rightarrow (a_n - a_{n-1})(a_n - a_{n-1} - 4) = 0$，而 $a_n + a_{n-1} > 0$，

故 $a_n - a_{n-1} = 4$，即 $a_n = 4n - 2$.

（三）考查有关数列的恒等证明

有关数列的恒等证明一般利用数学归纳法求解.

例 6 （1998 年全国高考题）用数学归纳法证明 $(1 \times 2^2 - 2 \times 3^2) + (3 \times$

$4^2 - 4 \times 5^2$) $+ \cdots + \left[(2n-1)(2n)^2 - 2n(2n+1)^2 \right] - n(n+1)(4n-3)$, $(n \in \mathbf{N})$

解：（1）当 $n = 1$ 时，显然等式成立．

（2）设 $n = k$ 时，等式成立，即

$$S_k = (1 \times 2^2 - 2 \times 3^2) + (3 \times 4^2 - 4 \times 5^2) + \cdots + \left[(2k-1)(2k)^2 - 2k(2k+1)^2 \right] - k(k+1)(4k-3)$$

则 $S_{k+1} = S_k + (2k+1)\left[2(k+1) \right]^2 - 2(k+1)\left[2(k+1)+1 \right]^2$

$$= -k(k+1)(4k+3) - 2(k+1)(6k+7)$$

$$= -(k+1)(4k^2+15k+14)$$

$$= -(k+1)\left[(k+1)+1 \right]\left[(k+1)+3 \right].$$

$\therefore n = k+1$ 等式也成立．

由（1）（2）知 $n \in \mathbf{N}$ 等式成立．

（四）考查有关数列的不等式证明

有关数列的不等式证明不仅要有扎实的基础知识，而且还要掌握灵活多变的处理方法．常用的方法有比较法、放缩法、重要不等式法等．

例 7 设 $a_n = \sqrt{1 \times 2} + \sqrt{2 \times 3} + \cdots + \sqrt{n(n+1)}$ $(n \in \mathbf{N})$．

证明不等式 $\dfrac{n(n+1)}{2} < a_n < \dfrac{(n+1)^2}{2}$，对于所有的自然数 n 都成立．

解：$\because n < 1 + 2 + 3 + \cdots + n < a_n < \left(1 + \dfrac{1}{2} \right) + \left(2 + \dfrac{1}{2} \right) + \left(3 + \dfrac{1}{2} \right) + \cdots + \left(n + \dfrac{1}{2} \right)$

$\Rightarrow \dfrac{n(n+1)}{2} < a_n < \dfrac{n(n+1)}{2} + \dfrac{n}{2} < \left(\dfrac{n+1}{2} \right)^2.$

例 8（1991 年"三南"高考题）已知函数 $f(x) = \dfrac{2x-1}{2^x+1}$，证明对于任意不小于 3 的自然数 n，都有 $f(n) > \dfrac{n}{n+1}$．

解析：此问题可转化为求证数列 $\{f(n)\}$ 的通项 $f(n) = \dfrac{2^n-1}{2^n+1} > \dfrac{n}{n+1}$

$(n \geq 3, n \in \mathbf{N})$．只要证 $1 - \dfrac{2}{2^n+1} > 1 - \dfrac{1}{n+1}$ 即可，即证 $2(2^{n-1}-2) > 2n-1$．

由等比数列的求和公式可知 $2(2^{n-1}-1) = \dfrac{2(2^{n-1}-1)}{2-1} = 2 + 2^2 + \cdots + 2^{n+1}$

考虑到 $n \geqslant 3$，

所以 $2 + 2^2 + \cdots + 2^{n+1} = 2\ (1 + 2 + 2^2 + \cdots + 2^{n-2})\ > 2n > 2n - 1$.

（五）考查有关数列的存在性问题

"存在性"问题是探索命题的热门形式. 这类问题的一般解法是：先假设结论某一方面成立，进行演算推理，若推出矛盾，即否定先前假设；若推出合理的结果，说明假设正确.

例 9　（1989 年全国高考题）是否存在常数 a，b，c 使 $1 \times 2^2 + 2 \times 3^2 + 3 \times 4^2 + \cdots + n\ (n+1)^2 = \dfrac{n\ (n+1)}{2}\ (an^2 + bn + c)$ 对一切自然数 n 成立？证明你的结论.

解法一（演绎法）：

$\because n\ (n+1)^2 = n^3 + 2n^2 + n$，

$\therefore S_n = 1 \times 2^2 + 2 \times 3^2 + \cdots + n\ (n+1)^2$

$\qquad = (1^3 + 2 \times 1^2 + 1)\ + (2^3 + 2 \times 2^2 + 2)\ + \cdots + (n^3 + 2n^2 + n)$

$\qquad = (1^3 + 2^3 + \cdots + n^3)\ + 2\ (1^2 + 2^2 + \cdots + n^2)\ + (1 + 2 + \cdots + n).$

又 $1^3 + 2^3 + \cdots + n^3 = \dfrac{n^2\ (n+1)^2}{4}$，

$1^2 + 2^2 + \cdots + n^2 = \dfrac{n\ (n+1)\ (2n+1)}{6}$，

$1 + 2 + \cdots + n = \dfrac{n\ (n+1)}{2}$．$\therefore S_n = \dfrac{n\ (n+1)}{12}\ (3n^2 + 11n + 10).$

综上所述：当 $a = 3$，$b = 11$，$c = 10$ 时，题设的等式对一切自然数 n 都成立.

解法二（归纳法）：

假设存在 a，b，c 使题设的等式成立，分别令 $n = 1$，2，3，由原式得

$\begin{cases} a + b + c = 24 \\ 4a + 2b + c = 44 \\ 9a + 3b + c = 70 \end{cases} \Rightarrow a = 3$，$b = 11$，$c = 10$ 对于 $n = 1$，2，3 下面等式成立.

$1 \times 2^2 + 2 \times 3^2 + \cdots + n\ (n+1)^2 = \dfrac{11\ (n+1)}{12}\ (3n^2 + 11n + 10).$

然后用数学归纳法证明等式对 $n \in \mathbf{N}$ 都成立.（解答略）

例 10　（1995 年全国高考题）设 $\{a_n\}$ 是由正数组成的等比数列，S_n 是其前 n 项和.

（1）证明 $\dfrac{\lg S_n + \lg S_{n+2}}{2} < \lg S_{n-1}$.

（2）是否存在常数 $c > 0$，使得 $\dfrac{\lg\left(S_n - c\right) + \lg\left(S_{n+2} - c\right)}{2} = \lg\left(S_{n-1} - c\right)$

成立？并证明你的结论.

（1）略.

（2）**解法一（反证法）：**

假设存在 $c > 0$，

使得 $\dfrac{\lg\left(S_n - c\right) + \lg\left(S_{n+2} - c\right)}{2} = \lg\left(S_{n+1} - c\right)$ 成立.

则有 $\begin{cases} \left(S_n - c\right)\left(S_{n+2} - c\right) = \left(S_{n-1} + c\right)^2 & ① \\ S_n - c > 0 & ② \end{cases}$

① 当 $q = 1$ 时，

$\left(S_n - c\right)\left(S_{n+2} - c\right) - \left(S_{n+1} - c\right)^2$

$= \left(na_1 - c\right)\left[\left(n+2\right)a_1 - c\right] - \left[\left(n+1\right)a_1 - c\right]^2$

$= -a_1^2 < 0.$

可知，不满足条件①，即不存在常数 $c > 0$，使结论成立.

② 当 $q \neq 1$ 时，若条件①成立，

有 $\left(S_n - c\right)\left(S_{n+2} - c\right) - \left(S_{n+1} - c\right)^2$

$= \left[\dfrac{a_1\left(1 - q^n\right)}{1 - q} - c\right] \cdot \left[\dfrac{a_1\left(1 - q^{n+2}\right)}{1 - q} - c\right] - \left[\dfrac{a_1\left(1 - q^{n+1}\right)}{1 - q} - c\right]^2$

$= a_1 q^n - \left[a_1 - c\left(1 - q\right)\right]$ 且 $a_1 q^n \neq 0$.

故有 $a_1 - \left(1 - q\right) = 0$，即 $c = \dfrac{a_1}{1 - q}$，此时，$c > 0$，$a_1 > 0$，

$\therefore 0 < q < 1$，但当 $0 < q < 1$ 时，$S_n - \dfrac{a_1}{1 - q} = \dfrac{a_1 q^n}{1 - q}$ 与②矛盾，

故不存在常数 $c > 0$，使等式成立.

解法二（反证法）：

假设存在 $c > 0$，使等式成立，不妨取 $n = 1$，等式也成立. 这时必有

$$\begin{cases} \left(S_1 - c\right)\left(S_3 - c\right) = \left(S_2 - c\right)^2 & ① \\ S_1 - c > 0 & ② \end{cases}$$

把①展开得 $a_1 + c\left(q - 1\right) = 0$，则 $a_1 - c = cq < 0$ 与②矛盾，故 $c > 0$ 不

存在.

案例 2：《高考立体几何中有关角的类型及解法探讨》

下面以《高考立体几何中有关角的类型及解法探讨》为例来说明.

立体几何中有关角的题目在高考中经常出现，特别是异面直线成角和二面角是近几年来高考的热点问题．因此，我们有必要对这类问题进行探讨，找出解题方法及其规律.

（一）两条异面直线所成的角

求两异面直线所成的角的方法：

（1）一般采用平行移动法，即先在空间中找一点（通常选在两异面直线中的一条直线上），过这点引与两异面直线分别平行的直线，找到两异面直线所成的角，然后找到含这个角的三角形，并利用这个三角形求出异面直线所成的角，最后注意所求的角只能是锐角或直角，而不能是钝角，并作答.

（2）设 l_1，l_2 是两条异面直线，A，B 是 l_1 上的任意两点，C，D 是直线 l_2 上的任意两点，则 l_1，l_2 所成的角为 $\arccos \dfrac{|\overrightarrow{AB} \cdot \overrightarrow{CD}|}{|\overrightarrow{AB}| \cdot |\overrightarrow{CD}|}$.

例 1　（2010 年高考全国卷Ⅰ）直三棱柱 $ABC - A_1B_1C_1$ 中，若 $\angle BAC = 90°$，$AB = AC = AA_1$，则异面直线 BA_1 与 AC_1 所成的角等于（　　）.

　　A. 30°　　　　B. 45°　　　　C. 60°　　　　D. 90°

解析：延长 CA 到 D，使得 $AD = AC$，则 ADA_1C_1 为平行四边形，$\angle DA_1B$ 就是异面直线 BA_1 与 AC_1 所成的角，又 $\because \triangle A_1DB$ 为等边三角形，$\therefore \angle DA_1B = 60°$.

点评：本小题主要考查直三棱柱 $ABC - A_1B_1C_1$ 的性质、异面直线所成的角、异面直线所成的角的求法.

（二）直线与平面所成的角

求直线与平面所成角的方法：

（1）首先应分清直线是平面的垂线、平行线还是斜线．不同直线有不同的求法．对于平面的斜线，先在斜线上求一点，过这点作平面的垂线后，找到斜线在平面内的射影．通过这种方法找到斜线和平面所成的角，然后找到含这个角的三角形（一般是直角三角形），利用三角形求出斜线和平面所成的角，最后作答.

（2）设 AB 是平面 α 的斜线，且 $B \in \alpha$，BC 是斜线 AB 在平面 α 内的射影，

则斜线 AB 与平面 α 所成的角为 $\arccos \dfrac{|\overrightarrow{AB} \cdot \overrightarrow{BC}|}{|\overrightarrow{AB}| \cdot |\overrightarrow{BC}|}$. 设 $\vec{n}$ 是平面 α 的法向

量，AB 是平面 α 的一条斜线，则 AB 与平面 α 所成的角为

$$\dfrac{\pi}{2} - \arccos \dfrac{|\overrightarrow{AB} \cdot \vec{n}|}{|\overrightarrow{AB}| \cdot |\vec{n}|}, \text{ 或者 } \arcsin \dfrac{|\overrightarrow{AB} \cdot \vec{n}|}{|\overrightarrow{AB}| \cdot |\vec{n}|}.$$

例 2 （2009 年高考浙江卷）如图 1 所示，在三棱柱 $ABC - A_1B_1C_1$ 中，各棱长相等，侧棱垂直于底面，点 D 是侧面 BB_1C_1C 的中心，则 AD 与平面 BB_1C_1C 所成角的大小是（   ）.

A. $30°$ B. $45°$ C. $60°$ D. $90°$.

解析：取 BC 的中点 E，则 $AE \perp$ 面 BB_1C_1C，

$\therefore AE \perp DE$，

$\therefore AD$ 与平面 BB_1C_1C 所成角即为 $\angle ADE$.

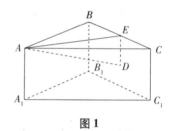

图 1

设 $AB = a$，则 $AE = \dfrac{\sqrt{3}}{2}a$，$DE = \dfrac{a}{2}$，

即有 $\tan \angle ADE = \sqrt{3}$，$\therefore \angle ADE = 60°$. 答案：C.

例 3 （2009 年高考全国卷 II）如图 2 所示，直三棱柱 $ABC - A_1B_1C_1$ 中，$AB \perp AC$，D，E 分别为 AA_1，B_1C 的中点，$DE \perp$ 平面 BCC_1

（1）证明：$AB = AC$.

（2）设二面角 $A - BD - C$ 为 $60°$，求 B_1C 与平面 BCD 所成的角的大小.

解析：本题考查线面垂直的证明以及线面夹角. 第一问可取 BC 的中点 F，通过证明 $AF \perp$ 平面 BCC_1，再证 AF 为 BC 的垂直平分线. 第二问先作出线面夹角，即证四边形 $AFED$ 是正方形可证平面 $DEF \perp$ 平面 BDC，从而找到线面夹角求解. 此题两问也可建立空间直角坐标系利用向量法求解.

解法一：

（1）略.

（2）如图 2 所示，作 $AG \perp BD$，垂足为 G，连接 CG. 由三垂线定理知 $CG \perp BD$，故 $\angle AGC$ 为二面角 $A - BD - C$ 的平面角. 由题设知，$\angle AGC = 60°$.

设 $AC = 2$，则 $AG = \dfrac{2}{\sqrt{3}}$，又 $\because AB = 2$，$BC = 2\sqrt{2}$，$\therefore AF = \sqrt{2}$.

由 $AB \cdot AD = AG \cdot BD$ 得 $2AD = \dfrac{2}{\sqrt{3}} \cdot \sqrt{AD^2 + 2^2}$，解得 $AD = \sqrt{2}$.

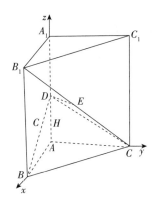

图 2

故 $AD = AF$. 又 $AD \perp AF$，$\therefore$ 四边形 $ADEF$ 为正方形.

$\because BC \perp AF$，$BC \perp AD$，$AF \cap AD = A$，$\therefore BC \perp$ 平面 DEF，

因此平面 $BCD \perp$ 平面 DEF.

如图 3 所示，连接 AE，DF，设 $AE \cap DF = H$，则 $EH \perp DF$，$EH \perp$ 平面 BCD.

连接 CH，则 $\angle ECH$ 为 B_1C 与平面 BCD 所成的角.

$\because$ 四边形 $ADEF$ 为正方形，$AD = \sqrt{2}$，$\therefore EH = 1$，

又 $\because EC = \dfrac{1}{2} = 2$，

$\therefore \angle ECH = 30°$，即 B_1C 与平面 BCD 所成的角为 30°.

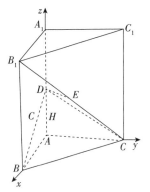

图 3

解法二：

（1）略.

（2）设平面 BCD 的法向量 $\overrightarrow{AN} = (x, y, z)$ 则

$\overrightarrow{AN} \cdot \overrightarrow{BC} = 0$，$\overrightarrow{AN} \cdot \overrightarrow{BD} = 0$.

又 $\overrightarrow{BC} = (-1, 1, 0)$，

$\overrightarrow{BD} = (-1, 0, c)$，故 $\begin{cases} -x + y = 0 \\ -x + cz = 0 \end{cases}$.

令 $x = 1$，则 $y = 1$，$z = \dfrac{1}{c}$，$\overrightarrow{AN} = \left(1, 1, \dfrac{1}{c}\right)$.

又平面 ABD 的法向量 $\overrightarrow{AC} = (0, 1, 0)$.

由二面角 $A-BD-C$ 为 $60°$ 知，$\langle \overrightarrow{AN}, \overrightarrow{AC} \rangle = 60°$，

故 $\overrightarrow{AN} \cdot \overrightarrow{AC} = |\overrightarrow{AN}| \cdot |\overrightarrow{AC}| \cdot \cos 60°$，求得 $c = \dfrac{1}{\sqrt{2}}$

于是 $\overrightarrow{AN} = (1, 1\sqrt{2})$，$\overrightarrow{CB_1} = (1, -1, \sqrt{2})$

$$\cos \langle \overrightarrow{AN}, \overrightarrow{CB_1} \rangle = \frac{\overrightarrow{AN} \cdot \overrightarrow{CB_1}}{|\overrightarrow{AN}| \cdot |\overrightarrow{CB_1}|} = \frac{1}{2},$$

$$\langle \overrightarrow{AN}, \overrightarrow{CB_1} \rangle = 60°$$

∴ B_1C 与平面 BCD 所成的角为 $30°$.

（三）二面角

二面角问题是历年高考热点. 在求两个平面所成的二面角的大小时，必须先确定二面角的平面角，一般是先找后作，确定二面角的平面角的常用方法有：

（1）图中给出或能作出过二面角一个平面内一点垂直于另一个平面的垂线，则可过垂足作棱的垂线，连接所得垂足与平面内的点根据三垂线定理就可得到二面角的平面角.

（2）若在二面角的两个平面内，分别过已知点作棱的垂线，二垂足为同一点，则此二垂线所成的角为二面角的平面角.

（3）若在二面角的两个平面内，分别过已知点作棱的垂线，而垂足是不同点，则可过一个垂足在另一垂线所在的平面内，作另一垂线的平行线，此直线与前一条垂线所成的角为这个二面角的平面角.

（4）设 $\boldsymbol{n_1}$，$\boldsymbol{n_2}$ 是二面角 $\alpha-l-\beta$ 的面 α，β 的法向量，则

$\langle \boldsymbol{n_1}, \boldsymbol{n_2} \rangle = \arccos \dfrac{\boldsymbol{n_1} \cdot \boldsymbol{n_2}}{|\boldsymbol{n_1}| \cdot |\boldsymbol{n_2}|}$ 就是二面角的平面角或补角的大小.

例4 （2010 年高考浙江卷）如图 4 所示，在矩形 $ABCD$ 中，点 E，F 分别在线段 AB，AD 上，$AE = EB = AF = \dfrac{2}{3} FD = 4$. 沿直线 EF 将 $VAEF$ 翻折成 $VA'EF$，使平面 $A'EF \perp$ 平面 BEF.

（1）求二面角 $A'-FD-C$ 的余弦值.

（2）点 M，N 分别在线段 FD，BC 上，若沿直线 MN 将四边形 $MNCD$ 向上翻折，使 C 与 A' 重合，求线段 FM 的长.

解法一：

（1）解：取线段 EF 的中点 H，连接 $A'H$，因为 $A'E = A'F$ 及 H 是 EF 的中点，所以 $A'H \perp EF$，又因为平面 $A'EF \perp$ 平面 BEF.

如图 5 所示，建立空间直角坐标系 xyz.

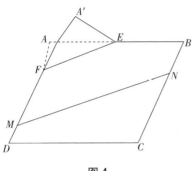

图4 图5

则 A' $(2，2，2\sqrt{2})$，C $(10，8，0)$，

F $(4，0，0)$，D $(10，0，0)$.

故 $\overrightarrow{FA'} = (-2，2，2\sqrt{2})$，$\overrightarrow{FD} = (6，0，0)$.

设 $\boldsymbol{n} = (x，y，z)$ 为平面 $A'FD$ 的一个法向量，

$$\therefore \begin{cases} -2x + 2y + 2\sqrt{2}z = 0 \\ 6x = 0 \end{cases}.$$

取 $z = \sqrt{2}$，则 $\boldsymbol{n} = (0，-2，\sqrt{2})$.

又平面 BEF 的一个法向量 $\boldsymbol{m} = (0，0，1)$，

故 $\cos \langle \boldsymbol{n}，\boldsymbol{m} \rangle = \dfrac{\boldsymbol{n} \cdot \boldsymbol{m}}{|\boldsymbol{n}| \cdot |\boldsymbol{m}|} = \dfrac{\sqrt{3}}{3}$. 所以二面角的余弦值为 $\dfrac{\sqrt{3}}{3}$.

（2）解：设 $FM = x$，则 M 的坐标为 $(4 + x，0，0)$.

如图 6 所示，$\because$ 翻折后，C 与 A 重合，

$\therefore CM = A'M$，

故，$(6 - x)^2 + 8^2 + 0^2$

$= (-2 - x)^2 + (2\sqrt{2})^2$，得 $x = \dfrac{21}{4}$.

经检验，此时点 N 在线段 BC 上，

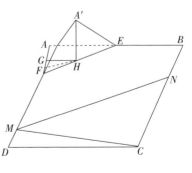

图6

$$\therefore FM = \frac{21}{4}.$$

解法二：

（1）解：取线段 EF 的中点 H，AF 的中点 G，连接 $A'G$，$A'H$，GH.

$\because A'E = A'F$ 及 H 是 EF 的中点，

$\therefore A'H \perp EF$.

又$\because$ 平面 $A'EF \perp$ 平面 BEF，

$\therefore A'H \perp$ 平面 BEF，

又 $AF \subset$ 平面 BEF，

$\therefore A'H \perp AF$.

又$\because G$，H 是 AF，EF 的中点，

易知 $GH /\!/ AB$，

$\therefore GH \perp AF$，

于是 $AF \perp$ 面 $A'GH$，

$\therefore \angle A'GH$ 为二面角 $A' - DH - C$ 的平面角.

在 $\mathrm{Rt}\triangle A'GH$ 中，$A'H = 2\sqrt{2}$，$GH = 2$，$A'G = 2\sqrt{3}$，

$\therefore \cos \angle A'GH = \frac{\sqrt{3}}{3}$.

故二面角 $A' - DF - C$ 的余弦值为 $\frac{\sqrt{3}}{3}$.

点评：本题主要考查空间点、线、面的位置关系，二面角等基础知识，空间向量的应用. 向量作为沟通代数和几何的工具在考查中越来越常见. 此类方法的要点在于建立恰当的坐标系，便于计算，位置关系明确，以计算代替分析，起到简化的作用，但计算必须慎之又慎.

第五节　思想方法专题化

《普通高中数学课程标准（2017 年版）》总体目标明确指出："获得必要的

数学基础知识和基本技能，理解基本的数学概念、数学结论的本质，了解概念、结论等产生的背景、应用，体会其中所蕴含的数学思想和方法，以及它们在后续学习中的作用."我国古代教育家孔子说："授之以鱼，不如授之以渔."因此，在中学数学教学中有意识地向学生渗透一些基本数学思想，可以提高学生数学逻辑推理能力和思维品质，同时也实现了从传授知识到培养学生分析问题、解决问题能力，也是提升数学核心素养不可或缺的方法.

所谓数学思想，是指现实世界的空间形式和数量关系反映到人们的意识之中，经过思维活动而产生的结果，是人们对数学理论与内容的本质认识，是从具体数学认知过程中提炼出的一些观点，揭示了数学中普遍的规律，直接支配着数学的实践活动，是对数学规律的理性认识.

数学教材包括两条主线：一是数学知识，这是写在教材上的明线；一是数学思想方法，这是编写教材时的一条暗线.对于教材中概念、定理、公式等知识是数学的外在形式，而数学思想方法则是数学发展的动力.没有不包含数学方法的知识，也没有游离于数学知识之外的方法，只有将知识和方法有机结合，才能从整体上把握数学教学.

数学思想方法是数学知识的本质，它为分析、处理和解决数学问题提供了指导方针和解题策略；数学思想方法比数学知识具有更大的统摄性、包容性，它犹如网络，将全部数学知识有机地编织在一起，形成环环相扣的结构和系统.

数学教学必须通过数学知识、技能的教学和适当的专题教学，使学生对数学思想方法形成较为系统的认识，这是提高学生数学素养的重要环节.数学思想方法是贯彻始终的东西，在许多课中都会有所涉及.思想方法提炼课是通过一定的方式，把零散的思想方法进行适当的集中和提炼，形成系统.数学思想方法虽然是数学知识的重要形态，但在教科书中它却以隐性知识的方式分散于数学知识体系各个角落.隐性知识的显性化是思想方法提炼课的主要目的.

高中数学教学应注意的主要数学思想方法有：集合的思想、分类讨论的思想、数形结合的思想、类比的思想、逐次逼近的思想、对比的思想方法、逆向思维的思想、整体意识与换元的思想方法、化归的思想方法、完全归纳法和不完全归纳的方法等.

《考试大纲》中要求，对数学思想方法的考查是对数学知识在更高层次上抽象和概括的考查.考查时必须要与数学知识相结合，通过数学知识的考查，反映考生对数学思想方法的掌握程度.

一、在知识挖掘过程中，渗透数学思想方法

数学思想方法常常包含在数学知识系统之中，要求教师进行数学思想方法教学时必须以数学知识为载体，在教学过程中有意识地把藏于知识背后的思想方法挖掘出来，逐步加深学生对数学思想的认识. 因此，概念的形成过程、结论的推导过程、规律的被揭示过程都是渗透数学思想方法的极好机会和途径.

例如，函数的概念学生在初中阶段就已经接触，但较完整的定义却在高中出现. 如何在函数概念的教学中渗透函数思想呢? 我认为: 中学数学中的函数思想包括变量思想、集合的对应（映射）思想、数形结合的思想、研究函数自变量、函数取值范围以及变量之间关系的不等式控制思想等. 其中变量思想是函数思想的基础，对应思想的实质是函数思想，数形结合思想和控制思想是函数思想的具体体现和应用. 在函数知识的形成与学习过程中，应逐步渗透上述思想. 为此，根据高一学生的认知水平，在函数概念教学时应该抓住函数是两个变量之间的一种特殊的对应（映射）的思想进行渗透. 可以通过丰富的实例，让学生体会函数是描述变量间的依赖关系的重要数学模型.

二、在教学活动过程中，揭示数学思想方法

《普通高中数学课程标准（2017 年版）》明确指出: "数学教学，不仅需要教给学生数学知识，而且还要提示获取知识的思维过程. "数学课堂教学必须充分暴露思维过程，让学生参与教学实践活动，才能有效地发展学生的数学思想，提高学生的数学素养. 在数学思想方法教学时，引导学生积极参与教学过程，使学生在动脑、动手、动口的过程中，自觉主动地学习数学思想方法，要积极创造条件让学生参与数学思想方法的提炼.

例如，角的大小与其三角函数值大小的关系.

例 1 设 α, $\beta \in \left(-\dfrac{\pi}{2}, \dfrac{\pi}{2} \right)$，那么 "$\alpha < \beta$" 是 "$\tan\alpha < \tan\beta$" 的 (　　).

A. 充分而不必要条件　　　　B. 必要而不充分条件

C. 充分必要条件　　　　　　D. 既不充分也不必要条件

解题分析: 在开区间 $\left(-\dfrac{\pi}{2}, \dfrac{\pi}{2} \right)$ 内，函数 $y = \tan x$ 是单调增函数，所以设 α, $\beta \in \left(-\dfrac{\pi}{2}, \dfrac{\pi}{2} \right)$，那么 "$\alpha < \beta$" 是 "$\tan\alpha < \tan\beta$" 的充分必要条件，选 C.

师：此题主要考查了什么知识点？

生：充分条件与必要条件、三角函数.

师：在新课标中，我们学了几种三角函数？分别是什么？

生：三种，正弦、余弦和正切.

师：类比这道题目，你可以变出什么问题？

（学生变出一系列问题，下面收集了部分有代表性的问题.）

变式1：设 α，$\beta \in \left(-\dfrac{\pi}{2}, \dfrac{\pi}{2} \right)$，那么"$\alpha < \beta$"是"$\sin\alpha < \sin\beta$"的（ C ）.

变式2：在 $\triangle ABC$ 中，"$A < B$"是"$\cos A > \cos B$"的（ C ）.

变式3：在 $\triangle ABC$ 中，"$A < B$"是"$\sin A < \sin B$"的（ C ）.

变式4：设 α，$\beta \in (0, \pi)$，那么"$\alpha < \beta$"是"$\sin\alpha < \sin\beta$"的（ D ）.

变式5：设 α，β 为第一象限角，那么"$\alpha < \beta$"是"$\sin\alpha < \sin\beta$"的（ D ）.

（注：以上变式题仍以例1的四个选项进行选择.）

点评：以上题目结构类似，但求解方法却有异同点，学生要加强知识间的联系、比较，方能在解题过程做到"以不变应万变".

纵观高中数学，很多知识之间存在联系，可以类比的知识载体很多，如函数中的指数函数、对数函数、幂函数等方面的题目可以相互类比；数列中的等差数列与等比数列的题目可以相互类比；椭圆、双曲线、抛物线甚至是圆方面的题目可以相互类比；平面几何问题与立体几何问题可以相互类比等. 因此，只要教师善于钻研、总结相关知识，在课堂上开展"类比"变题教学并不难.

三、在问题探索过程中，激活数学思想方法

问题解决，是以思考为内涵，以问题目标为定向的心理活动，是在新情境下通过思考去实现学习目标的活动，"思考活动"和"探索过程"是问题解决的内核. 在数学问题解决的过程中，既运用抽象、归纳、类比、演绎等逻辑思维形式，又运用直觉、灵感（顿悟）等非逻辑思维形式来探索问题的解决办法. 因此，通过问题解决，可以培养学生的数学意识，让学生构造数学模型，进行数学想象；伴以实际操作，可以诱发创造动机，可以把数学嵌入活的思维活动之中，并不断在学数学、用数学的过程中，引导学生学习知识、掌握方法、形成思想，促进思维能力的发展. 换言之，数学教学在使学生初步领悟了某些最高思想的基础上，还要积极引导学生参与数学问题的解决过程，通过主体主动的数学活动激活知识形态的数学思想，数学思想也只有在需要该种思想的数学活动中才能形成.

例2　［高中数学选修2-1（人教版）第80页A组第5题］直线$y = kx - 1$与双曲线$x^2 + y^2 = 4$没有公共点，求k的取值范围.

本题是直线与圆锥曲线的位置关系的典型习题，若能充分挖掘使用，对培养学生发散思维能力，激发学生兴趣，都能起到积极的引导作用.

解法一（判别式法）：

原问题等价于方程组$\begin{cases} y = kx - 1 \\ x^2 + y^2 = 4 \end{cases}$无解，即方程$(1 - k^2) x^2 + 2kx - 5 = 0$无解.

当$1 - k^2 = 0$时，方程有解，显然不符合题意；

当$1 - k^2 \neq 0$时，由$\triangle = (2k)^2 - 4 \times (-5) \times (1 - k^2) < 0$，解得$k < -\dfrac{\sqrt{5}}{2}$或$k > \dfrac{\sqrt{5}}{2}$，即$k$的取值范围是$k < -\dfrac{\sqrt{5}}{2}$或$k > \dfrac{\sqrt{5}}{2}$.

点评：解法一将直线与双曲线公共点的个数问题转化为方程组的解的个数问题，利用判别式法求范围，这是解决直线与圆锥曲线公共点个数问题的通用方法，务必熟练掌握.

解法二（参数方程法）：

先求直线与双曲线有公共点时k的取值范围，由双曲线参数方程可设$x = 2\sec\theta$，$y = 2\tan\theta$代入直线$y = kx - 1$得$2\tan\theta = 2k\sec\theta - 1$，切割化弦可得$2k = 2\sin\theta + \cos\theta \Rightarrow k = \dfrac{\sqrt{5}}{2}\sin(\theta + \phi)$，得到$k \in \left[-\dfrac{\sqrt{5}}{2}, \dfrac{\sqrt{5}}{2} \right]$，则直线与双曲线无公共点时$k$的取值范围为$k < -\dfrac{\sqrt{5}}{2}$或$k > \dfrac{\sqrt{5}}{2}$.

点评：解法二利用参数方程转化为三角函数问题，利用正弦函数的有界性来解决，建立了解析几何与三角函数的联系，避免了解方程的复杂计算，同时也回避了对k的分类讨论，解答过程简洁明了.

解法三（参数方程法与数形结合法）：

先求直线与双曲线有公共点时k的取值范围，由解法二得$2\sin\theta + \cos\theta - 2k = 0$，由几何意义知点$(\sin\theta, \cos\theta)$在直线$2x + y - 2k = 0$和单位圆$x^2 + y^2 = 1$上. 转化为直线$2x + y - 2k = 0$和圆$x^2 + y^2 = 1$有公共点，结合圆心到直线的距离$d = \dfrac{|2k|}{\sqrt{5}} \leq r = 1$，解得$k \in \left[-\dfrac{\sqrt{5}}{2}, \dfrac{\sqrt{5}}{2} \right]$. 故直线与双曲线无公共点时$k$的取值

范围为 $k < -\dfrac{\sqrt{5}}{2}$ 或 $k > \dfrac{\sqrt{5}}{2}$.

点评：解法三借助双曲线参数方程，通过三角代换将直线与双曲线的位置关系转化为直线与圆的位置关系，化繁为简，构思巧妙.

解法四（数形结合法）：

直线 $y = kx - 1$ 是过定点（0，-1）的直线族，由图 1 知：与右支相切的直线 l_1 逆时针旋转到与左支相切时（不含相切），与双曲线无公共点，故只要求出直线 $y = kx - 1$ 与双曲线相切时的斜率即可，同解法一得方程 $(1-k^2) x^2 + 2kx - 5 = 0$，当 $1 - k^2 = 0$ 时方程有解，显然有交点不符合题意；由 $\begin{cases} 1 - k^2 \neq 0 \\ \triangle = 0 \end{cases}$ 解得 $k = \pm \dfrac{\sqrt{5}}{2}$.

故 k 的取值范围是 $k > -\dfrac{\sqrt{5}}{2}$ 或 $k > \dfrac{\sqrt{5}}{2}$.

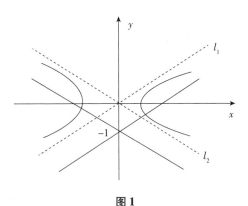

图 1

点评：解法四是利用双曲线的几何特征，从直线绕定点运动的角度，观察感知后归纳出斜率的变化范围，直观形象.

参数法与数形结合法是针对数学中的问题，进行不同角度、不同层次、不同情形、不同背景的认知，揭示问题的本质特征，揭示不同知识点间的内在联系的一种教学方法. 我们日常教学时要重视对问题的探究，挖掘问题的内涵和外延，激活数学思想方法，提高教学效率.

四、在总结归纳过程中，概括数学思想方法

数学教材是采用蕴含披露的方式将数学思想融入数学知识体系中，因此，

适时对数学思想做出归纳、概括是十分必要的. 尤其是在章节结束或单元复习中对知识复习的同时，将统摄知识的数学思想方法概括出来，可以加强学生对数学思想方法的运用意识，也使其对运用数学思想解决问题的具体操作方式有更深刻的了解，有利于活化所学知识，形成独立分析、解决问题的能力.

如函数图像变换的复习中，我把散落于二次函数、反函数、正弦型函数等知识中的平移、伸缩、对称变换，引导学生运用化曲线间的关系为对应动点之间的关系的转化思想及求相关动点轨迹的方法统一处理，得出图像变换的一般结论，深化学生对图像变换的认识，提高了学生解决问题的能力.

《解析几何》中，在研究圆锥曲线时，"平面内的一个动点到定点的距离与定直线的距离的比是常数 e 的点的轨迹"，当 $0 < e < 1$ 时为椭圆，当 $e = 1$ 时为抛物线，当 $e > 1$ 时为双曲线. 这是进行分类思想教学的典型内容，教师要充分利用这一材料，适时进行归纳小结.

五、在解题教学过程中，强化数学思想方法

《普通高中数学课程标准》（2017 年版）明确指出："要加强对解题的正确指导，要引导学生从解题的思想和方法上做必要的概括."这就是新教材的新思想. 其实，数学问题的解决过程，实质是命题不断变换和数学思想方法反复运用的过程；数学思想方法则是数学问题解决的观念性成果，它存在于数学问题的解决之中. 因此，在解题教学中，要十分注意研究解题的指导策略，结合教学内容不失时机地对学生应用数学思想方法解决问题加强指导，引导学生学习知识，掌握方法，形成思维. 只有这样，学生才会受到数学思想方法的教育. 这对于优化学生思维品质，提高学生创造思维能力，具有十分重要的意义.

1. 渗透化归思想，促进知识迁移

化归是指把待解决的问题，通过转化，归结到已解决或易解决的问题中去，也就是化未知为已知，最终使问题得到解决的一种思想方法.

例3 椭圆 $\dfrac{x^2}{9} + \dfrac{y^2}{4} = 1$ 的焦点为 F_1，F_2，点 P 为其上的动点，当 $\angle F_1 P F_2$ 为钝角时，点 P 的横坐标的取值范围是_____.

分析：本题的焦点是钝角这一概念.

转化一：

在 $\triangle F_1 P F_2$ 中 $\angle F_1 P F_2$ 为钝角 $\Leftrightarrow \cos \angle F_1 P F_2 < 0 \Leftrightarrow |PF_2|^2 + |PF_2|^2 < |F_1 F_2|^2 = 20$

解法一：

$\angle F_1PF_2$ 是钝角的充要条件是 $\Leftrightarrow |PF_2|^2 + |PF_2|^2 < |F_1F_2|^2 = 20$，记点 $P(x, y)$，则

$|PF_1|^2 = (x+\sqrt{5})^2 + y^2 = x^2 + 2\sqrt{5}x + y^2 + 5$，$|PF_2|^2 = (x-\sqrt{5})^2 + y^2 + 5$，

所以 $2(x^2 + y^2) + 10 < 20$，即 $x^2 + y^2 < 5$.

因为 $y^2 = 40\left(1 - \dfrac{x^2}{9}\right)$，所以 $x^2 < 5 - y^2 = 1 + \dfrac{4}{9}x^2$，

即 $x^2 < \dfrac{9}{5}$，得 $-\dfrac{3}{\sqrt{5}} < x < \dfrac{3}{\sqrt{5}}$，此即为点 P 的横坐标的取值范围.

转化二：

从 $\angle F_1PF_2$ 的变化规律看，根据椭圆的对称性，只需考虑点 P 在 x 轴或 x 轴上方的情形．此时 $\angle F_1PF_2$ 由 $0°$ 增加到最大值（钝角），再减小到 $0°$，在增加的过程中有一刻为直角，因此解答本题时，只需求 $\angle F_1PF_2 = 90°$ 时的动点 P 的横坐标即可.

解法二：

记点 P 为 (x, y)，则 $\angle F_1PF_2 = 90°$ 的充要条件是 $\dfrac{y-0}{x+\sqrt{5}} \times \dfrac{y-0}{x-\sqrt{5}} = -1$，即

$y^2 = 5 - x^2$，$5 - x^2 = 4 - \dfrac{4}{9}x^2$，所以 $5 - x^2 = 4 - \dfrac{4}{9}x^2$，得 $x = \pm\dfrac{3}{\sqrt{5}}$，故当 $\angle F_1PF_2$

为钝角时，点的横坐标 x 的取值范围是 $-\dfrac{3}{\sqrt{5}} < x < \dfrac{3}{\sqrt{5}}$.

点评："大于 $90°$ 而小于 $180°$ 的角叫钝角."解法一是直接从钝角定义出发，将钝角转化为其余弦值小于 0 这一等价形式直接求解；解法二则把握了钝角概念中的运动变化规律，将问题转化为钝角的临界值——直角问题而间接求解.

只要教师根据学生的认知结构，结合具体内容，探索转化方法，渗透转化思想，就可以逐步养成学生迎难而上、化难为易的好品质.

2. 渗透数形结合思想，探究知识的奥妙

数是形的抽象概括，形是数的直观表现．通过数形结合往往可使学生不但知其然，还能知其所以然.

例 4　已知定义在 $\mathbf{R}$ 上的函数 $f(x)$ 满足 $f(-x) + f(x) = 0$，且

$$f(x) = \begin{cases} -\log_2(1-x), & x \in (-1, 0] \\ -\dfrac{1}{2}x^2 - 3x - \dfrac{7}{2} \end{cases}$$，若关于方程 $f(x) = t$ $(t \in \mathbf{R})$

恰有 5 个不同的实数根 x_1，x_2，x_3，x_4，x_5，则 $x_1 + x_2 + x_3 + x_4 + x_5$ 的取值范围是_____．

解析：作出函数 $f(x)$ 的图像（见图 2），由图像可知 $t \in (-1, 1)$，设 $x_1 < x_2 < x_3 < x_4 < x_5$，则 $x_1 + x_2 = -6$，$x_4 + x_5 = 6$，由图像可知 $x_3 \in (-1, 1)$，故 $x_1 + x_2 + x_3 + x_4 + x_5 = x_3 \in (-1, 1)$．

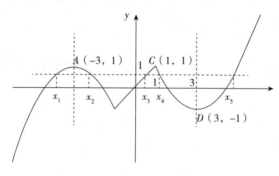

图 2

点评：利用数形结合解方程问题，借助图像便可求解．

3. 渗透函数思想，展示变化观点

函数思想是一种对应思想，是研究两个变量之间相互依存、相互制约的规律．在教材中不断地进行深化，学生的认识水平也在不断提高．

例 5 （2012 年高考浙江卷）设 $a > 0$，$b > 0$．

A. 若 $2^a + 2a = 2^b + 3b$，则 $a > b$　　　　B. 若 $2^a + 2a = 2^b + 3b$，则 $a > b$

C. 若 $2^a - 2a = 2^b - 3b$，则 $a > b$　　　　D. 若 $2^a - 2a = a^b - 3b$，则 $a < b$

解析：若 $2^a + 2a = 2^b + 3b$，必有 $2^a + 2a = 2^b + 2b$．构造函数：$f(x) = 2^x + 2x$，则 $f'(x) = 2^x \cdot \ln 2 + 2 > 0$ 恒成立，故有函数 $f(x) = 2^x + 2x$ 在 $x > 0$ 上单调递增，即 $a > b$ 成立．其余选项用同样方法排除．故选 A．

点评：问题中出现两数积与这两数和，是构建一元二次方程的明显信息．构造方程后再利用方程知识可使问题巧妙解决．当问题中出现多个变量时，往往要利用等量关系去减少变量的个数，如最后能把其中一个变量表示成关于另一个变量的表达式，那么就可用研究函数的方法将问题解决．

4. 渗透分类思想，让问题化繁为简

分类思想就是根据教学研究对象的本质属性的相同点和差异点，选取适当的标准，根据对象的属性不重复、不遗漏地将研究对象进行分类，然后对划分的每一类分别进行研究和求解的一种数学思想方法．它是一种逻辑方法，是一种重要的数学思想，同时也是一种重要的解题策略.

解分类讨论题需要学生有一定的分析问题的能力，具有一定的分类思想和技巧. 引起分类讨论的原因大致可归结为如下几种.

（1）根据概念分类讨论

在解题时，应注意用定义进行分类讨论，并且要注意概念所受的限制.

例 6　（1990 年全国高考题）解方程 $z^2 + 2|z| = a$（$a \geqslant 0$）.

解法一：

由 $z^2 + 2|z| = a$，知 $z^2 = a - 2|z|$ 是实数.

由复数定义，对 z 分类讨论：

① 若 $z \in \mathbf{R}$，则方程化为 $|z|^2 + 2|z| = a$，可知 $(|z| + 1)^2 = a + 1$，

故 $|z| = -1 \pm \sqrt{a+1}$（舍去负值），即 $|z| = -1 + \sqrt{a-1}$，

从而 $|z| = \pm (\sqrt{a+1} - 1)$.

② 若 z 为纯虚数，令 $z = \pm bi$（$b > 0$），则方程化为 $2b - b^2 = a$.

当 $a = 0$ 时，得 $b = 2$，从而 $z = \pm 2i$. 当 $0 < a \leqslant 1$ 时，

$z = \pm (1 + \sqrt{1-a})$ i. 当 $a \leqslant 0$ 时，$z = \pm (1 - \sqrt{1-a})$ i，当 $a > 1$ 时，原方程无纯虚数解.

解法二：

设 $z = r(\cos\theta + i\sin\theta)$，其中 $r \geqslant 0$，$0 \leqslant \theta < 2\pi$，代入原方程得

$r^2\cos2\theta + 2r + ir2\sin\theta = a$，于是有

$$\begin{cases} r^2\cos2\theta + 2r = a & ① \\ r^2\sin2\theta = 0 & ② \end{cases}$$

由②式知 $r = 0$ 或 $\theta = \dfrac{k\pi}{2}$（$k = 0$，1，2，3），下面进行讨论.

① 若 $r = 0$，①式变为 $a = 0$，故当 $a = 0$ 时，有 $r = 0$，即 $z = 0$；当 $a > 0$ 时，方程无解.

② 若 $\theta = \dfrac{k\pi}{2}$（$k = 0$，1，2，3），由于 $r = 0$ 的情况已在前面讨论过，只需讨论 $r \neq 0$ 的情况.

第一种情况：当 $k = 0$，2 时，$\sin\theta = 0$，原方程有实数解 $z = \pm r$.

又 $\because \sin2\theta = 1$，①式可化为 $r^2 + 2r = a$，即 $(r+1)^2 = 1 + a$　③

当 $a = 0$ 时，方程③无正解.

当 $a > 0$ 时，方程③有正根 $r = -1 + \sqrt{a+1}$，即 $z = \pm (1 - \sqrt{a+1})$ i.

第二种情况：当 $k=1$，3 时，$\cos\theta=0$，原方程有纯虚解 $z=\pm ri$，

又 $\because \cos 2\theta = -1$，①式可化为 $2r-r^2=a$，即 $(r-1)^2=1-a$ ④

当 $a=0$ 时，方程④有正根 $r=2$，即 $z=\pm 2i$

当 $0<a\le 1$ 时，方程④有正根 $r=1\pm\sqrt{1-a}$，即 $z=\pm(1+\sqrt{1-a})i$，$z=\pm(1-\sqrt{1-a})i$.

当 $a>1$ 时，方程④无实根，即原方程无纯虚数解.

（2）根据运算的要求分类讨论

有些运算有一定的条件限制，在解题中，必须按要求进行. 要突破相应的限制，就要进行分类讨论.

例7 （1999年全国高考题）解不等式 $\sqrt{2\log_a^x-2}<2\log_a^x-1$（$a>0$，$a\ne 1$）.

分析：本题主要考查对数函数的性质、对数不等式、无理不等式解法等基本知识，考查分类讨论思想.

解：原不等式等价于 $\begin{cases} 3\log_a^x-2\ge 0 & ① \\ 3\log_a^x-2<(2\log_a^x-1)^2 & ② \\ 2\log_a^x-1>0 & ③ \end{cases}$

由①得 $\log_a^x\ge\dfrac{2}{3}$

由②得 $\log_a^x<\dfrac{3}{4}$，或 $\log_a^x>1$.

当 $a>1$ 时，所求的解是 $\{x\mid a^{\frac{2}{3}}\le x<a^{\frac{3}{4}}\}\cup\{x\mid x>a\}$，当 $0<a<1$ 时所求的解集是 $\{x\mid a^{\frac{2}{3}}\le x<a^{\frac{3}{4}}\}\cup\{x\mid 0<x<a\}$.

例8 （1999年全国高考题）如图3所示，给出定点 A（a，0）（$a>0$）和直线 L：$x=1$，B 是直线 L 上的动点，$\angle BOA$ 的角平分线交 AB 于点 C，求点 C 的轨迹方程，并讨论方程表示的曲线类型与 a 值的关系.

解：依题意，记 B（-1，b），（$b\in\mathbf{R}$），则直线 OA 和 OB 的方程分别为 $y=0$ 和 $y=-bx$.

设点 C 的坐标为（x，y），则有 $0\le x<a$，由 OC 平分 $\angle AOB$，知点 C 到 OA，OB 的距离相等，根据点到直线的距离公式得

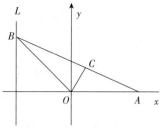

图3

$$|y| = \frac{|y+bx|}{\sqrt{1+b^2}} \qquad ①$$

依题设，点 C 在直线 AB 上，故有 $y = \dfrac{b}{1+a}(x-a)$.

由 $x-a\neq 0$，得 $b = -\dfrac{(1+a)\,y}{x-a} \qquad ②$

将②代入①整理得 $y^2[(1-a)-2ax+(1+a)y^2]=0$.

若 $y\neq 0$，则 $(1-a)x^2-2ax+(1+a)y^2-0\ (0\leqslant x<a)$.

若 $y=0$，则 $b=0$，$\angle AOB=\pi$，点 C 的坐标为 $(0,0)$，满足上式.

综上得：点 C 的轨迹方程为 $(1-a)x^2-2ax+(1+a)y^2=0\ (0\leqslant x<a)$.

① 当 $a=1$ 时，轨迹方程为 $y^2=x\ (0\leqslant x<1) \qquad ③$

此时方程③表示抛物线弧段；

② 当 $a\neq 1$ 时，轨迹方程为 $\dfrac{\left(x-\dfrac{a}{1-a}\right)^2}{\left(\dfrac{a}{1-a}\right)^2}+\dfrac{y^2}{\dfrac{a^2}{1-a^2}}=1\ (0\leqslant x<a) \qquad ④$

$\therefore$ 当 $0<a<1$ 时，方程④表示椭圆弧段；当 $a>1$ 时，方程④表示双曲线一支的弧段.

（3）根据定理、公式的限制条件分类讨论

例9 （1997 年全国高考题）已知数列 $\{a_n\}$，$\{b_n\}$ 都是正数组成的等比数列，公比分别为 p，q，其中 $p>q$，且 $p\neq 1$，$q\neq 1$，设 $C_n=a_n+b_n$，S_n 为数列 $\{C_n\}$ 的前 n 项和，求 S_n.

解：$S_n = \dfrac{a_1(p^n-1)}{p-1} + \dfrac{b_1(q^n-1)}{q-1}$

$\dfrac{S_n}{S_{n-1}} = \dfrac{a_1(q-1)(p^n-1)+b_1(p-1)(q^n-1)}{a_1(q-1)(p^{n-1}-1)+(b_1(p-1)(q^{n-1}-1)}$

分两种情况讨论：

① $p>1$.

$\because p>q>0$，$0<\dfrac{q}{p}<1$，

$\therefore \lim\limits_{n\to\infty}\dfrac{S_n}{S_{n-1}} = \lim\limits_{n\to\infty}\dfrac{a_1(q-1)(p^n-1)+b_1(p-1)(q^n-1)}{a_1(q-1)(q^{n-1}-1)+b_1(p-1)(q^{n-1}-1)}$

$$= \lim_{n \to \infty} \frac{p^n \left[a_1 (q-1) \left(1 - \dfrac{1}{p^n} \right) + b_1 (p-1) \left(\dfrac{q^n}{p^n} - \dfrac{1}{p^n} \right) \right]}{p^{n-1} \left[a_1 (q-1) \left(1 - \dfrac{1}{p^{n-1}} \right) + b_1 (p-1) \left(\dfrac{q^{n-1}}{p^{n-1}} - \dfrac{1}{p^{n-1}} \right) \right]}$$

$$= p \lim_{n \to \infty} \frac{a_1 (q-1) \left(1 - \dfrac{1}{p^n} \right) + b_1 (p-1) \left[\left(\dfrac{q}{p} \right)^n - \dfrac{1}{p^n} \right]}{a_1 (q-1) \left(1 - \dfrac{1}{p^{n-1}} \right) + b_1 (p-1) \left[\left(\dfrac{q}{p} \right)^n - \dfrac{1}{p^{n-1}} \right]}$$

$$= p \cdot \frac{a_1 (q-1)}{a_1 (q-1)} = p$$

② $p < 1$.

∵ $0 < q < p < 1$,

∴ $\lim\limits_{n \to \infty} \dfrac{S_n}{S_{n-1}} = \dfrac{a_1 (q-1) (p^n - 1) + b_1 (p-1) (q^n - 1)}{a_1 (q-1) (p^{n-1} - 1) + b_1 (p-1) (q^{n-1} - 1)}$

$$= \frac{-a_1 (q-1) - b_1 (p-1)}{-a_1 (q-1) - b_1 (p-1)} = 1$$

（4）根据有关性质分类讨论

有些问题涉及函数的性质，因此在解这些问题时，往往要依据函数的相关性质进行分类讨论.

例10 （1991 年全国高考题）已知 n 为自然数，实数 $a > 1$，解关于 x 的不等式 $\log_a^x - 4\log_{a^2}^x + \log_{a^3}^x + \cdots + n (-2)^{n-1} \log_{a^n}^x > \dfrac{1 - (-2)^n}{3} \log_a^{(x^2 - a)}$.

解：不等式的左边可化为 $\left[1 - 2 + 4 - \cdots + (-2)^{n-1} \right] \log_a^x$，故原不等式为

$$\frac{1 - (-2)^n}{3} \log_a^x > \frac{1 - (-2)^n}{3} \log_a^{(x^2 - a)} \qquad ①$$

根据负数幂的性质讨论：

① 当 n 为奇数时，不等式①为 $\log_a^x > \log_a^{(x^2 - a)}$，即 $x > x^2 - a > 0$，由此得不等式的解集为 $\left\{ x \mid \sqrt{a} < x < \dfrac{1 + \sqrt{1 + 4a}}{2} \right\}$.

② 当 n 为偶数时，由①得 $\log_a^x < \log_a^{(x^2 - a)}$，即 $0 < x < x^2 - a$，由此得原不等式的解集为 $\left\{ x \mid x > \dfrac{1 + \sqrt{1 + 4a}}{2} \right\}$.

（5）根据图形位置的不确定性分类讨论

在计算或推理过程中，遇到图形位置或形状不确定时，应进行分类讨论.

例11 （1991年全国高考题）如图4所示，已知两条异面直线 a，b 所成的角为 θ，它们的公垂线 AA_1 的长度为 d，在直线 a，b 上分别取点 E，F．设 $A_1E = m$，$AF = n$，

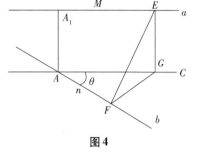

图4

求证：$EF = \sqrt{d^2 + m^2 + n^2 \pm 2mn\cos\theta}$．

证明：过 A 作直线 a 的平行线 C，又作 $EG \perp C$ 于 G，连 FG，则 $EG \perp AG$．

$\therefore EF^2 = EG^2 + FG^2$．

根据 F 在 b 上的位置不同，$\angle FAG$ 可能等于 θ 或 $\pi - \theta$．

① 当 $\angle FAG = \theta$ 时，在 $\triangle FAG$ 中，根据余弦定理有

$FG^2 = m^2 + n^2 - 2mn\cos\theta$．

$\therefore EF^2 = m^2 + n^2 - 2mn\cos\theta$，

即 $EF = \sqrt{d^2 + m^2 + n^2 - 2mn\cos\theta}$．

② 当 $\angle FAG = \pi - \theta$ 时，类似地可得

$EF = \sqrt{d^2 + m^2 + n^2 + 2mn\cos\theta}$．

例12 （1984年全国高考题）如图5所示，已知三个平面两两相交，有三条交线，求证：三条交线交于一点或互相平行．

证明：如图5所示，设三个平面分别为 α，β，γ，且 $\alpha \cap \beta = c$，$\alpha \cap \gamma = b$，$\beta \cap \gamma = a$．

$\because \alpha \cap \beta = c$，$a \cap \gamma = b$，

$\therefore c \subset \alpha$，$b \subset \alpha$．

从而 c 与 b 或交于一点，或互相平行．

① 若 c 与 b 交于一点，设 $c \cap b = p$，由 $p \in c$，且 $c \subset \beta$，有 $p \in \beta$；又由 $p \in b$，且 $b \subset \gamma$，有 $p \in \gamma$，于是 $p \in \beta \cap \gamma = a$．

$\therefore a$，b，c 交于一点（p 点）．

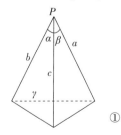
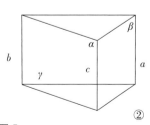

①　　　　②

图5

② 若 $a /\!/ b$，则由 $b \subset \gamma$，有 $c /\!/ \gamma$，

又由 $c \subset \beta$，且 $\beta \cap \gamma = a$，可知 $c /\!/ a$.

∴ a，b，c 互相平行.

六、根据实际情况分类讨论

例 13　（1997 年全国高考题）甲、乙两地相距 Skm，汽车从甲地匀速行驶到乙地，速度不得超过 ckm/h，已知汽车每小时的运输成本（以元为单位）由可变部分和固定部分组成：可变部分与速度（vkm/h）的平方成正比，比例系数为 b；固定部分为 a 元.

（1）把全程运输成本为 y 元表示为速度（vkm/h）的函数，并指出这个函数的定义域.

（2）为了使全程运输成本最小，汽车应以多大速度行驶？

解：（1）所求函数及定义域为 $y = S\left(\dfrac{a}{v} + bv\right)$，$v \in (0, c)$.

（2）由题意知，s，a，b，v 都为正数，故有 $S\left(\dfrac{a}{v} + bv\right) \geqslant 2S\sqrt{ab}$.

当且仅当 $\dfrac{a}{v} = bv$，即 $v = \sqrt{\dfrac{a}{b}}$ 时，上式中等号成立.

若 $\sqrt{\dfrac{a}{b}} \leqslant c$，则 $v = \sqrt{\dfrac{a}{b}}$ 时，全程运输成本 y 最小.

若 $\sqrt{\dfrac{a}{b}} > c$，当 $v \in (0, c)$ 时，

有 $S\left(\dfrac{a}{v} + bv\right) - S\left(\dfrac{a}{c} + bc\right) = \dfrac{s}{vc}(c - v)(a - bcv)$

∵ $c - y \geqslant 0$，且 $a > bc^2$，故有 $a - bcv \geqslant a - bc^2 > 0$

∴ $S\left(\dfrac{a}{v} + bv\right) \geqslant S\left(\dfrac{a}{c} + bc\right)$，当且仅当 $v = c$ 时等号成立，也即当 $v = c$ 时，全程运输成本 y 最小.

综上知，为使全程运输成本 y 最小，当 $\sqrt{\dfrac{a}{b}} \leqslant c$ 时，行驶速度 v 应为 $\sqrt{\dfrac{a}{b}}$；当 $\sqrt{\dfrac{a}{b}} > c$ 时，行驶速度 v 应为 c.

第七章

思意升华：探索"思意教育"可行路径

第一节　思意教育的学校管理人本观：
法治、人文、高效

人本观念，是指在管理活动中，以调动和激发人的积极性和创造性为根本手段，以达到提高效率和人的不断发展为目的的观念. 构建科学、合理、规范的管理模式，营造和谐、温馨的工作氛围，形成积极、团结的学校文化，不断提高学校管理效能.

1. 完善法治化、民主化的管理模式

我校建立现代学校制度，一是将已有的学校管理、教学管理、课程管理、学生管理等各项制度进行汇编，力求详尽、细致，能够囊括学校工作的所有方面. 二是根据学校目前的实际情况对制度进行适当的调整、补充和完善，如人事聘任、岗位管理、校本课程开发、总务后勤、创新人才培养等方面. 三是积极推进岗位管理、自主管理，实施灵活的岗位聘任方案，激发全体师生参与学校管理的积极性和主动性. 四是在总务后勤方面，成立由学生、家长、教师、职工共同组成的"膳食委员会"；在课程建设方面，由学校的骨干教师联合成立"课程委员会"；在学校管理方面，成立教职员工共同构成的"校务委员会""家长委员会""学校合作委员会""校长助理团"等多个组织. 我校构建"依法治校、权责分明、民主监督、社会参与"的管理体系，形成多元的治校模式.

2. 推进规范化、人文化的服务机制

我校健全和完善了学校安全责任制度、安全预案和应急工作机制，强化安全法制教育特色，建立安全教育校本课程与实施模式，学校被评为国家安全文明示范校.

在后勤服务保障方面，从细节入手，简化学校日常管理工作的申报程序，缩短响应时间，为师生提供安全、优质、高效的全程、全方位服务，提高服务效率，提升服务质量，为学校师生的教育教学保驾护航.

3. 追求信息化、高效化的服务质量

我校建立了开放型、立体化的校园智能网络平台，如以信息技术为基础的智能化、无纸化高效管理平台，建立了完整的校内资源信息库，实施校园数字化管理系统，逐步实现后勤管理数字化、高效化的目标，不断提高工作效能.

第二节　思意教育的队伍建设精英观：专业、服务、幸福

教师是学校发展的关键. 我们把教师队伍作为教育事业科学发展的第一资源，以名师、教坛精英队伍建设为先导，以高层次创新型人才为核心，大力推进高素质教师队伍建设，全面提高教师队伍整体素质.

1. 提高教师专业化程度

我校切实做好教师校本培训工作，定期举办"二实"论坛，就教育教学中的共性问题进行集中研讨，凝聚教师智慧，解决现实问题. 开展"青年教师领导力"培训工作，为青年教师的长远发展、可持续性发展奠定基础，不断提升青年教师的专业素养. 全力推进"骨干培养工程"，建立完善的骨干教师选拔和培养制度，采取"搭台子、铺路子、压担子"的方法，激励教师立足岗位成才. 理顺各级各类教师发展的培养体系. 初步建立了制度体系、项目管理体系和培训课程体系三大培养体系. 对于青年教师，以提高其业务内功为主，督促青年教师不断加强对专业知识、教学技能、教学管理等方面的钻研和深究，不断提升自身的教育教学水平；对于骨干教师，要通过领导力培训、管理力提升等途径，引导骨干教师克服职业倦怠，形成教育风格；对于名优教师，要做好宣传、推介和品牌提升的工作，帮助名优教师实现个人教学艺术、教学智慧的传播与推广. 发掘专业潜能，提升教育专业化程度.

2. 提升科技教师品牌度

科技教师队伍质量将直接影响科技高中、科技特色项目的建设. 一方面，通过各级各类的项目、比赛等激发教师在科技项目上的辅导、带队和竞赛指导工作等方面，进行深入科研的激情与动力. 另一方面，通过高层次、高水准的

校内外培训为科技教师打造出坚实的培养平台.

3. 提高教职工服务意识

教育即服务，服务意识直接关乎教育效能. 通过"树典型"的方式，开展"感动二实人物""我最喜爱的老师"系列评选活动，促使教职员工树立"大服务"意识，不断追寻教育活动的终极价值.

倡导服务性的教育行为. 以学生发展度为业绩高低标杆，关注学生的发展与成长需要，竭力为学生提供最便捷、最省心的教育教学服务. 以成立"学生服务中心"为突破口，就学生的课程选择、升学咨询、心理调适、生活服务、学业辅导、人生规划等方面提供"一站式"服务，为学生的学习、生活创造最大的便利与快捷，提供最贴心、最有效的指导与帮助.

4. 增强教师职业幸福感

职业幸福来源于教师的职业态度和职业成就. 我校不断加强对教师师德师风的磨砺，规范教师礼仪行为，完善教师奖励激励机制，搭建了多元的成长平台，建立了动态的教师业务档案. 开展"教师关爱"行动，为教师提供职业、家庭、生活等多方面的咨询、慰问和帮助，开展多种形式的教师团队活动. 解决教师的后顾之忧，减轻教师的工作压力. 提供各种形式的进修、培训和职业交流的机会与平台，为教师的职业幸福和人生幸福铺平道路.

第三节　思意教育的课程建设多元观：
丰富、开放、活力

课程的发展是以文化为核心的. 课程是文化价值观的传达，价值观是决定课程设置的意识形态. 课程建设是关键. 我们构建开放型课程体系，制定了规范的课程纲要，充实课程内容，完善课程结构，产生了一批精品课程.

1. 构建合理课程体系

以国家课程方案及《普通高中课程标准（2017 年版）》为依据，结合学校实际，构建必修与选修并进、学科课程与活动课程相融合的开放型课程体系. 开齐、开足国家规定课程，保证课程结构的基础性与均衡性，根据教学实际，不断扩大选修课程的领域与范围. 学科类课程主要包含拓展课程、提升课程和主题课程，内容主要涉及科技思维类、科学探究类、科学史研究三类. 活动类课程主要包括社团活动、社会实践活动等. 实现课程的选择性与多元化，促进学生的个性发展.

2. 整合优化国家课程

依托学校课程平台，教师积极参与国家课程的整合与优化工作，逐步建立各学科模块的课程纲要. 大力整合科技类课程资源，充分利用企业、社区和城市的有利、有效资源，多维度、多层面地拓展国家课程内容，不断充实完善课程资源库. 深入挖掘国家科学课程内涵，分类型建立规范高效的课程实施模式，孵化了一批精品课程，激发国家课程的实施活力.

3. 建设校本科技课程

我校建立了学科课程与活动课程相结合的校本课程体系，其中，学科课程主要包含拓展课程、提升课程和主题课程，活动课程主要包含主题课和综合实践活动课. 构建了完善的科技课程体系，开设科技思维类、科学探究类、科学史研究类课程. 另外，不断加大国际科技课程引进力度，做好国际科技课程的本土整合和优化工作，以国际科技课程引进和整合为契机，引导学生探究国际先进科技理念和研究成果，实现学校课程与国际课程的无缝对接.

4. 激发课程生机活力

我校成立了"课程委员会"，形成了学校课程体系的集体决策程序，建立了适应自身实际的课程管理与评价制度，加强课程领导；建立了完备的校本课程开设、淘汰的课程管理制度，加大对课程实施的监管和评价力度；建立了完善的课程引进制度，对接洽合作、课程交流、课程评价等诸多环节建立规范的制度章程；建立了定期课程反馈与调查制度，督促教师加大对课程的研究与思考力度，促使课程保持勃勃生机与无穷活力.

第四节　思意教育的教学改革高效观：尊重、合作、优质

教学是学校的生命线．我校从实际出发，以课堂为阵地，倡导尊重、合作、优质的教学过程，打造"高效课堂"，构建"二实"教学模式，形成独特的教学文化．我校在"低进高出，高进优出"方面拥有较为成熟的培养和管理模式，连续 14 年被评为深圳市高考先进单位．

1. 以尊重为前提，构建活力课堂

尊重学生，关注学生学习程度、学习方式、情感需要等个性差异，根据实际情况对不同层级的学生进行分层次、分阶段教学，促进学生的个性化学习．尊重课堂，完善集体备课，强化教材教法研究，培养学生良好的科学思维习惯，推进高效课堂．尊重生命，关注课堂中的生成与互动，关注课堂中师生、生生间的合作与实践，促使"课堂焕发出生命活力"．

2. 以合作作为抓手，提高教学效能

强化教学过程中的师生合作与探究，根据学生实际编写校本习题、校本教材，开发工具单，师生合力进行深入探究，实现优质教学；加大学科教师间合作的力度，发挥教师群体智慧，形成学习、研究、奋斗共同体，倡导进行团体课题研究，加强"和谐科组"的建设．探索建立常态的学科间教师合作模式，以争创"和谐年级组"为契机，协调好各学科的教学、辅导以及备考工作，定期就学生的群体特征、共性问题进行集体探讨，提升团队战斗力．

3. 以优质为目标，创新教学模式

我校建立了学科作业测量标准和监控制度，根据各学科特点和学生学习实际制订出完备的作业数量与质量的监测标准，提高学科作业质量．贯彻"合作·互动·高效"的教学理念，各学科组根据学科教学内容和特点，分模块、分类型确立课堂实施标准和评价细则．各学科根据教学板块和内容的不同建立标准化、规范化的教学实施模式．我们实施了"先学后教"的有效教学模式，探索了因材施教的分层教学模式，开启了基于网络的开放式互动教学模式．

第五节　思意教育的学生发展个性观：个性、自主、快乐

发展学生的个性，是教学的一项基本任务，是教育长期追求的目标，也是现代教育的一个重要标志．我们不断创设条件，搭建平台，创新机制，为学生的个性发展、自主发展、创新发展、快乐发展创造条件，力争为每一个学生的最优发展找准落脚点．

1. 促进学生的个性发展

我校以课程为载体，形成引领学生个性发展的德育课程体系．打造多条成长通道（创新人才成长体系、传媒艺术人才成长体系、国际化人才成长体系、高水平体育人才成长体系、复合人才成长体系），让不同个性、特长的学生都有成才通道．同时探索与年级特色相适应的科技类社会实践课程，培养学生的动手能力和实践能力，让实践课程成为学生个性发展的社会磨砺平台．东都汽车城、韶山、井冈山社会实践帮助学生切切实实地体验了动手与实践的快乐，切实开展好社团活动（小实验家、小天文家、信息奥赛、激光雕刻制作等近 20 个科技类社团活动），尤其是毽球、女子篮球享誉国内，一批学生通过社团的个性化培养迈入了理想学府．让社团成为学生个性发展的校园锻炼平台．办好校园大型文化活动，如读书季、科技季、艺术季、体育季等，让大型活动成为学生个性发展的展示平台．

2. 促成学生的自主发展

我校建立了完善的学生常规管理制度，以"自为自主，健康成长"为核心，加强对学生自主管理、自主成长的引导和帮助，促进学生的自我规划、自主发展能力的培养．营造温馨舒适的宿舍文化氛围，丰富年级文化、班级文化和宿舍文化的内涵．加强对少先队、共青团等基层组织的管理，加强对学生会等学生组织自主发展的协调和指导．

3. 推进学生的快乐发展

注重体现学生发展的多向度、多维度的过程性评价．做好心理辅导与助推

课程，让心理辅导成为学生快乐发展的基础. 搭建适宜学生个性发展、多元发展的平台，开设天文、信息、建筑、航天航空、数字工坊、轨道交通、化学等多个探究类工作室，尽力满足学生的发展需求. 夯实辅助平台，在课程选择、社团开展、社会实践、餐饮服务、图书借还等方面采取"学生优先"的服务策略，促使学生在学习生活中充分享受成长与发展的快乐.

4. 引导学生的创新发展

构建一个促进学生创新发展的平台，搭建好三类实践平台：第一类是校内航空航天实验室、数字工坊实验室、天文天象馆等轨道交通实验室、光电实验室等科技平台，激发学生对自然科学的好奇心和探究意识，引导学生进行深入的科学研究；第二类是社会实践平台，主要表现为学校与企业、社区的合作基地，培养学生的实际动手能力和操作能力，增强学生的创新意识，提升学生的实践能力；第三类是国内外高校、科研院所实践平台，借助专项科研项目的研究，由学校搭建起中学与大学、科研院所的合作平台，引导学生直接参与科研项目，进行科学研究.

第六节　思意教育的合作办学生态观：协同、创新、共进

合作是 21 世纪的主题，也是实现学校现代化的根本举措. 我们不断拓展家校合作、社区合作的区域，扩大合作效应，构建学校发展的区域合作生态系统，实现合作中的共进与发展.

1. 创新家校合作形式

我校完善家校合作制度，在"家长委员会"与"校务委员会"间建立常态沟通机制，引导家长通过"家长委员会"直接参与学校的管理和建设工作，在学校的教育决策、校务公开等方面积极献言献策，不断推进学校管理的民主化进程. 做好"家长开放日"、家长会、家访等常规工作，充分整合家长教育资源，形成学校、家庭的教育合力. 创建"家长学校"，根据实际情况定期开设家长课程. 构建了网络环境下家校合作新模式，开设家校互动

平台，定期举办"家长论坛""家教论坛"等专题性论坛活动，开辟家校合作新途径．

2. 丰富社区合作内容

我校建立了学校与社区合作的教育模式，借助学校的科技优势，就社区的能源利用、卫生环保、便民科技等方面进行切实有效的合作，提升合作的实效性．成立"社区服务站"，培养学生实践能力的同时发挥学校对社区的"反哺"功能，探索社区与学校共建的途径．

3. 加大校企合作力度

学校建立了完善的校企合作制度，与深圳市光启研究院合作，充分利用好企业的科技资源，加大对企业目前的科技难题、科技需求的调查与研究，引导学生探究企业科技难题的解决途径，创新性地解决企业难题，为学生的探究、发明和应用、实践创设广阔的科技平台．

4. 拓展校际合作区域

拓展校际合作，一方面是做好"百校扶百校"工作，加大对薄弱学校的扶持力度，充分发挥引领与示范作用．另一方面是加强与省内外兄弟学校、高校、科研院所的合作与交流，在课程建设、教学效能、创新人才培养等方面建立完备而规范的合作交流制度，进行深度合作与交流，不断扩大学校市内外的影响力．

第七节 思意教育的学校交流国际观：理解、支持、学习

所谓国际观就是国际意识，或称全球意识，就是有宽广的国际视野和国际胸怀，不仅了解关心自己的国家，也了解关心其他国家，能从国际大背景的角度以世界普世价值来研究问题，明辨是非，分清曲直．在教育国际化的大背景下，高频度、宽领域、深层次的互相交流，促进学校在办学模式、办学效能方面向高端化、国际化迈进．

1. 深入开展课程合作

我校引进了国际课程，建立了校本国际课程标准. 搭建国际课程网络平台，提供广泛的国际课程资源，开阔学生的视野，为国际间学生的网络课程交流创造适宜条件.

2. 探索建立支持系统

我校建立了良好的校际合作机制，在师生互派、互换等方面建立系统化的选拔、输送和培养制度，通过严格规范的外事工作管理和周到细致的外事后勤服务，促进学校的国际化进程，确保学校对外交流的实效性.

3. 锤炼学校国际品牌

国际化是学校发展的趋势和内在需求，我校不断提炼学校的国际化内涵，发挥学校国际化的引领作用，提升学校教育的国际化地位、影响力. 持续增强学校与美国、德国、韩国等国外高中的交流和合作力度，建立长期、高效的合作关系，借鉴其有益的办学经验，引领学校走出深圳，迈向国际，锤炼学校的示范性、国际化品牌.

第八章

思意引擎：共建"思意教育"教师教育

第一节 构建名师工作室的教师培训体系

名师工作室的目标定位在"打造优秀群体，产生名优效应"上，名师工作室的课程定位在"开展课题研究，适应自身发展"上，名师工作室的形式定位在"整合实践活动，优化研训过程"上，名师工作室的管理定位在"建立多元机制，体现人文关怀"上.

林伟工作室构建"思意数学"到"思意教育"的培训体系，以"专业引领、实践探索、共同发展、全面提高"为宗旨，构建一个学习型、合作型、科研型、实践型、成长型、辐射型、创新型的工作室.

一、构建名师工作室的科学建设策略，解决如何建设高水平的名师工作室的问题

1. 在理论建设上，具有旗帜鲜明的学术主张——凸显理论建设的高度

名师有自己的学术主张，有自己的学术见解，有自己的学术建构，工作室才有自己的灵魂. 符合教学的要求，体现教育的特征，旗帜鲜明，凸显高度.

2. 在学科建设上，具有专业领域的学科思想——彰显学科建设的深度

一是开展三个探索：探索"导引点拨"的教学技能，探索"生动、朴实、高效"的教学策略，探索"问题探究式"的学生学习策略.

二是开展四个研究：研究教育对象，建设思意课堂，使学生愿学；研究教学内容，建设思意课堂，使学生能学；研究教学过程，建设思意课堂，使学生会学；研究教育现象，建设思意课堂，使学生乐学.

三是抓住问题进行研究：基于问题而指向问题，由问题而引向问题，带着问题探索，以求问题解决.

最终研究目标是：立足名师工作室的人才优势，提升青年教师的教育和教研水平，探索高效课堂教学策略，初步形成并逐步完善"思意数学"的教学策略和"自主合作探究"的学习策略，为课程改革积累经验，为高效教学探索新路.

3. 在相关领域内，具有海纳百川的视野——拓展相关领域建设的广度

作为名师工作室的成员，不但要有本学科扎实的功底，还要有开阔的胸襟、广阔的视野，对教育学、心理学、课程论、教学论、中外教育理论都要有深入的研究．本课题采用比较分析的方法进行相关研究．如孔子与苏格拉底的比较，陶行知与苏霍姆林斯基的比较，布鲁姆与布鲁纳的比较，通过分析研究，吸取精华，为我所用．

4. 在建设目标上，具有明晰高远的方向——确保制度建设的效度

通过名师工作室这一平台，促进青年教师的专业发展，锤炼青年教师的师德、师魂，提升青年教师的师技、师能，使之成为教学骨干、思考型教师、专家学者型教师．处理好当下和长远的关系，做好教师的职业规划，是解决教师的专业发展和职业倦怠问题的最佳选择．

发挥名师工作室的理论优势，将工作室成员的研究和实践制度化，为把工作室成员打造成教学名师、专家型教师创造条件．经过入格、破格、出格、升格、风格、独树一格等几个阶段的有层次的顺向发展，由教育的"必然王国"进入教育的"自由王国"，最终成就教育名师的人生目标．

二、建立名师工作室高效运行机制，解决怎样保证名师工作室高效运转的问题

1. 探索"导动结合"的引领机制

导师之"导"即"导引与点拨"，以充分发挥名师的示范、引领、带动、辐射作用．成员之"动"即"自主与合作"，以充分激励成员的参与热情．二者的连接点是"探究"：导师"导引"学员开展"问题探究"，并点拨成员的探究活动；工作室成员正确处理"自主"探究与"合作"探究的关系．二者协同，互为补充．探究就是活动，活动需要引领，引领带动进步，进一步保证成员成才．

2. 探索"目标过程"的管理机制

探索如何将名师工作室成员工作的"目标"与"过程"进行科学的分解，确保名师工作室的有序运行．每月、每期、每年的培养目标，按照过程，进行有机分解，确保了名师工作室建设和运行的一贯性、系统性和实效性．

3. 探索"定性定量"的评价机制

"定性定量"的评价机制要求将定量的过程评价和定性的结果评价相结合．"定性"：定性评价可以为用好评价结果做准备，在结果评价中，对名师工作室

工作的优劣势进行评判，帮助工作室找出差距，扬长补短，改善工作，提高培养效益．"定量"：在过程评价中，采取定量的办法，制订《名师工作室学年度考核细则》等一系列量化标准，避免走过场，搞形式主义，确保工作室科学高效的运行．

4. 探索"有名有利"的激励机制

"有名有利"的激励机制，要求在精神鼓励和物质奖励上对名师成长给予及时充分的肯定、认可．"有名"，即为名师专业发展搭建平台，为教师技能展示搭建舞台，为中青年教师成名成家搭建高台，这样才能提升教师的幸福指数，为名师成长提供充分的精神鼓励．"有利"，即对名师工作室的工作经费进行科学的分配，通过对名师工作室成员工作的"质"与"量"的考核，进行奖惩，使效率和效益挂钩，打破"干多干少一个样、干好干差一个样"的分配弊端，以最大限度地发挥物质奖励的激励作用．

三、研究任务

林伟工作室探索形成教学实践、教学示范、教学研究、专业服务、专业培训相结合的骨干教师培训模式；探索形成在教学实践中引领中青年骨干教师、青年教师专业能力持续发展的工作机制，为有效提高中学课堂教学质量做出积极贡献．具体任务如下．

1. 课堂教学示范

工作室主持人每学年执教或推选 4 节示范课，组织工作室全体成员及其学员观摩、学习、研讨；在主持人的帮助、指导下，每位成员每学年执教 6 节示范课，供全体学员观摩、学习、研讨；在成员帮助、指导下，每位学员每学年执教 10 节校内研讨课．通过教学示范、探讨，每学年为工作室全体人员提供不少于 30 学时的专业培训．

2. 课堂教学研究

由主持人牵头，根据课堂教学中存在的现实问题，确定每学年课堂教学研究专题及工作方案，组织全体成员参与，分工合作，共同完成专题研究任务，形成阶段性研究成果及报告，以便在更大范围内推广、借鉴和应用．通过专题研究，每学年为工作室全体人员提供不少于 30 学时的专业培训．

3. 专题集中研修

每学年由主持人组织全体成员，以参与式学习为主要方式，以课堂教学实例为载体，至少开展一次集中研修，时间不少于 20 学时．

四、工作室运作模式

（一）活动方式

林伟工作室采用"个人钻研—集体研读—专家指导—形成特色"的培训方式．坚持在课堂实践中提高施教能力．实践出经验，实践出智慧，倡导"实践—反思—再实践—再反思"的个人成长之路，帮助工作室成员及学员逐步形成教学特色．坚持专家指导（包括阅读教育名著）下的问题研究．针对个人教学中的难点和困惑，开展实实在在的专题研究，积小胜为大胜，在探索中求得专业的突破和发展．

坚持工作室成员及学员为主体的培训模式．主角是成员和学员，培训的主旋律是实践和研究，是智者相聚，要使成员、学员间的切磋交流和优势互补成为促进成员、学员学习和专业发展的动力．

（二）管理模式

主持人指导下自主学习的管理模式；建立博客、QQ 群、微信群和工作室网页，使工作室成员、学员之间形成学习共同体，共享相关研修经验与资料，并及时展示研修成果．

（三）具体措施

林伟工作室的探索与实践主要抓两个方面：一是学员高端培养，二是成员高位引领．

1. 高端培养

（1）聚力基础建设，以工作室为基点打造创新高地．坚持把工作室作为实现学校创新发展的重要阵地，确立了"三大工作目标"，即聚集青年教师，形成团队合力；突出课题研究，探索教育教学规律；培养青年教师，打造专业化科研队伍．实施"三大举措"：通过名师带徒、自主学习、个别指导、个案研究、专题探讨等方式，传播先进教学理念，传授精良教学经验，促使青年教师健康成长；通过名师示范辐射作用，促进优质师资队伍快速成长，实现专业化发展；充分利用名师人格魅力和教育教学管理能力，聚集和吸引一批优秀中青年骨干教师共同发展，形成学习共同体，提高团队凝聚力．

（2）聚焦课题研究，以工作室为引领彰显创新能力．由工作室牵头，制订"教师读书行动计划"，开展多种读书活动，丰富交流形式，激发读书兴趣．举办读书会，进行读书对话及博客交流．建立更加规范的活动制度，有效提高教师的研究能力．

（3）聚集团队能量，以工作室为摇篮培养创新人才．充分发挥工作室的团队影响力，通过名师带徒、自主学习、个别指导、个案研究、专题探讨等方式，打造一支高素质的创新型教师队伍．在教师中广泛传播全国著名特级教师、教育专家的教育理念，引导广大教师在教育教学中始终做到以学生为本、以读书为本、以创新为本、以情感为本、以感悟为本、以积累为本、以习惯为本，培养学生优良的道德、良好的习惯和健全的人格．

（4）聚合信息优势，以工作室为平台扩增创新效应．充分利用互联网优势，打造教师交流平台，鼓励教师建立个人博客，把教育所感、学习笔记、课题研究等发到博客上，逐渐形成一种相互学习、相互影响的氛围．

2. 高位引领

（1）强调高端培养：瞄准高难度内容（教育转型背景下学校德育的改革与创新），满足高层次需求（培养创新型教育教学领军人物），实现双点对接（新内容与新渴望的恰当对接）、双高共振（高品位引领者与高水平学习者的碰撞共振）、双名烘托（名师名课与高知高位的烘云托月）、双性结合（创新性培训与联动性发展的紧密结合）等功能．

（2）强调高位点金：在高品高位的状态上，"鞭打快牛"，施以高质高量的富有个性化的高端培养，运用导师设计、专家点拨、同伴共磋、下水实践、垂范展示、做强品牌（"一人一品"）、研训一体、研做课题、撰写分析报告、外出考察、内外互促等综合性方法，获取"点金"效应．

（3）强调高效发展：坚持把培育教育教学领军人物与区域、校际辐射紧密结合在一起，坚持把提升名师的内循环与更多教师效仿的外循环紧密结合在一起，坚持横向多方合作，注重名师培养的高质量和高效益．

（4）强调高质运作：在培养方式上实现高门槛、广视野、全开放、宽领域、重实训以及垂范式引领、展示化辐射和密集型孵化．

五、工作室运行机制

（一）制度建设

通过名师工作室运行制度的研究，明确名师工作室建立、运转和监督的各项机制，用以规范、指导和监督名师工作室的日常运行，促进教师向熟练型、反思型、研究型转变．已建立了名师考察进修制、导师引领制、项目领衔制、课题攻关制、成果辐射制、师徒结对制、合作竞争制等机制．

1. 导师培养制

导师是工作室的人事组织管理者，也是成员思想业务水平发展提高的指导者. 导师根据协议书、成员特点和导师自身特长，对全体对象进行共性培养，也对不同对象进行个性化培养. 导师提供培养发展方向，给定学习、研究专题和任务，指导方法，提供机会，做出评价，提出改进意见.

2. 同伴互助制

一是导师指导成员就某个专题结对合作，如一人讲课、一人做关于课的研究报告；二是就某一共性问题，或某次教学展示活动，或某一个专题研究，团队成员互相交流教学得失、心得体会，以求头脑风暴，思想碰撞，或互勉共进.

3. 学习研讨制

工作室组织成员阅读相同的理论专著和专篇，组织读书交流会，交流学习体会、理论应用设想与应用效果等.

4. 项目研究制

名师工作室实行项目领衔制. "以领衔人及导师专长为基础，以工作室群体成员智慧为依托，对中学教育教学工作进行专题研究". 一是工作室承担有关课题，全体成员参与，形成成果，成员共享并向外辐射；二是团队成员根据自己或自己学校的实际，在导师指导下确定校本性研究专题，吸纳所在学校部分教师为成员，进行研究与辐射；三是一个或多个对象牵头，吸纳工作室成员以外的相关学校教师参加，进行某个专门问题的研究；四是某团队成员个人就某个学校本性问题或某个专题进行研究，并在导师指导下撰写研究论文或案例等.

5. 教学研究制

立足教学开展实际的研讨式讲课、评课、反思等活动. 一是名师工作室内部教学研讨活动，限于内部成员讲课、评课等，成员所在学校教师可以参与；二是名师工作室与教研部门合作，开展省级、市级优质课展示活动；三是名师工作室在市、省范围内展示本工作室就新课程改革或其他某个前沿问题的教学探讨等活动.

6. 成果辐射制

工作室将教育教学等科研成果以论文、专著、研讨会、报告会、名师讲坛、公开教学、拍摄专题电视片、观摩指导、读书讨论会、团队论坛、著述等形式在全市及更大范围内介绍、推广，或与有关学校建立合作交流辐射关系，推广工作室比较成熟和有实效的成果.

293

（二）活动支持

1. 构建名师网络，强化辐射效应

工作室主持人带领工作室成员，而每个工作室成员又各带领 3~5 位教师，而这些教师都分布在不同的年级，形成了一个较为庞大的名师网络. 名师在研究活动过程中的敬业精神、人格魅力和专业水平，借助名师网络的校本研修形式，充分发挥了示范效应和辐射作用，使区域内的教师专业化水平跃上了一个新台阶. 同时，工作室还结合学校、市、省乃至全国的活动，组织成员积极参加各级教育部门的各项教学研究，努力给成员创造学习、锻炼、展示的机会.

2. 建立网络交流，拓展辐射空间

名师工作室成立伊始，就依托校园网搭建"名师动态工作室"，使之成为资源生成站和成果辐射源，实现优秀教师教学资源共享，提高教育科研普及化程度；各工作室成员也建立了教育博客，这样可以充分发挥宣传工作室、实现资源共享、提供学习交流平台的作用，使工作室的辐射作用不再仅仅局限于学校和课堂，而且空间和时间也得到了延伸. 工作室还设立 QQ 群、微信群，利用网络平台对教学问题展开研讨与交流，团结一批省内外的同行，建立一种积极向上的社群关系，形成一种开放、多元、灵活的新型远程协作的教研文化. 相对于常规教研，网络教研更具及时性、针对性，既探讨自己的困惑也让他人分享自己的教学成果，让许多有争议的问题通过网络教研这种特殊而活泼的形式得以越辩越明. 名师工作室的"QQ 在线教研"可以真正实现智慧共享，使工作室成为教学研究和个人发展的"智囊团"、研修的"共同体".

（三）评价引领

名师工作室给每一个成员建立了一份个人专业成长记录袋（或在电脑中建立了个人文件夹）. 每学期整理一次，主要记录以下内容：一是教师专业成长史，二是课题研究登记卡，三是研修心得体会，四是教学活动记录、课例研究、教学反思等，五是发表的论文论著，六是各类获奖证书，七是教学绩效的原始记录，等等.

（四）引领方式

1. 思想理念引领

我们认为，要充分发挥名师工作室的作用，就必须注重名师教育思想的引领、学术智慧的引领和人格魅力的引领. 我们定期组织教师利用教研活动时间进行学习研讨，吸收名师思想精华，催生自己新的理念，推进学校教育理念更新，推动教师专业化成长.

2. 学习引领

名师工作室是一种学习型名师组织.所有成员进入工作室之初，即要在导师的帮助下制订成长计划，确立符合个人的职业发展规划和学习目标，形成共同的发展愿景.同时各工作室都要把读书放在首要位置，以改善成员的心智模式，提升专业素养.工作室成员除阅读学习，还要通过各种方式观摩名师、同伴、同行的课堂，聆听专家讲座，了解最前沿的教育教学理念，树立与时俱进的新型教育观、质量观和学生观，形成勤于学习、善于思考、勇于实践的思想意识.各地同行也会参与到工作室活动中，共享高品质的学习资源.

3. 活动引领

在名师工作室，教师不再是孤军奋战者，而是专业社群中的一员.在这个集体中，每个人都是很好的教育资源，他们智慧互补，经验共享.

（1）"作业制"：工作室集中活动时布置研究"作业"，使每个成员带着研究任务从事具体的、实实在在的研究活动，再带着完成的"作业"参加下次集中活动.

（2）"会课制"：课堂教学能力是教师专业水平最直观的表现.各工作室都会定期开展示范课、研究课、观摩课、展示课，让每位教师置身课堂教学研究，在教学实践中不断发现问题、改进问题，在学习名师精湛的教学艺术的同时，逐渐形成各自的教学风格和特色.

4. 研究引领

名师之"名"，不仅在于先进的教育教学理念，精湛的教学艺术和技巧，还在于较强的研究能力.要发挥名师工作室的引领作用，就要充分重视名师在教学研究方面的引领作用.我们要求工作室每一个成员至少与一位中青年教师结对帮扶，确定教科研的发展目标，每学期考核一次，看受帮扶教师是否达成教科研目标，把它作为评价名师业绩的重要标准.

第二节 搭建名师工作室的教师培训路径

名师工作室以教学、科研、培训为核心，是一个融科学性、实践性、研究性于一体的研修团队. 美国教育家马斯·丁·萨乔万尼说："共同体是由于自然的意愿而结合，对一套共享的理念和理想负有义务的个人的集合体. 这种团结和约束的紧密性足以把每个人从一种，'我'的集合体改造成为一种集体的'我们'，作为'我们'，共同体成员们是紧密编织而成的富有意义的关系网络的一部分." 以名师工作室为引领，就是以平等的姿态参与研究、学习、实践，促进教师在共同体学习中主动发展.

一、以名师工作室为引领，共建工作室发展的愿景

当今时代科技发展日新月异，时代对未来人类的学习有了更高、更明确的要求. 面对时代需求，名师更需要具备适应终身发展和社会发展需要的必备品格和关键能力，逐渐由优秀教师向卓越教师转化. 名师工作室就是专业经验共享的共同体、名师梯队引领的火车头、学科难题攻关的先遣队、学科思想孕育的孵化器、成功经验辐射的宣传员. 我们通过多年的研究和实践，树立了名师工作室的建设目标：建立一套制度，规范一些标准；形成一些机制，攻关一些难题；立项一个课题，凝练一个主张；培养一批队伍，建设一个平台；出版一本专著，形成一定影响.

名师工作室响应时代要求，构建具体的发展愿景，以此来保持良性、可持续的发展. 发展愿景是名师工作室发展的方向和指引，要整合名师主持人和成员的个人意愿，以名师工作室为引领，注重培训个体化的愿景指向，不断地优化和提升发展愿景. 基于诸多已有的名师工作室的实践经验，工作室主持人和成员共同制订出以下几点工作室愿景：第一，聚力基础建设，以工作室为基点打造创新高地；第二，聚焦课题研究，以工作室为引领彰显创新能力；第三，聚集团队能量，以工作室为摇篮培养创新人才；第四，聚合信息优势，以工作室为平台扩增创新效应. 以上述四点为愿景，结合基础建设、课题研究、团队

学习和信息优势四个维度，将名师主持人和成员凝聚成有效的学习共同体，投身专业学习和研究．所以，名师工作室成为研究的平台、成长的阶梯、辐射的中心、师生的益友．

二、以名师工作室为引领，构建教师发展的通道

构建教师发展通道，以现代培训理论为依托，以专业引领为抓手，以"高效课堂教学研究"为主课题，以教育项目研究为载体，以提高培养对象的综合素质为目标，探索具有主体性、体验式、活动型、项目化、创造性的"由优秀教师走向卓越教师"的最优培养模式．在实践中，以名师工作室为引领，具体而言，主要以"两条线"为引领——第一条线是"学科专题研究线"，第二条线是"专业素养提高线"来构建教师发展的通道．

（一）学科专题研究线

1. 调研·聚焦

通过教育教学实践中的调研，聚焦学科专业问题，通过聚焦问题，启发成员找准研究方向，确定研究问题，学会科学地表述问题、思考问题．只有对问题和学科专业所涉及的各种知识、能力、技能、细节有更深入和细致的研究和把握，才能将学科专业问题研究透彻，培养其研究问题的意识，增强教师培训的可操作性，强化其专业成长和发展，才能促使成员自身的内化吸收在逐步发展和探索中具有创新性意义．

2. 实践·反思

以学习共同体为载体，构建良好的学习和研究的氛围，在实践中培育个性．发挥学习者——名师主持人以及成员的学习积极性，在实践中学习和成长，溯源值得研究的问题，探索解决的策略．而后，与学习共同体中的成员交流后，通过不断地反思问题解决的过程，在反思中找准方向，运用多元视角反观研究问题后，再实践．通过实践—反思—再实践的良性循环，及时反思自我，形成学习者个性化发展特色，在反思中实践和学习、成长和持续发展．

3. 梳理·凝练

名师工作室要梳理和凝练出适合自身发展的教育主张、教育理念，并基于此将其作为纽带，成员在认同共同理念的同时，形成独特的教育判断和思考，因而其研究旨趣也会相应地有所侧重和偏向．通过理念引导，引发成员的研究兴趣，激发其投身教育研究的积极性，启发成员梳理并凝练独具一格的教学理念．最后鼓励学员交流探讨，形成兼容并包的研究文化，构建富有生机活力的

工作氛围.

4. 构建·推广

在新时代教育研究的大背景下，响应新时代教师队伍建设改革的要求，提升成员的综合素质，尤其是专业化的水平. 因而，通过构建混合式研修模式，将线上学习和线下实践有机结合，集中面授学习与网络研修学习相结合，主动向基于网络和数据的教学研究靠拢. 通过教师培训方式的转变，推动信息技术和教师培训的融合，并总结典型经验，汇聚有价值的学习资源，利用互联网平台上的"网络学习空间"等进行推广和宣传，实现实时互动交流，突破时空局限，实现资源利用的最大化.

（二）专业素养提高线

1. 练功·扩容

专业素养的提升，重在练功，难在扩容. 工作室根据成员不同学历、资历和驾驭教学的能力，实行分层要求和培养，分类进行个性化的培训指导，在"因材施教"的基础上，以学科核心素养的要求为指引，以名师工作室学习共同体为纽带，促成螺旋式上升的有效扩容的教师专业化发展通道.

2. 浸润·转化

在名师工作室的学习共同体中，通过开展"名师讲堂"等活动，学员感受名师风采的浸润，在此过程中，开阔视野，走进名师，思考自身与名师之间的异同，取其适用于自身发展的精华，并明晰发展的具体性目标和方向，勤于思索和探究，融会贯通，共同推进，主动并全面领跑自身专业素养的动态发展.

3. 实践·重构

坚持主题研修与实践锻炼、行动研究相结合，导师引领与个人研修相结合，脱产学习与岗位研修相结合，名师带徒和同伴互助相结合，研修提升与示范传播相结合. 调动各方学习资源，基于名师工作室的学习发展共同体，在实践中总结升华，重构高峰对话，智慧碰撞，持续发展.

4. 示范·引领

示范引领是名师工作室的职责. 发挥工作室成员的示范、带头、辐射作用，搭建展示才智、成果的平台，在修炼中互补、互哺，共生、共长，将"优秀教师转化为卓越教师"的路径总结升华，探寻其最优培养模式，发挥名师工作室的辐射作用，引领所有旨在成为卓越教师的教师群体的发展.

第三节　实行"浇根式"教师跟岗学习培训方略

名师工作室是集"教、研、训"三位一体的高效学习共同体. 跟岗学习培训是名师工作室培训的重要形式之一，该形式旨在通过实际的学习研讨，将教育教学理论与实践相融合. "浇根式"是指在教师跟岗学习培训中，针对教师的专业情意与学科素养进行"浇根"，即浇专业情意之根、人文情怀之根、学科文化之根、教育思想之根. 全面推进"依托课例，对话课堂，研究课题"的"三课"行动，基于遵循教师跟岗学习培训的基本原则，不断探索和实践卓有成效的培训模式.

一、名师工作室"浇根式"教师跟岗学习培训的特点

名师工作室，顾名思义，即为培养未来名师的学习工作室，采用"浇根式"策略，从对参训学员进行全方位的熏陶和锻炼的综合来看，名师工作室"浇根式"教师跟岗学习培训的特点主要有以下五个方面.

1. 针对性

名师工作室的学员来自不同的地区，不同的学校，自身具有鲜明的特色和不同的教育教学实践经验. 因而，名师工作室的研究课题有明确的主题，充分利用好参训学员的个性化特征，根据参训学员的需求和兴趣进行专题化设计，在满足参训学员的基本需求的基础上提升学员的能力水平，不仅实现教育教学能力的提升，而且实现素养人格上的改变和突破.

2. 参与性

名师工作室跟岗学习培训主要是通过案例分析、集体分享、团队讨论、头脑风暴和行动训练等方式鼓励多人共同参与学习，构建全员参与的良好学习氛围，让每一位学员都能在分享交流中成长和收获. 在跟岗学习培训过程中，注重组织参训学员实时交流，在线上线下开展交流分享活动，为学员参与学习提供多种渠道和手段. 根据学员的参与情况，合理激发学员的参训热情和参训积极性，并对其给予及时的反馈和评价.

3. 体验式

跟岗学习培训注重体验，学员在参与过程中对话沟通提出方案，讨论实施，推进研修，强化基于现场的教学，走进真实课堂. 通过现场诊断、问题解决、情境体验、深化认识、观摩一线优质课堂，学员与上课的教师互相交流和学习，在思维碰撞中得到了真实的体验，感受不同情境的教学设计和教学理念等，将自己置身其中，实现参与式的有效反思，迸发出更多教育教学的金点子.

4. 实效性

跟岗学习培训突破了"知易行难"的状况，在跟岗学习培训中获得改变的力量，还能解决头脑意识层面无法解决的问题. 通过有限的跟岗学习培训，得到无限的成长，培训的效果落实显著. 培训初期，了解各位学员的学习需求，在跟岗学习培训的过程中，一步一步地满足学员们的需求，让学员在学习中，拥有自我效能感，感受自己的成长和变化，向更高的目标迈进.

5. 灵活性

名师工作室跟岗学习培训的组织形式灵活，学习时间与地点灵活，几乎不受时空的限制. 学员可以通过线上线下多种方式和渠道进行学习探讨. 工作室充分提供可选择的学习机会，学员具有较大的选择性，可以根据自己的实际需求和兴趣，有针对性地选取适合自己的学习内容、学习时间等. 同样地，学员可以灵活合理地表达学习诉求，工作室将根据这些需求，有计划地、灵活地安排学习的时间和空间等.

二、名师工作室"浇根式"教师跟岗学习培训的课程

当今时代科技革新迅速，时代对未来人类的学习有了更高、更明确的要求、面对时代的要求，名师更需要具备适应终身发展和社会发展需要的必备品格和关键能力. 因此，名师工作室"浇根式"教师跟岗学习培训结合跟岗学习培训目标和分科特点，根据跟岗学习培训学员的实际需求，探索和总结出有针对性和实用强，内容丰富的培训课程，即理想力课程、学习力课程、精锐力课程、发展力课程、表达力课程、协同力课程、艺术力课程、创新力课程、思想力课程和影响力课程.

1. 理想力课程

理想力是指引学习的关键，理想力课程的设置旨在帮助学员树立目标，形成职业追求的动力，树立竞争意识. 使学员通过课程学习，不断地把理想具体化、可视化，制订出适合自己的阶段性目标，帮助学员朝着理想一步步迈进.

2. 学习力课程

学习力是名师应该具备的关键能力之一．学习力课程要求定期开展读书沙龙，写读后感，培养读书习惯，使学员不断地思考和领悟，在阅读中认识未知的自己，挖掘想象力和创造力，促进有效学习力的形成，让学员感受学习的乐趣和魅力．

3. 精锐力课程

精锐力课程主要通过开展同课异构活动，让学员在备课过程中不断地钻研与思考，在实施过程中不断地改变教学行为．通过精心设计备课，正式上课中的探索和发现，以及上课结束后的反思和总结，培养学员积极进取的精锐精神和精益求精的精神．

4. 发展力课程

名师工作室紧跟时代的步伐，开设"互联网＋教育"课程，把信息技术融入课堂，示范平板教学等先进的教学理念，组织学员到创客实验室参观学习．使学员真实地感受互联网对教育的巨大影响，培养学员不断地将互联网与教育结合的意识，并利用相关信息技术，展开培训交流活动进行实践操作．

5. 表达力课程

表达能力是作为名师的硬要求．会表达自己的想法，才能更好地成长和发展．表达力课程分为两部分：一部分是采用课题研究、论文点评等形式，在学术素养这个层面，让学员学会充分表达；另一部分是组织学员进行即兴演讲等活动，让学员在这个过程中，感受表达的魅力，乐于表达．

6. 协同力课程

跟岗学习培训过程中，开展协同力课程，组织学员开展小组合作学习，学员在学习过程中有充分的互相沟通的机会，互相理解并尊重．在小组中，学员之间互帮互助，不仅在专业上进步迅速，在彼此之间的情谊上也近了一步，使学员在学习的过程中感受到团队的意义，更有热情地投入到培训中．

7. 艺术力课程

教学是一门艺术，不仅是一门教的艺术，更是一门学的艺术．学员在教学过程中不断地预设问题，使教学效果最大化．通过不断地对教学过程的挖掘和反思，重新发现值得探讨的关键点，艺术性地采用不同的策略和方法，让课堂更有艺术性，让自己的教学更有艺术的感染力．

8. 创新力课程

创新力课程是通过专题讲座介绍新理念、新思维，从而使学员今后的工作有新思路、新办法. 邀请教育学家、核心期刊主编以及中学校长来给学员做讲座，搭建良好的互动的学习平台，让学员通过了解不同视角的最前沿的教育教学的观点，反观自身的教育理念，激发自身的创新力、创造力.

9. 思想力课程

思想力课程旨在引导学员梳理自己独具一格的教学风格，凝练自己的教育教学理念. 通过分享一些系统特色的教育教学理念和思想，学员总结自己的教育风格，不断地讨论分享和交流，在探讨中升华，最后对自己的教学风格有初步的认识，奠定其在今后的教育教学中不断凝练的基础.

10. 影响力课程

影响力课程是培养学员的人格魅力，使专业学术性提升. 通过展示相关教育教学名家的人生故事、经历以及奇闻逸事等，引导学员感悟自己的教学经验，激发学员总结归纳，通过不断地反思，用文字记录自己的成长. 这期间，学员的个人影响力也在慢慢形成.

三、名师工作室"浇根式"教师跟岗学习培训的特色

"浇根式"教师跟岗学习培训课程以"依托课例，对话课堂，研究课题"三课行动为主体，从培训目标、培训课程、培训方式、培训价值四个方面切入，突出"培训目标个性化""培训课程特色化""培训方式创新化"和"培训价值多元化"的特色.

1. 培训目标个性化：注重培训个体化的愿景指向

教师跟岗学习培训，是带有个人经验的个体参与跟岗学习，培训目标只有结合学校和课堂的实际，才能培养其研究问题的意识，增强教师培训的现实性，强化其专业成长和发展；此外，在培训过程中关注和洞察学员心理，尊重和发现学员的可塑性，引导每一位学员树立发展意识，增强教师培训的发展性.

2. 培训课程特色化：注重培训课程构建和甄选

构建特色培训课程，尤其强调以更新教育理念，追求教育智慧为主的"创造型"课程，深化以提高教学能力，解决实际问题为主的"体验型"课程，提倡以读书反思，课题研究，经验提炼为主的"反思型"课程. 通过对不同课程的构建和甄选，将特色课程融入培训，让学员感受学习的乐趣，不断探索和感悟未来的发展之路.

3. 培训方式创新化：注重培训方式的搭配

坚持在课程实施中革新课程展开方式，融入最新的大数据和互联网手段，

实现实时互动交流，突破时空局限，着力将"圈养"、集中培养与"放养"、自主发展相结合. 此外，学员走进课堂，置身于真实的情境，在"真实的情境"中发现和解决"真问题"，采用小组头脑风暴、导师引导探索多种方式方法的合理搭配，实现培训效果最大化.

4. 培训价值多元化：注重挖掘培训的隐性价值

着力推进和关注学员的专业发展和自我实现，引导学员转变教育观、教学观和学生观，探索和发现自己的教学风格和教育理念. 基于此，引导学员探讨着力解决课堂中产生的问题和矛盾，提高学员专业实践能力. 在跟岗学习培训过程中，建立双向交流、相互对话、积极互动的关系，让学员在日常交流，甚至线上互动的每时每刻都能得到潜移默化的成长和改变.

四、名师工作室"浇根式"教师跟岗学习培训的方式

跟岗学习培训的核心任务是帮助学员解决问题. "问题"是培训的心脏，根植于培训的各个环节. 其问题主要有：教学教研问题发现；理论问询，问题求解；研究课例，问题求证；岗位实验，问题深化；等等. 这些问题贯穿培训的始终，因此需采用以下几种培训方式.

1. 问题诊断式

培训以问题为起点，让学员在经验分享、课堂观察中生成问题. 以问题驱动，查找文献，生成教育假设；将假设应用于教学实践之中，从而检验假设，达到研中有训，训中有研的目的.

2. 研训互动式

研训互动式是以学员的主动学习为基点，以实践探究为核心，通过小组合作学习，围绕培训主题，引导学员在活动和体验中反思自己，吸取他人的长处，进而提升自己.

3. 考察交流式

考察交流式是跟岗学习培训的一种常用形式，通过实地考察、学习、交流、借鉴，促使学员在吸收更多的外部经验的基础上，通过反思与交流获取更多的经验，推动自身发展.

4. 课例研讨式

课例探讨式是跟岗培训的一种重要培训手段，以真实的课例为载体，以解决问题为目的，利用集体研讨的方式来确定研讨主题、设计教学预案. 通过对课例的剖析与诊断，促使教师一方面研究自己，另一方面分享他人的成功经验.

在课例的基础上进行不断的反思, 从而改进学员教学行为和教学技能.

5. 展示辐射式

展示辐射式是跟岗学习培训过程中常用的分享方式, 主要通过展示学员成果来增强学员自信心, 学员在展示中得到了锻炼, 提升了能力.

6. 网络沟通式

网络沟通式培训是充分利用现代教育技术手段, 开通教育博客、微信群、QQ 群, 实现资源共享, 提供学习交流平台, 利用网络平台对教学问题展开研讨分享交流.

林伟名师工作室在不断地摸索中前行, 实践"浇根式"跟岗学习培训模式, 助力学员全方位素养的提升. 学员通过学习, 在名师的成长之路上目标明确, 方法正确, 行动有效, 着力实现"今日之'浇根式'跟岗学习培训学员, 明日之教育学家、卓越名师"的培训目标.

三、以名师工作室为引领, 探寻教师发展路径

1. 课堂诊断: 聚焦问题

工作室开展研究课学习, 成员相互磨课、评课、说课、备课、用课. 全员参与, 研讨新授课、复习课、讲评课的教学策略和教学模式, 将学员独特的潜能发挥出来, 在"真枪实战"中激发学员创造性的学习力, 启发和引导学员通过课堂聚焦问题, 通过转化解决问题, 共同寻找实现数学高效课堂的有效教学途径.

2. 专业阅读: 深度对话

建立工作室书库, 书库中包含教育教学书籍、报纸、杂志等诸多学习资源, 学员以读书沙龙为切入口, 利用多种学习资源, 掌握先进教育理论、教育思想、教育方法、教学手段和专业技能, 以及学科领域的最新动态. 紧跟时代, 学习先进理念, 在深入地专业阅读的过程中, 开展深度对话, 实现深度学习.

3. 专题讲座: 专家引领

开展专家讲座, 激发学员思考和研究的欲望, 挖掘学员的潜力, 提升学员认知水平、教学能力、专业素质和科研能力. 专家与学员直接对话, 专家将自身的学习方法、研究经验传授给学员, 讲座之后, 专家和学员保持良性互动交流, 进行线上探讨和学习. 学员通过不断的学习并结合专家的经验, 探寻并领悟自身的发展路径和方向, 实现自身的专业化发展.

4. 课题研究：主题对话

课题研究是促进教师专业化发展的一条有效且必要的途径，是从优秀教师转向卓越教师的必经之路．名师工作室秉持以课题推动教师发展，以科研提升教师素养，以研究形成教师个人特色的理念，通过在课题中反思、实践、再反思，实现由经验型教师向专家型教师的转变．

5. 联动研修：共话成长

工作室开展论坛活动，就学科教学中的热点与有价值的问题发表意见和见解．共创和谐对话氛围，在学术研讨时"百花齐放"，各抒己见，头脑风暴，通过在不同问题领域的交流与碰撞，启迪彼此的思维与想法，使参与的学员都能在研究与交流中提升自身的专业素养．

6. 互联网＋教师教育：创新行动

各项工作室创造性地利用大数据和虚拟现实等人工智能信息化技术，推进学员信息化交流平台的搭建，提供利于名师工作室学习共同体学习交互的学习云平台．在平台上，发挥名师工作室的引领作用，学员共享优质的教育研究和思考内容，体验新的教育技术带给教师教育的惊喜和冲击，探索运用技术而非被技术利用的发展模式．

第四节　实施"四轮驱动"的教师培养策略

教师队伍的素质直接关系教育教学质量，影响教育事业的发展．近年来，名师工作室积极实施"四轮驱动"策略，促进教师专业化水平的快速提升，成效显著．

一、目标驱动，唤醒教师自主发展的"潜意识"

教师成长，目标的引领是非常重要的．目标是教师专业成长的"指南针"．学校制定并实施了《教师专业发展报告书》，对新教师、骨干教师、名师等不同层级的教师提出不同的要求和发展方向，以《教师年度发展计划书》（以下简称《计划书》）为载体（《计划书》包括自我分析、目标要求、具体措施、条件保障这几个组成部分），引导教师梳理自身优势与不足，明确发展的近期目标、中期目标和长远目标．同时学校建立教师发展电子档案，对教师教育、教学、科研、交流与培训等方面进行全方位的记录，并形成自己个人发展的状态分布图和雷达图．教师可结合自己所教学科、专业能力和个性特点，每学期进行一次反思，及时调整成长策略．在目标引领中，促使教师进一步学习．学校积极为教师发展创设多种平台，成长过程实行动态考评，结果纳入个人年度考核，着力促进教师自主发展，唤醒教师的"潜意识"．

二、管理驱动，铺设教师专业化成长的"快车道"

1. 转变管理理念，提供多元发展的保障

在学校管理中只有人文激励和制订约束并举，附约束于激励，教师受到尊重、信任和理解，才会让学校彰显人性的光芒．一切管理行为只有以人为本，才能实现人的价值，体现人的尊严．

变垂直化管理为多枝条管理．实施教师"岗位责任制""分工协调制""学科负责制"和"责任追究制"，形成纵横交错、上下互动、齐头并进的立体管理网络．有效地激发各个层级的教师的积极性和主动性．

变检查式管理为交流式管理．在管理中我们不仅注重教师完成任务的情况，而且更注重在做的过程中发现教师有价值的问题，能帮助他们梳理、改变．开展"同伴互助、名师引领、课例示范、竞赛激发、论坛导向、课题带动"等多项活动，实行"集体备课、资源共享、个人加减、注重反思、各显特色"的教学管理策略，积极发挥教师团队作用，把检查转化为一种交流，挖掘教师的潜能，激发教师的兴奋点，发现教师的创新点，放大教师的闪光点．

2. 把握四大阵地，落实"质量会诊制"

树立"全校一盘棋，六年一惯制"的质量目标长效意识，倡导教师大质量观意识，把握四大阵地，落实"质量会诊制"．一是各年级主任牵头，全年级任课教师参加的各班级各学科的质量分析；二是班主任牵头，各班任课教师参加的具体到每一个学生的分析；三是备课组长牵头，同学科教师参加的学科教学质量分析；四是班主任牵头，班内全体学生的学情分析．从知识到能力，从课内到课外，从教法到学法等方面进行纵横交织的多层次、多方位的分析，总结取得的成绩和经验，查找影响教学质量提升的"点"，制订整改计划与措施，做好跟踪落实工作．

三、教研驱动，激活教师专业化成长的"内驱力"

出点子：教师成长需要引领，其最大的意义在于不断地完善和超越．对于教师的培养，更需要注入新的思想．点子的策划在于两个方面：一是精心组织多种形式的教研活动，开阔视野．如我校举办了"二实论坛"、"二实文化沙龙"、学术委员会等活动，论题涉及学科教学、课程改革、课堂教学、教育管理、学生德育等．二是教学上多出点子，与教师共同探讨，只有让教师走进教学世界，才能让工作精彩．

搭台子：我校创造机会、搭建舞台，让教师注入新理念．学校选派优秀教师参加各种类型的培训，如海外培训、国培计划培训、省"百千万人才工程"培训、省骨干教师培训、市各类培训；推荐教师参加市级以上名教师、特级教师、正高级教师评选．学校有 15 人次参加海外培训，有 5 人参加省"百千万人才工程"名师培训对象培训，有 5 人次参加省骨干教师培训，有 1 人被评为正高级教师．学校还出台了《名师阶梯培训方案》，并把教师培养纳入学校课程体系，在学校日程表中有：学习活动、观摩活动、专家指导、讲座课程、学术沙龙、微课比赛、课题研究等；学校开展"学生最喜欢的老师"评选和"感动二实人物"评选；开展家长开放日活动；选拔教师参加各级赏课和交流等．教师在活动中成长，在成长中成熟，在成熟中成名．

交尺子：我校开展"备课组长共商讨"，进行智慧的共享；"班级交流同分享"，关注一份爱的事业；"质量调研同步行"，增强的是信心；"教学经验共探讨"，碰撞睿智的火花；"学校文化齐提炼"，凝聚智慧．通过各种形式的培训、培养、历练、反思，让教师经历"合格教师—教坛新秀—骨干教师—学科带头人—名教师"的培养过程．同时，学校积极创建名师工作室，培养校本化、专家型的领军教师．同时努力做到名教师的责、权、利相统一，最大限度地发挥教学名师的引领、示范、辐射作用．目前学校有广东省、深圳市名师工作室各 1 个．

结对子：我校开展师徒结对活动，制订"传、帮、带"计划，实行"导师制"，开展"一帮一""结对子"活动．通过案例开发和集体研讨、相互研讨，碰撞智慧的火花，达到相互学习、相互促进、共同提高的目的．同时，大力提倡"民间自主教研"活动：鼓励教研组、备课组、教师个人同校外的优秀群体、个人联系，相互研究，或上课，或参加基本功比赛，或进行网络交流，或举办小型论坛等，努力使教研走出"封闭"，走向"开放"．

走路子：带出去，走一走，让他人之石成一份经验．小学校要有"大视野"，这是我们提倡的管理之路．同时，我们构建了培训体系，形成了校本培训体系模型（见图1）．这样，培训就变得更具目的性、操作性和方向性，便于教师有意识、主动参与培训的过程．

图1　校本培训体系模型

抓课题：组织教师参与教育科研课题研究，让教师在教学中开展研究，在研究中提高教育科研能力，这是提高教师教育科研能力的有效途径和重要方法．近年来，我校建立了课题常态研究机制，以小课题、微课题为主，通过"发现问题—提出问题—制订方案—行动研究—问题解决—反思总结"的基本流程，引导教师开展教研，解决实际问题．目前，我校教师主持国家级课题2项、省级课题5项、市级课题15项．

四、机制驱动，注入教师专业化成长的"强心剂"

教师专业化成长是一个长期、复杂而又富有挑战性的工程．我校不断完善教师专业化发展的激励机制，建立了校内触动、校校互动、区域联动的"三动"研训机制．

1. 校内触动，激发教师专业化发展的活力

搞引进，抓整合，优化教师队伍．2005年我校实行初高中分离办学，从重点大学引进了毕业生，并通过公开招聘从全国各地引进了一批骨干教师．做好引进的骨干教师、招聘的毕业生两支教学力量的磨合工作，打造出一支师德高品位、专业高学识、能力多方位、研究高水平的创新型的教师队伍．

抓课题，建平台，更新教育理念．我们以"人师"为目标，以"反思"为方法，以"培训"为手段，以"良性学校机制"为动力，努力促进教师专业化

成长. 一是加强对新教师的岗位培训；二是加强对骨干教师的培养，建立以校为本、以备课组为点的教学研究制度，为教师提供培训进修机会.

严要求，重培养，推进名师工程. 我校建立名师阶梯培养机制，采取有力措施促进教师思想素质、业务素质、技能素质和科研素质的全面提高.

2. 校校互动，实现校际优质资源共享

我校与全国各地一些名校建立了友好交流关系，结成了教研的共同体，以学科基地为依托，通过联动教研、集体备课、骨干示范、联动月考、网上研讨等方式，充分发挥各校的学科优势，努力实现教研水平、教师专业化水平的提高.

3. 区域联动，力求突破学校发展难题

我校积极组织教师参加市级以上单位组织的各类培训、教研活动，从学校、干部、教师、学生四个层面入手，围绕办学水平、德育研究、队伍建设、教法学法等专题进行学习研讨，找准学校发展的"突破口"，实现跨越式发展.

众所周知，教师的专业化成长已成为当前教师教学研究的一个热门话题. 我们继续完善"教、研、训"三位一体的培训体系，促进教师专业化发展，帮助教师实现人生价值.

附 录

社会评价与反响

有人说，教师有三种境界：一种是职业型教师，仅仅把教学当作一种谋生的手段，往往成为教书匠；第二种是事业型教师，把教育当成一种事业去追求；最高层次应该是幸福型教师，每一天都感受到生命带给他的快乐和幸福．身为人师，应该在奉献与付出中感受生命的价值，享受无尽的快乐与幸福．

何谓名师？我认为师德高尚、理念先进、学识渊博、业务精湛、学科教学能力卓越，形成个人教学风格，在国内有较高的知名度和影响力的教师，才能称得上是名师．名师"站起来是一座山"，内心充满激情和自信；"坐下来是一本书"，有丰富的涵养，能让人读而不烦；"躺下去是一条路"，能帮助到别人和引领别人．真正的名师，留给人们的是思想，更是人格．

我不喜欢给自己贴标签，但是我的确有很多社会标签，我开玩笑说这些都是我的"成长广告"．

读高中就加入了中国共产党．1990 年大学毕业．1995 年被评为南粤教书育人优秀教师．1997 年被评为广东省师德先进个人．1997 年被评为中学一级教师．1998 年被破格晋升为中学高级教师．1998 年被评为全国教师系统劳动模范，获得"全国模范教师"称号，享受政府特殊津贴．2009 年被评为广东省名教师．2012 年被选为广东省名师工作室主持人．2012 年成为广东省"百千万人才工程"名师培养对象指导专家．2013 年被评为中小学正高级教师．2013 年被聘为岭南师范学院客座教授．2014 年国家级教学成果奖获得者．2014 年深圳大学硕士生导师．2014 年广东省高中教师职务培训课程专家．2014 年广东第二师范学院兼职教授．2015 年被评为"广东特支计划"教学名师．2016 年深圳大学师范学院兼职教授．2017 年被评为全国优秀科技教师．2017 年华南师范大学硕士生导师．2017 年被评为国家"万人计划"教学名师．

生命因教育而快乐，生命因实践自己的教育理念而精彩．一个教育工作者，如能在工作、学习和生活中，注重感悟，学会感悟，坚持感悟，以无为的心态进行有为的追求，并将自己的所长、所爱、所变"聚焦"在自己爱做、能做且该做的事上，那是一种觉悟、一种智慧、一种幸福、一种精神、一种创造……

我附上一些关于我的报道，与君共享，共同学习．

做学者型教师
——记广东湛江市雷州第一中学教师林伟

《中国教育报》记者：赖红英　实习生：蔡乐勤

粤西雷州半岛的 7 月酷热难挡，但湛江市委党校拥有 200 多个席位的大教室，连日来却坐满了人．来自各县、区、乡镇的教研员、中小学骨干教师参加了全市组织的教育科研培训班．台上主讲者是一个小个子青年，他叫林伟，雷州市第一中学教师．

以教学改革见长、教研成果丰硕而闻名雷州半岛的青年教师林伟，用他时间不长的教学实践，创造了《以思维为核心，发挥学生能动性，开展"思维学导法"教学实践》的科研成果，并以其针对性、实用性、操作性强，被湛江市教育部门在教育系统范围内广泛推广．

立志高远

林伟从不讳言自己要做一名"学者型"教师．

1990 年，从湛江师范学院数学系毕业的林伟，踏上了离县城雷州市最远的乌石镇中学的讲坛，面对一双双求知若渴的眼睛，他暗下决心，此生一定要做一名好教师．

随着教学日久，林伟的目标越来越清晰．他把成为一个"学者型"教师作为自己的人生追求．

他常常这样告诫自己：教师，不仅仅要向学生传道、授业、解惑，还要使学生德、智、体、美、劳全面发展．因此，教师除了要有爱心和奉献精神，更要有广博的知识、扎实的功底和较高的业务水平．

如何成为"学者型"教师，林伟确定了一个坐标，心灵追求高尚，事业追求卓越．具体为：热爱教学、热爱学生、诚实待人，把精力聚焦在专业上，让自己的教学、育人、科研精益求精. "淡泊名利，安贫乐道"成为他的座右铭.

潜心教学

林伟在教学方面标新立异，不断更新教案，更新知识观点. 他认为，一个好的数学教师，不仅要研究教法，而且要研究学法. 只有重视学法的指导"授人以渔"，才能使学生达到"不需要教"的境界.

为此，他致力于课堂教学改革，更新教学方法，优化教学过程. 每次开讲新课，他都事先分析可能出现的问题，上课时先介绍有关背景，并以生活中的实例和学生一起讨论. 如在讲《数学归纳法》一课时，林伟分析学生不容易理解数学归纳法的实质，可能会机械地效仿和死记硬背. 于是开始讲课时，他先向学生介绍陈景润与"哥德巴赫猜想". 在其中中深刻阐述数学归纳法的实质和作用，介绍归纳、猜想对人类认识发展的贡献. 接着，他以实例和学生一起讨论. 通过师生的共同活动，学生学得主动，掌握得自如，重点和难点一一被突破.

林伟在教学中观察到学生有这样一个特点：喜欢用学到的知识去解释或解决问题，哪怕有小小成功，也喜出望外. 于是，他着力引导学生变苦学为乐学，变厌学为乐学. 他在教学中努力使学用结合起来，让学生利用所学的知识参与实践. 这样一来，连平时最不愿意开口的学生也跃跃欲试，争相回答问题. 新颖有趣的课堂教学方法，大大激发了学生学习数学的积极性. 在雷州市教学评估中，他执教的课连续三年被评为优秀课. 1996 年，在雷州市"三讲一上一评"教学竞赛中，林伟的《指数函数》一课面向全市公开教学，荣获"上课"和"三讲"一等奖. 同年，他的《同类项》一课参加广东省初中青年数学教师优质课评比，获三等奖.

目前的数学教学，存在着重知识轻能力、重模仿轻创新的现状. 林伟鲜明地提出，数学教师首先应重视揭示知识的发生、发展过程，而不是简单地把结论过早地抛给学生. 这样，不仅可以使学生从一系列思维活动中更深刻地掌握知识，而且还能从中学到抽象与概括、分析与综合、比较与类比、归纳与演绎等数学思考方法. 于是，他改变了过去那种"复习概念—讲解分析例题—学生练习"的教学方法，使用探索、类比、分类讨论和数形结合的方法，引导学生主动获取知识. 他的教学方法，使许多学生从中受益.

护花育人

从教 8 年，不论是在农村的乌石中学，还是后来调任的县城雷州一中，林伟都视校为家，教学工作是他全部精神寄托．

1995 年 12 月，林伟婚期将近，这时他正执教毕业班．繁忙的工作与婚事吉日产生了矛盾，为了不耽误学生的课，林伟与未婚妻商量把婚日改在星期天．通情达理的妻子表示了理解和支持．办完婚事后的第二天，林伟就返校给学生上课了．

林伟在教学业务上有口皆碑，做班主任工作、转化后进生亦有许多成功经验．在乌石中学任高一（2）班班主任时，他的班上有一位全校出名的后进生，抽烟、打牌、无故旷课，和社会上打群架青年常有联系．有的教师曾建议让这位学生退学．是把他一推了之还是精心调教？林伟做了艰难的选择，他在心里设计了转化方案．

经过多次家访调查，林伟了解到这位学生变坏的原因：家庭长期迁就和放纵，又结交了社会不良青年，使他染上了许多坏习气．林伟有计划地接近他，每天留意他的行踪，晚上到他喜欢去的小卖部巡视，见到他在打牌，就劝他回宿舍．星期天，请他到家中吃饭，交换思想．同时，林伟还让班里的团干部、班干部和他交朋友．一个学期下来，林伟和他谈话 30 多次．这位学生终于汗颜，迈出了可喜的一步，和社会青年断绝了往来，旷课现象逐渐消失，成绩有了提高，各科平均分由 42 分提高到 61 分．

多年来，经林伟帮助转变的后进生有的考上了大学，有的参了军．林伟带的班，常被评为校先进班．

硕果累累

林伟认为，要做一名"学者型"教师，既要"教"，又要"研"，还要"写"．教是研的前提和基础，研是教的总结和提高，而写则是教和研的概括和升华．

自从教以来，林伟就自费订阅了 30 多种数学和教学理论杂志，所有的闲暇时间，他都沉浸在书的世界里，不断地汲取理论的精华．

当前，中学数学教学大多采用目标教学法．在实施教学过程中，林伟发现，这种目标教学法存在不少问题．经过聆听 328 节课的调查和研究，结合自己的教学实际，林伟写下了《中学数学目标教学现状及对策》，并被省教育厅评为

1995年中学数学比秀论文二等奖，并获得省教育科学研究成果黄华奖.

借鉴启发式教学和目标教学，林伟又摸索出一套"三主六环节"教学法."三主"指以学生为主体、教师为主导、思维能力训练为主线，"六环节"指基础目标、交代目标、依据目标、围绕目标、紧扣目标. 这项研究课题在中国教育学会数学教育研究发展中心第八届数学研讨会上荣获二等奖，同时荣获广东省中小学教育创新成果奖.

几年来，林伟先后撰写了100多篇教学论文，在全国、省、市报刊上发表，有12项科研成果获全国、省奖励. 他还参与编著了《名师谈数学的教与学》等10多本书. 目前，他又完成了20多万字的专著《高考数学题型及解法研究》和45万字的《林伟数学教学探索和实践》. 最近，他被吸收为中国数学会会员.

在中学数学教学园地里，林伟默默耕耘，硕果累累，朝着他那"学者型"教师的理想步步迈进.

——本文摘自《中国教育报》（1998年8月19日）、《广东教育》（1998年第九期）

"万人计划"教学名师林伟：
做学生的朋友 和学生一起考试

《南方都市报》记者：贺如妍

感言：首先要感谢团队对我的支持和鼓励. 其次，从教27年来，我一直以项目来推动自己的专业发展，从研究到教学收获很多，这次被评选为"万人计划教学名师"对我来说既是肯定，更是鼓励. 希望借这个机会办好我的名师工作室，带领我的团队在教研中做出一番成绩，培养一些优秀的年轻教师.

"我之所以对教育工作这么上心，很大程度上是因为我父亲."来自深圳市第二实验学校的正高级数学名师林伟说.

因为父亲是当地小学的校长，林伟从小耳濡目染，师范毕业后又被分配到父亲当年读书的中学教书，为了不给父亲"丢脸"，他对自己说：一定要做一个好老师.

思维学导式教学：把数学教 "活" 了

怎么做？父亲给出了建议：多听听老教师的课. 于是20岁的林伟在开始做

老师的同时，也做起了学生．在那个年代，教师上课大多是"满堂灌"．"这样上课是痛苦的．"林伟听着听着，就发现了它的弊端，"第一，老师是痛苦的，一讲就讲45分钟．第二，学生也是痛苦的，他不一定45分钟都能听你的课．"这样上课，教师讲的速度快过学生接受的速度，双方的思维是不同步的．

如何让教师和学生"同步"？林伟大胆创新，实施"思维学导式教学"改革实验，把教育理论最新研究成果引入教学过程，以学生"学"为主，教师"导"为辅，确保了学生思维和教师，甚至和教材编写者思维的同步．

那么什么样的课才是一门"思维学导式"课程呢？林伟的做法是，先让学生提前学，有疑问后，再在课堂中组织小组讨论．学生能解答的就彼此交流，解答不了的再求助老师．这样看上去是"减轻"了教师的工作，但其实林伟在备课时就已经转移了工作重心——以"问题导向"为主．林伟以问题为主线来组织教学，在学生提出问题后引导他们进行思考．学生思考的过程就是解决问题的过程，解决不了，老师再引导学生进行讨论，然后老师才来解答这个疑问．最后，再针对这些问题进行反馈、巩固和提高．

围绕具体的问题，就能让学生从例题中感受数学思维，而不是用数学思维去理解例题．"把抽象的东西变成学生可以摸得到、看得见的东西．"林伟说。这样就把数学的抽象思维变成了形象思维，把数学教"活"了．

和学生 "同一战线"，打出漂亮的战绩

林伟不仅重教书，更重育人．他育人的方式，不是做高高在上的老师，而是和学生站在"同一战线"，做学生的朋友．

刚进学校教书时，林伟的学生和他年纪相仿，甚至有的还比他大，也就形成了同龄人的相处模式．当时林伟所在的农村中学条件有限，学生上课经常要把课桌从这个教室搬到那个教室，一般教师是不会参与的，林伟却会和学生一起搬．就这样一起劳动，一起上课，林伟和学生站在了"同一战线"上，甚至还和学生一起考试．

每次期中、期末考试，林伟都坐在教室后面和学生一起考试．但在同一个考场，林伟有时也会被学生比下去．比如有的学生做得快，林伟就拿自己的试卷给他看，"你写的规范性、整洁性是不是和老师一样？"这样一来，既拉近了与学生的距离，同时也树立了老师的形象，最重要的是，真正达到了教学的效果．

直到今天，每年高考数学考完的当晚，林伟都会买来试题亲自做一份．"研

究高考，必须把高考题正儿八经地做一遍，才能把握出题的方向，包括知识点的落实、难易度等."林伟说道. 这样做，不仅老师"考"出来了，学生也跟着考出来了. 林伟所教的 2015 届高考重点率达 100%. 就这样，林伟和学生们在"同一战线"上，打出了漂亮的战绩.

——本文摘自《南方都市报》（2017 年 9 月 10 日）

林伟：做一个有思想的教育实践者

《南方教育时报》记者：魏秧子

"做教师最幸福的事情就是能永远在一线."这是林伟对 28 年从教生涯的最深感受. 从一位普通的教师成长为国家"万人计划"教学名师、正高级教师，林伟走过了一条"学习—实践—反思—写作"之路. 身为数学教师，无论身处何种环境，他都能在教学的过程中，主动发现问题，找到解决办法，让学生爱上数学，理解数学. 如今身为深圳市第二实验学校校长助理，他的身份也从一个"冲锋队员"转变成一位引领者.

数学课堂本该生机盎然

林伟把自己的教学风格总结为"激情、自然、灵动、朴实、和谐和致用". 首要的激情，既是说教师，也是说学生. 教师在一种高亢的精神状态下，用不同的交流方式把教学中的各个环节紧密衔接，使学生兴奋，充满活力，更能出色地表现自我，完成教学目标. 自然、灵动就是要遵循数学的"天性"，灵活转变教学策略. 朴实则要求教师不要"摆花架子"，整堂课力争在练习方法和手段上求实. 在教学中学生是主体，教师是主导. 两者之间要相互合作，相互吸引，从而达成一种和谐的教学关系. 最后，教师要顺应学生发展的需求，让学生把所学的知识应用到实践中，达到知行合一，也就实现了学以致用.

"数学是有生命力的，本就应该是生机盎然的."林伟说在数学教学上，让抽象的数学生动起来，主要突出"活". 比如"指数函数"，抽象概念学生难以理解，他这样导入："一张厚 1 毫米的纸，对折 24 次的厚度是多少？"当学生得知结果比珠穆朗玛峰还要高时，对指数函数的神奇之处就有了直观了解.

除了灵活，"活"还表现在活动中. 为了保证教学效果，现在不少初高中的数学教学还是以教师大段讲解为主，然而在林伟的课堂上，他引导学生主动大胆探索，由学生充当"小先生"，成为课堂教学活动的主导者. 同时，采取课堂讨论的方式，教师和学生就一个问题，发表各自的看法，共同讨论，引导学生发现问题，培养创造性思维.

让课堂成为教研的 "试验田"

现在在教学上游刃有余的林伟，初出茅庐时同样迷茫. 1990 年，从岭南师范学院毕业的他被分配到湛江最偏远的一所中学. 新岗位、新角色、新环境，让他有些手足无措，也让他产生了从头缔造一切的冲动. 经学校同意，他开始了属于自己的课堂改革实验，把主动学习的概念引入课堂，让学生当老师，走上讲台讲课. 经过 5 年的努力，这所学校不仅会考合格率达到100%，高考本科录取也实现了零的突破.

凭借出色的教学成果，林伟在 1995 年被调入了一所县级重点中学. 在这里他发现，很多学生的学习都停留在表面，思维的广度和深度都不够，而且变通性差，常被思维定式束缚. 针对这种情况，林伟带领教师开展"思维学导法"教学实验研究. 经过一段时间的实验，学生的思维变得活跃了，各学段统考成绩也有所提高，尤其在数学竞赛中取得了显著的成绩. 经过长期的实践和研究，他将研究成果整理为《思维学导式教学概论》出版，并在随后的教学实践中，先后出版了《数学教学论》《在研究中寻找数学的真谛》等多部著作. 其中《思维学导式教学概论》获得广东省第八届普通教育教学成果一等奖.

2003 年，林伟来到深圳市第二实验学校. 在这里，他发现的突出问题是初高中衔接问题——由于初高中数学学科在学习内容、思维和方法上存在较大差异，许多高一学生因此产生了"数学畏惧". 为此，他带领团队从教学内容、学习方法和学习心理等方面进行调试，设计出最适合学生的教学方法，最终的结题报告《初高中过渡阶段数学学习状况分析及教学探究》获得了 2011 年广东省中小学教育创新成果奖和2016 年深圳市普通教育教学成果奖. 2011 年，他又瞄准师生思维不同步导致学生"上课能听懂，考试不会做"的问题，主持开展了广东省教育科研"十二五"规划 2011 年度研究项目"高中数学的高效课堂教学模式改革研究与实践"，让学生通过问题引导进行学习，使课堂教学效果达到最优.

"课改要有试验田，最好的试验田就是课堂."林伟说，教研，既要投入地"教"，更要深入地"研"，两者相互依存，相互促进. 课题研究使教师成为研究者，找到自我发展空间，使得教师在实践和反思中走向成熟.

做一个可复制的引领者

多年的钻研，让林伟成为业内的权威人士，经验讲学、学术分享的邀约也越来越多. 他意识到，必须要把成果的经验分享给更多人，尤其是年轻的教师，才能让更多的学生受益.

因此，除了坚持一线教学，他将更多的精力放在对年轻教师的培养上. 在实践"思维学导式教学法"的过程中，林伟开发出一套"三二六"课堂教学模式，即"三为主"教学准则：以教师为主导、学生为主体、教学内容为主线；两种教学手段：形成以导学为主线，启发式教学和目标教学的教学艺术整体手段；六个基本环节：基础目标，检测补偿；交代目标，引导学习；依据目标，引议释疑；围绕目标，练习测试；实施目标，精讲点拨；对照目标，分类达标. 这种模式将教学理论变成了有详细步骤的指引手册，让年轻教师更容易上手，学得更快，用得更顺手.

20 余年教育生涯，林伟一直在教，也一直在学. 他说："就像日常生活中的'单车哲学'. 单车的两个轮子代表着学习和讲解，脚踏板代表付出行动，车把手控制方向，车座折射心态，后座承载使命."林伟认为，教师的一生学无止境，要学会在点滴之间思考和发现.

校长点评

深圳市第二实验学校校长　鲁江

在我的印象中，林伟老师就是一个"站得了讲台，写得了文章，做得了实践，炼得了思想"的教育人. 他有教育梦想和教育情怀，想干事能干事，善于引领和辅助教育教学团队攻坚克难，破题立项.

林伟老师把自己的教学风格总结为"激情灵动，和谐致用". 激情灵动就是要遵循学生与数学的"天性"，唤醒学生的学习激情，创造灵动变化的课堂. 和谐致用就是尊重学生的主体地位，落实教师的主导功能，构建和谐的教学关系，实现教学的知行合一. 于是，林伟在课堂里，致力于课堂教学改革，更新教学方法，优化教学过程，对思维学导式数学教学颇有建树，摸索出一套"三二六环节"教学法.

就是凭着这样的教育理念，凭着这样的创新精神，凭着这样的勇敢实践，无论是在湛江那所偏远的中学，还是在深圳市第二实验学校，林伟培养了一批又一批的好学生，也成就了一批又一批好教师．今天，从教28年的林伟，也从一名普通的教师成长为国家"万人计划"教学名师．但他始终认为，教师的一生学无止境．林伟说："我愿意和每一位教师与学生分享我的教学生活，帮助他们成长．"能与林伟老师在同一所学校共事，是我教育生涯的幸事．

——本文摘自《南方教育时报》（2018年5月25日）

用一生谱写生命华丽的篇章
——记国家"万人计划"教学名师林伟

《少男少女教育管理》记者：方观生

编者按：什么是真正的教育？全国模范教师林伟老师认为，教育就是唤醒．理想的教育，就是用生命唤醒生命，用潜能激活潜能，用生命提升生命，用快乐传递快乐．28年来，林老师勤于反思，乐于求学，凝结出"适合学生的教育才是好教育"的教育理念．在工作中，他潜心研究教学，改革课堂教学，着力激发学生学习的内驱力；坚持以研促教，把课题问题化，把工作科研化，努力成为一名学者型教师，以此提升自身的专业素养．

林伟，正高级教师，二级教授，硕士生导师，享受政府特殊津贴．1990年从事教育工作以来，先后担任团委书记、政教处主任、副校长、教学处主任、科研处主任、教师发展处主任、学校学术委员会秘书长等职务，现为深圳市第二实验学校校长助理、广东省名师工作室主持人、广东省中小学新一轮"百千万人才培养工程"名教师培养对象培养项目导师组数学学科专家、广东省普通高中教师培训指导专家、深圳大学教育硕士研究生导师、深圳大学数学与统计学院数学教育学科客座教授、岭南师范学院客座教授、广东第二师范学院兼职教授、湛江师范学院数学与计算科学学院客座教授、深圳市首届课程改革专家、肇庆市中小学名教师和学科带头人培养项目实践导师、深圳市数学学会理事．

先后主持国家、省、市级课题12项，在《数学通报》等刊物发表论文200多篇，出版《数学教学论》《师者行者——一位正高级教师教育教学研究与实践》《思维学导式数学教学概论》等专著9部．有两项科研成果分别获得广东省第一届和第八届普通教育教学成果二等奖和一等奖，有一项获得教育部第一届国家级教学成果二等奖．

先后被评为国家"万人计划"教学名师、全国教育系统劳动模范、全国模范教师、广东省特支计划教学名师、广东省基础教育系统名教师、广东省南粤教书育人优秀教师、广东省师德建设先进个人、广东省教师工作室主持人,并荣获全国"十杰中小学中青年教师"提名奖、第二届全国教育改革创新优秀教师奖、全国科技优秀教师称号.

教育部把林伟的事迹拍成了电视片《师德启思录》并作为电子教材向全国发行,中国教育电视台、《中国教育报》等 10 多家新闻媒体对其做了报道,《中学数学》杂志将其作为封面人物介绍.

立志高远, 献身教育事业

1990 年 8 月,自湛江师范学院(现为岭南师范学院)毕业后,林伟老师被分配到雷州市乌石中学任教. 第一次上课时,面对一双双求知若渴的眼睛,林伟老师突然明白了"神圣"两字的含义,感受到了沉甸甸的责任. 因此,从踏上讲台起,他便决心当一名好教师. 在和学生相处的过程中,他意识到:教师是太阳,给了别人光和热,同时也照亮了自己. 最重要的是,教师是人类文化的传递者. 在工作实践中,他深深感到:只有把自己的才智无私地倾注在工作和事业上,这样的生活才有价值,才有意义. 于是,他开始精心备课,熟悉教材,了解学生,虚心请教年长的教师;认真听课,无论是课内还是课外的展示课、研究课等各种公开课活动,他都积极参与,尤其是评课环节,他更是一丝不苟地倾听. 就这样,林伟老师对教学有了自己的体会:教学,无论是教哪一科,最重要的是激发学生的学习兴趣,引导学生质疑,让学生学会主动探究. 教学,不仅是教给学生知识,更重要的是教会学生探究知识,使学生具备动手动脑的能力,学会创造.

随着教学时间的推移,林伟老师的奋斗目标也越来越清晰:把成为一个学者型教师作为自己的人生追求. 那怎样才算得上是一名学者型教师呢? 林老师认为,要做一名学者型教师,既要"教",又要"研",还要"写",且"教"是"研"的前提和基础,"研"是"教"的总结和提高,而"写"则是"教"和"研"的概括、升华. "教而不研则浅,研而不教则空." 教师只有以研究者的心态置身于教育情境,以研究者的目光审视自己的教育理论和现实,以研究者的精神不断发现问题和解决问题,才能成为自觉的实践者. 对于如何成为学者型教师,林伟老师也给自己提出了明确的要求:心灵追求高尚,事业追求卓越. 具体为热爱学生,热爱教学,诚实待人,把精力聚焦在专业工作上,让自己的教学、育人、科研精益求精.

　　总之,"以师为本,奉献为荣"是林伟老师终生奋斗的目标.

潜心研究教学,　改革课堂教学

　　如何将自己获得的知识重新组合授予学生,如何调动学生学习数学的兴趣,如何让学生在数学课上尝到学习的快乐,是数学教师面临的一个最实际的问题.对此,林伟老师在教学创新的道路上苦苦求索,不断追求.

　　为了改变课堂低效的局面,促进学生学习内驱力的提升,林伟老师总结出"思维学导式"教学,在课堂教学中体现出直观性,化虚为实、化静为动,从而调动学生的兴趣,激发学生学习的主动性和积极性.除此之外,他还提出了"低、小、多、快"四字策略."低"是低起点,就是要摸清学生相关知识、基础、能力和心理准备的实际,将起点设置在学生努力一下就可以达到的地方,使新的知识产生联系,形成网络."小"即"小步子",就是根据学生的实际,确定能达到的教学目标.教学步子要小,把教学内容按由易到难、由简到繁的原则分解成合理的层次,然后循序渐进,把学生受挫的可能性减到最小."多"即"多活动",针对学困生注意时间短、记忆容量小、概括能力差的特点,改变教师大段讲解的倾向,导向师生活动交替进行的方法.这样不仅提高了学生的注意力,更重要的是,学生大量参与学习活动,自我表现的机会多了,能力也得以逐渐提高.这种良性的循环极大地促进了学生各方面的发展."快"即"快反馈",就是在每一层次的教学过程中,既有教师的"讲",又有学生的"练",还有教师的"查".这种快速的反馈,既可以把学生取得的进步变成可见的事实,使之受到鼓励,乐于接受下一个任务;又可以及时发现学生存在的问题,及时矫正乃至调整教学的进度,从而有效地提高课堂教学的效益,避免课后大面积补课的现象.

　　林伟老师认为,只有真实的教学,用知识的力量来征服学生的教学,才能真正激发学生的学习热情,才是学生需要的,这样的课堂也才是充满智慧和活力的.在数学教学上,他一贯追求的是:讲究数学学习的规律性和科学性;重视学生学习习惯的养成和学习兴趣的激发,遵循学生的学习规律和身心发展的规律;重视学生的自身体验和感悟;坚持学生学习的主体地位;重视学生思维方式和思维能力的培养,倡导"过程重于结果"的数学教育理念.在20多年的教学实践中,林伟老师逐渐形成了自己的教学特色:思维过程教学和思维学导式教学.

正是在这些探索和实践中，林伟老师取得了突出的教学成果．他教的学生参加 1994 年、1995 年广东省高中毕业会考，合格率达到 100%；与其他老师一起辅导学生参加"祖冲之杯"数学竞赛、华罗庚金杯数学竞赛、全国初中数学联赛、湛江市数学竞赛，先后有 80 多人获奖；他教的学生参加 1996 年中考，数学平均分为 120 多分，优秀率达 65%，比湛江市平均分高出 50 多分．除担任数学教师，林伟老师还多年任教毕业班．2000 年，他任教的高三（1）班有 3 人突破 700 分，有 32 人考上本科．2003 年，他任教的高三（4）班上线率达到 93.8%，班级数学平均分高于当地重点学校数学平均分．2012 届高考本科率达 100%，重点率达 88.1%；2015 届高考重点率达 100%．

在公开课、竞赛课中，林伟老师也获得了众多荣誉．1996 年 11 月，他执教的《同类项》一课荣获了广东省青年数学教师优质课评比三等奖．1996 年 12 月，他参加"三讲一上一评"竞赛课荣获了第一名．1998 年，他执教的《指数函数》一课在中国教育电视台展播，并于同年荣获第三届全国"十杰中小学中青年教师"提名奖．2008 年 11 月，在学校申报广东省教学水平督导验收评估时，他被推荐上了一堂示范课《算法案例》，受到专家组的好评．2010 年 6 月，他执教的《余弦定理》公开课，得到了深圳市专家的肯定，并作为示范录像课被送往广东省教育厅．2012 年，他的课例《空间几何体的结构》在深圳市中小学优质课例视频资源征集及在线展播活动中荣获"优质课例视频质量奖"，并由九洲音像出版公司出版并向全国发行．2012 年，他参加广东省教育厅主办的"广东省 2012 年南粤名师大讲堂——走进惠州"送培下乡系列活动，进行了"同课异构"，得到了高度赞誉．2013 年，他为教育部"影子校长"跟岗培训的校长上了题为"等差数列的性质与应用"的公开课，教学效果良好．

脚踏实地，　以科研助教研

林伟老师认为，只有把课题问题化，把工作科研化，教育科研才能亲近教学，才能走进课堂，借助科研的力量、群体的智慧，以研促教，使自己的职业生涯焕发出别样的光彩．

是否积极投身教育科研，对一个教师的成长与进步具有至关重要的影响．教育科研是教师成长与进步的杠杆，也是教师加速成长与进步的必由之路．林伟老师的成长与进步，也得益于教育科研的滋润与支撑．在 20 多年的教育科研道路上，林伟老师以课题为船，以学习为帆，走出了一条"学习—实践—反思—写作"之路．

　　林伟老师重视课题研究. 他认为, 课题要更多地关注自己的教学实践, 从实践中来, 在实践中"做", 在思考中超越自我. 每研究一个课题, 他都向自己提出更高的要求. 首先思考选题目标, 做到"四要两不要", 即要具有超前意识, 要提出独到见解, 要有创新的思路, 要服务于教学实际; 不要好高骛远, 不要重复他人. 其次思索课题实施的计划, 努力做到"三性", 即构思的逻辑性、观点的科学性、过程的完整性. 就这样, 林老师从最初主持市级课题"学导法"的研究, 到主持市级课题"培养问题意识与问题思维"的研究, 再到自己独立主持省级课题"高效课堂"的研究, 他在科研中思索, 在科研中提升.

　　在主管学校教研工作时, 林伟老师坚持多个"结合", 即把深入课堂听课、帮助教师磨课、自己上引路课、外出看课观摩等, 与开发教学案例、总结教学经验和规律相结合; 把读书阅刊、同事交流、问题争鸣等学习研讨活动, 与总结教学经验、撰写教学论文相结合; 把整体教学视导总结、录像或现场教学评优总结、教学质量评估总结、优秀论文评选总结等, 与总结教学经验教训、调查教研工作相结合; 把设计专题研究方案、实施专题研究、总结专题研究成果, 与撰写教学论文、著书立说相结合; 把准备教材教学辅导、各种专题教学讲座、骨干教师课堂培训、教学干部培训等讲稿, 与著书立说、撰写教学论文相结合……在教学与科研的多个"结合"中, 追求学校教学教研工作的更大提升.

　　学习、实践之余, 林伟老师说, 他最重要的一件事, 也是最大的爱好, 就是及时反思、整理和总结, 及时坐下来, 将自己在教学和教研工作中获得的认识、经验、体会, 通过提炼、升华, 记录下来, 形成文字. 这些年来, 他一共撰写出了八九百万字的教学教研经验、总结.

　　20多年来, 林伟老师主持和参与了10多项课题研究. 如"中学数学导法教改实验"研究, "思维学导法"教学实验研究, 中国教育学会确立的"十五"规划立项项目"思维学导法与学生素质培养的实验研究", 深圳市教育科学"十一五"规划重点课题"初高中过渡阶段数学学习状况分析及教学探究", 广东省教育科研"十二五"规划立项项目"高中数学的高效课堂教学模式改革研究与实践", 广东省教育科研"十三五"规划重点课题"高中数学核心素养的教学设计研究"等. 撰写了220多篇教学论文, 在《数学通报》《数学教育学报》《中国教育学刊》等刊物上发表, 有40篇论文获国家级或省级奖励. 其中有两项科研成果分别获得广东省第一届和第八届普通教育教学成果二等奖和一等奖, 有一项获得教育部第一届国家级教学成果二等奖. 参与编著《名师谈数学教与学》等 10 多本书，出版了个人专著《数学教学论》《思维学导式数学教学概论》《在研究中寻找数学真谛》等 9 部.

回顾 28 年的奋斗拼搏之路，林伟老师总结道："刻苦学习，为我的潜心实践指明了方向，为我的反思总结打下了坚实的基础；潜心实践，为我的刻苦学习提供了广阔的运用空间，为我的反思总结提供了取之不竭的题材；勤于反思总结，为我的刻苦学习不断增添新的动力，鞭策和敦促我去进行更深入的研究与实践."就是在"学习—实践—反思—总结"这个螺旋式上升的循环往复、不断深入的研究过程中，林伟老师成长着，丰富着，提高着.

对于未来的专业发展，林伟老师表示，他将安安静静读书，认认真真教书，自自在在写书. 不刻意成名成家，顺其自然才是真，保持自然才是好. 在读书、教书和写书中，感悟生命.

——本文摘自《少男少女教育管理》（2018 年第 5 期）

在追求中升华人生

——记全国模范教师、雷州二中副校长林伟

《青年教师导报》记者：陈政

教师是红烛，他们的存在似乎就是为了燃烧，就是为了奉献心中滚烫的激情，让自己生命的价值在对人类、对民族、对时代、对社会、对事业的奉献中闪光. 广东省雷州市第二中学副校长林伟就是众多教师中优秀的一员. 他情系本职工作，在平凡的岗位上默默地燃烧着自己的青春，洒下了一路辉煌. 今年只有 30 岁的他有着足以令同龄人羡慕的一顶顶桂冠：教研成果获全国奖 6 项、省级奖 10 多项、市级奖多项，多次被全国、省、市、县政府评为优秀教师和先进工作者，1998 年被评为雷州市有突出贡献的专业技术人才，1998 年被教育部、人事部授予教育系统教育劳动模范，荣获全国模范教师称号，获全国模范教师奖章，同年又获第三届"全国十杰中小学中青年教师"提名奖，获得了奖章和奖杯，并出席了北京 1998 年"教师节"表彰大会，受到党和国家领导人的亲切接见.《中国教育报》1998 年 8 月 19 日以"做学者型教师"为题报道了他的事迹. 1998 年 11 月 14 日中国教育电视台为他录制了题为"醉心教坛，潜心科研"的电视专题片进行电视报道.

执着的追求

1990 年，从师范大学毕业的林伟背着行李跨进了一所偏僻的乡镇中学——雷州市乌石中学，开始了他的数学教师生涯. 此时的他对教学其实并不怎么喜爱，当初升学填报志愿，他并没有报师范院校. 虽然现实并不尽如人意，但农家子弟质朴的天性使他还是迅速地调整了自己的脚步，一心扑到了教育教学工作上.

面对几十双清纯的渴求知识的眼睛，他那瘦弱的肩上就感受到了"神圣"二字的分量，他也在心中为自己定下了第一个目标：做一个合格称职的中学数学教师，绝不能误人子弟. 然而，要做好一名中学教师并不是件容易的事. 他从提高数学能力、提高自身文化素养入手，自己订阅了 30 多种数学教学杂志，认真摸索课堂教学的思路和方法. 作为年轻人，看到其他人打牌下棋，他也眼馋；看到其他人轻松悠闲，他也曾经心动，但他始终没有放松紧绷的工作、学习这两根弦. 耕耘收获了果实，汗水换来了成功. 从 1993 年起连续 4 年在雷州市教学评估中，他执教的课都被评为优秀课，他教的学生参加 1994 年、1995 年广东省高中毕业会考合格率达 100%，辅导学生参加各类数学竞赛有数十人次获奖，成为县里小有名气的教师. 看到学生及其家长满意而信赖的眼光，他的心中甜滋滋的，充满了欣慰.

1995 年，林伟老师被调进了县重点中学雷州市一中. 重点到底是重点，要求高而规范. 他认为教师仅凭着热爱事业、埋头苦干的传统美德是不够的，还必须从全局和未来的高度去思考自己的工作，不断学习教育理论，了解教育信息，提高自己科学育人的水平. 在感到压力的同时，他又给自己定下了第二个奋斗目标：做一名学者型教师. 他虚心向老教师和数学教学界的先贤专家请教学习，积极进行数学教学改革的探索和实践，一堂课一堂课地摸索，一节教案一节教案地深入钻研，林伟老师每参加一次评优课，都有一种登堂入室的感觉. 评优课、公开课、研究课虽然讲的是一节具体课，但在整个准备过程中，大到教案的设计、教学环节的安排和教法的选择，小到一个教具的制作与使用，一个手势和表情的配合，他都经过反复研究和推敲，切实提高了数学课教学的品质和效率. 不久便以过硬的教学实力和突出的教学成绩在全市崭露头角. 他教的学生参加 1996 年中考，数学平均分为 120 多分，优秀率达 65%，比湛江市平均分高出 50 多分. 1996 年在"三讲一上一评"教学竞赛活动中，他执教的《指数函数》面向全市公开教学，得到了听课者的高度评价，荣获了一等奖.

1996 年 11 月他执教的《同类项》一课参加广东省青年数学教师优质课评比荣获三等奖.

谨严的探求

熟识林伟老师的人都知道他忙,整天忙得不可开交. 他除了担任数学教学工作和数学奥林匹克辅导班,还一直承担着较繁忙的社会工作:班主任、市数学学科带头人、市数学会副会长、市教育学会副会长、副校长、中国数学学会会员等,并经常应邀到其他市、县、校、大学讲学、上示范课和做报告,即便如此,他仍挤时间积极进行数学教学研究,并实现了三次跨越. 刚起步时广泛涉猎,研究面较广,在教材使用、教学操作、方法指导等方面都进行了探索. 可以说这个阶段的研究还是基础的,大多还停留在对一篇课文的教法、一节课的教法探讨上. 如他的"三二六环节"教学法:强调以学生为主体,教师为主导,思维训练为主线,实施六个基本环节:①基础目标,检测补偿;②交代目标,引导学习;③依据目标,议论点拨;④围绕目标,练习测试;⑤紧扣目标,矫正总结;⑥目标激励,分类达标. 这一成果荣获了中国教育发展研究中心第八届数学研究会二等奖. 在取得课堂教学良好效果的基础上,他开始了对数学教学深层次的探索,他综合吸收、运用了心理学、思维学、系统论、信息论等多种学科的知识、观点和方法,在数学教学的思维研究上,取得了较大突破. 他系统地提出了数学课堂教学就是以思维为核心,依据科学性与思想性统一,理论联系实际,启发性和问题性的原则,运用问题性手段在充分唤醒学生思维本质,打开知识准入大门的心理前提下,在有效地协调学生智力和非智力因素的基础上,实施目标导向—激学导思—引议释疑—精练强化—点拨提高—归纳总结的教学策略,从而开启思维、展开思维、实践思维、交流思维、优化思维、发展思维. 系列论文发表后,多家刊物予以转载,其中《以思维为核心,发挥学生能动性,开展"思维学导法"教学实践》荣获广东省首届普通教育教学成果二等奖. 发表在《中国教育学刊》上,又被"中国人民大学复印报刊资料"全文转载,更引起广泛注意,并以其针对性、实用性、操作性强,被湛江市教育局在教育系统范围内广泛推广.《培养数学问题意识和问题思维的教学实践》获全国首届教学与管理优秀论文一等奖. 近阶段,林伟老师对数学教学的研究,触角已伸向了更深的层次,他提出要从科学整体的角度确定教学目标,克服当前教学中目标短期化、知识化、题目化的弊端;要从学生思维来确定教学方案;要从整体效果来确定教学方法和手段. 他的《构建"三二六"课堂教学模式,提高课堂教学效率的实验研究》一文，又获全国第二届教学与管理优秀论文大赛一等奖．

不懈的超越

林伟老师在奋斗过程中写下了自己的格言：超越自己，追求高尚．但他在湛江市普教系统师德优秀事迹巡回报告会上却说："无论过去多么辉煌，都无助于我的未来．教育是无止境的事业，是我们应为之奋斗并坚持到底的事业．"在多年的教学实践中，林伟老师逐步形成了自己独特的教学风格，他的课自然、质朴、和谐、致用．他对学生循循善诱，爱而不护，教而不训，示以典范，严以督导；对自己孜孜以求，敏于治学，严于执教，谦虚谨慎，博采众长．他重视全面提高学生素质，并贯穿整个教学过程．他学习他人的长处，但不模仿他人，不重复他人，他主张创新，根据不同教材，不同对象精心设计．在数学复习课教学中，他切实做到：启发思维、培养能力、语言生动、重点突破、新旧知识联系紧密，在长期实践中，他摸出一条路，那就是：依纲靠本，重点突出，粗细并重，纵横交错，讲练结合，灵活运用．切实做到"五抓"；第一，抓"面"，全面复习，打好基础；第二，抓"线"，把分散的数学知识连贯成线；第三，抓"点"，突出重点内容；第四，抓"活"，灵活运用知识，培养学生的应变能力；第五，抓"练"，加强练习，提高应试能力．他改变过去那种"复习概念—讲解分析例题—学生练习"的教学方法．他在课堂上善于察言观色，揣摩学生的心理，善于随机应变，调动学生积极性．他组织评议课，让学生在课堂上讨论、争论，评价自己、评价同学、评价老师，各持己见，立论创新，使学生由被动接受知识转为主动地猎取知识，整个课堂气氛活跃、环节紧凑，师生心情愉快，基本达到"一碗水端平"的教学效果．他参加雷州市高考专题讲座巡回讲师团，他讲的课引起师生的高度评价和热烈欢迎．由于高考成绩显著，被评为雷州市高考先进个人．

林伟老师勤于思考，勇于探索，不断开拓，不停歇地超越．他认为作为一个教师，既要"教"也要"研"，既要"研"也要"写"．因为"教"是"研"的基础和前提，而"研"是"教"的结果．加以综合、分析、概括、提炼、上升为理论，从而总结出规律性的东西，这就要撰写科学论文．几年间，他撰写了100多篇教学论文在《数学通报》《数学教育学报》《数学教学》等多家重点刊物上发表．其中《学生思维品质缺陷及对策》等10篇论文被"中国人民大学复印报刊资料"全文转载．有10多篇论文获全国、省、市奖励．有三项科研成果获广东省教育科学研究成果黄华奖. 有两项科研成果获广东省 1996 年中小学教育创新成果奖；全国教学与管理优秀论文评选举办两届，他就夺得两届一等奖. 参编教参专著 10 余部，被全国多家协会、学会吸收为会员. 1997 年他被破格评为中学一级教师，1998 年又破格晋升为中学高级教师，成为广东省最年轻的中学高级教师.

可以说，任何贡献和崇高的理想都必定包含着一种牺牲，否则是不会打动人心的. 他深知，人生的意义在于探求，生命的价值在于创造，而探求和创造的过程会使青春显示出真正的美丽和富有. 他常说："我没有什么超人之处，只不过在教育的红土地上，洒下我应该洒下的汗滴，埋下我应该埋下的种子，只期望在金色的秋季能有沉甸甸的收获……"

林伟老师对自己目前的成绩并不满足，他在自己青春的绿地上又新插入了未来之树的种子，他要百尺竿头，更进一步. 他已完成了一部数学素质教育的理论专著，立足于数学素质教育的专题实验已被广东省教育厅立项. 他认为作为跨世纪的青年教师，他既自豪，又深感责任重大. 他又站在了一个新的起点上，他要不断充实、完善自己，更要不断超越自己，用全部心血默默地追求，在平凡的岗位上，升华自己的人生价值.

——本文摘自《青年教师导报》（1999 年第 5 期）

林伟老师二三事

《广东教学报》记者：石长青

在写林伟老师之前，我翻阅了大量资料. 看得越多，就越难动笔. 为什么呢？林伟老师 16 年教育生涯所承载的汗水和荣誉比岁月要多得多，用短短的两千字来写这段超载的人生，实在是拿不起这支沉重的笔来. 没有遍览全豹的勇气和境界，便只能窥其一斑了.

初为人师， 转化后进生有招数

1990 年，林伟大学毕业，被分配到远离县城的乌石中学任教. 学校安排他担任高一（2）班的班主任. 他的班上有一位全校出名的后进生，抽烟、打牌、无故旷课，和社会上打群架青年常有联系. 有的教师曾建议让这位学生退学.

是把他一推了之还是精心调教？林伟做了艰难的选择，他在心里设计了转化方案.

经过多次家访调查，林伟了解到这位学生变坏的原因：家庭长期迁就和放纵，又结交了社会不良青年. 林伟有计划地接近他，每天留意他的行踪，晚上到他喜欢去的小卖部巡视，见他在打牌，就劝他回宿舍. 星期天，请他到家中吃饭，交换想法. 同时，林伟还让班里的团干部、班干部和他交朋友. 一个学期下来，林伟和他谈话30多次. 这位学生终于和那些社会不良青年断绝了往来，旷课现象逐渐消失，成绩有了提高，各科平均分由42分提高到61分.

多年来，经林伟帮助转变的后进生有的考上了大学，有的参了军. 林伟带的班，被评为校先进班.

潜心教学， 授人以渔达不教之境

林伟认为，一个好的数学教师，不仅要研究教法，而且要研究学法，只有"授人以渔"，才能使学生达到"不需要教"的境界.

为此，他致力于课堂教学改革，更新教学方法，优化教学过程. 每次开讲新课，他都事先分析可能出现的问题，上课时先介绍相关背景，并以生活中的实例和学生一起讨论. 如在讲《数学归纳法》一课时，林伟分析学生不容易理解数学归纳法的实质，可能会机械地效仿和死记硬背. 于是开始讲课时，他先向学生介绍陈景润与"哥德巴赫猜想"，从中深刻阐述数学归纳法的实质和作用，介绍归纳、猜想对人类认识发展的贡献. 接着，他以实例和学生一起讨论. 通过师生的共同活动，学生学得主动，掌握得自如，重点和难点一一被突破.

林伟在教学中观察到学生有这样一个特点：喜欢用学到的知识去解释或解决问题，哪怕有小小成功，也喜出望外. 于是，他着力引导学生变苦学为乐学，变厌学为乐学. 他在教学中努力使学用结合起来，让学生利用所学的知识参与实践. 这样一来，连平时最不愿意开口的学生也跃跃欲试，争相回答问题. 新颖有趣的课堂教学方法，大大激发了学生学习数学的积极性.

勤于科研， 做一位学者型教师

林伟从不讳言自己要做一名"学者型"教师. 他常常这样告诫自己：教师，不仅仅要向学生传道、授业、解惑，还要使学生德、智、体、美、劳全面发展. 因此，教师除了要有爱心和奉献精神，更要有广博的知识、扎实的专业功底和较高的业务水平.

自从教以来，林伟自费订阅了30多种数学和教学理论杂志，所有的闲暇时间，他都沉浸在书的世界里，不断地汲取理论的精华. 他还结合自己的教学实践，聆听328节课进行调查和研究，研究报告《思维学导式数学教学模式研究与实践》获得教育部国家级教学成果奖.

借鉴启发式教学和目标教学，林伟又摸索出一套"三主六环节"教学法. "三主"指以学生为主体、教师为主导、思维能力训练为主线，"六环节"指基础目标、交代目标、依据目标、围绕目标、紧扣目标，目标激励. 这项研究课题在中国教育学会数学教育研究发展中心第八届数学研讨会上荣获二等奖，同时荣获广东省中小学教育创新成果奖二等奖.

林伟先后发表了200多篇教学论文，编著了10多本书. 在中学数学教学园地里，林伟默默耕耘，硕果累累，朝着他那学者型教师的理想步步迈进.

如今的林伟在南粤教育界可以说是名声显赫，你会惊诧于他年轻的背后会有如此多的奖项与职务. 然而，让我感叹的却是他的豁达. "淡泊名利，安贫乐道"是他的座右铭，他还确定了自己的人生坐标：心灵追求高尚，事业追求卓越. 具体为：热爱教学、热爱学生、诚实待人，把精力聚焦在专业上，让自己的教学、育人、科研精益求精.

——本文摘自《广东教学报》（2006 年 8 月 14 日）

身正压邪
——访"全国十杰教师"提名奖获得者林伟
《中国教育报》记者：苏婷

学校不是世外桃源，不是真空环境，不是象牙宝塔. 近年来社会上的不正之风也叩开了校园的大门，给这座知识的殿堂带进了各种杂质. 人们担心：孩子在这种环境中会受到怎样的影响？

这种担心不是多余的. 学校这个育人的天地，该是儒雅、高尚、追求高境界的所在. 教师必须要洁身自好，能够自觉抵制不正之风的侵袭，才能担当起"传道、授业、解惑"的重任.

广东省雷州一中曾获得各种荣誉的林伟老师结合自己的经历谈起了体会：

心灵上要追求高尚．热爱教育教学，热爱学生．诚实地工作，真诚地待人——同事、朋友、学生以及不相识的求教者．心血洒在教学科研的园地里，不耗费于无谓的纠葛与嬉戏．尤其在"商"风炽盛、物欲横流的时期，作为一个人民教师，作为一个期望事业有成的学者型教师，更需要鞭策自己重视品德的修炼，"淡泊名利，安贫乐道"．生活不妨简朴，心情常宜超脱，因为简朴会产生时间，超脱易集中心思．在感到"活得真累"的时候，要想想"重任在肩"；在步人"心理误区"的瞬间，应善于"蓦然回首"．把精力聚焦在专业之上，把自己的教学科研同祖国的四化建设大业联系起来，就不至于心态失衡，信仰动摇．

在中学数学教研园地里，我默默耕耘，甘于清贫，乐于奉献，我希望以一种"蜡烛精神"，去鼓励后来者勇敢登攀，换得桃李满园春．在生活上，我坚信"非淡泊无以明志，非宁静无以致远"．生活俭朴，作风正派，保持了一个农家子弟的朴素正直的传统美德．从不攀比，从不奢华，甘于自己平淡却充实的工作与生活．自己工资比较微薄，但我积极为"希望工程"捐款，为困难学生捐赠，热心关心他人，善于与周围的人相处，在师生中赢得了较好的口碑．"人生价值在于奉献而不在于索取．"

林伟老师说得好．教师的职业不同于其他行业，确实需要一种奉献精神．只有奉献了，获得才更加有意义，更加珍贵．

当然，对社会上的不正之风也要有足够的估计，因为它们无孔不入．教师同样身处这个社会，也要食人间烟火，难免会"常在河边走，哪儿能不湿鞋"．但是，职业的特点、职业的要求应该是一种神圣的召唤，教师要时时刻刻想着"我是一位人民教师"，以此去规范自己的行为，那么，不正之风就少了可乘之机．一直在教育教学第一线工作的方晓华老师用简朴的语言表达了自己的看法：

我认为要抵制这些不正之风，必须做到：

首先，全民要树立反不正之风的意识，铲除这种风气滋生蔓延的土壤，净化社会环境．

其次，我们教师应该做到三点．第一，要管住自己的心，管住自己的手，管住自己的口．第二，要加强政治理论学习，努力提高自身素质，时时刻刻想到自己是人类灵魂的工程师．第三，要甘于清贫，乐于奉献，廉洁自律，自觉抵制社会不正之风，做精神文明建设的典范．

最后，各级教育行政部门要加强行风建设和师德建设的力度，强化师德考核．对师德建设要常抓不懈，持之以恒，努力形成教师爱岗敬业的良好氛围，对那些严重违规者，给予必要的行政等处分.

　　——本文摘自人民教育出版社出版的《荆棘编织的桂冠——第三届全国十杰中小学青年教师事迹专辑》（1998 年 12 月）

旧话重提
——谈尊重学生人格
《中国教育报》记者：李挥

　　尊重学生的人格，这已是旧话题了. 但是在学校教育的现实中，仍有教师因为"恨铁不成钢"而出言不逊，伤害了一部分学生的自尊心，贬低了学生的人格. 林伟、荣贻玲、方晓华、阎成米等老师在这方面做得很好，记者请他们讲了自己的体会和做法.

　　广东雷州市第一中学的林伟老师说，尊重学生的人格，主要表现在三个方面.

　　第一，尊重学生的个性. 从教育本质上看，尊重学生的个性是尊重学生的核心. 从心理学的观点来说，人的个性是受天然和社会因素影响发展和形成的. 在学校里，德育、智育、体育互为影响、紧密联系、协调进行，这些教育有力地影响着学生个性的发展和形成. 所以教师绝不仅仅是单纯地向学生传授知识，更重要的是教育人.

　　每个人的个性是不同的，在青少年身上表现尤为突出. 一个人的个性随着年龄的增长而发展并日趋成熟. 教师尊重学生，实际上就是要尊重每个学生的这种个性差别. 比如，对学生气质方面的差异，有的教师就偏爱亲近"好静"的学生，厌恶、疏远"好动"的学生；对学生性格方面的差异，有的教师不喜欢性格热情、耿直的学生，而赏识那些处事谨慎、圆滑的学生；对学生能力上的差异，教师的态度更是鲜明，赏识成绩优秀的，嫌弃成绩差的. 很明显，教师对某些学生的厌恶、嫌弃是不尊重学生的个性，而偏爱某些学生同样也是不尊重学生的个性. 产生这种不尊重学生个性的原因是多方面的. 从教师修养的角度来看，我认为主要原因有二：一是教师的言行受自己的个性所支配，二是教师没有认识到尊重学生个性对学生健康成长的重要性.

　　第二，尊重学生的人格. 到了中学阶段，学生对涉及自己道德品质的评价是非常敏感的. 比如，有的学生没按时完成作业，教师不问青红皂白就斥责学生"懒惰""笨蛋"，学生听了就会觉得受到了侮辱. 这就是教师在教育中没有注意尊重学生的人格的表现. 一般来说，后进生在思想上有一种压力，怕他人看不起自己. 要激发他们的上进心，教师就应当多关注他们，发现优点及时表扬.

第三，尊重学生的劳动. 学生的劳动主要是学习，各科作业是他们平时的劳动成果. 有的教师没有意识到这是关系到尊重学生的问题，批改作业敷衍了事. 看到学业成绩差的学生的作业，批改潦草，甚至在作业本上任意打"×". 其实，这部分学生为完成作业花费的精力和时间比一般学生要多，教师如果再用不负责的态度去批改他们的作业，肯定会伤害这部分学生的自尊心，进而使他们丧失学习信心. 同时，他们会认为教师不关心他们，看不起他们，师生关系因此而疏远.

可见，在每个人品质形成的过程中，学校教育都起着非常重要的作用，教师应该注意自己的言行举止，把自己对学生的爱灌注到尊重每一个学生中，让学生亲近自己、信任自己，这样才能真正收到良好的教育效果.

——本文摘自人民教育出版社出版的《荆棘编织的桂冠——第三届全国十杰中小学青年教师事迹专辑》(1998 年 12 月)

参 考 文 献

［1］林京榕. 数列综合问题［J］. 中学数学教学参考（上旬），2016（3）：10.

［2］林伟. 中学数学"思维学导法"教学研究与实践［J］. 中国教育学刊，1998（4）.

［3］林伟. 构造"三二六"课堂教学模式，提高课堂教学效率的实验与研究［J］. 承德民族师专学报，2000（2）.

［4］林伟. 中学数学"四主五环节目标"教法实验报告［J］. 湛江教育学院学报，1995（1）.

［5］林伟. 数学教学中渗透创造性思维训练的尝试［J］. 数学通报，1997（8）.

［6］林伟. 学生思维的品质缺陷的表现及其对策［J］. 中学数学，1996（7）.

［7］林伟. 谈谈高三数学复习的几点体会［J］. 湖南数学通讯，1996（4）.

［8］林伟. 高考数学复习教学方法实践与探索［J］. 湖南数学通讯，1995（2）.

［9］林伟. 数学教学要适应学生心理特点［J］. 中学数学（江苏），1995（11）.

［10］林伟. 数学教学的空白艺术［J］. 青年教师导报，1998（6）.

［11］林伟. 逻辑图表的运用［J］. 数学教学，1994（8）.

［12］林伟. 数学教学中的心理效应［J］. 中学数学研究，1997（4）.

［13］林伟. 浅谈教学中的"激励"［J］. 青年教师导报，1995（3）.

［14］林伟. 数学教学中的情感因素培养［J］. 德育报，1995（2）.

［15］林伟. 实施有效教学策略，提高数学教学效能［J］. 数学教学通讯，2012（10）.

［16］林伟. 话说联想种种［J］. 中学数学研究, 1996（8）.

［17］林伟. 高考数学解答题的思维策略及应试技巧［J］. 理科考试研究, 1997（2）.

［18］林伟. 高考数列题的考查类型及其解题策略［J］. 理科考试研究, 1997（6）.

［19］林伟. 数学教学论［M］. 重庆: 西南师范大学出版社, 2001.

［20］林伟. 思维学导式数学教学概论［M］. 北京: 光明日报出版社, 2017.

［21］林伟. 加强变式训练, 培养思维能力［J］. 广东教育, 1996（7 - 8）.

［22］林伟. 变式教学浅议［J］. 数学教学研究, 1993（6）.

［23］林伟. 思意数学教学的实践探索［J］. 数学教学通讯, 2019（2）.

［24］林伟. 建设未来的现代化学校［J］. 特区教育, 2018（12）.

［25］林伟. 以名师工作室为引领, 构建教师发展共同体［J］. 广东教育, 2018（12）.

［26］林伟. "思维表达型" 数学课堂的构建与实践［J］. 数学教学通讯, 2018（8）.

［27］林伟. 名师工作室 "浇根式" 教师跟岗学习培训的探索［J］. 教学与管理, 2018（4）.

［28］林伟. 师者行者——一位正高级教师教育教学研究与实践［M］. 北京: 光明日报出版社, 2015.

［29］林伟. 思维学导式数学教学模式的探索与实践［J］. 数学教学通讯, 2013（2）.

［30］林伟. 高考立体几何中有关于角的类型及解法探讨［J］. 中学数学教学参考, 2011（4）.

［31］李兴贵, 蒲大勇. 数学教师 "教" 之 "意蕴"［M］. 北京: 科学出版社, 2017.

［32］许月良. 做教学教研的追梦人［M］. 天津: 天津教育出版社, 2010.

［33］王光明, 张楠, 周九诗. 高中生数学素养的操作定义［J］. 课程·教材·教法, 2016, 36（7）:50 - 55.

后 记 ▶

　　这是一次"教育梦想"的思意之旅！

　　细细品味书稿的形成过程——追问与顿悟常深叩心扉，困惑与兴奋总起舞弄影，理性与激情往往交相辉映．这首交响乐交织了我各种各样的心绪和感悟，如果你跟随音符跳动而有所感悟，我很感谢能够发生类似平行时空的"对话"，这种意境，有如"昨夜西风凋碧树．独上高楼，望尽天涯路""衣带渐宽终不悔，为伊消得人憔悴""众里寻他千百度，蓦然回首，那人却在灯火阑珊处"．只是，"思意教学"其实我并未寻得，它依然是更远的远方．

　　尤觉欣慰的是，这一路思意之旅，享受了温暖温馨的关怀与帮助，受惠于沁人心脾的理解与支持．于是，让那些从心底里油然荡漾的一份份感谢流淌于笔端，便是我的强烈心愿．而这或许也可为平淡的本书略添一抹回味．

　　感谢指导和帮助过我的各级老师、领导、专家学者，是他们教我学会了思考，学会了教育．他们对我的教诲已然是我从事教育科研的"指南针"；他们高尚的人格魅力和严谨的治学作风更是我效学一生的"教科书"；他们对我的"依然热切期待"将成为我不断前行的"动力引擎"．

　　思意教育是我从事一线教学30年来的教学经验的结晶．因为这一路走来，多年来与我朝夕相处的每一届学生，给我带来了丰富的灵感，使我的生命在教育教学中永葆青春气息．

　　感谢10年来一直与我真诚交往和坦诚交流的深圳市第二实验学校的领导以及教师们！10年！我与你们在这10年的时间里肝胆相照．同道同行，不仅为思意课堂概念的成长注入了原汁原味的"钙片"，更重要的是，我们所凝结的深情厚谊也为我的人生平添一份弥足珍贵的"精神财富"．安心一线，潜心探索，真心奉献，倾心服务．对于一个教师来说，虽然这意味着远离了工作的核心地带，损失了学术研究的优越条件，甚至不免会因付出大量时间精力而影响学术成果的创作，但这本身也是涵养学术良知、培育学术情怀、拓宽学术视域、提升学术境界的难得契机．这10年来我立足实践、源于实践、依托实践、指导实践并接受实践的"审判"和"检验"，这为我的学术发展注入了丰厚的营养和持续动力.

特别感谢为书稿奉献"研究案例"的老师. 感谢我的同事刘建卫老师，他用近乎挑剔的眼光对书稿提出许多富于启发性的意见. 感谢华南师范大学研究生赵兰，正是因为她对书稿做了最后的精细审校. 让我在出版社那里得到了一份"学术严谨"的赞许. 感谢任勇老师和羊巨波老师为书稿写了序言，它成为本书一道精彩亮丽的风景线.

与此同时，我要真诚地感谢我的家人和孩子，没有他们一如既往的支持与理解，我不可能取得今天的成绩，是她们让我的生活丰富多彩，使我每天分分秒秒感到开心、快乐、幸福……

教育，让我成为更好的自己，让我不忘初心，为教育事业奋斗终身，为每一个孩子的未来付出努力，相信在教育事业注入信息化的今天，思意教育犹如一个"新生儿"，会在你我的努力之下，不断成长，不断完善，生机勃勃地反作用于教师的专业发展.

林 伟

2019 年 6 月于深圳